Entdecken und Verstehen 8

Geschichtsbuch für Sachsen

Herausgegeben von
Dr. Thomas Berger-von der Heide
Prof. Dr. Hans-Gert Oomen

Vom Ersten Weltkrieg bis zum Ende des Zweiten Weltkrieges

Herausgegeben von
Dr. Thomas Berger-von der Heide

Bearbeitet von
Dr. Michael Berger,
Dr. Thomas Berger-von der Heide,
Petra Bowien, Stephan Burrichter,
Sabine Genedl, Heidrun von der Heide,
Karl-Heinz Müller, Dr. Harald Neifeind,
Dr.vHans-Gert Oomen, Christine Pilz,
Hans-Otto Regenhardt,
Dr. Antje Schmidt
und
Dr. Stephan Warnatsch

In Zusammenarbeit mit dem Institut
für Sächsische Geschichte
und Volkskunde e.V., Dresden

Cornelsen
VOLK UND WISSEN

Verlagsredaktion: Petra Anders, Johannes Völker
Umschlaggestaltung: Katrin Nehm
Layoutkonzept: Simone Siegel
Technische Umsetzung: L101 Mediengestaltung, Berlin

Das Umschlagfoto zeigt das Grassimuseum in Leipzig.

www.cornelsen.de

1. Auflage, 1. Druck 2006

Alle Drucke dieser Auflage sind inhaltlich unverändert und können im Unterricht nebeneinander verwendet werden.

Druck: aprinta, Wemding

ISBN-13: 978-3-464-64213-9
ISBN-10: 3-464-64213-5

Inhalt gedruckt auf säurefreiem Papier,
umweltschonend hergestellt aus chlorfrei gebleichten Faserstoffen.

Liebe Schülerinnen und Schüler!

Ihr habt im letzten Schuljahr die Geschichte von den Entdeckungen bis zum Beginn des Zwanzigsten Jahrhunderts verfolgt. Jetzt könnt ihr euch mit Ereignissen des Ersten Weltkrieges, der Weimarer Republik und der nationalsozialistischen Gewaltherrschaft beschäftigen. Der Zweite Weltkrieg und die Aufarbeitung des Völkermords an den Juden bilden den Abschluss.

Zum Aufbau des Buches
Da wir auf ganz unterschiedlichen Wegen die Geschichte unserer Vorfahren erkunden können, findet ihr in den Kapiteln viele Bilder, Karten und Grafiken. Auch die Texte sind verschieden gestaltet. Die folgenden Erklärungen sollen euch helfen, die zahlreichen Möglichkeiten, die euch das Buch bietet, zu erkennen.

Einführung in das Thema
Jedes Kapitel beginnt mit einer „Auftaktdoppelseite". Sie will euch auf das kommende Thema neugierig machen und zu Fragen anregen. Mit ihrer Hilfe könnt ihr auch zusammentragen, was ihr schon wisst.

Themendoppelseiten
Auf jeder Doppelseite berichten die Autoren in einem zusammenhängenden Text über die damaligen geschichtlichen Ereignisse. Das Thema verdeutlicht die Überschrift auf dem oberen Seitenrand. Auf wichtige Begriffe, Namen und Daten wird mit einem Dreieck (▶) hingewiesen.

Quellen
Manchmal lassen die Autoren die damals lebenden Menschen selbst zu Wort kommen, wenn ihre Texte aufbewahrt wurden. Die Berichte der damals lebenden Menschen nennen wir Quellen. Ihr erkennt sie an der Überschrift und an dem Balken, der sie kennzeichnet. Auch die Abbildungen, Gemälde und Fotos sind historische Quellen, aus denen ihr wichtige Informationen entnehmen könnt.

Materialien
Texte heutiger Geschichtswissenschaftler, Berichte anderer Forscherinnen und Forscher und weitere Belege oder Nachweise sind mit der Überschrift „Materialien" und durch einen Balken markiert.

Die Randspalte
Jede Seite ist mit einer farbigen Randspalte versehen. Je nach Bedarf findet ihr hier:

- die Erklärung für schwierige Begriffe, die im Text mit einem Sternchen (*) versehen sind,
- wichtige Jahreszahlen und Ereignisse oder auch
- Zusatzinformationen zu den Themen, die auf der Seite behandelt werden.

Aufgaben
1 *In den Arbeitsaufgaben werdet ihr dazu angeleitet, aus den Texten und Quellen Informationen zu entnehmen, um einen Sachverhalt mit ihrer Hilfe zu besprechen.*

Zum Weiterlesen
Die Seiten „Zum Weiterlesen" enthalten Auszüge aus spannenden Jugendbüchern. Weitere Tipps für Bücher findet ihr im Anhang am Ende des Buches.

Methode
Die Seiten „Methode" leiten euch an, mit den Materialien in diesem Buch umzugehen. Sie helfen euch aber auch, anderswo Informationen zu finden.

Werkstatt Geschichte
Auf den Seiten „Werkstatt Geschichte" findet ihr Vorschläge für eigene Nachforschungen, für Spiele, Rätsel oder Basteleien.

Geschichte vor Ort
Was geschah in Sachsen während des Ersten Weltkrieges? Wie erlebte man die Zeit der Weimarer Republik? Was passierte in den Jahren 1933–45? Inwieweit sich historische Ereignisse an Örtlichkeiten in Sachsen festmachen lassen, könnt ihr mit diesen Seiten erkunden.

Zusammenfassung
Die Kapitel werden durch eine Zusammenfassung abgeschlossen, die noch einmal das Wichtigste des Themas enthält.

Das Register
Im Anhang findet ihr u. a. ein Register. Mit dem Stichwortverzeichnis könnt ihr schnell herausfinden, wo zum Beispiel etwas über Auschwitz berichtet wird.

Wenn ihr Fragen habt oder eure Meinung zu diesem Buch sagen wollt, schreibt uns:

Cornelsen Verlag
Mecklenburgische Straße 53
14197 Berlin

Inhaltsverzeichnis

Inhaltsverzeichnis

1. Krieg und Kriegserfahrung der Völker Europas

Als Freiwilliger zog der Maler Otto Dix 1915 in den Krieg. In Bildern und in Briefen hielt er seine Kriegserlebnisse fest: „Schon die Eindrücke auf dem Weg zur Front waren furchtbar. Verwundete und die ersten Gaskranken mit eingefallenen gelben Gesichtern wurden gerade nach hinten gebracht. Dann ging es hinein in ein verbiestertes Grabensystem des Stellungskriegs, in die aufgewühlten Gräben, wo man, vom Leichengeruch der herumliegenden Toten gepeinigt, den Tag über in einem schlammigen Wellblechunterstand hockt. … Die folgenden Tage waren noch furchtbarer. Wir hatten die neue Stellung verlassen müssen und uns dreißig Meter weiter hinten in einen Steilhang eingegraben. Am Abend griff der Feind an. Wegen des Nebels schoss eine Batterie zu kurz und traf in unseren Steilhang. Furchtbare Bestürzung, schreckliche Verluste. Die Leichen lagen herum, Arme und Beine flogen. Von unserer Kompanie blieben neun Mann übrig."
Mit Jubel hatten viele Menschen in Europa den Kriegsausbruch im Juli 1914 begrüßt. In Scharen meldeten sich Freiwillige und bei allen herrschte die feste Überzeugung, Weihnachten sind wir wieder zu Haus. Hineinversetzt wurden sie in das Grauen eines festgefahrenen Krieges, der für die Menschen und den Verlauf des gesamten 20. Jahrhunderts ungeheure Folgen haben sollte …

__Die dreizehnte Arbeit des Herkules.__ Bismarck balanciert die Friedenspalme zwischen einem französischen und einem russischen Soldaten. Karikatur, 1888.

***Bernhard von Bülow** (1849–1929) war von 1900 bis 1909 deutscher Reichskanzler und ein wichtiger Vertreter der deutschen Kolonialpolitik.*

*► **Kaiser Wilhelm II.** (1859–1941), betrieb eine von Geltungssucht und diplomatischem Ungeschick geprägte Außenpolitik, die insbesondere durch ihre Kolonialinteressen und die Flottenpolitik zur Kriegsgefahr in Europa beitrug.*

Der Weg in den Ersten Weltkrieg

1550 1600 1650 1700 1750 1800 1850 1900 1950 2000

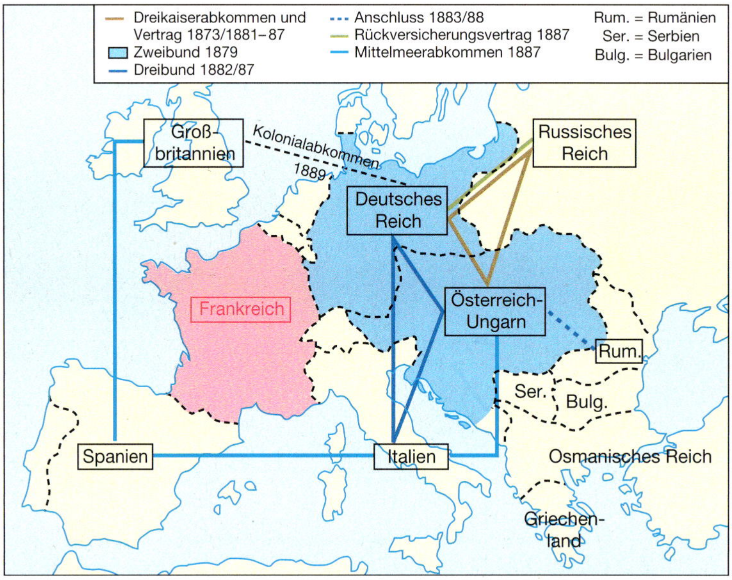

1 **Das europäische Bündnissystem zur Zeit Bismarcks.**

Bismarcks Außenpolitik

Nach der Gründung des Deutschen Reiches 1871 erklärte Reichskanzler Otto von Bismarck gegenüber den Staaten Europas, dass Deutschland nun keine weiteren Gebietsansprüche habe und eine Politik des Friedens in Europa verfolgen wolle. Mit dem Krieg gegen Frankreich von 1871 sei die nationale Einigung Deutschlands abgeschlossen.
Durch Verträge wollte Bismarck erreichen, dass der Frieden in Europa fortan erhalten bliebe. Dabei sollte Frankreich isoliert werden, damit es Deutschland nicht gefährlich werden könnte. Alle anderen europäischen Mächte versuchte Bismarck in ein Bündnissystem mit Deutschland einzubinden. Konflikte sollten durch Verhandlungen gelöst werden. Bismarcks Politik hatte bis etwa 1890 Erfolg.

1 *Beschreibt mithilfe der Abbildung 1, mit welchen Staaten Deutschland Bündnisverträge hatte. Stellt eine Liste dieser Verträge zusammen.*

2 *Stellt Vermutungen an, mit welchen Staaten Frankreich gern Bündnisse eingegangen wäre. Schreibt eure Vermutungen auf.*

Eine neue Politik unter Wilhelm II.

1888 wurde nach dem Tod seines Großvaters, Wilhelm I., und seines Vaters, Friedrich III., der dreißigjährige Wilhelm II. deutscher Kaiser. Seine innen- und außenpolitischen Vorstellungen unterschieden sich bald grundlegend von denen Bismarcks. 1890 entließ der Kaiser deshalb seinen Kanzler, um verstärkt selbst den politischen Kurs Deutschlands zu bestimmen. Mit Aufsehen erregenden Reden forderte Wilhelm II. für Deutschland ein stärkeres Mitspracherecht in der Weltpolitik. Nach dem Vorbild Englands und Frankreichs sollte nun auch das Deutsche Reich Weltmachtpolitik betreiben.
Der Staatssekretär im Auswärtigen Amt, Bernhard von Bülow, hielt 1897 eine Rede vor dem Deutschen Reichstag, die die Politiker in England und Frankreich sehr beunruhigte:

Q1 … Wir empfinden auch durchaus nicht das Bedürfnis unsere Finger in jeden Topf zu stecken. Aber allerdings sind wir der Ansicht, dass es sich nicht empfiehlt, Deutschland in zukunftsreichen Ländern von vornherein auszuschließen vom Mitbewerb anderer

Die Rivalität der europäischen Mächte

2 **Kaiser Wilhelm II. im Flottenmanöver.** Wandgemälde von Willy Stöwer für eine Schule, 1912.

Völker. [Zuruf der Abgeordneten: Bravo!] Die Zeiten, wo der Deutsche dem einen seiner Nachbarn die Erde überließ, dem anderen das Meer und sich selbst den Himmel reservierte, ... diese Zeiten sind vorüber. Wir betrachten es als eine unserer vornehmsten Aufgaben, gerade in Ostasien, die Interessen unserer Schifffahrt, unseres Handels und unserer Industrie zu fördern und zu pflegen. ... Wir müssen verlangen, dass der deutsche Missionar und der deutsche Unternehmer, die deutschen Waren, die deutsche Flagge und das deutsche Schiff in China geradeso geachtet werden wie diejenigen anderer Mächte. [Lebhaftes Bravo!] Mit einem Worte: Wir wollen niemand in den Schatten stellen, aber wir verlangen auch unseren Platz an der Sonne. [Bravo!] ...

3 *Erklärt, was der Staatssekretär von Bülow von den anderen europäischen Mächten verlangte und für das Deutsche Reich forderte.*
4 *Stellt Vermutungen darüber an, was Bülow mit der Forderung nach einem „Platz an der Sonne" meinte.*

„Wettlauf um den Platz an der Sonne"
Seit etwa 1880 hatten die europäischen Mächte die Welt fast vollständig unter sich aufgeteilt. Um die restlichen Gebiete entstand ein erbitterter Streit, denn alle europäischen Industriestaaten, aber auch Japan, die USA und Russland hatten die imperialistische Ausdehnung zum Ziel ihrer Außenpolitik erhoben. Der „Wettlauf" um die Aufteilung der Welt und um den Einfluss in Afrika und Asien führte zu einer immer größeren Rivalität zwischen den europäischen Staaten. Der Wandel der Beziehungen und die Bereitschaft, die jeweiligen „nationalen Interessen" auch mit Gewalt durchzusetzen, zeigten sich nun auch an den steigenden Ausgaben der europäischen Länder für ihre Rüstung.

5 *Beschreibt das Wandgemälde von 1912 (Abbildung 2) und nennt die politischen Ideen, die damit verbreitet wurden.*

Alfred von Tirpitz *(1849–1930), deutscher Großadmiral, Mitbegründer des deutschen Flottenvereins, trat 1916 von seinem Amt zurück. Foto.*

▶ Königin Victoria *(1819–1901), seit 1837 Königin von Großbritannien, seit 1877 Kaiserin von Indien. Foto.*

1870–1900:
Sachsen steigt mehr und mehr zum führenden deutschen Industrieland auf; 58 % der Bevölkerung sind in der Industrie (deutscher Durchschnitt: 39 %), 14 % (25 %) im Handel und 15 % (36 %) in der Landwirtschaft beschäftigt.

19.6.1902:
König Albert stirbt in Sybillenort/Schlesien. Nachfolger wird sein Bruder Georg.

15.10.1904:
König Georg stirbt in Pillnitz. Nachfolger wird sein ältester Sohn (1904–1918), Friedrich August III.

▶ Imperialismus*: *das Bestreben von Staaten, ihren Machtbereich über politisch, militärisch und wirtschaftlich schwächere Gebiete oder Staaten auszudehnen.*

Europäische Staaten und ihre Kolonien

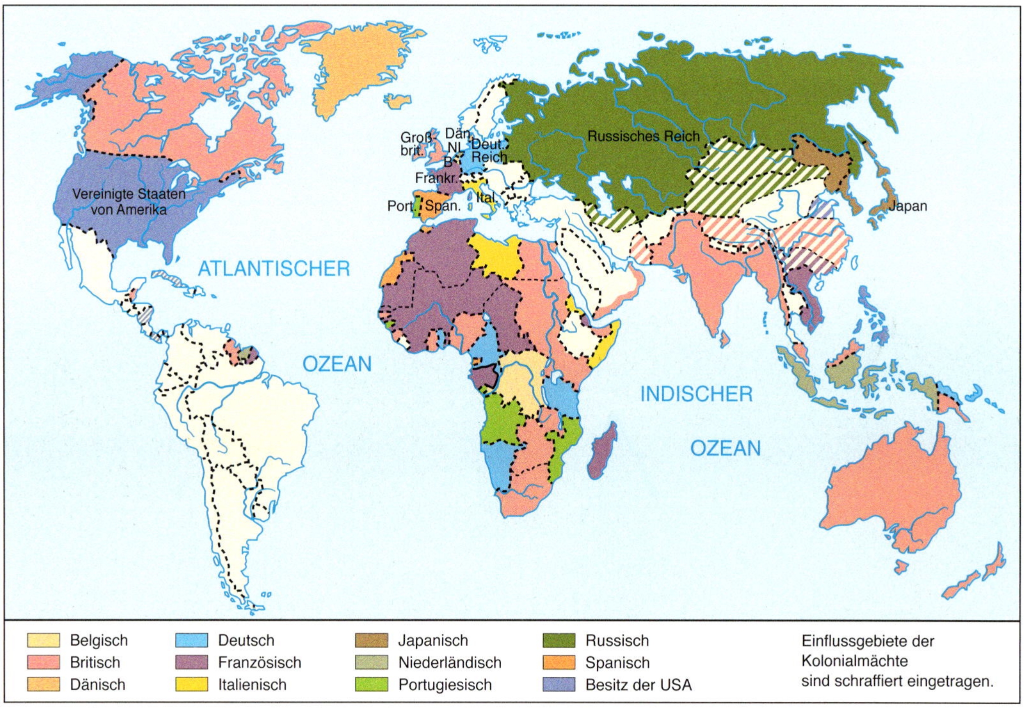

1 **Die koloniale Aufteilung der Welt 1914.**

Siegel und Münze der „Deutsch-Ostafrikanischen Gesellschaft", die 1885 von Carl Peters gegründet wurde. In der Satzung der Gesellschaft werden als Ziele genannt: „Erwerb, Besitz, Verwaltung und Verwertung von Ländereien, Ausbeutung von Handel und Schifffahrt sowie deutsche Kolonisation im Osten Afrikas".

Zu viele Waren, zu wenig Käufer

Zu den wichtigsten europäischen Industrienationen im 19. Jahrhundert gehörte neben England und Frankreich auch das Deutsche Reich. Seit der Reichsgründung im Jahr 1871 hatte die deutsche Industrie einen ungeheuren Aufschwung genommen.

Der Zusammenschluss der zahlreichen deutschen Einzelstaaten zu einem einheitlichen Wirtschafts- und Währungsgebiet brachte dem Handel große Vorteile.

Mit der hohen französischen Kriegsentschädigung konnten viele öffentliche Bauvorhaben wie Krankenhäuser oder Schulen finanziert werden.

In dieser Zeit des Wirtschaftswachstums entstanden zahlreiche Fabriken und Firmen, die allerdings bald mehr erzeugten, als sie verkaufen konnten. Wohin mit dem überzähligen Warenangebot? – Diese Frage stellte sich in Deutschland immer deutlicher.

Zur Lösung dieser „nationalen Frage" wurde im Jahr 1882 der Deutsche Kolonialverein gegründet. In einem Aufruf heißt es:

Q1 … Die Frage der deutschen Colonisation wird von Tag zu Tag dringender. Die Notwendigkeit der Erweiterung unseres Absatzgebietes, die steigende Bedeutung des überseeischen Handels … auf unser soziales und wirtschaftliches Leben haben in immer größerem Umfang die allgemeine Aufmerksamkeit auf diese Frage gelenkt.
Durch den rastlosen Eifer anderer Nationen und die fortschreitende Ausdehnung ihres Machtgebietes wird es mit jedem Jahr, ja mit jedem Tag schwieriger, den geeigneten Boden für deutsche Colonisation zu finden. Unter dem Gewicht dieser Erwägung ist am 6. Dezember 1882 der „Deutsche Colonialverein" ins Leben gerufen. Männer aller Parteien und Stände haben sich zur Lösung einer nationalen Aufgabe verbunden. …

1 *Nennt die Argumente, mit denen für den Erwerb deutscher Kolonien geworben wird.*
2 *Nennt mithilfe der Abbildung 1 die drei größten Kolonialmächte. – Wo liegen die Schwerpunkte der kolonialen Expansion?*

Die Welt wird aufgeteilt

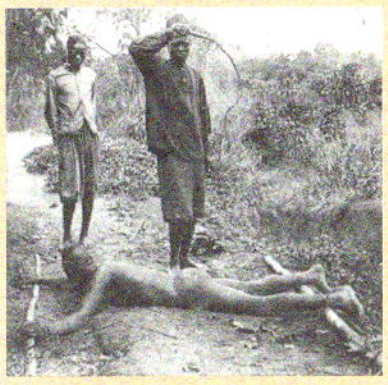

Körperstrafe an einem Einheimischen, durch den Kolonialherrn angeordnet. Foto, Kongo, 1907.

2 Die SPD-Politiker Liebknecht und Ledebour hindern Deutschland am Erwerb von Kolonien. Propagandapostkarte der Zentrumspartei, 1912.

Das Deutsche Reich – ein neues Weltreich?

Eine koloniale Bewegung gab es nicht nur in Deutschland, sondern in allen europäischen Industriestaaten. Durch die industrielle Entwicklung waren die Europäer stolz und selbstbewusst geworden. Sie waren der Überzeugung, dass das eigene Volk bedeutender sei als andere Völker in den Kolonien. Auch die technische Überlegenheit führte zu der Ansicht, dass das eigene Land auch auf Kosten anderer Länder zu einer Weltmacht werden müsse (Sendungsbewusstsein*).
Viele europäische Staaten nahmen daher ohne weiteres Gebiete in Besitz, die ihnen als Rohstofflieferanten oder Absatzmärkte wichtig erschienen. Als Vorbild diente Großbritannien mit seinem riesigen Kolonialbesitz; auch Frankreich, Deutschland und Russland wollten nun Weltreiche bilden. Man bezeichnet dieses Vorgehen der europäischen Staaten als Imperialismus*.

Europäische Kolonisten

Die Europäer glaubten, dass die Menschen in Afrika und Asien zu den Weißen mit Achtung und Vertrauen aufblicken müssen. In der Zeitung „Usambara Post" war z. B. zu lesen:

Q2 … Der Afrikaner muss zu dem Weißen aufsehen mit Achtung und Vertrauen als zu einem Höherstehenden. Er soll und darf den Europäer nicht betrachten, als sei er seinesgleichen. Denn das ist er nicht. Und daran ändert auch keine Mission etwas. …

Dieser Rassismus* kam auch in den Bezeichnungen für die einheimische Bevölkerung Afrikas als „Wilde" oder „Kaffer" zum Ausdruck. Ganze Völker und Kulturen wurden umbenannt, so z. B. das afrikanische Volk der Nama in Hottentotten. Die Europäer verteidigten ihr Vorgehen damit, dass sie den kolonisierten Völkern „Kultur" beibringen würden. In einem 1911 erschienenen Buch hieß es dagegen:

Q3 … Seien wir doch ehrlich und lassen die schönen Lügen fallen, wir gingen nach Afrika, um den Neger zu beglücken. „Zivilisatorische Mission" und wie die Schlagworte alle heißen, sind nichts anderes als ein Mäntelchen für die einfache brutale Anwendung des brutalen Naturgesetzes vom Recht des Stärkeren. … Wir brauchen uns dieser nackten Tatsache nicht zu schämen, wir treiben einfach Realpolitik. …

Entschiedene Gegner dieser Politik waren die Sozialdemokraten. Sie fürchteten, dass aus dem Streben nach Kolonien ein Krieg um Kolonien und die Weltherrschaft werden könne.

3 *Diskutiert über das „Recht zur Realpolitik". Welche Argumente sprechen dagegen?*

1. Juli 1890:
Helgoland-Sansibar-Vertrag mit England: Das Deutsche Reich erhält Helgoland; im Gegenzug werden die deutschen und englischen Einflussgebiete in Ostafrika festgeschrieben. Helgoland wird Marinestützpunkt.

Sendungsbewusstsein*:
Die Großmächte hatten in der zweiten Hälfte des 19. Jahrhunderts ein starkes Sendungsbewusstsein. Man stellte die Ausbreitung der eigenen Macht als segensreich für die gesamte Menschheit dar.

► Rassismus*:
meist zur Rechtfertigung von Unterdrückung u. Ä. entwickelte Lehre, nach der bestimmte körperliche Merkmale von Menschen (z. B. die Hautfarbe) mit bestimmten Eigenschaften gekoppelt werden (z. B. geistige Fähigkeiten) und damit eine Bewertung einhergeht (z. B. die Einschätzung des eigenen Volkes als grundsätzlich höherwertig gegenüber anderen, fremden Völkern).

Die erste deutsche Kolonie

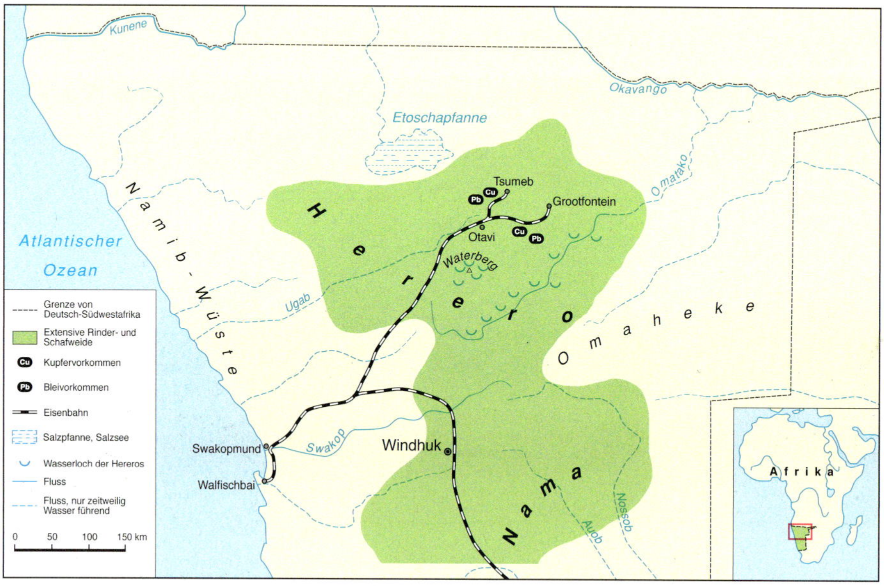

1 Die Siedlungsgebiete der Hereros und Namas.

Ab 1883:
Beginn deutscher Kolonialerwerbungen in Afrika.

Plakat der Deutschen Ost-Afrika-Linie. *Um 1890.*

1908:
Die Dresdner Hausfrau Melitta Bentz meldet im Kaiserlichen Patentamt in Berlin den Kaffeefilter an.

„Deutsch-Südwestafrika"

Im Jahr 1883 erwarb der Bremer Tabak- und Waffenhändler Lüderitz durch betrügerische Verträge mit afrikanischen Häuptlingen Gebiete des späteren Deutsch-Südwestafrika. Nur ein Jahr danach übernahm auf seinen Antrag das Deutsche Reich den Schutz über diese erste deutsche Kolonie. Zu den größeren Stämmen in diesem Gebiet gehörten die Hereros mit etwa 80 000 und die Namas mit etwa 20 000 Angehörigen.

Es waren stolze, freiheitsliebende Stämme, deren Friedfertigkeit deutsche Missionare später besonders betonten. Hereros und Namas lebten vor allem von der Viehzucht. Ihr Leben veränderte sich jetzt fast schlagartig. Geldgierige Händler betrogen sie um Land und Vieh. Für kleinste Vergehen, z. B. „unverschämte Antworten", gab es die erniedrigende Prügelstrafe mit der Nilpferdpeitsche. Raub, Mord und Vergewaltigung durch die deutschen „Schutztruppen" kamen häufiger vor und wurden kaum bestraft.

Völlig hoffnungslos wurde die Lage für die so genannten Eingeborenen, als man mit dem Bau einer Bahnlinie begann, die den Hafen Swakopmund mit den Kupfererzminen im Norden des Landes verbinden sollte. Wieder kam es zu großflächigen Enteignungen, die den Lebensraum der Hereros immer weiter einengten. Zudem wurden ihre Viehherden durch die Eisenbahnlinie von den Wasserlöchern getrennt.

In dieser Lage erklärten die Hereros und später auch die Namas den Deutschen im Jahr 1904 den Krieg. Männer, Frauen und Kinder der Hereros zogen mit all ihrer Habe von Kriegsschauplatz zu Kriegsschauplatz. „Wem gehört Hereroland? Uns gehört Hereroland!", so riefen die Frauen, um ihre Männer im Kampf zu unterstützen. Über die Kriegführung berichtete Daniel Kariko, ein Unterhäuptling:

Q1 ... Auf unseren geheimen Zusammenkünften beschlossen unsere Häuptlinge, das Leben aller deutscher Frauen und Kinder zu schonen. Auch die Missionare sollten geschont werden. ... Nur deutsche Männer wurden als unsere Feinde betrachtet. ...

1 *Stellt mithilfe der Abbildung 1 fest, warum die Hereros über die Streckenführung der Eisenbahnlinie empört waren.*

2 *Spielt eine Versammlung, auf der Herero-Häuptlinge ihr Vorgehen gegen die deutschen Schutztruppen beraten.*

3 *Informiert euch in einem Atlas, in welchem heutigen Staat die erste deutsche Kolonie lag.*

Der Völkermord an den Hereros

2 **Deutsche Kolonialsoldaten bekämpfen den afrikanischen Stamm der Hereros (1904).** Zeitgenössische Lithographie aus Frankreich.

3 **Hereros, die vor den deutschen Truppen geflüchtet sind.** Foto, 1907.

Hereros und Namas wehren sich

Die Kolonialtruppen unter Führung des preußischen Generals Lothar von Trotha (1848 bis 1920) schlugen unbarmherzig zurück. Über die Kriegführung Trothas heißt es:

Q2 ... Ich war dabei, als die Hereros bei Hamakiri, in der Nähe des Waterberges, in einer Schlacht besiegt wurden. Nach der Schlacht wurden alle Männer, Frauen und Kinder ohne Gnade getötet, die den Deutschen in die Hände fielen. Dann verfolgten die Deutschen die übrigen Hereros, und alle Nachzügler am Wegesrand und im Sandfeld wurden niedergeschossen oder mit dem Bajonett niedergemacht. Die große Masse der Hereromänner war unbewaffnet und konnte sich nicht wehren. Sie versuchten nur, mit ihrem Vieh davonzukommen. ...

Die deutschen Truppen, die aus dem Deutschen Reich zahlreiche Verstärkungen erhielten, konnten den ungleichen Kampf schon nach wenigen Monaten siegreich beenden. Nach der Schlacht am Waterberg (Abb. 1) im August 1904 wurden die Hereros in der wasserlosen Halbwüste Omaheke eingekesselt und ihrem Schicksal überlassen. Zehntausende verhungerten und verdursteten hier.

Stolz vermeldete der deutsche Generalstab:

Q3 ... Diese kühne Unternehmung zeigt die rücksichtslose Energie der deutschen Führung bei der Verfolgung des geschlagenen Feindes in glänzendem Licht. Keine Mühen, keine Entbehrungen wurden gescheut, um dem Feinde den letzten Rest seiner Widerstandsfähigkeit zu rauben: Wie ein halb zu Tode gehetztes Wild war er von Wasserstelle zu Wasserstelle gescheucht, bis er schließlich willenlos ein Opfer der Natur seines eigenen Landes wurde. ...

Von den etwa 80 000 Hereros lebten 1905 nur noch etwa 16 000. Die Überlebenden wurden in Reservate verbracht, wo sie unter erbärmlichen Bedingungen ihr Leben fristeten.

4 *August Bebel sagte am 30. Januar 1905 im Reichstag: „Das Recht zum Aufstand hat jedes Volk und jede Völkerschaft, die sich in ihren Menschenrechten aufs Alleräußerste bedrückt fühlt." Manche hielten ihn deshalb für einen Vaterlandsverräter. Was meint ihr dazu?*

5 *Vergleicht die Kriegführung der Hereros mit jener der deutschen Truppen. Verfasst dazu einen kurzen Bericht und vergleicht ihn mit dem des deutschen Generalstabs.*

1904–07:
Krieg zwischen Hereros, Namas und Deutschen.

Internettipp:
http://www.gfbv.de, Suchbegriff: Herero

Wettrüsten und Krisen in Europa

Prestigedenken:* *Entscheidungen in der Politik, die häufig nicht nach dem wahren Nutzen schauen, sondern das eigene Ansehen heben und das des Gegners senken sollen.*

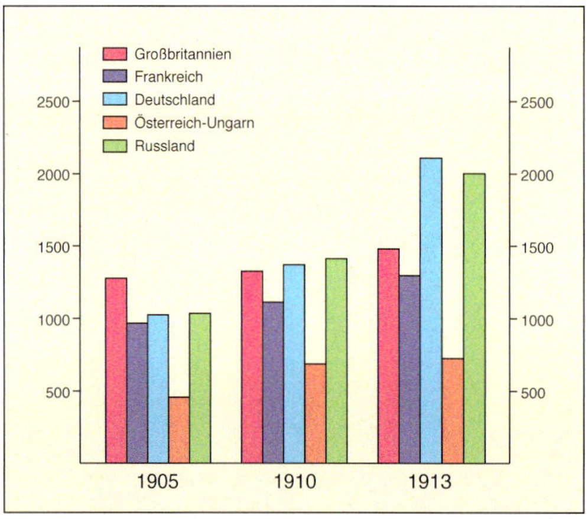

1 Rüstungsausgaben 1905–13 (in Mio. Mark).

2 Wie sollen wir uns da die Hand geben?"
Karikatur aus dem Simplicissimus, 1912.

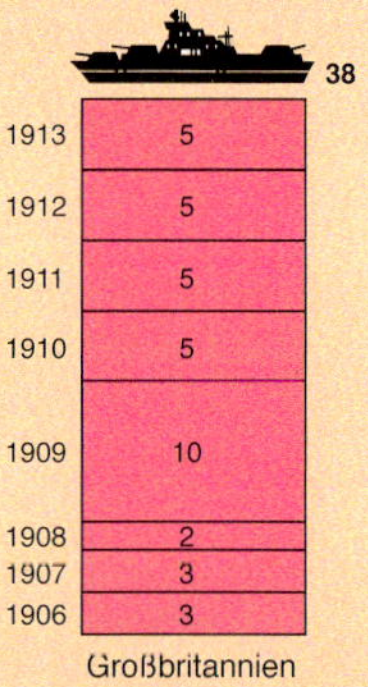

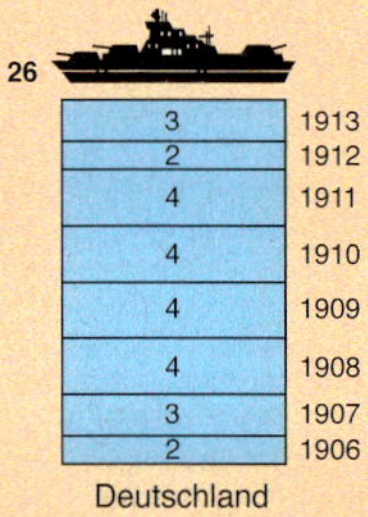

Bau von Kampfschiffen 1906–13.

Rüstungs- und Flottenpolitik

Die Rivalität und das Prestigedenken* beim Erwerb von Kolonien hatten dazu geführt, dass die europäischen Mächte untereinander verfeindet waren und sich misstrauisch beobachteten. Versuche, die eigene Machtstellung weiter auszubauen, konnten in dieser Situation als Bedrohung empfunden werden und einen Krieg auslösen. Die deutsche Politik unter Kaiser Wilhelm II. nahm darauf allerdings keine Rücksicht. So forderte Admiral Tirpitz im Jahr 1900 eine starke deutsche Flotte zum Schutz des Handels und der Kolonien. Während der Debatte im Reichstag über den Flottenbau meinte der Abgeordnete Oertel:

Q1 ... Meine Herren, das kann nicht in Abrede gestellt werden, dass wir mit dieser Flottenverstärkung wieder ein Stück weiter hinausfahren in das Meer der Weltpolitik. Davor scheuen wir nicht zurück; unsere Stellung gebietet uns das. Wir müssen teilnehmen an der Weltpolitik, wenn wir unseren geschichtlichen Beruf erfüllen wollen. ...

Ganz anderer Ansicht war Wilhelm Liebknecht (1826–1900), Abgeordneter der Sozialdemokratischen Partei:

Q2 ... Wir wissen gar wohl, welche Ziele die Flottenvorlage hat: die Stärkung des Militarismus und des Kapitalismus. Wir hatten gestern eine denkwürdige (Reichstags-)Sitzung und es wird wohl mancher sich tief geschämt haben, als wir jene entsetzlichen Schilderungen der Hospitalzustände in Berlin, der Hauptstadt des Reiches, anhörten, als wir erfuhren, wie es hier in einem Hospital aussieht und hergeht. So ist es nicht bloß hier, sondern überall, und vielfach noch schlimmer. Und woran fehlt es? Was antwortet man den Leuten, wenn sie sich erkundigen? „Wir haben kein Geld." 5000 Millionen werfen wir ins Wasser für die Flotte, nach diesem Gespenst der Weltmarktpolitik und der Weltherrschaft, aber für das Elend vor unseren Türen haben wir kein Geld. ...

Durch die Flottenpolitik des Deutschen Reiches fühlte sich vor allem Großbritannien bedroht. Sein Ziel war es, eine Kriegsflotte zu bauen, die so groß war wie die beiden nächstgrößeren Flotten zusammen. Damit begann in Europa ein allgemeines Wettrüsten. Von Jahr zu Jahr wurde in allen europäischen Staaten mehr Geld für die Rüstung ausgegeben. Mit der Aufrüstung stieg die Kriegsgefahr.

1 *Nennt die Argumente, die in den Quellen 1 und 2 für und gegen die deutsche Flottenrüstung vorgebracht werden.*

Wettrüsten und Krisen in Europa

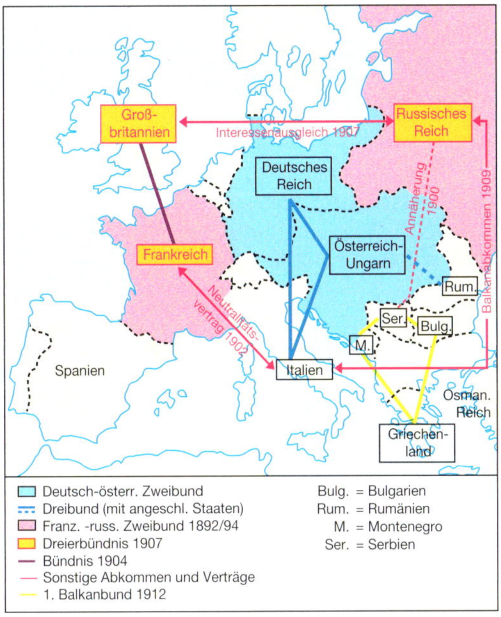

3 **Das europäische Bündnissystem vor dem Ersten Weltkrieg.**

4 **Staaten auf dem Balkan 1913.**

Auf der Suche nach Verbündeten

Die Großmachtpolitik des Deutschen Reiches löste in Großbritannien Angst aus. Mehrmals versuchten britische Politiker mit Deutschland zu einer Verständigung zu kommen. Der Kaiser und seine Berater widersetzten sich jedoch allen Bemühungen. Daraufhin näherte sich Großbritannien zunächst seinem „Erbfeind"* Frankreich an. Im Jahr 1904 verständigten sich diese beiden Mächte über ihre Interessengebiete in Afrika. Nur drei Jahre später wurde auch mit Russland ein Vertrag abgeschlossen. Damit war in Europa ein neues Bündnissystem entstanden.

2 *Vergleicht die Abbildung 3 mit der Abbildung 1 auf der Seite 8. Wie hat sich die Situation Frankreichs nach 1890 verändert?*

3 *Überlegt mithilfe der Abbildung 3, in welcher Lage sich das Deutsche Reich im Falle eines Krieges befunden hätte.*

Krisenherd Balkan

Im Laufe des 19. Jahrhunderts hatten sich die Völker des Balkans von der türkischen Herrschaft befreit. Griechenland, Serbien, Rumänien und Bulgarien waren selbstständige Staaten geworden. Diesen Staaten gelang es 1912/13, die Türken ganz vom Balkan zu vertreiben. Doch der Balkan blieb ein Unruheherd, da sich die Staaten jetzt untereinander stritten. Interesse am Balkan zeigten aber auch Russland und Österreich-Ungarn.

Bereits 1908 hatte Österreich das hauptsächlich von Slawen bewohnte Bosnien besetzt. Auch Serbien hatte Ansprüche auf dieses Gebiet erhoben, um so einen Zugang zum Meer zu gewinnen.

Ein Krieg zwischen Österreich und Serbien konnte nur mit Mühe vermieden werden.

Bestärkt wurde Serbien von Russland, das sich als Führungsmacht aller Slawen sah (Panslawismus*); Deutschland unterstützte seinen Verbündeten Österreich.

4 *Beschreibt mithilfe der Abbildung 4 und des Textes die Veränderungen auf dem Balkan.*

„Balkan Troubles". *Karikatur aus der englischen Satire-Zeitschrift „Punch", 1908.*

18. 10. 1913: *Einweihung des Völkerschlachtdenkmals in Leipzig unter Anwesenheit des sächsischen Königs, des russischen Zaren Nikolai II. und anderer Monarchen.*

„Erbfeind"*: *im 19. Jahrhundert geprägter nationalistischer Begriff, der u. a. durch die Napoleonischen Kriege entstanden ist.*

1912/13: *Balkankriege. Sie waren ein Vorspiel des Ersten Weltkriegs. Zum Krisenherd wurde der Balkan nach dem Zusammenbruch der türkischen Herrschaft.*

Panslawismus*: *politische Bewegung, die die Einigung aller so genannten slawischen Völker anstrebte.*

Ein neues Lebensgefühl entsteht

1 **Paula Modersohn-Becker: Kind mit Uhrgewicht.** Gemälde, 1900.

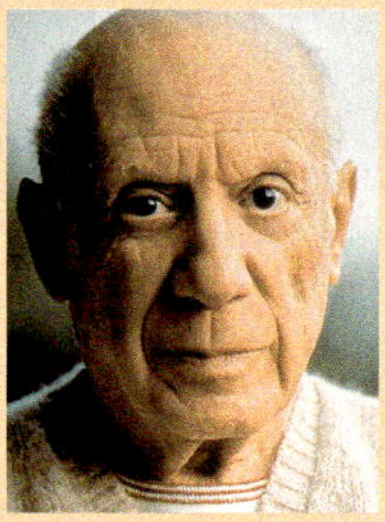

Pablo Picasso (1881–1973). Foto, 1968.

Paula Modersohn-Becker (1876–1907). Sie starb nach der Geburt ihres einzigen Kindes.

Aufbruch in eine neue Welt

Kurz nach Neujahr 1900 notierte die Malerin Paula Becker in ihr Tagebuch:

Q1 … Ich bin in Paris. In der Neujahrsnacht bin ich abgereist. … Ich fuhr siebzehn Stunden und nun lebe ich im Gewühle dieser großen Stadt. Alles saust und hastet um mich her in neblicher, feuchter Atmosphäre. … Mir ist, als gehöre mehr als meine Kraft dazu, hier zu leben, eine brutale Kraft. Das ist aber nur manchmal so. Zu anderen Zeiten wird es wonnig klar und mild in mir. Ich fühle eine neue Welt in mir entstehen.
Fromme Gestalten mit weichem, seligem Lächeln möchte ich schaffen, die durch grüne Wiesen wandeln, am Wasser hin. Alles soll fromm und gut sein. Und ich liebe die Farbe. Und sie muss sich mir geben. Und ich liebe die Kunst. Ich diene ihr auf Knien und sie muss die Meine werden. …

Paula Becker, die 1876 in Dresden geboren wurde und in Bremen aufwuchs, pendelte in ihrem kurzen Leben zwischen drei Wirkungsstätten, die sie sehr beeinflussten: Paris, Berlin und Worpswede in der Nähe von Bremen, wo sie mit anderen Künstlern in einer Künstlerkolonie wohnte und arbeitete. Sie wollte etwas Neues schaffen, wie zahlreiche andere Künstler um die Jahrhundertwende, etwas, das mehr als die bisherige Malerei über die Gefühle der Menschen ausdrückte.
Das 1900 in Paris entstandene Bild „Kind mit Uhrgewicht" ist eines der frühen Meisterwerke von Paula Modersohn-Becker, mit der sie sich der neuen Kunstrichtung des „Expressionismus" anschloss. Neu ist der tiefe Eindruck der Einsamkeit und der Schicksalsergebenheit des Kindes, der durch die Farbgebung und durch die gesamte Komposition des Bildes zum Ausdruck kommt.

1 *Betrachtet Abbildung 1 und notiert eure Eindrücke.*

2 *Vergleicht die Abbildung mit sonstigen Kinderbildern, die ihr kennt, und beschreibt Unterschiede.*

Noch radikaler stellte der 25-jährige Spanier Pablo Picasso, der sein Studio auf dem Montmartre in Paris hatte, die Tradition in Frage. Sein 1907 gemaltes Bild „Les Demoiselles d'Avignon" bedeutete in der Farbgebung und in der Darstellung von Prostituierten eine Provokation der damaligen Gesellschaft. Sein Bild, Ergebnis längerer Studien, markiert den Übergang in eine neue Epoche der Malerei: den Kubismus. Durch die von der Natur losgelöste Farbgebung und die Reduzierung der Bildinhalte auf innere Strukturen löst sich der Kubismus von der Gegenständlichkeit der Darstellung. Deutlich wird dies in Picassos Bild in der verschiedenartigen Darstellung der Gesichter, die sich in Masken verwandeln, und der Auflösung der Körper, die keine Abbildungen der realen Frauen mehr sein wollen. Innere Leidenschaften und Triebkräfte des Menschen will die neue Richtung der Malkunst im Gegensatz zur damals vorherrschenden Kunst zeigen. Der Kubismus eröffnete den Weg zur abstrakten Malerei, die die Kunst des 20. Jahrhunderts prägte.

3 *Sucht in Lexika und Bildbänden Informationen über den Expressionismus, den Kubismus und über Pablo Picasso und seine Bedeutung für die moderne Malerei.*

Aufbruch in Malerei, Wissenschaft und Literatur

2 **Pablo Picasso: Les Demoiselles d'Avignon.** Gemälde, 1907.

Begründung der Psychoanalyse
Mit der Veröffentlichung seines Buches „Die Traumdeutung" im Jahr 1900 begründete der Wiener Nervenarzt Sigmund Freud eine neue wissenschaftliche Richtung der Medizin, die Psychoanalyse. Freud erforschte durch die Untersuchung seiner Träume und später der Träume seiner Patienten die unbewussten Kräfte der Seele. Er entwarf ein neues Modell vom Funktionieren der Seele, das davon ausging, dass Triebe und unbewusste Kräfte das Handeln der Menschen bestimmen.
Seine Behandlungsmethode sollte Menschen von ihren Leiden befreien, die die herkömmliche Medizin, die sich nur auf körperliche Leiden konzentrierte, nicht heilen konnte. Freuds Forschungen waren heftig umstritten, weil er die Bedeutung der Triebe und der damals stark tabuisierten* Sexualität in den Mittelpunkt seiner Krankheitslehre stellte. Zudem betonte er, dass der Mensch im Wesentlichen bereits als Kind entscheidend geprägt würde. Letztlich stellte er die Frage, was macht das „Ich" eines Menschen aus.

Seelengeschichten
Eine Seelengeschichte des europäischen Bürgertums war der erste Roman, „Buddenbrooks" (1900), des jungen Thomas Mann (1875–1955). Feinfühlig beschrieb er den gesellschaftlichen Auf- und Abstieg einer Lübecker Kaufmannsfamilie. Radikaler setzte sich der deutsch schreibende tschechische Schriftsteller Franz Kafka mit der Seele des modernen Menschen und dessen von unbekannten Mächten bedrohtem Ich auseinander. Die 1915 veröffentlichte Erzählung „Die Verwandlung" beginnt mit den Sätzen:

Q2 ... Als Gregor Samsa eines Morgens aus unruhigen Träumen erwachte, fand er sich in seinem Bett zu einem ungeheueren Ungeziefer verwandelt. Er lag auf seinem panzerartig harten Rücken und sah, wenn er den Kopf ein wenig hob, seinen gewölbten, braunen, von bogenförmigen Versteifungen geteilten Bauch, auf dessen Höhe sich die Bettdecke, zum gänzlichen Niedergleiten bereit, kaum noch erhalten konnte. Seine vielen, im Vergleich zu seinem sonstigen Umfang kläglich dünnen Beine flimmerten ihm hilflos vor den Augen. „Was ist mit mir geschehen?", dachte er. Es war kein Traum. ...

4 *Erstellt in Gruppen einen Zeitstrahl, der Werke aus Literatur, Malerei und Musik im Expressionismus enthält. Stellt eines dieser Werke der Klasse vor.*

Tabu*:
Ein Tabu steht für etwas, wovon man nicht sprechen darf.

Thomas Mann
(1875–1955).
Foto.

Sigmund Freud
(1856–1939).
Foto.

Franz Kafka
(1883–1924).
Foto.

Berlin: Die rastlose Hauptstadt

1 Potsdamer Platz.
Foto, 1901.

Untergrundbahnhof Friedrichstraße in Berlin. Postkarte, 1910.

Gleisanlagen im Norden Berlins. Gemälde von Franz Skarbina, um 1895.

Die Nächte explodieren in den Städten

Q1 Der Dichter Ernst Wilhelm Notz um 1913:

Die Nächte explodieren in den Städten,
Wir sind zerfetzt vom wilden, heißen Licht,
Und unsere Nerven flattern, irre Fäden,
Im Pflasterwind, der aus den Rädern bricht.

In Kaffeehäusern brannten jähe Stimmen
Auf unsre Stirn und heizten jung das Blut,
Wir flammten schon. Und suchen leise zu verglimmen,
weil wir noch furchtsam sind vor eigner Glut.

Wir schweben müßig durch die Tageszeiten,
An hellen Ecken sprechen wir die Mädchen an.
Wir fühlen noch zu viel die greisen Köstlichkeiten
Der Liebe, die man leicht bezahlen kann.

Wir haben uns dem Tage übergeben
Und treiben arglos spielend vor dem Wind,
Wir sind sehr sicher, dorthin zu entschweben,
Wo man uns braucht, wenn wir geworden sind.

Die Baronin Spitzemberg notierte 1895 in ihrem Tagebuch über den Verkehr in Berlin:

Q2 … Das Getriebe in den Hauptverkehrsstraßen wie Leipziger und Friedrichstraße ist förmlich betäubend; die elektrischen Wagen und die Trams bilden eine ununterbrochene Linie, Wagen aller Art, Droschken, Drei- und Zweiräder zu Hunderten fahren neben-, vor-, hinter- und oft aufeinander, das Läuten aller dieser Vehikel, das Rasseln der Räder ist ohrenzerreißend, der Übergang der Straßen ein Kunststück für den Großstädter, eine Pein für den Provinzler. Behauptete doch Frau von Beulwitz, sie hätten sich anfangs gerührt umarmt, wenn sie nach solchem Übergange des Potsdamer Platzes sich gesund auf der Insel wieder fanden! …

1 *Fasst die Aussagen des Gedichtes in eigene Worte.*

2 *Vergleicht die Abbildungen miteinander und prüft, in welchem Bild sich die Stimmung des Gedichtes wieder findet.*

3 *Versucht für die beiden Bilder eigene Unterschriften zu finden.*

Berlin: Ein neues Lebensgefühl

2 **George Grosz: Die Großstadt.**
Gemälde, 1916/17.

3 **Ernst Ludwig Kirchner: Potsdamer Platz.**
Gemälde, 1914 (Detail).

Berlin, Ecke Unter den Linden/Friedrichstraße. Postkarte, um 1900.

Neue Mobilität
Über eine weitere technische Neuerung, die das Leben der Berliner veränderte, berichtet ein Historiker 1998:

M1 ... Mit der Elektrifizierung entstand dann auch die elektrische Straßenbahn. Voraussetzung für deren Einsatz war die Verfügbarkeit einer praktisch nutzbaren Stromquelle sowie ein sicheres Leitungssystem. 1870 wurde der elektrische Generator erfunden, auf seiner Basis konstruierte Werner von Siemens die erste halbwegs funktionsfähige elektrische Straßenbahn. ...
Die elektrische Straßenbahn war das erste wirklich moderne Massentransportmittel. Die hohen Eingangsinvestitionen sowie die notwendigen technischen Vereinheitlichungen führten zur Entstehung großer Verkehrsgesellschaften. Zu den vielen weiteren Veränderungen, die die elektrische Straßenbahn mit sich brachte, gehörten höhere Zugfrequenz, größere Lasten, niedrigere Fahrpreise und eine durchschnittliche Reisegeschwindigkeit von etwa 20 km/h. Diese einzigartige Kombination war die Voraussetzung dafür, dass sich die Städte noch weiter ausbreiten konnten und die Mobilität in ihnen zunahm. ...

Rastlos
Anfang der Zwanzigerjahre schrieb Kurt Tucholsky ironisch über die Berliner:

Q3 ... Der Berliner hat keine Zeit. Der Berliner ist meist aus Posen oder Breslau und hat keine Zeit. Er hat immer etwas vor, er telefoniert und verabredet sich, kommt abgehetzt zu einer Verabredung und etwas zu spät – und hat sehr viel zu tun.
In dieser Stadt wird nicht gearbeitet – hier wird geschuftet. Auch das Vergnügen ist hier eine Arbeit, zu der man sich vorher in die Hände spuckt und von dem man etwas haben will. Der Berliner ist nicht fleißig, er ist immer aufgezogen. ...

4 *Beschreibt mit euren Worten das neue Lebensgefühl und was davon bis heute weiter wirkt.*

Pferdewagen mit Sachsengängern (Auswanderern) in Berlin. Foto, 1908. Berlin war das Drehkreuz des preußischen Eisenbahnverkehrs. Die Sachsengänger kamen meistens am Schlesischen Bahnhof an und wurden mit Pferdewagen zum Lehrter Bahnhof weitertransportiert.

Ist der Frieden noch zu retten?

1 **Friedenskundgebung der SPD.** Foto, 1911.

Alfred Nobel
(1833–96).
Foto, um 1863.
Der schwedische Chemiker und Industrielle erfand das Dynamit und andere Sprengstoffe. Sein hiermit erworbenes Vermögen vermachte er der Nobelstiftung, die mittels der Zinsen seit 1901 jährlich die Nobelpreise verleiht.

Bertha von Suttner
(1843–1914):
Die Baronin aus Österreich gehörte zu den führenden Köpfen der Friedensbewegung. Ihr Buch „Die Waffen nieder!" wurde in über 40 Auflagen gedruckt und in zahlreiche Sprachen übersetzt.

Alfred Nobel und Bertha von Suttner

Alfred Nobel, einer der reichsten Männer Europas, schrieb im Jahr 1893 an die österreichische Baronin Bertha von Suttner, dass er einen großen Teil seines Vermögens für die Stiftung eines Preises einsetzen wolle. „Dieser Preis soll demjenigen oder derjenigen zuerkannt werden, der oder die Europa am weitesten vorangebracht hat auf dem Wege zur Befriedung der Welt."

Nobel verdankte seinen Reichtum vor allem seinen Geschäften mit „Dynamit oder Nobels Sicherheitspulver", für das er 1866 in Schweden das Patent erhalten hatte. Abschreckung durch Aufrüstung – dies schien ihm die einzig mögliche Garantie für einen dauerhaften Frieden zu sein. „Ich möchte" – so äußerte er 1876 – „einen Sprengstoff oder eine Maschine schaffen können von so fürchterlicher, massenhaft verheerender Wirkung, dass Kriege dadurch überhaupt unmöglich werden."

Ganz anderer Ansicht war die Baronin: Frieden schaffen ohne Waffen – das war ihr Ziel. Im Jahr 1889 erschien ihr Buch „Die Waffen nieder"; es wurde in fast alle Weltsprachen übersetzt. Als Präsidentin der österreichischen Friedensgesellschaft schrieb sie an Nobel: „Es wäre schön, wenn der Erfinder des Kriegssprengstoffs einer der Förderer der Friedensbewegung wäre." Nobel antwortete ihr: „Die Abrüstung fordern bedeutet so viel wie sich lächerlich machen, ohne jemandem zu nützen", und ferner: „Meine Fabriken werden dem Krieg vielleicht noch früher ein Ende machen als ihre Kongresse". Gleichzeitig überwies er allerdings eine Spende für die Friedensbewegung. Bertha von Suttner ließ sich von solchen Hinweisen nicht entmutigen. Unermüdlich hielt sie Vorträge, schrieb an die europäischen Regierungen, um vor einem kommenden Krieg zu warnen.

Ebenfalls für Abrüstung und Frieden kämpften die Sozialdemokraten in ganz Europa. Der Krieg könne nur verhindert werden, so hofften die Sozialdemokraten, wenn sich in allen Staaten die Arbeiter und Arbeiterinnen dagegen wehren würden. In großen Demonstrationen versuchten sie ihren Forderungen öffentlich Nachdruck zu verleihen.

Doch keiner der führenden Politiker noch die Militärs wollten diesen Krieg ernsthaft verhindern, denn jeder glaubte an einen schnellen Sieg seines Landes. Sie waren davon überzeugt, dass schon die nächste Krise nicht mehr friedlich ausgehen könne und ein Krieg in Europa auf Dauer unvermeidlich sei.

1 *Diskutiert über die Positionen von Alfred Nobel und Bertha von Suttner. Begründet eure eigene Meinung.*

Von der Juli-Krise zum Ausbruch des Krieges

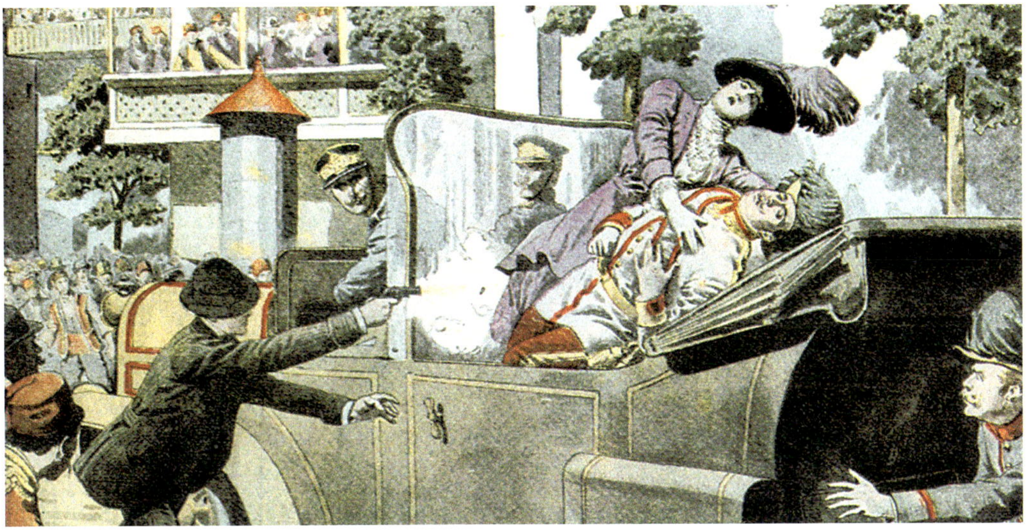

2 **Das Attentat auf den österreichischen Erzherzog Franz Ferdinand und seine Ehefrau.** Lithographie vom Juni 1914.

Das beliebteste Kleidungsstück für Jungen im Deutschen Kaiserreich wurde der Matrosenanzug, der die Kriegsbegeisterung modisch veranschaulichte. Foto.

Das Attentat von Sarajevo

Anlass des Krieges war die Ermordung des österreichischen Thronfolgers Franz Ferdinand und seiner Frau Sophie durch serbische Nationalisten in Sarajevo. Diese hatten es sich zum Ziel gesetzt, die Vereinigung aller Serben mit allen Mitteln herbeizuführen.
Nachdem Serbien sich weigerte, österreichische Beamte an dem Ermittlungsverfahren zu beteiligen, erklärte Österreich-Ungarn – von seinem Bündnispartner Deutschland bedingungslos unterstützt – Serbien am 28. Juli 1914 den Krieg. Dass Russland im Falle eines militärischen Vorgehens Österreichs gegen Serbien nicht tatenlos zusehen würde, war zu erwarten. Noch am gleichen Tag erfolgte in Russland die Teilmobilmachung*. Und nun gab es kein Halten mehr: Am 1. August erklärte Deutschland Russland den Krieg, am 3. August Frankreich.
Aus dem begrenzten Krieg war ein europäischer Krieg geworden. Als am 3. August deutsche Truppen durch Belgien marschierten, erklärte die Londoner Regierung Deutschland den Krieg.

2 *Erklärt mit euren Worten, warum es zum Ausbruch des Krieges kam. Unterscheidet dabei zwischen Anlass und Ursache des Kriegsausbruchs.*

28. 6.	Ermordung des österreichisch-ungarischen Thronfolgers Franz Ferdinand in Sarajevo.
6. 7.	Berlin sichert Wien die volle Unterstützung zu (Blankoscheck).
23. 7.	Österreichs Ultimatum* an Serbien, absichtlich unannehmbar formuliert.
25. 7.	Serbiens Antwort nimmt die Bedingungen des Ultimatums größtenteils an; serbische Teilmobilmachung*; Russland beschließt Unterstützung Serbiens.
28. 7.	Österreich-Ungarn erklärt Serbien den Krieg. Teilmobilmachung Russlands.
30. 7.	Russische und österreichische-ungarische Gesamtmobilmachung.
1. 8.	16.55 Uhr französische Mobilmachung. 17.00 Uhr deutsche Mobilmachung. 19.00 Uhr deutsche Kriegserklärung an Russland. Mobilmachung der englischen Flotte.
3. 8.	Deutsche Kriegserklärung an Frankreich. Deutscher Einmarsch in das neutrale Belgien (nach Luxemburg bereits am 2. 8.). Neutralitätserklärung Italiens.
4. 8.	Englische Kriegserklärung an Deutschland.
6. 8.	Österreichisch-ungarische Kriegserklärung an Russland, serbische Kriegserklärung an Deutschland.
11./12. 8.	Kriegserklärung Frankreichs und Englands an Österreich-Ungarn.

3 **Vom Attentat in Sarajevo zum Ersten Weltkrieg. Wichtige Ereignisse in Schlagzeilen.**

Ultimatum*:
ein diplomatisches Schriftstück, das vom Absender als letztes, zeitlich befristetes Verhandlungsangebot bezeichnet wird.

Mobilmachung*
(franz. mobile = beweglich, marschbereit): Maßnahmen, durch die die Streitkräfte eines Landes für den Kriegseinsatz bereitgestellt werden, z. B. durch die Einberufung aller Wehrpflichtigen.

Ein Ausflug nach Paris?

1. 8. 1914:
Beginn des Ersten Weltkrieges; die gesamte sächsische Armee wird als 3. Deutsche Armee unter General Max von Hausen eingesetzt und nimmt u. a. an der Marne-Schlacht (5.–12. 9. 1914) teil.

Patriot*:
Anhänger einer gefühlsbetonten Bindung an das Vaterland.

„Der verlauste Pelz von Zar Nikolaus wird verdroschen." Deutsche Postkarte, 1915.

Russische Spottkarte auf Wilhelm II., 1915.

1 **Deutsche Kriegsfreiwillige bei der Abfahrt zur Westfront.** Foto, 1914.

2 **Britische Kriegsfreiwillige nach ihrer Einkleidung.** Foto, 1914.

Kriegsbegeisterung

Zum 1. August 1914 meldeten die Berliner Zeitungen:

Q1 ... Auf Befehl des Kaisers trat kurz nach 5 Uhr aus dem Portal des Schlosses ein Schutzmann und teilte der harrenden Menge mit, dass die Mobilisation beschlossen sei. Die tief ergriffene Menge stimmte unter den Klängen der Domglocken den Choral an: Nun danket alle Gott. ...

Die Nachricht von der Mobilmachung erfüllte die Menschen mit überschäumender Freude. Wie in Berlin, so auch in London und Paris. Kaum einer konnte sich vorstellen, dass es einen langen Krieg geben würde. Junge Männer in ganz Europa meldeten sich freiwillig, um „ihr Vaterland" zu verteidigen. Ganz enttäuscht berichtet z. B. ein junger Kriegsfreiwilliger von den ersten Tagen des August im Jahr 1914:

Q2 ... Ausdauer muss man haben und Geduld muss einem verliehen sein, will man den heiß begehrten Rang „Kriegsfreiwilliger" erreichen. Ich wandere von Kaserne zu Kaserne, von Regiment zu Regiment: „Wann stellen Sie Kriegsfreiwillige ein?" – „Überfüllt!" – „Vorläufig keine mehr!"– „Vielleicht später, nicht vor dem 12.!" – Überall abgewiesen. ...

1 *Seht euch Abbildung 1 an. – Wie stellen sich die deutschen Soldaten den Krieg vor?*

2 *Überlegt gemeinsam, was die britischen Soldaten empfunden haben mögen (Abbildung 2).*

„Patrioten* oder vaterlandslose Gesellen?" – Die Sozialdemokratie und der Krieg

Im Deutschen Reichstag stimmten alle Parteien, die SPD allerdings erst nach heftigen inneren Kämpfen, geschlossen für die vom Kaiser geforderten Kriegskredite. Noch am 25. Juli 1914 hatte die SPD erklärt:

Q3 ... Wir wollen keinen Krieg. Nieder mit dem Krieg! Es lebe die internationale Völkerverbrüderung! ...

Aber am 31. Juli 1914 schrieb die Parteizeitung „Der Vorwärts":

Q4 ... Wenn die verhängnisvolle Stunde schlägt, werden die vaterlandslosen Gesellen ihre Pflicht erfüllen und sich darin von den Patrioten in keiner Weise übertreffen lassen. ...

3 *Vermutet, wieso die Sozialdemokraten ihre Haltung zum Krieg änderten.*

Kriegsgegner und Kriegsziele

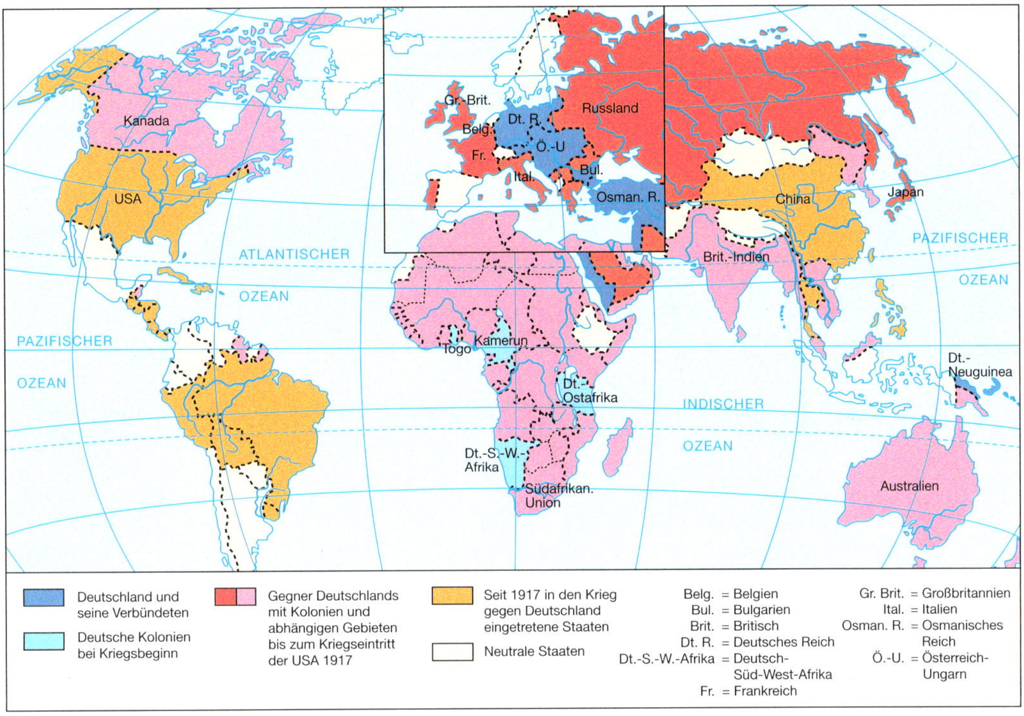

3 **Die Kriegsgegner im Ersten Weltkrieg.**

Kriegsziele als Friedensprogramme?

Am 6. August 1914 wandte sich der Kaiser an das deutsche Volk mit den Worten:

Q5 „Man verlangt, dass wir mit verschränkten Armen zusehen, wie unsere Feinde sich zu tückischem Überfall rüsten. Mitten im Frieden überfällt uns der Feind."

Nach den Worten Wilhelms II. ging es in diesem Krieg für Deutschland nur um die Verteidigung des Vaterlandes. Nur wenige Wochen später wurden die deutschen Kriegsziele offen ausgesprochen:

- Frankreich darf als Großmacht nie wieder entstehen; die nordfranzösischen Industriegebiete werden daher dem Deutschen Reich angegliedert. Zusätzliche hohe Zahlungen Frankreichs an Deutschland.
- Angliederung der belgischen Industriegebiete an das Deutsche Reich. Zollverband unter deutscher Oberhoheit von Frankreich bis Polen und von Norwegen bis Italien.
- Beendigung der russischen Herrschaft über seine Vasallenvölker. Einen größeren Anteil Deutschlands an den Kolonien auf Kosten der anderen Mächte.

Auch die anderen Länder entwickelten Kriegszielprogramme:

- Frankreichs Ziel bestand darin, die Macht des Deutschen Reiches zu brechen und Elsass-Lothringen zurückzugewinnen.
- England forderte die Abschaffung der deutschen Kriegsflotte und die Aufteilung der deutschen Kolonien.
- Russland schließlich strebte die Herrschaft über Istanbul und die Meeresengen der Dardanellen (Türkei/Anatolien) an.

Jedes Land bezeichnete diese Kriegsziele als „Friedensprogramme", da nur so der Frieden in Europa dauerhaft gesichert werden könne.

4 *Vergleicht die Worte des deutschen Kaisers (Q5) mit den im Text genannten Kriegszielen.*

5 *Alle beteiligten Regierungen bezeichneten diesen Krieg als „Verteidigungskrieg". Wie würdet ihr ihn bezeichnen?*

Internettipp:
www.dhm.de/lemo/html/wk1/index.html

Mittelmächte:
Im Ersten Weltkrieg das Deutsche Reich und Österreich-Ungarn mit ihren Verbündeten Bulgarien und dem Osmanischen Reich.

Alliierte:
Bezeichnung für die gegen die Mittelmächte verbündeten Staaten Großbritannien, Frankreich und Russland.

Das Gesicht des Krieges

Oft legten Frauen den Briefen, die sie an ihre Männer, Brüder und Söhne schrieben, Gegenstände wie z. B. Taschentücher oder auch Fotos bei. Diese Briefe trugen viel dazu bei, dass die Moral der unter Heimweh und Angst leidenden Männer aufrechterhalten blieb.

1 **Kriegsalltag an der Front.** Foto, 1916.

Ein Krieg des Industriezeitalters

Der deutsche Großadmiral von Tirpitz schrieb am 11. Oktober 1914 in sein Tagebuch:

Q1 … Ein merkwürdiger Krieg: von den Vogesen über Paris bis an den Kanal ein langer provisorischer Festungsgürtel von beiden Seiten, der nur mit schwersten Blutopfern zu stürmen wäre. Auf der anderen Seite eine mit hunderten von Millionen erbaute Festung in zwölf Tagen ohne große Verluste genommen. Flieger, Autos spielen eine ungeahnte Rolle, wie überhaupt die Technik, Brücken und Tunnels, deren Bau sonst Jahre gedauert hat, werden in vierzehn Tagen hergestellt. …

Der „merkwürdige Krieg", der erst gut zwei Monate gedauert hatte, war offenbar ein ganz neuer, so nicht erwarteter Krieg. Nur selten hatten im 19. Jahrhundert Heere von mehr als 500 000 Mann gegeneinander gekämpft; nun waren es Armeen von mehreren Millionen. Erstmals standen sich hochgerüstete Industriestaaten gegenüber. Neue, immer tödlichere Waffen fanden Verwendung.

Vom Bewegungskrieg zum Stellungskrieg

Der deutsche Feldzugsplan folgte den Vorschlägen, die der General von Schlieffen* entwickelt hatte. Dessen Grundidee war es, durch eine Art Blitzkrieg Frankreich niederzuwerfen, um dann mit geballter Kraft gegen Russland vorgehen zu können. Schnelligkeit sollte das Geheimnis eines deutschen Sieges sein. Schon am 4. August 1914 fielen die deutschen Truppen frühmorgens in das neutrale Belgien ein. In einem Sturmlauf stießen fünf deutsche Armeen durch Belgien, Nord- und Ostfrankreich in Richtung Paris vor. Doch an der Marne, wo die französischen Armeen eine starke Verteidigungslinie aufgebaut hatten, blieb der Angriff stecken. Damit war der deutsche Feldzugsplan gescheitert. Es war nicht möglich ge-

Schlieffenplan*: *deutsche Kriegsstrategie, die der General Schlieffen schon 1905 entworfen hatte. Um den befürchteten Zweifrontenkrieg gegen Russland und Frankreich zu vermeiden, sollte zunächst Frankreich in einem raschen Kriegszug niedergeworfen werden. Danach wollte man dann alle Truppen gegen Russland einsetzen.*

Vier Jahre Stellungskrieg

2 **Die Druckwelle einer Explosion tötet Soldaten an der Ostfront.** Foto, 1918.

3 **Granatentreffer im Schützengraben.** Foto, 1916.

wesen, Frankreich in einem schnellen Bewegungskrieg zu besiegen. Aber auch Frankreich fehlte die Kraft zu einem entscheidenden Durchbruch. Der Krieg erstarrte an allen Fronten zum Stellungskrieg. Die Armeen begannen sich in festen Stellungen einzugraben. Dasselbe Bild bot sich seit 1915 auch an der Ostfront im Krieg gegen Russland. Oft lagen die gegnerischen Gräben nur 30 bis 50 Meter voneinander entfernt. Beide Seiten versuchten, durch ungeheuren Einsatz an Material und stundenlanges Granatfeuer die gegnerischen Stellen aufzureißen.

Materialschlachten: Die Industrialisierung des Tötens

Den Gegner ausbluten und zermürben, so lautete die Strategie des Stellungskriegs. Stabil ausgebaute Gräben und Gefechtslinien bildeten die Verteidigungslinien. Mit neuartigen Waffen versuchten die Soldaten die gegnerischen Linien zu überwinden oder die eigenen Stellungen zu verteidigen. Eine bisher noch nie gesehene Materialschlacht mit neuen Waffen, Maschinengewehren, Handgranaten, Giftgasgranaten, Minen, Panzern und Flugzeugen setzte ein. Granatwerfer schossen tagelang rund um die Uhr ihre Munition auf die gegnerischen Stellungen. Die Gewalt der Explosionen zerfetzte in Minuten ganze Wälder, stampfte Betonbunker zusammen und zerriss Hunderttausende von Menschen. So kostete der Stellungskrieg Millionen von Soldaten das Leben. Allein in der „Hölle von Verdun" starben 240 000 Deutsche und 270 000 Engländer und Franzosen.

In dem Brief eines Soldaten an seine Angehörigen heißt es:

Q2 … Die Soldaten an der vordersten Front leben mit den Toten. Überall liegen Leichen. Nicht nur im Vorgelände, wo die Opfer der letzten Angriffe in den Stacheldrahtverhauen hängen, sondern auch in den Gräben, wo sie von Artilleriefeuer zugeschüttet worden und mit Erde zusammengebacken sind, bis der nächste Granateinschlag ihre Glieder wieder emporschleudert. Oft ist ihr Anblick so furchtbar, dass selbst die Abgestumpftesten erbrechen müssen. …

1 *Vergleicht die Zahl der vor Verdun Gefallenen mit der Einwohnerzahl eures Heimatortes.*

2 *Begründet mit eigenen Worten, wodurch sich dieser Krieg von vorangegangenen unterschied. Berücksichtigt hierbei auch die neuen Waffenarten.*

3 *Stell dir vor, du bist im 1. Weltkrieg ein Soldat im Stellungskrieg. Schildere mithilfe der Abbildungen 1–3 deine Gedanken und Gefühle.*

Der Gaskrieg. *Die Deutschen setzten Giftgas zum ersten Mal im April 1915 ein. Um sich gegen das Gas zu schützen, musste man sofort Gasmasken aufsetzen, die ein Symbol der Unmenschlichkeit des Krieges wurden. Foto.*

Methode: Geschichte im Film

1 **Szenenfoto: „Nach Paris!" – Lehrer Kantorek begeistert seine Klasse für den Krieg.**

„Im Westen nichts Neues"
Der amerikanische Film „Im Westen nichts Neues" nach dem gleichnamigen Roman von Erich Maria Remarque handelt vom Schicksal einer Gruppe deutscher Abiturienten um den jungen Paul Bäumer, die sich bei Beginn des Ersten Weltkrieges voll patriotischer Begeisterung als Freiwillige zur Front melden. Mit hohen Ideen von antikem und ritterlichem Heldentum und mit der Vorstellung, das Vaterland gegen rücksichtslose Angreifer verteidigen zu müssen, glauben die jungen Männer auf der Seite der Gerechtigkeit einen schnellen Sieg erringen zu können. Im Verlauf der Handlung jedoch werden ihre Ideale, Hoffnungen und Werte von der brutalen Realität des Krieges Stück für Stück zerschlagen. Einer nach dem anderen fällt den Gräueln der Schlachtfelder zum Opfer: Vor den Augen des Zuschauers wird eine ganze Generation zur Schlachtbank geführt. Entfremdet von Familie und Gesellschaft in der Heimat, wo niemand die Wahrheit über die Sinnlosigkeit des Mordens hören will, findet schließlich auch Paul, dessen Erlebnissen der Film folgt, bei Verdun den Tod: Als er auf dem durchwühlten Schlachtfeld einen Schmetterling beobachtet und den Kopf zu hoch hebt, trifft ihn eine Kugel – „an einem Tag, der so ruhig war an der ganzen Front, dass der Heeresbericht sich nur auf den Satz beschränkte, im Westen sei nichts Neues zu melden".

(A) Wenn ihr den Film sehen könnt (dauert 140 Minuten!):

1 *Erarbeitet einen Beobachtungsbogen zum Film (z. B. filmische Mittel, Entwicklung der Hauptfigur Paul Bäumer).*

2 *Welche Szenen fandet ihr gut bzw. kritikwürdig? Begründet eure Meinung.*

3 *Welche Stärken bzw. Schwächen hat der Film? Haltet eure Ergebnisse in einem Tafelbild fest.*

(B) Wenn ihr den Film nicht sehen könnt:

4 *Lest die Kurzbeschreibung des Films und schaut die Bilder an. Vergleicht eure Eindrücke.*

5 *Schreibt einen Filmdialog zu einem der drei abgebildeten Fotos.*

Reaktionen in Deutschland
Anfang Dezember 1930 hatte der bereits mit dem Oscar prämierte Film „Im Westen nichts Neues" Uraufführung in Deutschland. Bei der Premiere in Berlin kam es zu organisierten Protesten nationalsozialistischer Störer. Sie beschimpften den deutschen Autor Remarque, der auch das Drehbuch geschrieben hatte, als „Volksverhetzer" und bezichtigten die Macher des Films, die „Ehre des deutschen Soldatentums" zu verhöhnen. Zwischen Gegnern und Befürwortern der Aufführung kam es zu tumultartigen Szenen. Da auch die Länderregierungen von Bayern, Württemberg und Sachsen wegen vermeintlicher „Gefährdung der öffentlichen Ordnung und Sicherheit" Vorführverbote beantragten, wurde die weitere Aufführung des Films von der staatlichen Filmprüfstelle am 11. Dezember 1930 in der ganzen Republik verboten. Die

2 Szenenfoto: Paul Bäumer im Bombentrichter mit dem sterbenden Franzosen Duval, dem er selbst im Kampf die tödlichen Verletzungen zugefügt hat.

3 Szenenfoto: Paul auf Heimaturlaub bei seiner sterbenden Mutter.

offizielle Begründung lautete, der Streifen gefährde das deutsche Ansehen in der Welt.

6 *Diskutiert die Vorkommnisse anlässlich der deutschen Erstaufführung. Versucht Gründe zu erschließen.*
7 *Könnt ihr Parallelen oder Widersprüche zu eurer eigenen Einschätzung des Films erkennen?*

Film als populäres Medium

Ein Film wie „Im Westen nichts Neues" ist nicht mit der historischen Wirklichkeit gleichzusetzen, die er darstellt. Er repräsentiert vielmehr eine ganz bestimmte Sicht auf die historische Wirklichkeit. Gerade das aber macht ihn zu einer besonderen Quelle. Anschaulicher als ein Buch vermittelt er die Vorstellung davon, „wie es damals aussah". Andererseits aber erweckt er damit einen trügerischen Anschein von Authentizität (Echtheit), die er genauso wenig erfüllen kann wie ein Roman. Ob Spielfilm oder Dokumentarfilm: Immer wird eine ganz bestimmte Sicht der Dinge vermittelt. Der Film ist also schon selber eine Interpretation der tatsächlichen Vorgänge. Daher kann aber ein Film – ebenso wie ein Buch oder andere Kunstwerke – oft sogar mehr über die Zeit seiner Entstehung als über die Zeit der dargestellten Ereignisse aussagen.
8 *Versucht aus dem Film Rückschlüsse auf die amerikanische Sicht der Dinge im Jahr 1930 zu ziehen.*
9 *Wie ist vor diesem Hintergrund der Umgang mit dem Film in Deutschland einzuordnen?*

Chancen und Gefahren

Filme sind bestens geeignet, um den Zuschauer zu manipulieren (gezielt zu beeinflussen). Das übergroße Bild der Leinwand, die vorgegebenen Kameraperspektiven, die emotionale Musik – all dies zwingt den Betrachter fast unmerklich in die Identifikation mit der Sicht des Films. Wir leiden mit dem Helden oder zürnen dem Bösewicht.
Kommt man aus dem Kino – das ist euch sicher auch schon so ergangen –, fühlt man sich für eine gewisse Zeit noch größer, aufgekratzter, kräftiger oder emotional bewegter als sonst. Man fühlt sich fast selbst wie Ben Hur, der Terminator oder Han Solo und ist noch ganz von den Gefühlen und Bildern des Films erfüllt. Das ist die Stärke und gleichzeitig die Gefahr dieses Mediums: Es ist buchstäblich aufputschend. Im Falle tragischer oder deprimierender Geschichten können Filme den Zuschauer auch sehr niederschlagen und bewegen – Beispiele hierfür sind „Schindlers Liste", „Die Farbe Lila", „Der Untergang", „Platoon" oder „Titanic". Es ist dann schwierig, genügend Abstand zu gewinnen, um unvoreingenommen über die dargestellten Ereignisse zu sprechen.
10 *Diskutiert über Möglichkeiten und Gefahren, die das Medium Film für den Geschichtsunterricht bietet.*
11 *Besprecht, wie Kriegsfilme mit dem Thema Krieg umgehen, z. B. die zahlreichen Vietnamkriegsfilme.*

Kriegsalltag in Deutschland

Schlange stehen vor einer Rationierungsstelle. Foto, um 1917.

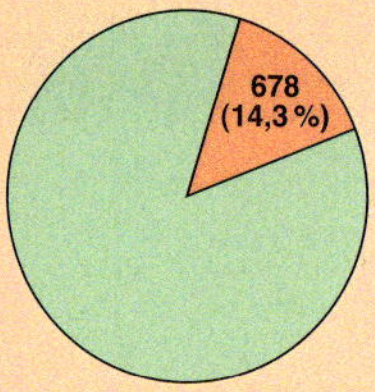

1. August 1914

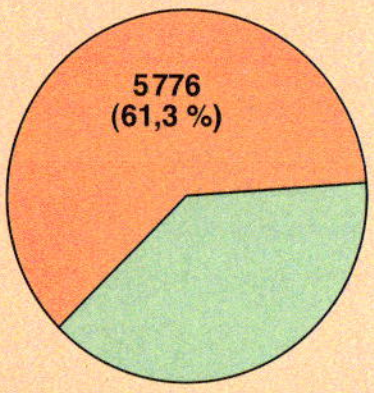

November 1918

Anteil der Frauen an der Belegschaft der Firma Bosch in Stuttgart.

Neue Vernichtungswaffen: Panzer, Flugzeuge, Gas.

1 **Auf dem Erfurter Fischmarkt werden Beutegeschütze präsentiert.** Foto, 5. Dezember 1915.

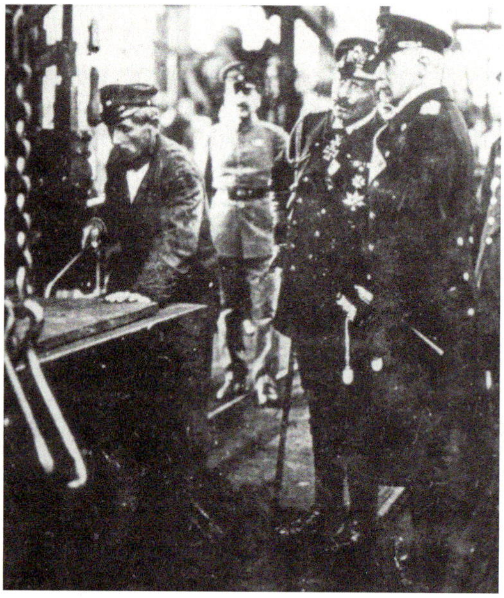

2 **Kaiser Wilhelm II. besucht im Sommer 1918 die kaiserliche Werft in Kiel.** Foto.

„Wer nicht arbeitet, soll auch nicht essen"
In den Kampfgebieten Frankreichs und Belgiens litt die Bevölkerung unter der direkten Wirkung der Waffen. Ganze Städte und Dörfer wurden dem Erdboden gleichgemacht. Das Deutsche Reich blieb von Kampfhandlungen zwar verschont, dennoch hatte auch die deutsche Zivilbevölkerung große Opfer zu bringen. Weil die Männer im Krieg waren, wurden viele Frauen zur Arbeit in Munitionsfabriken und für andere Tätigkeiten zwangsverpflichtet. So erklärte z. B. der Feldmarschall Hindenburg im September 1916:

Q1 … Arbeit für das Allgemeinwohl ist jetzt Pflicht für alle. … Es gibt ungezählte Tausende von kinderlosen Kriegerfrauen, die nur den Staat Geld kosten. Ebenso laufen Tausende Frauen und Mädchen herum, die nichts tun oder unnützen Berufen nachgehen. Der Grundsatz „Wer nicht arbeitet, soll auch nicht essen" ist in unserer Lage mehr denn je berechtigt, auch den Frauen gegenüber. …

In den Arbeitsbedingungen einer Munitionsfabrik hieß es im September 1917 für Männer und Frauen:

Q2 … Tägliche Arbeitszeit in der Regel neun Stunden, Überstunden nach Bedarf, Sonntagsarbeit, wenn erforderlich, nicht ausgeschlossen. …

Die Arbeit in der Rüstungsindustrie belastete die Frauen sehr, da sie zudem noch für den Haushalt und die Versorgung der Kinder zuständig waren. Wenige Betriebe gewährten ihnen etwas Zeit zum Einkaufen der Lebensmittel und für die Besorgung des Haushalts.

Streiks
Im April 1917 legten die Metallarbeiter in Berlin und Leipzig und in anderen Orten die Arbeit nieder, um gegen die schlechten Lebensbedingungen, aber auch gegen die Fortführung des Krieges zu protestieren. Im Januar 1918 kam es zur größten Streikwelle im ganzen Krieg. Von Berlin, wo über 400 000 Arbeiter streikten, ergriff die Streikwelle alle Industriestädte. Die streikenden Arbeiter forderten das Ende des Krieges und eine grundlegende Veränderung Deutschlands. Ihr Vorbild war die Russische Revolution. Mit brutaler Härte wurden die Streiks niedergeschlagen und die Streikführer verhaftet.

Mangel an der „Heimatfront"

Der alltägliche Hunger

Entsetzlich traf die gesamte Bevölkerung in Deutschland der Mangel an Lebensmitteln. Durch die britische Seeblockade, die Kriegswirtschaft und Missernten verknappten sich die Lebensmittel immer mehr.

Die Nahrungsmittel wurden vom Staat rationiert, d.h., man bekam sie nur noch auf Lebensmittelkarten. Während des Krieges schrieb die 12-jährige Elfriede Kuhr in ihr Tagebuch:

Q3 … Wenn wir bloß ein bisschen mehr zu essen hätten! Aber Brot und Mehl sind so knapp und mit den anderen Lebensmitteln steht es nicht besser. Augenblicklich haben wir pro Person in einer ganzen Woche 1/2 Pfund Kaffee-Ersatz und 1/2 Pfund Margarine; Butter für Erwachsene pro Woche 125 g. Manchmal gibt es Bezugsscheine für 1/2 Pfund Haferflocken, 1/2 Pfund Graupen und 1/2 Pfund Grieß, aber wenn die Vorräte ausverkauft sind, hat man ganz umsonst stundenlang vor den Läden Schlange gestanden. …

Unter dem „General Hunger" litten fast alle: die Alten, Kranke und Gebrechliche, die Kinder und die Mütter, die mit 48 Wochenstunden in der Kriegswirtschaft eingesetzt waren. Nur wer Geld besaß, konnte sich auf dem Schwarzmarkt noch zusätzliche Lebensmittel beschaffen zu weit überhöhten Preisen.
Besonders schlimm war der „Steckrübenwinter" 1917/18, als es nicht einmal mehr Kartoffeln gab. Mit Steckrüben versuchte man dem Hungertod zu entkommen.
Die mangelnde Versorgung führte bei Erwachsenen zu einer Gewichtsabnahme von etwa 10 bis 15 Kilogramm, etwa 20 Prozent ihres Normalgewichts. Insgesamt starben im Deutschen Reich während des Krieges über 750 000 Menschen den Hungertod.

1 *Beschreibt anhand der Materialien auf dieser Seite die Lebensbedingungen in der deutschen Heimat.*

3 **Frauen übernehmen im Krieg schwere körperliche Arbeit (Reinigen und Schleifen der Straßenbahnschienen).** Foto, 1916.

4 **Frauen arbeiten in der Rüstungsindustrie.** Foto, 1917.

5 **Frauen sortieren aus Fallobst verwertbare Früchte aus.** Foto, 1917.

1. Mai 1916:
Friedensdemonstrationen und Streiks in Dresden, Leipzig und Pirna, später auch in Chemnitz.

Kohlrüben-Karte
— Stadt Erfurt —

2 Pfund Kohlrüben 31. Woche 18.–24. März 1917	2 Pfund Kohlrüben 32. Woche 25.–31. März 1917
2 Pfund Kohlrüben 29. Woche 4.–10. März 1917	2 Pfund Kohlrüben 30. Woche 11.–17. März 1917
2 Pfund Kohlrüben 27. Woche 18.–24. Februar 1917	2 Pfund Kohlrüben 28. Woche 25 Febr. 3. März 1917
2 Pfund Kohlrüben 25. Woche 4.–10. Februar 1917	2 Pfund Kohlrüben 26. Woche 11. 17 Februar 1917

Erfurter Bezugskarte für Kohlrüben aus dem Jahr 1917.

Anfang 1918:
Im Januar beginnend werden unter Mitwirkung des „Spartakusbundes" Streiks im gesamten Reichsgebiet organisiert, die im Februar auch auf Dresden und Leipzig übergreifen. König Friedrich August III. setzt sich für einen Verständigungsfrieden ein und tritt damit in Konflikt mit der Obersten Heeresleitung des Deutschen Reiches.

Die Wende des Krieges

„U-Boote heraus!" – Deutsches Propagandaplakat, 1915.

1 **Torpedoangriff eines deutschen U-Bootes auf ein englisches Schiff.** Foto, 1915.

2 **Versenkung der Lusitania am 7. Mai 1915.** Zeitgenössischer Stich.

Bilanz des deutschen U-Boot-Krieges:
In den Jahren 1917 und 1918 beliefen sich die alliierten Verluste auf insgesamt 12,52 Mio. Tonnen Handelstonnage, von denen 5,92 Mio. Tonnen durch den Schiffsneubau wieder ausgeglichen werden konnten. Die deutsche Flotte verlor ihrerseits 132 U-Boote.

Deutsche U-Boote warten 1914 im ***Kieler Hafen*** *auf ihren Einsatz. Foto.*

Der deutsche U-Boot-Krieg

Auch im Seekrieg kamen neue Waffen auf, vor allem die U-Boote. Als die britische Marine eine Seeblockade verhängte, die Deutschland von allen Einfuhren abschnitt, beantwortete das Reich dies mit dem Einsatz der U-Boote, die ohne Warnung Kriegs- und sogar Handelsschiffe angriffen.

Am 7. Mai 1915 versenkte ein deutsches U-Boot den britischen Passagierdampfer „Lusitania", weil dieser auch Munition transportierte. Dabei starben 1198 Menschen, unter ihnen 128 Amerikaner. Nach dem energischen Protest der amerikanischen Regierung schränkte Deutschland den U-Boot-Krieg vorerst ein.

Am 22. Dezember 1916 erklärte Admiral Holtzendorff in einer geheimen Denkschrift:

Q1 … Gelingt es, England das Rückgrat zu brechen, so ist der Krieg sofort zu unseren Gunsten entschieden. Englands Rückgrat ist aber der Schiffsraum, der Großbritannien die notwendige Zufuhr sichert. Ich erkläre, dass wir mit dem uneingeschränkten U-Boot-Krieg in fünf Monaten England zum Frieden zwingen können. … Ein bald einsetzender uneingeschränkter U-Boot-Krieg ist also trotz der Gefahr eines Bruchs mit Amerika das richtige Mittel, den Krieg siegreich zu beenden. …

Trotz amerikanischer Warnungen eröffnete Deutschland am 1. Februar 1917 den uneingeschränkten U-Boot-Krieg. Zahlreiche Handelsschiffe wurden durch die U-Boote versenkt. Dazu äußerte sich der amerikanische Präsident Wilson am 2. April 1917:

Q2 … Der derzeitige deutsche U-Boot-Krieg gegen den Handelsverkehr ist ein Krieg gegen die Menschheit, … gegen alle Nationen. Es sind keine Unterschiede gemacht worden, die Herausforderung hat der ganzen Menschheit gegolten. …

Der uneingeschränkte U-Boot-Krieg war 1917 der letzte Anstoß für den Kriegseintritt der USA gegen Deutschland. Diesem Schritt schlossen sich fast alle Staaten Südamerikas an. Entgegen der Voraussage des Admirals Holtzendorff war der Krieg nicht in fünf Monaten beendet. Mit dem Kriegseintritt der USA war er stattdessen zum Weltkrieg geworden.

1 *Gebt die Quellen 1 und 2 mit euren Worten wieder. Welche grundsätzlichen Überlegungen bestimmen die Äußerungen?*

2 *Diskutiert die militärische und die moralische Seite des U-Boot-Krieges.*

1917 – Kriegseintritt der USA

3 **US-Truppen marschieren auf ihrem Weg zur Front durch Paris.** Foto, 1917.

Thomas Woodrow Wilson *(1856–1924), amerikanischer Präsident 1913–1921.*

US-Waffenexporte an Krieg führende Staaten *(in US-Dollar; Veränderungen der Zahlen von 1916 in % gegenüber denen von 1914):*

Großbritannien
1914
594 271 863
1916
1 526 685 102
257 %

Frankreich
1914
159 818 924
1916
628 851 988
393 %

Italien
1914
74 235 012
1916
269 246 105
364 %

Deutschland
1914
344 794 276
1916
288 899
0,88 %

Der Kriegseintritt der USA

Am 2. April 1917 erklärte der amerikanische Präsident Thomas Woodrow Wilson:

Q3 … Es ist eine fürchterliche Sache, dieses große, friedfertige Volk in den Krieg zu führen. … Aber das Recht ist wertvoller als der Friede, und wir werden für Dinge kämpfen, die wir stets in unserem Herzen getragen haben: für die Demokratie, für die Rechte und Freiheiten kleiner Nationen, für eine allgemeine Herrschaft des Rechts durch ein Zusammenspiel der freien Völker, das allen Nationen Sicherheit bringen und die Welt selbst endlich frei machen wird. …

Schon lange vor dem Kriegseintritt hatten die USA ihre ursprüngliche Neutralität aufgegeben und große Mengen Kriegsmaterial an Frankreich und Großbritannien geliefert. Diese mussten zur Finanzierung hohe Kredite bei amerikanischen Banken aufnehmen, die bei einem Sieg Deutschlands ihre Gelder verloren hätten. Beim Kriegseintritt der USA spielten also auch wirtschaftliche Eigeninteressen eine große Rolle.

3 *Welche Kriegsziele hatten die USA?*

4 *Analysiert die Tabelle in der Randspalte auf mögliche weitere Gründe für den amerikanischen Kriegseintritt.*

Wilsons 14 Punkte

Im Januar 1918, noch vor Ende des Ersten Weltkriegs, verkündete Präsident Wilson in 14 Punkten ein Friedensprogramm für Europa und die ganze Welt nach Kriegsende. Die USA beanspruchten für sich das Recht, über diese Friedensordnung zu wachen.

Q4 … Unser Programm ist also ein Programm des Weltfriedens …

1. Alle Friedensverträge sind öffentlich und werden öffentlich geschlossen …
2. Vollkommene Freiheit der Schifffahrt auf den Meeren …
3. Beseitigung aller wirtschaftlichen Schranken …
4. Angemessene Beschränkungen der Rüstungen eines jeden Landes …
5. Eine freie, weitherzige und unbedingt unparteiische Beilegung aller kolonialen Ansprüche … unter Beachtung der Interessen der betroffenen Völker …

14. Eine allgemeine Gesellschaft der Nationen muss gebildet werden zur gegenseitigen Sicherheit, für die politische Unabhängigkeit der … Nationen …

5 *Analysiere das Punkteprogramm. Wer hat Vorteile von seiner Verwirklichung?*

Das Ende des Ersten Weltkriegs

Statistik der im Ersten Weltkrieg gefallenen Soldaten (in Mio.):

Deutsches Reich	*1,808*
Österreich-Ungarn	*1,2*
Russland	*1,7*
Frankreich	*1,385*
Großbritannien	*0,947*
Italien	*0,46*
USA	*0,115*

Insgesamt waren darüber hinaus etwa 19,536 Mio. Verwundete zu beklagen.

11. November 1918: *Ende des Ersten Weltkriegs.*

Erich von Ludendorff *(1865–1937), preußischer General, hatte großen Einfluss auf die deutsche Kriegspolitik. 1923 war er am Hitlerputsch beteiligt und kandidierte 1925 für die NSDAP erfolglos für das Amt des Reichspräsidenten. Foto.*

Die USA entscheiden den Krieg

Bis zum Oktober 1918 entsandten die USA 1,8 Millionen gut ausgerüstete Soldaten auf den europäischen Kriegsschauplatz. Zusätzlich unterstützten sie Frankreich und England mit Krediten und Kriegsmaterial. Im August 1918 erlitt die deutsche Armee eine große Niederlage in Frankreich. Obwohl durch die Russische Oktoberrevolution die Ostfront weggefallen war, löste sich nun die deutsche Abwehr im Westen auf. Nach den Jahren des verlustreichen Stellungskriegs waren beide Seiten völlig entkräftet. Mit den Truppen der Amerikaner und ihrem reichen Materialnachschub waren die besser ausgerüsteten alliierten Soldaten von den deutschen Truppen nicht mehr aufzuhalten.

Niederlage im Westen

Am 29. August 1918 erklärte Generalfeldmarschall von Hindenburg im großen Hauptquartier, dass Deutschland den Krieg nicht mehr gewinnen könne. Er forderte die Reichsregierung auf, sofort Waffenstillstandsverhandlungen aufzunehmen. In einem Telegramm der Heeresleitung hieß es:

Q1 … General Ludendorff bat … seine dringende Botschaft zu übermitteln, dass unser Friedensangebot sofort hinausgehe. Heute halte die Truppe; was morgen geschehen könne, sei nicht vorauszusehen. …

Waffenstillstandsverhandlungen

Noch in der Nacht ging das Friedensangebot an den amerikanischen Präsidenten Wilson ab. Bei den Waffenstillstandsverhandlungen in einem Eisenbahnwagen im Wald von Compiègne diktierten die Alliierten unter französischer Federführung unter anderem folgende Bedingungen: sofortige Räumung Frankreichs, Belgiens und Luxemburgs; Übergabe von Elsass-Lothringen an Frankreich, Räumung der linksrheinischen Gebiete, Besetzung dieser Gebiete durch alliierte Truppen binnen 25 Tagen, Auslieferung eines großen Teils des deutschen Kriegsmaterials, darunter aller U-Boote und der Hochseeflotte, außerdem von 5000 Lokomotiven und 150 000 Eisenbahnwaggons, Beibehaltung der alliierten Blockade.

1 **Die Delegation der Alliierten vor der Unterzeichnung des Waffenstillstandsvertrags bei Compiègne.** Foto, 11. November 1918.

Es fiel der deutschen Seite schwer, diese harten Bedingungen anzunehmen. Daher zogen sich die Verhandlungen trotz der Dringlichkeit eines Waffenstillstands noch über fast zwei Monate hin.
In dieser Zeit brach in Deutschland das bisherige Regierungssystem zusammen. Ganz Deutschland wurde von einer revolutionären Bewegung erfasst. Am 9. November 1918 wurde in Berlin die Republik ausgerufen.
Die neue demokratisch orientierte Regierung war als Erstes gezwungen, die von den Alliierten diktierten Waffenstillstandsbedingungen anzunehmen und umzusetzen.

1 *Bald nach dem Krieg wurde behauptet, die Revolution hätte zur Niederlage geführt und die Sozialisten seien dem Heer quasi „in den Rücken gefallen" (Dolchstoßlegende). Prüft, wer die Waffenstillstandsverhandlungen forderte, und diskutiert, wer die Niederlage zu verantworten hatte.*

2 *Vergleicht die Statistik der im Krieg Gefallenen mit den Ergebnissen für beide Seiten.*

3 *Diskutiert darüber, welche Folgerungen ihr aus Verlauf und Ergebnis des Krieges zieht.*

Methode: Feldpost als Propaganda

Feindbilder per Feldpost
Der Erste Weltkrieg war auch ein Krieg der Bilder. Sie wurden in den beteiligten Staaten vom jeweiligen Kriegsgegner entworfen. Zur militärischen Mobilmachung gehörte die geistige Mobilmachung durch Propaganda. Sie bestand einerseits in einer hemmungslosen Hetze gegen die feindlichen Völker und Staaten und andererseits in der Verherrlichung der eigenen Tugenden, Ideale und Größe.
Zur Propaganda eigneten sich auch Bildpostkarten, die als neues Medium seit 1900 im Kaiserreich rasche Verbreitung fanden. Allein deutsche Soldaten versandten – portofrei – während des Krieges zehn Milliarden Bildpostkarten, die von den Angehörigen oftmals in Alben aufbewahrt wurden und heute ein authentisches Bild von der Kriegsstimmung und der Alltagskultur widerspiegeln.

Arbeitsschritte zur Analyse
Um nicht gutgläubig auf politische Propaganda hereinzufallen, muss man sie kritisch untersuchen. So lernt man die offenen und verdeckten Absichten besser kennen.

1. Schritt: Form und Inhalt klären
Welches Medium, welche Darstellungstechnik wird benutzt? Was wollen Bild, Text (und Musik) aussagen? Unverständliches müsst ihr klären.

2. Schritt: Absicht erklären
Wer war der Auftraggeber der Propaganda und wen wollte dieser beeinflussen? Welches Ziel hatte die Propaganda?

3. Schritt: Methode erkennen
Es gibt viele Mittel, mit denen eine Beeinflussung versucht wird (Versprechen, falsche Behauptungen, Über- bzw. Untertreibungen u. a.). Geschieht das offen oder verdeckt?

4. Schritt: Beurteilen
Schließlich müsst ihr beurteilen, ob ihr die Propaganda für wirksam und für moralisch in Ordnung haltet.

1 *Überlegt, was man heute mit dem Begriff „Propaganda" verbindet und was er früher bedeutete. Vergleicht dazu verschiedene Lexikonartikel und recherchiert im Internet.*
2 *Welche Ziele verfolgt die Postkarte „Wie die Alten, so die Jungen"? Woran soll der Titel erinnern? Was soll damit bewirkt werden?*
3 *Wie werden die Kriegsgegner auf der Postkarte „Ein sauberes ‚Quartett'" in Bild und Text dargestellt?*
4 *Warum sind die hier abgebildeten Bildpostkarten Propagandakarten?*

Fundgrube: Der Erste Weltkrieg in deutschen Bildpostkarten. Hg. v. Deutschen Historischen Museum. CD-ROM. Directmedia Publishing, Berlin.

Werkstatt Geschichte: Kriegerdenkmäler

1 Denkmal für die Gefallenen des Königlich Sächsischen 12. Infanterie-Regiments Nr. 177. Bronze/Sandstein, um 1918. Foto, vor 1939.

2 Denkmal für die im Ersten Weltkrieg Gefallenen aus der Gemeinde Gröba. Stein, nach 1918. Foto, 1999.

Gedenken an die Gefallenen

Bis zum Ende des Ersten Weltkriegs waren fast neun Millionen Soldaten auf den Schlachtfeldern gefallen. In Frankreich kamen z. B. auf 1000 Einwohner 34 Gefallene. Ein Ausdruck des ungeheuren Schocks, den der Erste Weltkrieg für alle Beteiligten bedeutete, ist die große Zahl der Totendenkmäler, die in allen Ländern nach Kriegsende errichtet wurden. Allein in Frankreich wurden 30 000 Kriegsdenkmäler errichtet. Neben großen Gedenkstätten wie z. B. in Verdun, wo eine der schrecklichsten Schlachten stattfand, sind es vor allem kleinere dörfliche Erinnerungsstätten, die zumeist auf Initiative der Gemeindevertretungen errichtet wurden.
Auch in Sachsen – wie in ganz Deutschland – gibt es zahlreiche Kriegerdenkmäler, die an die Opfer erinnern sollen und die einiges über das Leid sagen, das damals über viele Familien hereingebrochen ist.
Die traurige Gesamtbilanz des Ersten Weltkrieges für Sachsen: 210 000 Gefallene und 19 000 Vermisste von 750 000 Soldaten der sächsischen Armee bei insgesamt 5 Mill. Einwohnern.

Fragen zu Kriegerdenkmälern in eurem Heimatort

- Informiert euch, ob es in eurer Gemeinde oder den Nachbargemeinden noch Kriegerdenkmäler zum Ersten Weltkrieg gibt.
- Stellt fest, warum das Denkmal errichtet wurde: zur Mahnung, als Aufforderung zur Nachahmung, zur Verherrlichung der „Kriegshelden".
- Schreibt ab oder fotografiert dazu die Inschriften auf dem Denkmal. Beachtet auch, welche Symbole verwendet wurden: Adler, Stahlhelme, Waffen, Ölzweig, Taube usw.
- Beachtet ferner, wie die Figuren dargestellt wurden: sterbend, in aufrechter und trotziger Haltung usw.

Häufig findet sich auf diesen Denkmälern auch ein Verzeichnis aller Gefallenen dieses Ortes. Dann könnt ihr zusätzlich noch folgende Frage beantworten:

- Wie viele Männer dieses Ortes starben als Soldat im Krieg?
- Wie alt war der Jüngste, wie alt der Älteste?
- Wenn auf dem Denkmal angegeben ist, wo die Soldaten gefallen sind, dann fertigt eine Karte an und tragt die Orte ein.

Zusammenfassung

Der Weg in den Ersten Weltkrieg
Durch Bündnisverträge mit den Staaten Europas konnte Bismarck zunächst den Frieden in Europa sichern. Sein Ziel war es, keine Situation entstehen zu lassen, in der sich mehrere Staaten gegen Deutschland verbünden würden. Nach 1890 kam es immer wieder zu Konflikten zwischen den großen europäischen Mächten. Das Wettrüsten zwischen den großen Industriestaaten verstärkte sich. Besonders der deutsche Kriegsflottenbau forderte die Rüstungsanstrengungen Großbritanniens heraus.
Mit der Ermordung des österreichischen Thronfolgers und seiner Frau durch serbische Attentäter war der Anlass zum Ersten Weltkrieg gegeben.

Der Erste Weltkrieg
Überall in Europa jubelten die Massen, als sie von der Mobilmachung der Armeen erfuhren. In Scharen meldeten sich Freiwillige zum Kriegsdienst. Jede Nation betonte, dass dieser Krieg ein Verteidigungskrieg sei, aber jede Nation hatte auch konkrete Kriegsziele, die auf eine dauerhafte Schwächung des Gegners hinzielten.
In wenigen Monaten wurde aus dem Bewegungskrieg ein Stellungskrieg, der schließlich Millionen Menschen das Leben kostete. Ganze Landstriche, vor allem in Frankreich, wurden während der Materialschlachten verwüstet. Schwer belastet durch den Krieg war auch die Zivilbevölkerung durch den Mangel an Lebensmitteln und Hungersnöte. Besonders betroffen waren die Frauen, die häufig zu Fabrikarbeiten zwangsverpflichtet wurden. Millionen Menschen erkrankten oder verhungerten in der Heimat.

Zum Nachdenken
1 *Überlegt: Was wollten die Verfasser dieses Flugblatts erreichen? Welches Risiko bestand für sie?*

Ludwigsburg, Datum des Poststempels

Trauer-Anzeige.

Tief erschüttert machen wir die traurige Mitteilung, dass unser

letzter Brotlaib

im Alter von 3 Tagen heute früh aufgegessen wurde.
Die trauernden Hinterbliebenden bitten um eine Brotmarke.

In tiefer Trauer:

Der Vater: Josef **Hunger**
Die Mutter: Anna **Hunger,** geb. Kohldampf
Der Onkel: Anton **Wenigfleisch**
Die Tanten: Emma **Schmalhans**, Rosa **Mehlnot**

Anonymes Flugblatt. Nach einer Vorlage von 1917.

1912/13

Balkankriege. Sie waren ein Vorspiel des Ersten Weltkriegs.

28. Juli 1914

Beginn des Ersten Weltkriegs.

Anfang 1915

Beginn des Stellungskriegs an der Westfront.

1914–1918

An den Folgen des Hungers sterben in Deutschland etwa 750 000 Menschen.

2. Wege aus dem Krieg – Europa im Umbruch

Die „Urkatastrophe des 20. Jahrhunderts", der Erste Weltkrieg (1914 bis 1918), veränderte Europa von Grund auf. Am Ende des Krieges entstanden neue Staaten, alte Reiche zerfielen. In Russland versuchten die Revolutionäre um Lenin schon 1917 einen neuen sozialistischen Staat und eine neue Gesellschaft zu gestalten, in der der Gegensatz von Reich und Arm überwunden werden sollte. Auch die Novemberrevolution 1918 in Deutschland wollte etwas Neues: eine demokratische und soziale Republik mit freien Wahlen. Über Europa im Umbruch erfahrt ihr mehr auf den nächsten Seiten …

Krisen im Nachkriegseuropa

Unser tägliches Brot, *Zeichnung von E. Schilling aus dem „Simplicissimus", 1923. „Wird das Brot nicht endlich billiger?" – „Dann müsst' ich's schlechter machen – und das ist nicht möglich."*

1 **Massenkundgebung auf dem Augustusplatz in Leipzig.** Foto, 18. Januar 1919.

Unsicherheit und Angst

Die „Urkatastrophe des 20. Jahrhunderts", wie ein Historiker den Ersten Weltkrieg (1914–18) genannt hatte, entwurzelte die Menschen in ganz Europa. Die bisherigen staatlichen und gesellschaftlichen Ordnungen lösten sich am Ende des Krieges entweder ganz auf oder veränderten sich in den Zwanzigerjahren in hohem Maße. Noch stärker als sonst fühlten sich die Menschen diesem Prozess der Veränderung hilflos ausgeliefert, da viele von ihnen ihre bisherigen politischen und sozialen Orientierungen mit dem Kriegsende verloren.

Denn auf der Grundlage der Friedensverträge von Versailles (vgl. S. 52) wurden in Osteuropa neue Staaten gebildet und bestehende verkleinert bzw. ihre Grenzen verschoben. Etwa 10 Millionen Menschen wechselten aufgrund dieser Neugründungen ihre Staatsangehörigkeit, etwa 4,5 Millionen Menschen wurden aus ihrer Heimat vertrieben.

1 *Versucht herauszufinden (z. B. mithilfe Internet, Archiv), was die Menschen im kalten Winter 1919 auf dem Augustusplatz erreichen wollten.*

In Russland hatte bereits 1917 die Februar- und dann die Oktoberrevolution eine radikale Veränderung der Staatsform mit sich gebracht: Die Alleinherrschaft des Zaren wurde durch eine sozialistische Diktatur der Bolschewiki ersetzt (vgl. S. 41). In Deutschland musste der Kaiser abdanken, und aus der Novemberrevolution 1918 entstand eine parlamentarische Demokratie* (vgl. S. 46).

In den neu gegründeten Staaten Osteuropas, aber auch in Italien wurden bestehende demokratische Ordnungen nach 1920 durch autoritäre Regime* oder Militärdiktaturen* abgelöst. Nur in Frankreich, der Schweiz, Großbritannien und in den nordischen Staaten blieben die parlamentarischen Demokratien bestehen.

2 *Beschreibt mithilfe der Karte 2 die Staatsformen um 1933 in Europa. Notiert euch, wann und in welchen Ländern autoritäre oder diktatorische Machtstrukturen entstanden.*

► ***Parlamentarische Demokratie*:*** *Die Volksvertretung beschließt die Gesetze und ist an der Bildung der Regierung beteiligt.*

autoritäres Regime*: *Herrschaftssystem, das unbedingten Gehorsam einfordert*

Militärdiktatur*: *Autoritäres Regime, in dem die politische Führung vom Militär ausgeübt wird.*

Verunsicherung nach dem Ersten Weltkrieg

2 **Staatsformen in Europa 1933–39.**

Radikaler Wandel der Sozialstruktur

In unterschiedlichem Tempo setzte sich nach dem Ende des Ersten Weltkriegs die Veränderung der Wirtschaftsstruktur der europäischen Länder fort: Aus Agrarländern wurden Industrieländer. Dieser Prozess wurde durch die Zerstörung der Wirtschaft aufgrund des Krieges und seiner Folgen erst verzögert, blieb aber unaufhaltsam. In diesem Prozess wuchsen die großen Städte wie London, Paris und Berlin (1920: 3,8 Millionen Einwohner, 1930: 4,33 Millionen Einwohner) besonders stark. Der Anteil der Erwerbstätigen in der Industrie in den großen Industriestaaten Großbritannien, Deutschland und Frankreich stieg auf etwa 40 % an, während die Zahl der Beschäftigten im Agrarbereich stark zurückging. Ähnlich wie in anderen Ländern Europas sank die Zahl der Selbstständigen in Deutschland, die Zahl der Angestellten stieg demgegenüber von 6,7 auf 11,9 Millionen Menschen an. Diese neu entstehende Mittelschicht wurde in Deutschland durch die Geldentwertung 1923 (vgl. S. 70) und die Massenarbeitslosigkeit in der Weltwirtschaftskrise 1928–33 (vgl. S. 82) ebenso stark getroffen wie die Arbeiterschaft. In ihrem wirtschaftlichen Elend wandten sie sich radikalen politischen Gruppierungen zu, die einfache Lösungen versprachen. In Deutschland führte dies zur Errichtung der NS-Diktatur unter Adolf Hitler (vgl. S. 69). In anderen Ländern, die ebenso von der Wirtschaftskrise getroffen wurden, kamen aufgrund der politischen und sozialen Entwurzelung autoritäre, nicht demokratische Regime an die Macht. Großbritannien und Frankreich meisterten die Krise unter Beibehaltung ihrer demokratischen Strukturen (vgl. S. 99). In der großen Gesellschafts- und Wirtschaftskrise Anfang der Dreißigerjahre trauten viele Menschen in Europa autoritären Regimen eher eine Lösung ihrer Probleme zu.

Doch nicht nur in Europa trat dieses Problem auf: Auch China erlebte von 1912 bis 1949 einen Wechsel der Herrschaftsform von der absoluten Monarchie über die Republik zur kommunistischen Diktatur.

4 *Erläutert mithilfe des Textes und der Karte die Verunsicherung der Menschen in Europa und erklärt, wie sie auf die Krise reagierten.*

Millionen Tote – die „Spanische Grippe" von 1918

Es begann im März 1918 mit Erkrankungen in einem Militärcamp in den USA. Nichts Besonderes, aber die Krankheit war enorm ansteckend. Und sie verbreitete sich schnell. Mit Truppentransporten gelangte sie nach Europa und innerhalb weniger Monate in nahezu jeden Winkel der Erde. Im August flaute die Grippewelle überall auf der Welt ab. Aber da kam die Grippe, ausgehend von Frankreich, mit verheerender Gewalt zurück. Diesmal aber war sie ungleich tödlicher als die erste Welle. Die Todesfälle wurden immer zahlreicher – besonders junge Erwachsene starben in kürzester Zeit. In vielen Ländern und Städten brach die Versorgung zusammen. Öffentliche Einrichtungen wurden geschlossen. Zeitweise standen Husten und Niesen in der Öffentlichkeit unter Strafe. Anfang 1919 verschwand die Spanische Grippe wieder.
Die Bilanz: Weltweit 27 Millionen Todesfälle, in Deutschland etwa 225 000. Es war die verheerendste Seuche, von der wir wissen. Selbst der gerade erst zu Ende gegangene Weltkrieg hatte deutlich weniger Opfer gefordert.

Revolutionen in Russland

Internettipp:
ww.hdg.de/lemo/html/biografien/NikolausII/index.html

1 **Ausdehnung des Russischen Reiches vom 15. bis 20. Jahrhundert.**

Die Lage in Russland

Obwohl Russland seit dem 19. Jahrhundert eine rasante Entwicklung vom Agrar- zu einem Industriestaat erlebt hatte, lag es wirtschaftlich noch weit hinter den Staaten Westeuropas zurück. Es herrschte eine tiefe Kluft zwischen Reichen und Armen. Die Leibeigenschaft* wurde 1861 zwar aufgehoben, aber die Lage der Bauern verbesserte sich dadurch kaum. Sie konnten dem Gutsbesitzer ein Stück Land abkaufen, mussten sich dafür aber hoch verschulden und erhielten für ihr Geld zu wenig und meist minderwertigen Boden. Zwei Drittel des Landes blieben in der Hand der Gutsbesitzer. Bauernunruhen und -aufstände nahmen zu. Die politische Gruppierung der „Volksfreunde" forderte Land und Freiheit für die Bauern.

Um 1900 gab es etwa zwei Millionen adlige Gutsbesitzer und reiche Bürger im Russischen Reich. Von den ca. 125 Millionen Einwohnern lebten 107 Millionen auf dem Land und nur 14 Millionen in den Städten. Die Erfolge der Industrialisierung wurden besonders im Eisenbahnbau, in der Kohle- und Eisenerzförderung deutlich. Zentren der Industrialisierung waren St. Petersburg*, Moskau, das Donezbecken und das Ölgebiet um Baku. Neue Fabriken wurden gebaut, und die Zahl der Arbeiter wuchs auf 2,5 Millionen an. Ihre Lebens- und Arbeitsbedingungen waren sehr schlecht. Durch Streiks und den Zusammenschluss in der Sozialdemokratischen Arbeiterpartei versuchten sie eine Besserung ihrer Lage zu erreichen.

1 *Beschreibt mithilfe der Karte 1 die territoriale Entwicklung Russlands bis ins 19. Jahrhundert.*

2 *Ermittelt aus den im Text genannten Zahlen, wie viel Prozent der Bevölkerung Adlige und reiche Bürger, Bauern bzw. Arbeiter waren. Stellt das Ergebnis in einer Grafik dar.*

Zu Beginn des 20. Jahrhunderts lebten über 100 verschiedene Völker in Russland. Nur 43 % von ihnen waren Russen. Unabhängigkeitsbestrebungen einzelner Völker oder Volksgruppen wurden vom Zaren* nicht geduldet und hart bestraft. Dadurch wollte er den Zerfall seines riesigen Reiches verhindern.

3 *Russland wurde vielfach als „Völkergefängnis" bezeichnet. Versucht Gründe für diese Benennung zu finden.*

Leibeigenschaft*:
Eigentumsrecht eines Gutsbesitzers an Bauern, die auf seinem Grundbesitz leben. Der Gutsbesitzer durfte seine Leibeigenen verkaufen oder vermieten und in vielen Fragen ihres persönlichen Lebens über sie bestimmen. Einige Adlige besaßen bis zu 500 000 Leibeigene.

St. Petersburg*:
1703 durch Zar Peter I. gegründet,
1914 in Petrograd umbenannt,
1924–91 Leningrad,
ab 1991 wieder St. Petersburg.

Zar*
(lat. Caesar): Bezeichnung für den russischen Kaiser seit 1547. Von 1613 bis 1917 regierte das Geschlecht der Romanows in Russland. Berühmtester Herrscher dieser Dynastie war Zar Peter I. (1689 bis 1725). Unter seiner Herrschaft wurde Russland zur Großmacht.

Der Sturz des Zaren

Forderungen nach Reformen werden laut

Nach der Niederlage Russlands im Krieg gegen Japan (1904/05) häuften sich die Unruhen im Land. Der Ruf nach politischen Reformen wurde immer lauter und radikale Kräfte wie die Bolschewiki* mit ihrem Führer Lenin planten den Sturz des Zaren. Im Februar 1905 forderten Petersburger Arbeiter in einer Bittschrift an den Zaren mehr Freiheitsrechte, bessere Arbeitsbedingungen und eine Neuverteilung des Bodens. Ohne erkennbaren Grund richteten die zaristischen Soldaten unter den Demonstranten ein Blutbad mit Tausenden Toten und zahlreichen Verletzten an. Die Folge dieses „Blutsonntags" waren weitere Aufstände und Streiks in Russland. Der Zar machte Zugeständnisse: Bildung eines Parlaments (Duma) und Erarbeitung einer Verfassung mit Rede- und Pressefreiheit. In der Macht des Zaren lag es aber weiterhin, das Parlament aufzulösen, Minister zu ernennen und zu entlassen. Gesetze hatten erst mit seiner Zustimmung Gültigkeit.

4 *Nennt Ursachen und Ergebnisse der Revolution von 1905.*

Russland im Ersten Weltkrieg

Der Ausbruch des Ersten Weltkriegs 1914 und die Teilnahme aufseiten der Gegner Deutschlands stürzte Russland in eine tiefe Krise. Das Militär war für einen solchen Krieg schlecht vorbereitet.

Aus einem Gespräch mit dem Generalstabschef der russischen Armee, 1915:

Q1 … Sie kennen unseren Munitionsmangel. … Denken Sie sich, dass in mehreren Infanterieregimentern, die an den letzten Schlachten teilgenommen haben, mindestens ein Drittel der Mannschaft keine Gewehre hatte. Diese Unglücklichen warteten geduldig unter dem Regen des Schrapnells*, dass die vor ihren Augen umgefallenen Kameraden gefallen seien, um deren Waffen an sich zu nehmen. …

5 *Beschreibt die Lage der russischen Armee.*

Leo Trotzki schrieb über die Bedeutung der Armee für eine erneute Revolution:

2 **Trotzki.** Foto.

3 **Lenin.** Foto.

Q2 … Die Armee quoll auf. … Jeder hatte beim Militär die Seinen: einen Sohn, einen Mann, einen Bruder oder einen anderen Nächsten. Die Armee war nicht mehr wie vor dem Krieg vom Volk abgezäunt. … Man lebte mit ihnen, wenn sie auf Urlaub kamen, man unterhielt sich mit ihnen in den Straßen. Die Arbeiter wussten, was der Soldat dachte und fühlte. Sie führten endlose Gespräche über den Krieg, über Menschen, die sich am Krieg bereicherten, über Generäle, über Regierung, über Zar und Zarin: … Wenn sich doch alle auf einmal erhöben. …

Mit der Parole „Alles für die Armee" sollten die letzten Reserven mobilisiert werden. Die Versorgungslage der russischen Bevölkerung verschlechterte sich. Es fehlte an Kohlen und Lebensmitteln. Die Preise stiegen rasant. Mit Streiks versuchten die Menschen die Regierung auf ihre Lage aufmerksam zu machen.

Februarrevolution

Im Februar 1917 demonstrierten Tausende in der russischen Hauptstadt. Anfänglich forderten sie nur „Brot", später wurde daraus „Schluss mit dem Krieg" und „Nieder mit der Zarenherrschaft". Die Demonstrationen entwickelten sich zum Generalstreik. Die Armee stellte sich auf die Seite der Streikenden und verweigerte den Gehorsam. Daraufhin dankte Zar Nikolaus II. am 2. März 1917 ab.

6 *Erklärt, was Trotzki in Q2 ausdrücken wollte.*

7 *Berichtet, wie es zum Sturz des Zaren kam.*

Bolschewiki*:
Am Anfang des 20. Jahrhunderts hatten sich in der Sozialdemokratischen Arbeiterpartei Russlands zwei Gruppen gebildet: eine gemäßigte Gruppe und eine radikale, kommunistische Gruppe um Lenin. Lenins Gruppe hatte zwar weniger Mitglieder, aber nachdem sie bei einem Kongress 1903 zufällig die Mehrheit an Delegierten stellte, nannte sie sich Bolschewiki („Mehrheitler"). Die gemäßigte Gruppe hieß fortan Menschewiki („Minderheitler").

Wladimir Iljitsch Uljanow, genannt ***Lenin***
(geb. 22. 4. 1870, gest. 21. 1. 1924), Sohn eines Schulinspektors, studierte Jura, befasste sich intensiv mit den Schriften von Marx und Engels und wurde in der Oktoberrevolution mit Trotzki zum Anführer der Arbeiter und Soldaten.

Schrapnell*:
Sprenggeschoss mit Kugelfüllung.

Leib Dawidowitsch Bronstein, genannt ***Leo Trotzki***
(geb. 7. 11. 1879, ermordet 21. 8. 1940). Neben Lenin war er der führende Kopf der Bolschewiki, gründete die Rote Armee und wurde nach Lenins Tod zum Gegenspieler Stalins, der ihn im Exil in Mexiko ermorden ließ.

Die Oktoberrevolution von 1917

Alliierte*:
Verbündete. Gemeint sind hier die im Ersten Weltkrieg gegen Deutschland verbündeten Staaten wie Großbritannien und Frankreich.

Die Rolle der Provisorischen Regierung. Zeitgenössische Karikatur.

25./26. Oktober (6./7. November) 1917*:
Sturz der Provisorischen Regierung, Beginn der Herrschaft der Bolschewiki unter Lenin.
Der 7. und 8. November sind noch heute Feiertage in Russland.
Bis 1918 galt in Russland der julianische Kalender. Später wurde der auch in Westeuropa benutzte gregorianische Kalender eingeführt. Deswegen gibt es zu den Ereignissen in Russland unterschiedliche Datumsangaben.

Winterpalais*:
ehemaliger Zarenpalast, Sitz der Provisorischen Regierung seit Frühjahr 1917

Deputierter*:
Abgeordneter

1 **Sturm auf das Winterpalais in Petrograd am 26. Oktober 1917.** Gemälde von Kuznezow.

Der Kampf um die Macht

Die Duma ernannte eine Provisorische Regierung, die bis zur Wahl einer verfassunggebenden Versammlung die Macht ausüben sollte. Die Regierung unter dem Ministerpräsidenten Kerenski garantierte Rede-, Presse- und Versammlungsfreiheit sowie das Recht zu streiken. Mit finanzieller Unterstützung durch die Alliierten* sollte der Krieg gegen Deutschland bis zum Sieg fortgesetzt werden.
In den Städten hatten sich Arbeiter- und Soldatenräte (Sowjets = Räte) gebildet, die ebenfalls die Macht für sich beanspruchten. Die Bolschewiki gewannen zunehmend Einfluss in den Sowjets. Lenin kehrte im April 1917 mit deutscher Hilfe aus seinem Schweizer Exil nach Russland zurück. In den „Aprilthesen" legte er das Programm der Bolschewiki dar:

- Enteignung der Gutsbesitzer
- Durchführung einer Bodenreform
- Nationalisierung der Banken und Fabriken
- Sofortige Beendigung des Krieges
- Alle Macht den Sowjets

1 *Stellt die Ziele der Provisorischen Regierung denen der Bolschewiki gegenüber.*
2 *Überlegt, warum sich die Alliierten und Deutschland in die Ereignisse in Russland einmischten.*

Revolution oder Putsch?

In der Nacht vom 25. zum 26. Oktober* hielten die Bolschewiki die Zeit zum Sturz der Provisorischen Regierung für gekommen.
Bewaffnete Brigaden unter der Führung Trotzkis besetzten strategische Punkte wie Brücken, Bahnhöfe und das Telegrafenamt von Petrograd. Der Panzerkreuzer Aurora lag auf der Newa vor Anker und feuerte einen blinden Schuss ab. Das war das Startsignal für die Truppen. Sie überwältigten die Wachen des Winterpalais* und verhafteten Mitglieder der Provisorischen Regierung. Kerenski gelang die Flucht. Sechs Menschen starben. Die Bevölkerung hatte davon fast nichts mitbekommen.

3 *Beschreibt, welchen Eindruck das Gemälde (Bild 1) von den Petrograder Ereignissen vermittelt.*
4 *Die Bolschewiki gaben den Ereignissen jener Nacht später den Namen „Große sozialistische Oktoberrevolution". In Westeuropa wurden sie als Staatsstreich oder Umsturz bezeichnet. Erklärt, wie es zu so unterschiedlichen Bezeichnungen kam.*

Am 26. Oktober (7. November) erfuhren die Menschen durch diese Erklärung, was geschehen war:

Q1 An die Bürger Russlands!
Die Provisorische Regierung ist gestürzt. Die staatliche Gewalt ist in die Hände des Organs des Petrograder Rates der Arbeiter- und Soldatendeputierten* … übergegangen, das an der Spitze des Proletariats und der Garnison von Petrograd steht. Die Sache, für die das Volk gekämpft hat: unverzüglicher Abschluss eines demokratischen Friedens, Abschaffung des Eigentumsrechts der Gutsbesitzer am Lande, Arbeiterkontrolle über die Produktion, Schaffung einer Sowjetregierung – dies alles ist gesichert. Es lebe die Revolution der Arbeiter, Soldaten und Bauern!

Aufbau der bolschewistischen Diktatur

2 **Im Smolny, einem Institut zur Ausbildung höherer Töchter, war von Oktober 1917 bis März 1918 der Sitz der bolschewistischen Regierung untergebracht.** Zeitgenössische Fotografie.

5 *Erläutert, welche Ziele die Erklärung (Q1) verkündet und an wen sie gerichtet ist.*

Erste Maßnahmen der neuen Machthaber
Im Namen der Arbeiterklasse und der Bauern führte die Partei Lenins grundlegende politische und wirtschaftliche Veränderungen in Russland durch. Die „Aprilthesen" sollten in die Praxis umgesetzt und die Macht der Bolschewiki gegenüber der Opposition* behauptet werden.

Lenin beschrieb die neuen Machtverhältnisse in Russland so:

Q2 … Nur Schufte und Idioten können sich einbilden, dass das Proletariat* erst die Majorität* haben muss in Wahlen. … Klassen werden von Parteien geführt und Parteien wiederum von einzelnen Individuen, Führer genannt. Der Wille einer Klasse wird manchmal von einem Diktator* ausgeführt. … Was Not tut, ist eine individuelle Regierung und die Anerkennung der diktatorischen Machtbefugnisse eines einzigen Mannes. … Alle Phrasen über gleiche Rechte sind Unsinn. …

Mit den folgenden Maßnahmen wollten die Bolschewiki ihre Herrschaft sichern und ihre Vorstellungen von einer sozialistischen* Ordnung verwirklichen:

- Einschüchterung der Delegierten anderer politischer Parteien
- Bildung einer neuen Regierung (Rat der Volkskommissare)
- Aufbau der Roten Armee durch Trotzki
- Aufbau einer Geheimpolizei
- Schnelle Verabschiedung populärer Gesetze wie das Dekret* über den Boden und das Dekret über den Frieden
- Auflösung des Parlaments, nachdem die Bolschewiki darin nur 23,9 % der Stimmen erreichten
- Verstaatlichung sämtlicher Betriebe
- Trennung von Kirche und Staat
- Beschlagnahme von 50 Millionen Hektar Boden und Gründung von Staatsgütern und Genossenschaften (Kolchosen)
- Verbot aller anderen politischen Parteien und Zeitungen
- Nichtanerkennung der Auslandsschulden des Russischen Reiches
- Reformen in der Bildungspolitik und im Rechtswesen

6 *Wie begründet Lenin in Q2 den Aufbau der bolschewistischen Diktatur?*

7 *Erläutert, welche Maßnahmen eindeutig auf eine Diktatur der Bolschewiki abzielten.*

8 *Nennt Gründe, warum der bolschewistische Regierungssitz (Bild 2) so stark bewacht wurde.*

Das gestürzte Denkmal Zar Alexanders III. in Moskau, Foto, Februar 1917.

*► **Sozialismus und Kommunismus*:** Idee einer neuen Gesellschaftsordnung, in der nach der Diktatur des Proletariats die klassenlose Gesellschaft erreicht werden soll. Des Weiteren soll es keinen Privatbesitz an Produktionsmitteln und keine Ausbeutung von wirtschaftlich Schwächeren mehr geben.*

***Opposition*:** Widerstand der öffentlichen Meinung oder bestimmter Parteien und Gruppen gegen die Regierung*

***Dekret*:** Beschluss, Verordnung*

***Majorität*:** Mehrheit*

***Proletariat*:** Arbeiter, die vom Verkauf ihrer Arbeitskraft leben.*

***Diktator*:** Der Begriff ist im Allgemeinen negativ besetzt und meint einen mit allen Macht- und Gewaltmitteln regierenden Alleinherrscher.*

Bürgerkrieg zwischen „Rot" und „Weiß"

1 **Hauptkampfgebiete des russischen Bürgerkriegs 1918–20.**

2 **Hungersnot im Bürgerkrieg 1921: Eine völlig ausgezehrte Bauernfamilie an der Wolga.** Foto.

__3. März 1918:__
Friede von Brest-Litowsk; wurde im November 1918 von der Versailler Friedenskonferenz (vgl. S. 52) für ungültig erklärt.

__1918–20:__
Bürgerkrieg in Russland.

__Tscheka:__*
russische Abkürzung für Außerordentliche Kommission zum Kampf gegen Konterrevolution und Sabotage. Sie war von 1917 bis 1922 die Geheimpolizei Russlands, dann wurde sie in GPU (Staatliche politische Verwaltung) umbenannt und hieß ab 1954 KGB (Staatssicherheit).

__Jekaterinenburg:__*
(russ: Swerdlowsk); Stadt, die ca. 1400 km östlich von Moskau liegt.

Frieden um jeden Preis

Lenin hatte in den Aprilthesen die sofortige Beendigung des Krieges versprochen und dafür die Zustimmung der kriegsmüden Bevölkerung erhalten. Für die Bolschewiki war das Ausscheiden Russlands aus dem Ersten Weltkrieg zudem eine Überlebensfrage. Die Versorgung der Bevölkerung machte besonders nach den Enteignungen große Probleme. Gegen den Widerstand vieler Parteigenossen setzte Lenin Verhandlungen mit Deutschland über einen Sonderfrieden durch. Im Frieden von Brest-Litowsk (März 1918) diktierte das Deutsche Reich harte Bedingungen: Russland verlor 1,4 Millionen km^2 Land, 60 Millionen Einwohner und 70 % seiner Eisen- und Kohleindustrie.

1 *Fasst die Gründe zusammen, die zum Sonderfrieden mit Deutschland führten.*

Der Kampf zwischen „Rot" und „Weiß"

Adel, Kirche, Großgrund- und Fabrikbesitzer hatten unter der neuen Regierung und ihren ersten Maßnahmen besonders zu leiden. Es entbrannte ein blutiger Bürgerkrieg zwischen den neuen Machthabern (Roten) und ihren Gegnern (Weißen), die die alten Zustände wiederherstellen wollten und von den Alliierten und Japan unterstützt wurden.

Seit 1917 wurde die gesamte Zarenfamilie in Jekaterinenburg* gefangen gehalten und 1918 aus Angst vor einer Befreiung durch Zarenanhänger auf Befehl der Bolschewiki ermordet. Die Tscheka* verfolgte politische Gegner und ging dabei mit äußerster Brutalität vor. Auf Befehl Lenins wurde der Kriegskommunismus eingeführt. Das bedeutete, dass der Staat die Aufsicht über Produktion und Handel hatte, alle landwirtschaftlichen Güter abgegeben werden mussten und Privathandel verboten war.

Im Sommer 1918 kontrollierten die Weißen drei Viertel Russlands. Durch die Mobilisierung weiter Teile der Arbeiterschaft und der armen Bauern gelang es den „Roten", eine schlagkräftige Armee (5,5 Millionen Mann) aufzubauen und die anfangs überlegenen Weißen zu besiegen. Die Bevölkerung litt besonders unter dem Bürgerkrieg. Eine Hungersnot forderte fünf Millionen Opfer.

2 *Beschreibt Ursachen, Verlauf und Folgen des Bürgerkriegs. Nehmt auch die Karte 1, Bild 2 und die Übersicht über die ersten Maßnahmen der Bolschewiki (vgl. S. 43) zu Hilfe.*

Die Entstehung der Sowjetunion

Das neue Russland unter Lenin

Die radikale Politik der Bolschewiki und der Bürgerkrieg hatten Russland in eine tiefe Krise gestürzt. Sinkende Produktionszahlen, Geldentwertung, Hungersnöte und Aufstände zeigten, dass die Wirtschaftspolitik der Bolschewiki geändert werden musste. 1921 verkündete Lenin die Neue Ökonomische Politik (NEP). Privatwirtschaft war im kleinen Rahmen wieder möglich, und eine Naturalsteuer ersetzte die bisherigen Zwangseintreibungen in der Landwirtschaft. Maschinen wurden importiert, um die Mechanisierung der Landwirtschaft zu beschleunigen. Mit ehrgeizigen Projekten wurde die Elektrifizierung des Landes vorangetrieben. Die Wirtschaft erholte sich und erreichte teilweise den Vorkriegsstand.
1923 begann eine große Kampagne der Regierung zur Alphabetisierung. Lehrer wurden in entlegene Gebiete geschickt, um Kinder und Erwachsene zu unterrichten.
Laut Verfassung war das neue Russland ein Bundesstaat, auf dessen Gebiet mehrere Völker lebten. Seit 1917 hatten sich zahlreiche Räterepubliken gebildet. 1922 schlossen sich auf Druck Stalins, des Volkskommissars für Nationalitätenfragen, die russische, ukrainische, transkaukasische und weißrussische Sowjetrepublik zur Union der Sozialistischen Sowjetrepubliken (UdSSR oder SU= Sowjetunion) zusammen. Die neue Hauptstadt der UdSSR wurde Moskau.

3 *Entwerft einen Zeitstrahl über die Ereignisse in Russland zwischen 1914 und 1922.*
4 *Beschreibt die Karikatur (Bild 3).*
5 *Sammelt Fakten über das heutige Russland und bereitet einen Kurzvortrag vor.*

Lenins Tod – Wer wird sein Nachfolger?

1924 starb Lenin nach langer Krankheit. Vor seinem Tod hatte er in einem Brief die Frage seiner Nachfolge aufgeworfen. Für ihn standen Trotzki und Stalin, der seit 1922 Generalsekretär der kommunistischen Partei der Sowjetunion war, zur Auswahl.
Lenin schrieb über die beiden:

Q1 … Genosse Stalin hat, nachdem er Generalsekretär geworden ist, eine unermessliche Macht in seinen Händen konzentriert, und ich bin nicht überzeugt, dass er es immer verstehen wird, von dieser Macht vorsichtig genug Gebrauch zu machen. Andererseits zeichnet sich Genosse Trotzki … nicht nur durch hervorragende Fähigkeiten aus. Persönlich ist er wohl der fähigste Mann im gegenwärtigen ZK [Zentralkomitee], aber auch ein Mensch, der ein Übermaß von Selbstbewusstsein und eine übermäßige Vorliebe für rein administrative Maßnahmen hat. Stalin ist zu grob, und dieser Mangel … kann in der Funktion des Generalsekretärs nicht geduldet werden. Deshalb schlage ich den Genossen vor, sich zu überlegen, wie man Stalin ablösen könnte. …

3 **„Genosse Lenin reinigt die Erde von Ungeziefer“.** Zeitgenössische Karikatur von Viktor Deni.

6 *Beschreibt mit eigenen Worten, wie Lenin die zwei Kandidaten charakterisiert.*

Auf dem Parteitag der Kommunistischen Partei wurde der Brief verlesen. Stalin bot seinen Rücktritt an, dieser wurde aber abgelehnt. Schließlich setzte er sich gegen seinen Rivalen Trotzki durch.

1922:
Gründung der UdSSR.

Nationalflagge der UdSSR von 1923 bis 1991: Rote Fahne (Symbol des Widerstands und Kampfes) mit fünfzackigem Stern (auch Symbol der Roten Armee) sowie Hammer und Sichel (Symbole für die Arbeiterklasse und die Bauern).

Josef Wissarionowitsch Dschugaschwili, genannt ***Josef Stalin*** *(geb. 21. 12. 1879, gest. 5. 3. 1953), besuchte ein Priesterseminar, wandte sich dann der Sozialdemokratischen Arbeiterpartei zu und musste das Seminar verlassen. Unter dem Zaren war er nach Sibirien verbannt. Ab 1917 gehörte er zum engsten Führungskreis der Bolschewiki und wurde in die Regierung unter Lenin berufen. Ab 1922 war er Generalsekretär, 1927–53 Diktator.*

Revolution 1918 in Deutschland

Karl Liebknecht (geb. 13. 8. 1871, ermordet 15. 1. 1919) versuchte als Führer des Spartakusbundes eine deutsche Räterepublik nach russischem Vorbild zu errichten. Foto.

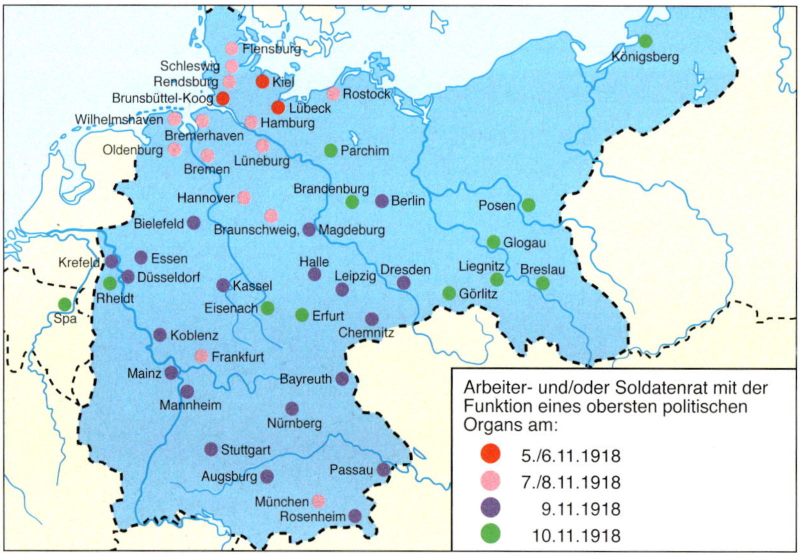

1 Die Novemberrevolution 1918 in Deutschland.

Meuterei*:
Aufstand.

29. Oktober 1918:
Meuterei der deutschen Hochseeflotte.

3.–9. November 1918:
Novemberrevolution in Deutschland.

Arbeiter- und Soldatenräte*:
In den Fabriken von Arbeitern und in den Kasernen von Soldaten gewählte Vertretungen, die die bisherige Obrigkeit ersetzen sollen. Ein nationaler Rätekongress aus Delegierten der regionalen Räte erhebt den Anspruch, das oberste politische Machtorgan zu sein.

Der Aufstand der Matrosen

Im Oktober 1918 wurde in ganz Deutschland bekannt, dass Waffenstillstandsverhandlungen eingeleitet worden waren. Die deutsche Seekriegsführung bereitete aber in Wilhelmshaven noch einen großen Angriff auf England vor.

Als der Befehl zum Auslaufen kam, verweigerten Matrosen und Heizer am Abend des 29. Oktober den Gehorsam. Auf mehreren Großkampfschiffen löschten sie die Feuer unter den Kesseln und machten die Geschütze unbrauchbar. Die beginnende Meuterei* wurde aber niedergeschlagen. Viele Matrosen wurden verhaftet, der Angriff abgesagt und ein Teil der Flotte nach Kiel verlegt.

Die Mannschaften auf den Kriegsschiffen in Kiel solidarisierten sich aber mit ihren verhafteten Kameraden, für die sie Todesurteile befürchteten. So flammte der Aufstand am 3. November von neuem auf.

Soldaten, Matrosen und Arbeiter der Kieler Werften übernahmen die Gewalt in der Stadt und bildeten einen Arbeiter- und Soldatenrat*. Ihre Hauptforderungen waren: die Freilassung aller politischen Gefangenen, straffreie Rückkehr der Matrosen auf die Schiffe sowie Rede- und Pressefreiheit.

1 *Nennt die Gründe, die die Matrosen und Heizer zum Aufstand trieben.*

2 *Warum mögen sich die Werftarbeiter dem Aufstand angeschlossen haben?*

3 *Erläutert nach der Karte 1 die Ausbreitung der Aufstände.*

4 *Beschreibt Abbildung 2. Beachtet die Gesichter der Menschen, ihre Haltung und Kleidung.*

Die Ausrufung der Republik

Auch in Berlin hatte sich ein Arbeiter- und Soldatenrat gebildet. Er forderte die Abdankung des Kaisers, Schaffung einer sozialistischen Republik und Übergabe der Regierungsgewalt an die Arbeiter- und Soldatenräte. Tausende von Menschen zogen am Morgen des 9. November auf das Regierungsviertel Berlins zu, um diese Forderungen durchzusetzen.

Das Herannahen der Massendemonstration setzte den kaiserlichen Reichskanzler Prinz Max von Baden stark unter Druck.

Als der Kaiser sich mittags immer noch weigerte zurückzutreten, verkündete der Prinz eigenmächtig dessen Abdankung.

Aber die Massen waren nicht mehr zurückzuhalten. Um die Mittagszeit des 9. November 1918 versammelte sich eine große Menge vor dem Reichstag. Es wurde bekannt, dass Karl Liebknecht, der Führer des Spartakusbundes*, eine sozialistische Republik ausrufen wollte. Anhänger der SPD drängten ihr Vor-

Die Ausrufung der Republik

2 **Demonstranten auf dem Weg zum Berliner Schloss.** Foto, 9. November 1918.

3 **Philipp Scheidemann (SPD) ruft am 9. November 1918 die Republik aus.** Foto.

Philipp Scheidemann *(1865–1939) war 1918/19 Mitglied der provisorischen SPD-Regierung, des Rates der Volksbeauftragten, und von Februar bis Juni 1919 deutscher Ministerpräsident. Wegen seiner Ablehnung des Versailler Vertrages trat er aber zurück.*

standsmitglied Philipp Scheidemann, dem zuvorzukommen. In seiner Rede hieß es:

Q1 ... Arbeiter und Soldaten. Furchtbar waren die vier Kriegsjahre, grauenhaft waren die Opfer ..., das Morden ist vorbei, die Folgen des Krieges, Not und Elend, werden noch viele Jahre auf uns lasten. ... Der Prinz Max von Baden hat sein Reichskanzleramt dem Abgeordneten Ebert übergeben. Unser Freund wird eine Arbeiterregierung bilden, der alle sozialistischen Parteien angehören werden. Die neue Regierung darf nicht gestört werden in ihrer Arbeit für den Frieden, in der Sorge um Brot und Arbeit ... seid einig, treu und pflichtbewusst. Das Alte und Morsche, die Monarchie, ist zusammengebrochen. Es lebe das Neue! Es lebe die Deutsche Republik!

Das war gegen 14 Uhr. Um 16 Uhr hielt Karl Liebknecht, Anführer der extremen Linken, eine Rede. Er sagte:

Q2 ... Der Tag der Revolution ist gekommen. Wir haben den Frieden erzwungen. ... Das Alte ist nicht mehr. ... Parteigenossen, ich proklamiere die freie sozialistische Republik Deutschland, die alle Stämme umfassen soll, in der es keine Knechte mehr geben wird. Die Herrschaft des Kapitalismus, der Europa in ein Leichenfeld verwandelt hat, ist gebrochen. ... Wir müssen alle Kräfte anspannen, um die Regierung der Arbeiter und Soldaten aufzubauen und eine neue staatliche Ordnung des Proletariats zu schaffen, eine Ordnung des Friedens, des Glücks und der Freiheit unserer deutschen Brüder und unserer Brüder in der ganzen Welt. Wir reichen ihnen die Hände und rufen sie zur Vollendung der Weltrevolution auf.

5 *Vergleicht die beiden Redeauszüge. Listet auf, in welchen Zielen sie übereinstimmen und in welchen sie sich unterscheiden.*

6 *Vermutet, warum Max von Baden sein Amt dem Sozialdemokraten Ebert übergab.*

9. November 1918: *Ausrufung der Republik.*

Internettipp: *www.dhm.de/lemo/objekte/sound/scheide/index.ram*

Spartakusbund*: *von der SPD abgespaltene linksextreme Gruppe um Karl Liebknecht und Rosa Luxemburg.*

Räte und Regierung

Rosa Luxemburg
geb. 1871, ermordet 15. 1. 1919 in Berlin) war gemeinsam mit Karl Liebknecht Gründerin des Spartakusbundes und eine bedeutende Theoretikerin des Kommunismus.

1 **Der Berliner Soldatenrat Anfang November 1918 im Reichstag.** Foto, 1918.

MSPD*:
Mehrheitssozialisten. Bezeichnung für die SPD nach Abspaltung der USPD im Jahr 1917.

USPD*:
Unabhängige Sozialdemokratische Partei Deutschlands. Linksextreme Abspaltung von der SPD.

Rat der Volksbeauftragten*:
die 1918/19 amtierende provisorische Regierung aus Mitgliedern der SPD.

Regime*:
Begriff für ein in der Regel negativ bewertetes, weil unterdrückerisches Herrschaftssystem.

Bildung einer Regierung

Am 10. November 1918 bildeten die MSPD* und die USPD* eine provisorische Regierung. Sie nannte sich „Rat der Volksbeauftragten*“. Inzwischen hatte sich die Kriegslage für Deutschland noch weiter verschlechtert. So schloss die provisorische Regierung schon am 11. November den Waffenstillstand mit den Alliierten (vgl. S. 32). Um die Mittagszeit dieses Tages wurden die Kampfhandlungen eingestellt.

Rätekongress und Spartakusbund

In vielen Betrieben und Truppenteilen waren inzwischen Arbeiter- bzw. Soldatenräte gewählt worden. Vom 16. bis 21. Dezember 1918 fand im preußischen Abgeordnetenhaus in Berlin ihr erster Gesamtkongress statt. Zwei Drittel der Delegierten gehörten der gemäßigten Mehrheits-SPD (MSPD) an, ein Drittel der linksextremen Unabhängigen-SPD (USPD). Der Spartakusbund war nicht zugelassen.
Der Spartakusbund hatte noch am 14. Dezember 1918 folgenden programmatischen Aufruf veröffentlicht:

Q1 ... Nicht, wo der Lohnsklave neben dem Kapitalisten, der Landproletarier neben dem Junker in verlogener Gleichheit sitzen, um über ihre Lebensfragen parlamentarisch zu debattieren: Dort, wo die millionenköpfige Proletariermasse die ganze Staatsgewalt mit ihrer schwieligen Faust ergreift ..., dort allein ist die Demokratie, die kein Volksbetrug ist.
... Entwaffnung aller Angehörigen der herrschenden Klassen. ... Bewaffnung der gesamten erwachsenen männlichen Bevölkerung als Arbeitermiliz. ...
... Ersetzung aller politischen Organe und Behörden des früheren Regimes* durch Vertrauensmänner der Arbeiter- und Soldatenräte.
... Beseitigung aller Parlamente und Gemeinderäte und Übernahme ihrer Funktionen durch Arbeiter- und Soldatenräte.

1 *Führt aus, warum dieses Programm (Q1) zu einem Ausschluss des Spartakusbundes vom Rätekongress geführt haben könnte.*

Am 18. Dezember 1918 lehnte der Rätekongress mit 344 gegen 98 Stimmen den Antrag ab, den Arbeiter- und Soldatenräten die höchste gesetzgebende und vollziehende Gewalt zuzugestehen. Das war die grundsätzliche Entscheidung für eine parlamentarische Demokratie.

Aufstände

Einige Beschlüsse des Kongresses zur Demokratisierung des Heeres waren nicht nur bei der Obersten Heeresleitung (OHL), sondern auch bei linken Soldatenräten auf heftigen Widerstand gestoßen.

Januarkämpfe und Nationalversammlung

2 **Spartakisten während der Barrikadenkämpfe im Berliner Zeitungsviertel.** Foto, 1919.

3 **Regierungstruppen während der Kämpfe gegen die Spartakisten in Berlin.** Foto, 1919.

Eine Abteilung der linksextremen Volksmarinedivision* besetzte aus Protest mit Waffengewalt das Berliner Schloss. Ein Regierungsmitglied wurde als Geisel genommen. So schloss der Vorsitzende des Rats der Volksbeauftragten, Ebert, mit dem Chef der OHL, Groener, ein Bündnis. Die USPD schied daraufhin aus der Regierung aus. Die Beschlüsse des Kongresses zur Heeresreform wurden für unwirksam erklärt, als Gegenleistung ließ Groener Reichswehrtruppen in Berlin einmarschieren, um die gegen den Rat meuternden Matrosen niederzuwerfen. Dies führte wiederum zu einem Aufstand von Arbeitern und Soldaten gegen die Regierung Ebert/Scheidemann wegen des vermeintlichen Verrats an der gemeinsamen Sache.

2 *Beschreibt, was die Abbildungen 2 und 3 über die Lage in Berlin im Januar 1919 verraten.*

Niederschlagung

Mit den Worten: „Meinetwegen, einer muss der Bluthund werden, ich scheue die Verantwortung nicht!“ übernahm der Mehrheits-Sozialdemokrat Gustav Noske den Oberbefehl, um die Aufstände niederzuschlagen. Zu diesem Zweck wurden regierungstreue Freikorps* zusammengestellt.

In Berlin wüteten die Kämpfe eine Woche lang. Zu den Opfern gehörten auch Karl Liebknecht und Rosa Luxemburg. Sie wurden am 15. Januar 1919 von Freikorps-Offizieren ermordet. Auch in anderen Teilen Deutschlands kam es zu Aufständen, die auf Weisung der nun allein regierenden SPD-Regierung Ebert/Scheidemann von Militär und Freikorps niedergeschlagen wurden.

3 *Diskutiert das Vorgehen der SPD-Regierung.*

Die Wahlen zur Nationalversammlung

Am 19. Januar 1919 fanden die Wahlen zur deutschen Nationalversammlung statt. Es gingen 83 Prozent der Wahlberechtigten zur Wahl. Zum ersten Mal durften auch die Frauen wählen. 54 Prozent der abgegebenen Stimmen stammten von Frauen.

Wegen der Gefahr weiterer Unruhen in Berlin wurde Weimar zum Tagungsort der Nationalversammlung bestimmt. Hier hoffte man unter dem Schutz eines Freikorps ungestört tagen zu können.

Diebstahl und Plünderung

von Staats- und Privateigentum wird standrechtlich verfolgt.

Das Standgericht ist befugt die Todesstrafe zu verhängen.

Jüterbog-Altes Lager, den 15. November 1918.

Zentral-Ausschuß des Arbeiter- und Soldatenrats für Jüterbog und Umgegend.

Plakat des Arbeiter- und Soldatenrates Jüterbog vom 15. November 1918.

Volksmarinedivision*:
Bezeichnung für eine militärische Einheit von politisch linksgerichteten Matrosen, die sich nach dem Zusammenbruch des Kaiserreiches in der Revolution von 1918 zusammengeschlossen hatten.

Freikorps*:
Soldaten der ehemaligen kaiserlichen Armee, die sich nach der Revolution 1918 freiwillig in einer Art Privatarmee organisierten und in der Regel konservative bis antidemokratische Positionen vertraten.

Das deutsche Nationaltheater in Weimar: Tagungsort der Nationalversammlung 1919.

Das Frauenwahlrecht

„Berlin – 13 Uhr“, Zeichnung von Hans Baluschek, 1931.

Straßenszene in Berlin, Kurfürstendamm, Foto, um 1926. Fotos wie diese galten als Beleg für die „Neue Frau“.

► ***Emanzipation**:*** *Befreiung von Gruppen oder Einzelpersonen aus einem Abhängigkeitsverhältnis.*

Amelia Earhart *(geb. 1897, verschollen 1937), amerikanische Pilotin. Nur ein Jahr nach dem ersten Nonstop-Atlantikflug 1927 durch Charles Lindbergh überflog sie am 18. Juni 1928 als erste Frau ebenfalls den Atlantik.*

1 **Plakat, 1914.**

2 **Plakat, 1919.**

Emanzipation der Frauen

1 *Vergleicht die beiden Plakate. Achtet dabei auf die Zeitangaben.*

Der Kampf um das Frauenwahlrecht begann bereits im 19. Jahrhundert. Die Forderung nach dem Frauenwahlrecht ist ein Teil der Frauenemanzipation*.

Außer von der bürgerlichen Frauenbewegung wurde das Frauenwahlrecht besonders von den Sozialdemokraten gefordert.

Nachdem die Frauen im Ersten Weltkrieg 1914–18 viele neue Aufgaben in der Wirtschaft und im sozialen Bereich übernommen hatten, konnten ihre Forderungen 1918 nicht mehr von den Regierenden übergangen werden.

So heißt es im Reichswahlgesetz vom 30. November 1918:

Q1 Für die Wahlen zur verfassunggebenden deutschen Nationalversammlung wird Folgendes angeordnet:

§ 2 Wahlberechtigt sind alle deutschen Männer und Frauen, die am Wahltag das 20. Lebensjahr vollendet haben.

§ 5 Wählbar sind alle Wahlberechtigten …

In der Nationalversammlung, die 1919 zusammentrat, waren erstmals Frauen als Abgeordnete vertreten. Es waren 37 von 421 Abgeordneten. Sie sorgten mit dafür, dass es dann in der Verfassung hieß:

Q2 Artikel 109 der Weimarer Verfassung:

Alle Deutschen sind vor dem Gesetz gleich. Männer und Frauen haben grundsätzlich dieselben staatsbürgerlichen Rechte und Pflichten.

2 *Stellt zusammen, welche Rechte den Frauen zuerkannt wurden.*

Helene Weber, Abgeordnete des Zentrums, schrieb über die Arbeit der Nationalversammlung:

Soziale Errungenschaften

Q3 Frau Dr. Lüders (DDP) setzte sich vor allem für die Rechte der Frau ein. … Sie ersuchte die Reichsregierung, einen Gesetzentwurf vorzulegen, der die Frauen zu den juristischen Prüfungen unter den gleichen Bedingungen zulassen sollte wie die Männer. Sie verlangte auch die Veränderung des Familienrechts. …

3 *Prüft an diesem Text, inwiefern die in der Verfassung geforderte Gleichberechtigung nicht ausreichte.*

Am 15. November, noch in den Wirren der Revolutionstage, schlossen Gewerkschaften und Unternehmerverbände den folgenden Vertrag:

Q4 1. Die Gewerkschaften werden als berufene Vertretung der Arbeiterschaft anerkannt.
2. Eine Beschränkung der Koalitionsfreiheit der Arbeiter und Arbeiterinnen ist unzulässig.
6. Die Arbeitsbedingungen für alle Arbeiter und Arbeiterinnen sind … mit den Berufsvereinigungen der Arbeitnehmer festzusetzen. …
7. Für jeden Betrieb mit einer Arbeiterschaft von mindestens 50 Beschäftigten ist ein Arbeiterausschuss einzusetzen, der diese vertreten und in Gemeinschaft mit dem Unternehmer darüber zu wachen hat, dass die Verhältnisse des Betriebes entsprechend den Abmachungen geregelt werden.
9. Das Höchstmaß der täglichen regelmäßigen Arbeitszeit wird für alle Betriebe auf 8 Stunden festgesetzt. Verdienstschmälerungen aus Anlass dieser Verkürzung der Arbeitszeit dürfen nicht stattfinden.

4 *Gebt mit eigenen Worten den Inhalt der Vereinbarung (Q4) wieder.*

Auch in der Weimarer Verfassung sind Artikel zum Arbeitsrecht aufgenommen. Dort heißt es:

Q5 Art. 185
Die Arbeiter und Angestellten sind dazu berufen, gleichberechtigt in Gemeinschaft mit den Unternehmern an der Regelung der Lohn- und Arbeitsbedingungen … mitzuwirken. Die Arbeiter und Angestellten erhalten … gesetzliche Vertretungen in den Betriebsarbeiterräten …, Bezirksarbeiterräten und in einem Reichsarbeiterrat.

5 *Prüft, wie weit die Verfassungsregelung mit dem Vertrag in Quelle 4 übereinstimmt.*

Nach 1923 wurden die mühsam errungenen Rechte wieder eingeschränkt. Der Achtstundentag wurde in vielen Betrieben erst durch Überstundenregelungen ausgehöhlt, dann aufgegeben.
Als es dann der Wirtschaft besser ging, konnten die Gewerkschaften zwar das Recht auf Tarifabschlüsse wahren, aber andere Regelungen waren nicht mehr durchsetzbar, so zum Beispiel das Mitspracherecht bei Einstellung und Entlassung. Auch das Recht der Betriebsräte, über die Lage der Betriebe informiert zu werden, ging verloren. Die Bedeutung der Betriebsräte wurde von den Unternehmern planmäßig verringert. Andererseits wurde die Sozialversicherung durch Regierung und Reichstag weiter ausgebaut:
- Die Krankenkassen mussten neben den Heilbehandlungskosten für die Versicherten auch die Kosten für die Familienangehörigen übernehmen.
- Den Frauen der Versicherten standen bei Geburten 10 Wochen Krankengeld und die Erstattung der Entbindungskosten zu.
- Die Leistungen der Rentenversicherung wurden deutlich angehoben.
- 1927 schließlich wurde die Arbeitslosenversicherung gesetzlich eingeführt.

Weibliche Abgeordnete hatten einen wesentlichen Anteil am Ausbau des Sozialstaates. Wohnungsbauvereine und Genossenschaften unternahmen zusammen mit den Städten und Gemeinden große Anstrengungen, menschenwürdige Wohnungen zu schaffen.

6 *Erläutert an Beispielen, was die einzelnen Regelungen für die Menschen bedeuten.*

Schülerarbeit mit dem Mikroskop. Neue Unterrichtsmethode in der Versuchsvolksschule Hellerau bei Dresden, Foto, 1928.

Sozialer Wohnungsbau in Berlin: Hufeisensiedlung in Britz. Foto.

Die „Frankfurter Küche", Foto, 1926. Die Modellküche wurde 1926 von ihrer Schöpferin, Grete Schütte-Lihotzky (1897–2000), in Frankfurt vorgestellt. Sie sollte die alte Wohnküche, die teilweise auch als Schlafstätte diente, ablösen. In ähnlichen Formen setzte sie sich erst nach dem Zweiten Weltkrieg durch, als in kurzer Zeit viel Wohnraum geschaffen werden musste und der Küchenteil auf etwa acht Quadratmeter beschränkt wurde.

Der Versailler Vertrag

Plakat von NSDAP und DNVP, 1929. Anlass war das Volksbegehren gegen den Young-Plan, der einen Vorschlag zur Regelung der Reparationszahlungen enthielt. Benannt nach dem amerikanischen Finanzexperten Owen D. Young.

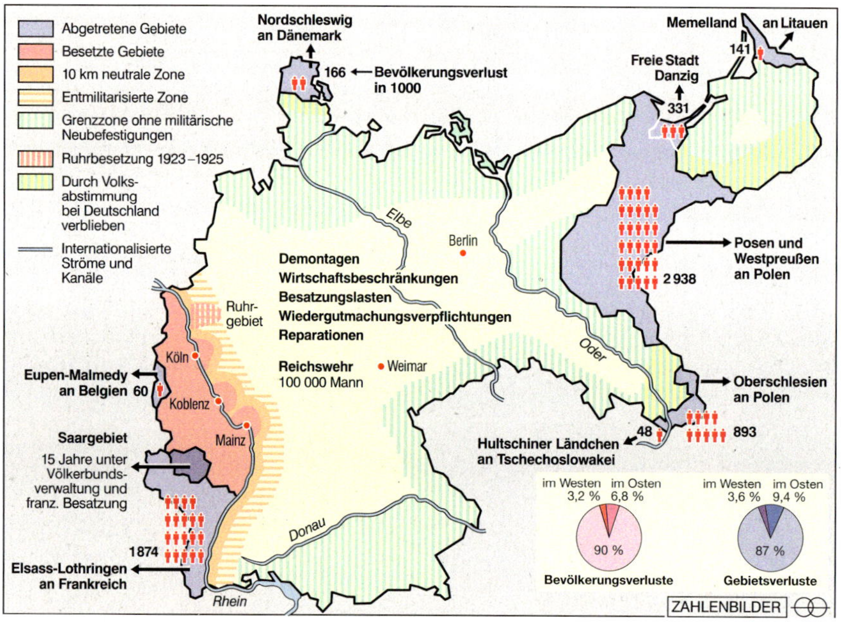

1 **Die Bestimmungen des Friedensvertrags von Versailles.**

Friedensschluss ohne Verhandlung

Während in Weimar die Nationalversammlung tagte, hatten sich in Paris die Vertreter der Siegermächte versammelt, um einen Friedensvertrag zu erarbeiten. Ziel war eine neue Friedensordnung für die Welt. Neue Staaten wie die Tschechoslowakei und Jugoslawien sollten errichtet, Polen wieder ein Staat werden. Der neu gegründete Völkerbund* sollte Kriege sogar für alle Zeiten unmöglich machen. Deutschland als besiegtes Land war zu den Verhandlungen nicht zugelassen. Am 7. Mai 1919 wurde der deutschen Delegation der Vertragstext vorgelegt. Veränderungswünsche der deutschen Delegation wurden nicht verhandelt. Artikel 231 des Versailler Vertrages lautet:

Q1 … Die alliierten und assoziierten Regierungen* erklären und Deutschland erkennt an, dass Deutschland und seine Verbündeten als Urheber [des Krieges] für alle Schäden und Verluste verantwortlich sind, die die alliierten und assoziierten Regierungen und ihre Staatsangehörigen infolge des ihnen durch den Angriff Deutschlands und seiner Verbündeten aufgezwungenen Krieges erlitten haben.

► Völkerbund*: *die erste internationale Organisation zur Sicherung des Weltfriedens; sie bestand von 1920 bis 1946 (vgl. S. 54).*

Alliierte und assoziierte Regierungen*: *Insgesamt gehörten hierzu 27 Siegerstaaten, die gegen das Deutsche Reich verbündet (alliiert und assoziiert) waren.*

1 *Gebt Artikel 231 des Versailler Vertrages mit eigenen Worten wieder.*
2 *Überlegt, welche Forderungen sich aus dem Artikel 231 ableiten lassen.*

In der deutschen Bevölkerung hatte man den Krieg als einen aufgezwungenen Verteidigungskrieg verstanden. Deshalb war man empört und wütend über den Artikel 231.

3 *Beschreibt anhand der Karte die deutschen Gebietsverluste in Europa.*
4 *Listet die Staaten auf, die deutsche Gebiete erhielten. Sucht die besetzten Gebiete heraus.*
5 *Wählt eines der verlorenen oder besetzten Gebiete aus und entwickelt ein Rollenspiel, in dem sich Einwohner über die neuen Bestimmungen unterhalten. Arbeitet darin deren Ängste, Hoffnungen und Wünsche heraus.*

Der Friedensvertrag von Versailles

Der Vertrag regelte vor allem die alleinige Kriegsschuld, die deutschen Gebietsabtretungen, die Abrüstung der deutschen Armee und das Verbot der allgemeinen Wehrpflicht. Weitere Punkte waren die Wiedergutmachung der alliierten Kriegsschäden und mögliche Eingriffsrechte der Alliierten in Deutschland.

Ein „Diktatfrieden"?

2 **Der französische Ministerpräsident Clemenceau und der amerikanische Präsident Wilson verlassen nach der Vertragsunterzeichnung das Schloss von Versailles.** Foto, 28. Juni 1919.

3 **Demonstration in Berlin gegen die Gebietsabtretungen im Versailler Vertrag.** Foto, 1919.

Wichtige Bedingungen des Versailler Vertrages besagten im Einzelnen: Deutschland musste alle Kolonien abtreten, für alle Kriegsschäden aufkommen und Reparationen* zahlen; die Höhe der Zahlungen sollte erst später festgelegt werden. Das deutsche Heer wurde auf 100 000, die Marine auf 15 000 Mann beschränkt. Schwere Waffen, Flugzeuge und U-Boote wurden verboten. Deutschland blieb vom Völkerbund vorläufig ausgeschlossen.

Politische und wirtschaftliche Folgen

Die Friedensbedingungen wurden von deutscher Seite als besonders hart empfunden. Die Siegermächte lehnten aber fast alle deutschen Einwände und Forderungen ab. In der Nationalversammlung gab es heftige Diskussionen. Auf den Straßen kam es zu leidenschaftlichen Protesten gegen die Versailler Vorgaben. Der spektakulärste „Protest" fand am 21. Juni 1919 statt. Der Kommandant der vor den Orkney-Inseln nördlich von Schottland festgesetzten deutschen Kriegsflotte befahl deren Selbstvernichtung: 57 Schiffe wurden von ihren Besatzungen selbst versenkt oder auf Grund gesetzt.

Die Siegermächte drohten nun in Deutschland einzumarschieren, wenn der Vertrag von der deutschen Regierung nicht angenommen würde. Die Abgeordneten sahen daher keinen anderen Weg, als zu unterschreiben. Wegen dieser Umstände sprach man in Deutschland vom „Versailler Zwangsfrieden" oder dem „Friedensdiktat". Gegen den „Diktatfrieden" von Versailles entwickelte sich in der Weimarer Republik in der Folgezeit eine nationalistische Kampagne. Selbst in der britischen und amerikanischen Öffentlichkeit wurden wiederholt wirtschaftliche und territoriale Bestimmungen des Friedensvertrages kritisiert.

6 *Diskutiert die Bestimmungen des Vertrages und welche Folgen er für die wirtschaftliche und politische Entwicklung der Weimarer Republik haben konnte.*

*► **Reparationen*:** Zahlungen Deutschlands an die Siegermächte, mit denen Deutschland für die durch seine Aggression verursachten Zerstörungen und Kosten des Ersten Weltkriegs aufkommen sollte.*

28. Juni 1919: *Unterzeichnung des* ***► Versailler Vertrages.***

Der Vertrag von Versailles bestimmte die Auslieferung der Handelsflotte, die Werften waren ohne Aufträge, die Industrie war ohne Rohstoffe. 1910 wurden im Hamburger Hafen 15 037 Schiffe registriert, 1919 waren es 2234, und es sollte bis 1927 dauern, bis der Vorkriegsumschlag wieder erreicht war.

1919/1920:
Pariser Vororts-verträge.

Zerfall von Österreich-Ungarn
Am Ende des Ersten Weltkrieges versuchte der 1916 ins Amt gekomme Kaiser Karl I. den zerfallenden Vielvölkerstaat Österreich-Ungarn durch das Angebot der Umwandlung des Kaiserreiches in einen Zusammenschluss von Nationalstaaten noch aufzuhalten. Das Manifest vom 17. Oktober 1918 kam aber zu spät: längst waren Tschechen, Polen, Ungarn, Jugoslawen und andere Nationalitäten entschlossen, eigene, republikanische Staaten zu gründen. Die Siegermächte unterstützten diese Nationalbewegungen offen. Im Vertrag von Germain-en-Laye am 10. 9. 1919 mit Österreich wurde die Auflösung Österreich-Ungarns beschlossen und die Bildung neuer Staaten besiegelt. Südtirol fiel an Italien. Die drei Millionen Sudetendeutschen mussten in der neu gegründeten Tschechoslowakischen Republik verbleiben; ein Zusammenschluss des verbliebenen Österreichs mit dem Deutschen Reich wurde verboten.

Territoriale Neuordnung Europas

1 Mittel- und Osteuropa 1914.

2 Mittel- und Osteuropa 1920.

Neue Staaten entstehen

In mehreren Pariser Vororten wurden 1919 und 1920 die Friedensverträge mit den Verbündeten Deutschlands verhandelt und abgeschlossen. Nach der Abdankung des österreichischen Kaisers Karl hatte sich die österreichisch-ungarische Doppelmonarchie aufgelöst. Deren Nachfolgestaaten Österreich und Ungarn, aber auch die ehemaligen Verbündeten, Bulgarien und die Türkei, mussten ähnlich harte Bedingungen wie das besiegte Deutschland hinnehmen. Vor allem mussten sie Gebiete abtreten, aus denen neue Staaten gebildet wurden.

Die neuen Staaten waren keineswegs einheitlich in ihrer Bevölkerung, vielmehr waren sogenannte „Vielvölkerstaaten" gebildet worden. So lebten zum Beispiel in der Tschechoslowakei 46% Tschechen und Slowaken, 28% Deutsche, 13% Kroaten, 8% Ungarn, 3% Ukrainer und je 1% Polen und Juden.

Ostmitteleuropa wurde zudem durch mehr als 10 000 km neue Zollgrenzen wirtschaftlich zerstückelt.

1 *Vergleicht die beiden Karten: Erstellt dazu eine Liste, in der ihr die nach 1918 entstandenen Staaten eintragt und das Land notiert, auf dessen Boden sie jeweils gegründet worden sind.*

2 *Prüft an den Karten, aus welchen Gebieten sich das neue Polen zusammensetzte.*

3 *Überlegt, welche Folgen die Pariser Friedensbestimmungen haben konnten.*

Der Völkerbund

Auf Drängen des US-Präsidenten Wilson arbeitete die Pariser Friedenskonferenz auch die Satzung für einen „Völkerbund" aus. Am 10. 1. 1920 nahm dieser seine Arbeit auf.

Die Ziele des Völkerbundes waren: Förderung der Zusammenarbeit unter den Staaten und Gewährleistung des internationalen Friedens und der Sicherheit.

Dazu heißt es in der Satzung:

Q1 … Art. 5: Beschlüsse der Bundesversammlung … erfordern Einstimmigkeit.
Art. 6 Die Bundesmitglieder bekennen sich zu dem Grundsatz, dass die Aufrechterhal-

Der Völkerbund

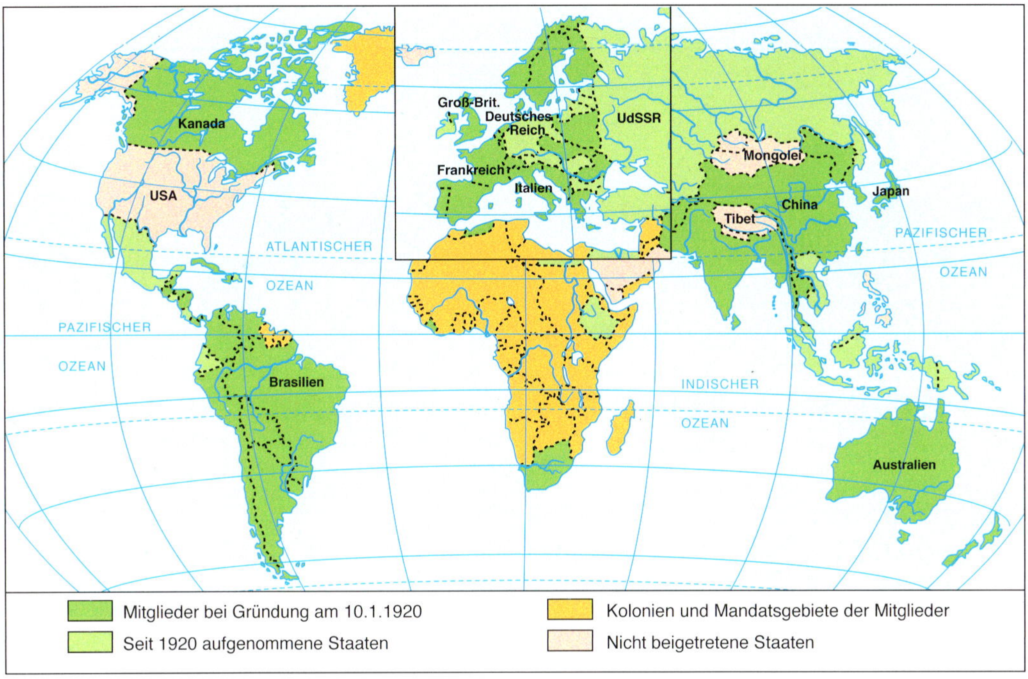

3 **Der Völkerbund ab 1920.**

10. Januar 1920: *Gründung des Völkerbundes.*

tung des Friedens eine Herabsetzung der nationalen Rüstungen auf das Mindestmaß erfordert. …

Art. 10 Die Bundesmitglieder verpflichten sich, die Unversehrtheit des Gebietes und die politische Unabhängigkeit aller Mitglieder zu achten und gegen jeden äußeren Angriff … zu schützen.

Art. 12 Alle Bundesmitglieder kommen überein eine etwa zwischen ihnen entstehende Streitfrage … der Schiedsgerichtsbarkeit zu unterbreiten.

Art. 16 Schreitet ein Bundesland zum Krieg … so ist es anzusehen, als hätte es einen Krieg gegen alle anderen Bundesländer begonnen. Diese verpflichten sich unverzüglich alle Handels- und Finanzbeziehungen zu ihm abzubrechen. …

4 *Stellt nach der Karte eine Liste der Mitglieder des Völkerbundes bei der Gründung auf.*

5 *Ergänzt die Liste um die nach 1920 aufgenommenen Mitglieder.*

6 *Sucht aus der Quelle die Maßnahmen heraus, die der Sicherung des Friedens dienen sollten.*

Der Völkerbund war von Anfang an schwach, denn er hatte außer wirtschaftlichen Maßnahmen keine wirklichen Machtmittel. Als dann auch noch der US-Senat beschloss, dem Völkerbund nicht beizutreten, obwohl dessen Bildung auf die Anregung des US-Präsidenten zurückging, war die eigentliche Idee gescheitert. Dennoch ging von ihm eine wichtige Wirkung aus. Zum ersten Mal wurden im Völkerbund gemeinsame Abrüstung und Friedenssicherung in Ansätzen verwirklicht.

7 *Der Völkerbund wurde 1946 aufgelöst. Kennt ihr ein heutiges Gremium, das ähnliche Ziele verfolgt wie der Völkerbund? Stellt zusammen, was ihr über diese Organisation wisst.*

Der Weg zur Republik in Sachsen

__8.11.1918:__ Massendemonstrationen u. a. in Dresden; Arbeiter- und Soldatenräte bilden sich in Leipzig und Chemnitz; am folgenden Abend werden das Generalkommando des Heeres, das Polizeipräsidium und die Regierungsgebäude von Demonstranten besetzt. Der König begibt sich nach Schloss Moritzburg, nachdem der Arbeiter- und Soldatenrat, aus USPD und Spartakusgruppe bestehend, die Macht übernommen hat.

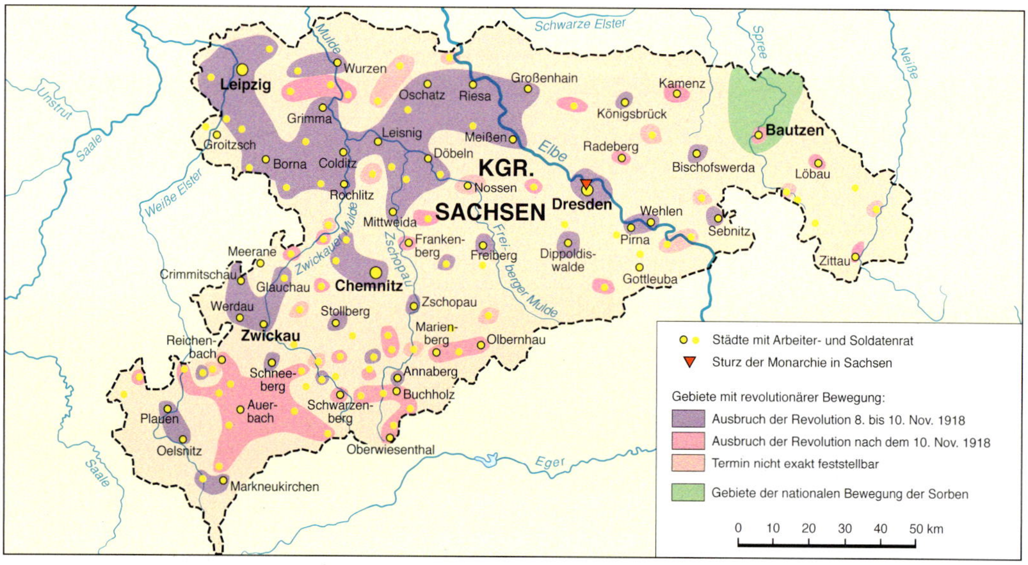

1 **Die revolutionäre Bewegung in Sachsen 1918.**

König Friedrich August III. von Sachsen *(geb. 25.5.1865, gest. 18.2.1932) verzichtete am 13.11.1918 auf Schloss Gutenborn bei Ruhland auf den Thron.*

Das Ende der Monarchie in Sachsen

Nach dem Aufstand der Kieler Matrosen am 3. November 1918 (vgl. S. 46) kam es auch in Sachsen zu Erhebungen.

Nachdem zunächst am 5. November Soldaten der Dresdner Garnison mit Antikriegsparolen auf die Straße gegangen waren, wurde in der Fliegerkaserne Großenhain bereits am 6. November von über 3000 Soldaten der erste sächsische Soldatenrat gebildet.

Am 8. November versammelte sich auf dem Dresdner Altmarkt eine große Menschenmenge, die mit Nachdruck die Freilassung politischer Häftlinge forderte und tatsächlich erwirkte. Am gleichen Tag wurden auch in Dresden zwei Räte gebildet: der „Arbeiter- und Soldatenrat" unter der Führung der SPD-Politiker Gradnauer und Fräßdorf einerseits sowie der „Revolutionäre Arbeiter- und Soldatenrat" unter Führung des Spartakusbundes andererseits.

Der SPD-geführte Arbeiter und Soldatenrat in Dresden verkündete:

Q1 … Wir fordern die Errichtung der Volksherrschaft, als deren wichtigste Grundlagen wir das allgemeine und gleiche Wahlrecht zum Landtage, zur Stadtverordnetenversammlung und zu den Gemeindevertretungen verlangen. … Gerechte Behandlung, gleiche Verpflegung für Soldaten und Offiziere, Amnestie für alle politischen und militärischen Vergehen ist sofort in die Wege zu leiten. Wir halten die Abdankung des Kaisers für ein dringendes Gebot der Stunde und fordern, dass das deutsche Volk über seine Staatsform selbst entscheidet. Wir Sozialisten sind nicht nur Republikaner, sondern vor allem Demokraten. Darum fordern wir, dass eine Volksabstimmung über die Frage entscheidet, ob Deutschland künftig Republik oder Demokratie sein soll. …

Der Druck der Straße und die Bildung der beiden Räte veranlassten den König schon am 9. November zur Flucht nach Moritzburg und führte zum Sturz seiner Regierung.

Im Zuge dieses Erfolgs vereinigten sich beide Räte. Über die weiteren Ereignisse schrieb die Dresdner Volkszeitung am 11. November:

Q2 … Nach Schluss der Versammlung zog ein großer Trupp Soldaten und Zivil nach dem Schloss, und eine Abordnung von zehn Mann verlangte Einlass. … Kurz darauf, 1 Uhr 45 Min., wurde auf dem Turm des Schlosses eine rote Fahne gehisst, was mit großem Jubel und Hochrufen auf die Republik begrüßt wurde. …

Der Weg zur Republik in Sachsen

1 *Benennt mithilfe der Karte die revolutionären Zentren in Sachsen.*
2 *Vergleicht die Ereignisse in Sachsen mit denen in Berlin (vgl. S. 46).*
3 *Besprecht anhand von Q1, wie sich die sächsische SPD das Land Sachsen nach dem Sturz der Monarchie vorstellte.*

An das sächsische Volk!

Der König ist seines Thrones entsetzt. Die Dynastie Wettin hat aufgehört zu existieren.

Die Erste Kammer ist aufgelöst. Auch die Zweite Kammer besteht nicht mehr. Die Staatsministerien, die im Einverständnis mit dem Vereinigten revolutionären Arbeiter- und Soldatenrat die Geschäfte provisorisch weiterführen, haben sofort Neuwahlen auf der Grundlage des allgemeinen, gleichen, geheimen und direkten Wahlrechts für Männer und Frauen auszuschreiben.

Es lebe die soziale Republik Sachsen!

Der vereinigte revolutionäre Arbeiter- und Soldatenrat
Groß-Dresden.

2 **Plakat des Arbeiter- und Soldatenrates in Dresden.** 14. November 1918.

Für eine sozialistische Republik in Sachsen
Auch in Chemnitz hatte sich am 8./9. November ein Arbeiter- und Soldatenrat gebildet. Unter der Führung Fritz Heckerts übernahm er die militärische und politische Macht in der Stadt.
Überall war eine allgemeine Aufbruchstimmung zu spüren. Parteien und Organisationen stellten in Versammlungen ihre politischen Programme vor. In Leipzig waren besonders Studenten, Künstler und Intellektuelle politisch aktiv.
Nach der offiziellen Abdankung des Königs am 13. November traten am 14. November Vertreter der Räte aus Leipzig, Dresden und Chemnitz zum „Vereinigten Arbeiter- und Soldatenrat" zusammen.
Ihre Ziele legten sie in einem Aufruf dar:

Q3 Ziel ist die sozialistische Republik. Verwirklichung des Sozialismus heißt: … Enteignung des Privateigentums an Grund und Boden, … Übernahme der Produktion durch das Proletariat.
Verwirklichung der Republik heißt: absolute Herrschaft des Willens der Arbeiterklasse; Beseitigung der Knechtschaft in jeder Form; allgemeine Volksbewaffnung; Abschaffung aller Arten des arbeitslosen Einkommens; Trennung der Kirche vom Staat; Abschaffung aller bürgerlichen Gerichte.

Am 15. November 1918 bildete sich aus dieser Versammlung nach Berliner Vorbild (vgl. S. 48) eine neue Regierung – der „Sächsische Rat der Volksbeauftragten", der bis zu den Wahlen zur Sächsischen Volkskammer am 2. Februar 1919 das politische Leben in Sachsen bestimmte. Im Regierungsprogramm vom 18. November heißt es:

Q4 … Erstrebt werden die Einordnung Sachsens in die einheitliche großdeutsche Volksrepublik, Vereins- und Versammlungsrecht, Pressefreiheit, Öffentliche Ordnung und Sicherheit, … Arbeitsschutzbestimmungen …, achtstündiger Arbeitstag …, Sicherung der Volksernährung, Behebung der Wohnungsnot, Trennung der Kirche vom Staat, … Umgestaltung der Volksschule zur Einheitsschule, Vergesellschaftung der … kapitalistischen Unternehmen in Landwirtschaft, Industrie, Handel und Verkehr. …

4 *Vergleicht die Vorstellungen der Vertreter der Arbeiter- und Soldatenräte mit dem Regierungsprogramm des Sächsischen Rates der Volksbeauftragten vom 18. 11. 1918.*
5 *Zieht Parallelen zu den Vorstellungen des Rates der Volksbeauftragten in Berlin (S. 48).*

Fritz Heckert *(geb. 28. 3. 1884, gest. 7. 4. 1936) war einer der Vorsitzenden des in der Nacht vom 8. zum 9. November gebildeten Arbeiter- und Soldatenrates in Chemnitz. Foto.*

Die sächsische Volkskammer

Gesamtergebnisse der Wahlen zur sächsischen Volkskammer vom 2. 2. 1919:

SPD 41,6 % 42 Abg.

USPD 16,3 % 15 Abg.

DDP 22,9 % 22 Abg.

DNVP 14,3 % 13 Abg.

DVP 3,9 % 4 Abg.

ChVP 1 % 0 Abg.

1 Eröffnung der Sächsischen Volkskammer. Foto, 25. Februar 1919.

25. Februar 1919: *Zusammentreten der ersten sächsischen Volkskammer.*

Die sächsische Volkskammer

In der zweiten Novemberhälfte war noch unklar, ob sich die Arbeiter- und Soldatenräte oder der Rat der Volksbeauftragten schließlich durchsetzen würden. Am 27. Dezember beschloss der Rat der Volksbeauftragten Wahlen zur „Volkskammer der Republik Sachsens" durchzuführen. Aus dem Spartakusbund ging zur Jahreswende 1918/19 die Kommunistische Partei Deutschlands hervor. Schon in den ersten Januartagen wurden daraufhin in einigen Städten und Gemeinden Ortsgruppen der KPD gegründet, deren Ziel es war, die bevorstehenden Wahlen zu boykottieren und die Errichtung der Rätemacht vorzubereiten. Zwischen SPD und KPD verhärteten sich die Fronten immer mehr. Als am 10. Januar 1919 die Regierung der Volksbeauftragten in Dresden Sicherheitskräfte gegen eine von Kommunisten geführte Demonstration einsetzte, kamen dabei 10 Menschen ums Leben und über 50 wurden verletzt. Die Folge war, dass die drei USPD-Mitglieder aus dem Rat der Volksbeauftragten austraten. Georg Gradnauer bildete nun am 20. Januar eine Regierung, bestehend allein aus SPD-Mitgliedern. In einer allgemeinen, gleichen, unmittelbaren und geheimen Wahl nach dem Verhältniswahlsystem des Reichswahlgesetzes wurden Wahlen durchgeführt. Die aus 96 Abgeordneten bestehende Volkskammer trat erstmalig am 25. Februar zusammen. Julius Fräßdorf wurde Präsident.

Partei	Dresden-Bautzen	Leipzig	Chemnitz-Zwickau
SPD	46,5 %	17,4 %	53,1 %
USPD	7,1 %	39,3 %	10,0 %
DDP	19,5 %	29,1 %	22,1 %
DNVP	14,6 %	13,7 %	14,4 %
DVP	10,3 %	– %	– %
ChVP	2,0 %	0,5 %	0,4 %

(Wählerstimmen in Prozent)

2 Ergebnisse der Wahlen zur Sächsischen Volkskammer vom 2. Februar 1919 nach Wahlkreisen.

In einem Pressebericht hieß es:

Q1 In seiner Eröffnungsansprache hob der Volksbeauftragte Dr. Gradnauer (SPD) hervor, dass diese Volkskammer die erste in der Geschichte des sächsischen Volkes sei, „die aufgrund des völlig gleichen Wahlrechts von Männern und Frauen gewählt" worden war. In ihrer Zusammensetzung drücke sich deutlich aus, dass „Sachsen in ganz besonderem Maße ein Industrieland und ein Arbeiterland" sei. Folglich begrüßte er auch besonders die drei Frauen (je eine in der SPD-, USPD- und DDP-Fraktion), die „früher von der Volksvertretung ausgeschlossen waren

Landeswappen bis 1918.

Die Verfassung des Freistaates Sachsen

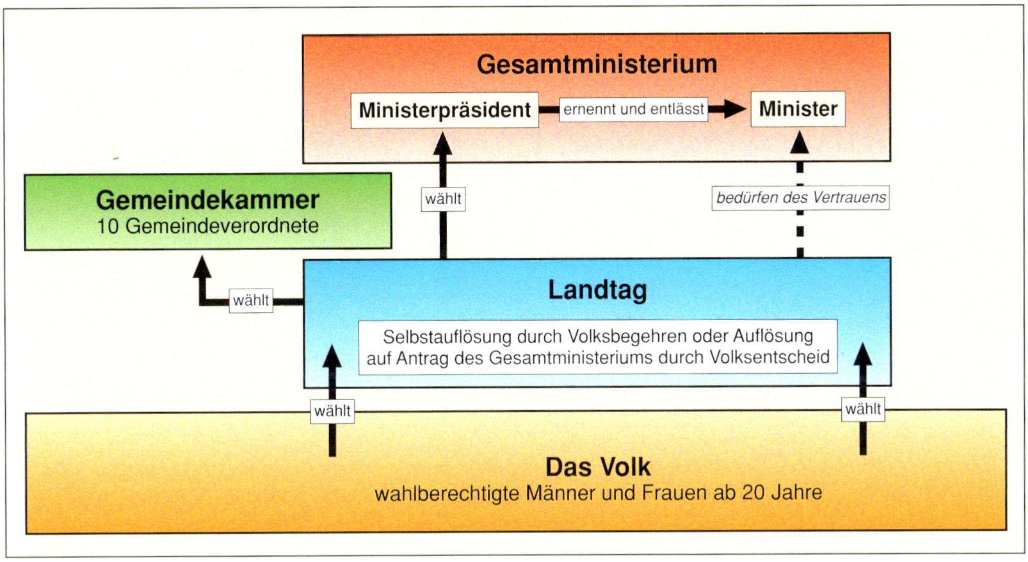

3 **Die Verfassung des Freistaates Sachsen vom 1. November 1920.**

und jetzt zum ersten Male an dieser Stätte erscheinen, um mitzuwirken an den Aufgaben der Gesetzgebung zum Wohle der Gesamtheit".

1 *Berichtet über das Zustandekommen der Ersten Volkskammer.*
2 *Weshalb boykottierte die KPD die Wahl?*
3 *Vergleicht die Wahlergebnisse der Parteien in den drei Wahlkreisen und sucht nach Ursachen für die regionalen Unterschiede.*

Die Verfassung des Freistaates Sachsen

Am 19. April 1920 legte das sächsische Gesamtministerium der Volkskammer einen Verfassungsentwurf vor, der am 26. Oktober in zweiter Lesung einstimmig angenommen wurde. Die „Verfassung des Freistaates Sachsen" umfasste 56 Artikel und trat am 1. November 1920 in Kraft.

Q2 Artikel 1 Sachsen ist ein Freistaat im Deutschen Reiche. ... – Art. 2 Die Staatsgewalt geht vom Volke aus. Sie wird nach dieser Verfassung und nach der Verfassung des Deutschen Reiches ausgeübt durch das Volk, den Landtag und die Behörden. – Art. 3 Das Volk äußert seinen Willen durch Wahlen, Volksbegehren und Volksentscheid. – Art. 4 die Abgeordneten sind Vertreter des Volkes. Sie sind an Aufträge nicht gebunden. – Art. 5 Der Landtag beschließt die Gesetze, wählt den Ministerpräsidenten und überwacht die Politik und Verwaltung des Staates ... – Art. 25 Die Regierung wird vom Gesamtministerium geführt. Den Vorsitz hat der Ministerpräsident ... – Art. 36 Wenn ein Zehntel der Stimmberechtigten der letzten Landtagswahl ein Gesetz oder die Auflösung des Landtages begehrt, so muss das Gesamtministerium den Volksentscheid herbeiführen. Der Volksentscheid findet nicht statt, wenn der Landtag dem Volksbegehren stattgibt ... – Art. 38 Zu einem Volksentscheid ist die Beteiligung der Hälfte der Stimmberechtigten und die Mehrheit der Abstimmenden erforderlich ... – Art. 41 Beschlüsse des Landtages, die eine Verfassungsänderung in sich schließen, kommen nur zustande, wenn zwei Drittel der gesetzlichen Zahl der Abgeordneten anwesend sind und zwei Drittel der Anwesenden zustimmen ...

4 *Erklärt anhand der Abbildung 3 und Q2, wie im Freistaat ein Gesetz entstand.*
5 *Äußert euch zu einzelnen Artikeln der sächsischen Verfassung, bewertet sie und begründet eure Meinung.*

Gesamtergebnisse der Wahlen zum ersten sächsischen Landtag vom 14. 11. 1920:

SPD	*28,3 %* *27 Abg.*
USPD links	*13,9 %* *13 Abg.*
USPD rechts	*2,9 %* *2 Abg.*
DDP	*7,7 %* *7 Abg.*
DNVP	*21,0 %* *20 Abg.*
DVP	*18,6 %* *17 Abg.*
Zentrum	*1,1 %* *1 Abg.*
KPD	*5,7 %* *5 Abg.*

1. November 1920: *Inkrafttreten der Verfassung des Freistaates Sachsen.*

Ein neues Landeswappen wurde nicht geschaffen. Das so genannte kleine sächsische Staatswappen wurde ohne Krone weitergeführt.

Landeswappen von 1920 bis 1933.

Methode: Das Foto als Quelle

1 **Deutsche Kriegsfreiwillige.** 1914.

2 **Ausrufung der Republik.** 1917.

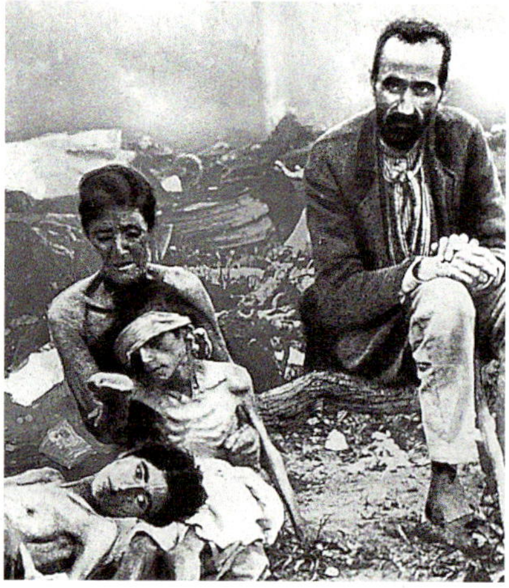

3 **Hungernde an der Wolga.** 1921.

Fotos als Zeugen der Geschichte
Bilder bieten oft besonders eindrucksvolle Zeugnisse vergangener Ereignisse. Man kann sich buchstäblich „ein besseres Bild von der Vergangenheit machen" als nur anhand von Texten. Besonders Fotos, die es seit Mitte des 19. Jahrhunderts gibt, erscheinen dem Betrachter einen authentischen Eindruck, d. h. ein unverfälschtes Bild von der Zeit ihrer Entstehung zu geben. Deshalb bedienen sich auch historische Darstellungen besonders gerne aussagekräftiger Fotos. Das gilt auch für Schulbücher. Jedoch zeigt ein Foto immer nur einen Ausschnitt aus der Wirklichkeit. Es ist eine Momentaufnahme, die etwas dokumentiert, was dem jeweiligen Fotografen oder dessen Auftraggeber interessant erscheint.

Fotos – kritisch gesehen
Oben sind drei Fotos abgebildet, die ihr in den vorangegangenen Kapiteln dieses Buches bereits gesehen und besprochen habt.
Als ihr über diese Fotos gesprochen habt, habt ihr ihnen Informationen entnommen: Ihr habt die Stimmung der Kriegsfreiwilligen gedeutet, den hastigen Charakter der Republik-Ausrufung erkannt und das unendliche Leid der vom Bürgerkrieg gepeinigten Menschen an der Wolga gesehen.
Alle diese Fotos sind originale Zeitzeugnisse, und ihre Inhalte sind an sich unzweifelhaft. Aber sie bedürfen der Zusatzinformation und der Interpretation: Das erste Foto zeigt zwar begeisterte Jugendliche, aber wer sagt eigentlich, dass sie tatsächlich wegen des Krieges jubeln? Woher wissen wir, dass dies nicht nur ein Einzelfall ist, während die meisten Menschen vielleicht entsetzt waren?
Der Abbildung 2 ist nicht zu entnehmen, wie groß die Menge der Anwesenden war und ob sie Zustimmung oder Ablehnung äußerten. Und das Bild der hungernden Familie lässt durch nichts erkennen, wo und wann es entstand.

4 **Zusammentreffen von russischen und US-Truppen in Torgau.** 1945.

5 **Die sowjetische Flagge wird auf dem Reichstag in Berlin gehisst.** 1945.

Methode: Das Foto als Fälschung

6 / 7 **Lenin verabschiedet Soldaten der Roten Armee an die Front.** Fotoaufnahmen vom 5. Mai 1920.

Fotos nachgestellt
Fotos können auch gestellt sein und trotzdem „die Wahrheit sagen". Unten auf der Seite 60 seht ihr zwei berühmte Fotos, die ihr auch auf S. 164 finden werdet. Sie zeigen zwei Ereignisse, die am Ende des Zweiten Weltkrieges tatsächlich stattgefunden haben – aber sie sind dennoch gestellt! Als das Ereignis geschah, war kein Fotograf zugegen. Man hielt den Augenblick aber für so wichtig, dass man ihn dennoch in einem Foto festhalten wollte. Deshalb wurde er in beiden Fällen wenige Tage später nachgestellt. Solche Fotos „lügen" zwar nicht im eigentlichen Sinne, sind aber eben auch nicht authentisch.

Fotos als Geschichtsfälschung
Es gibt auch regelrechte Fälschungen! Das kommt sogar sehr oft vor. Dafür gibt es auch im Zusammenhang mit dem Thema dieses Kapitels ein berühmtes Beispiel: Stalin berief sich in allem, was er tat, auf Lenin und schuf einen Lenin-Kult, der nur durch seinen eigenen Personenkult übertroffen wurde. Dabei störte alles, was den Eindruck erwecken konnte, auch andere Personen seien wichtig gewesen. So zum Beispiel Lenins und Stalins früherer Konkurrent im Machtkampf, Leo Trotzki. Um Stalins Macht zu sichern, mussten daher auch alle Hinweise auf Trotzki und seine Taten in Büchern und auf Fotos ausgelöscht werden.
Ein Beispiel solcher Fälschungen findet sich auf einem Foto aus dem Jahr 1920 (Abbildung 6/7): Lenin verabschiedet Soldaten der Roten Armee, die in den Bürgerkrieg gegen die „Weißen" ziehen. Der Fotograf machte damals zwei Bilder unmittelbar nacheinander aus leicht unterschiedlichem Winkel. Auf den Stufen zur Rednertribüne ist auf dem ersten Bild auch Leo Trotzki zu sehen (in Uniform). Auf dem zweiten Bild fehlen er und der Mann hinter ihm. Sie wurden beide wegretuschiert und die entstandene Bildlücke mit Brettern gefüllt. Wer genau hinsieht, kann an dieser Stelle des Fotos eine andere Bildkörnung erkennen. Nur das zweite, gefälschte Bild aber wurde in sowjetischen Geschichtsbüchern abgedruckt. Trotzki war aus der Geschichte entfernt.

Zum Umgang mit historischen Fotografien
Worauf du achten solltest:
a) Stelle fest, aus welcher Zeit das Foto stammt, wo und von wem es gemacht wurde.
b) Betrachte das Foto genau und sammle Informationen, die du dem Foto direkt entnehmen kannst.
c) Ordne das Foto in geschichtliche Zusammenhänge ein.
d) Formuliere Fragen, auf die du durch das Foto keine ausreichenden Antworten erhältst. Versuche mithilfe anderer Quellen darauf Antworten zu finden.
e) Wenn du weißt, dass das Foto gestellt oder gefälscht wurde, suche nach möglichen Motiven dafür.

1 *Unternehmt ein eigenes Experiment, in dem ihr mit wenigen Mitteln ein Ereignis durch Fotos „verfälscht".*

Zum Weiterlesen: Die Januarkämpfe 1919

„Nicht schießen, Brüder!"

Berlin 1919. Nach dem Ersten Weltkrieg kommt der 21-jährige Paul Bienmann, der aus Liebenberg in Ostpreußen stammt, nach Berlin. Dort gerät er am 12. Januar 1919 in die Straßenkämpfe zwischen Spartakisten und Freikorps. Aus einem Kellerversteck heraus beobachtet er, wie uniformierte Freikorps-Soldaten eine Gruppe Spartakisten verfolgen und dabei wahllos von ihren Waffen Gebrauch machen. Dann kommt es zu einer erschütternden Szene:

Die Spitzen erreichten den Platz, Soldaten in feldgrauen Uniformen, Stahlhelm an Stahlhelm. Deutlich waren sie im ersten Morgenlicht zu erkennen. Sie kamen wie Sieger daher, aufrecht, ohne besonders auf Deckung zu achten, wollten versprengte Gruppen der Aufständischen jagen. Eine scharfe Stimme schrie Befehle. Die Kolonnen schwärmten geordnet aus, die Flügel schneller als die Mitte. Die Soldaten trugen ihr Gewehr schussbereit unter dem Arm, und einige schleppten Maschinengewehre mit sich. Die Backen einer Zange umschlossen den Platz. Aber es gab nichts mehr zu greifen. Die rebellierenden Arbeiter, die Spartakisten, alle, die bereit gewesen waren, einen anderen Staat zu erzwingen, hatten sich verlaufen. Nur noch ein Kind war zurückgeblieben. Es kniete mitten auf dem Platz neben einem Mann, der lang ausgestreckt auf dem Basaltpflaster lag. Der Mann trug eine abgerissene Matrosenuniform. Der Junge starrte voller Angst auf die heranrückenden Soldaten. Einige feuerten ihre Gewehre ab, zielten nach den letzten Fliehenden, schossen blind in die Toreinfahrten hinein, Kugeln prall-

ten von den Häuserwänden und sirrten durch die Luft. Die Männer achteten nicht auf den Jungen. Sie erreichten die Mitte des Platzes, liefen an ihm vorüber und strebten den gegenüberliegenden Häusern zu. Einer jedoch, ein Offizier offenbar, schon einige Schritte an dem Jungen vorbei, kehrte zurück und zerrte den Jungen am Arm von dem Matrosen fort. Dieser Matrose zog mit letzter Kraft eine Handgranate aus dem Gürtel. Er versuchte vergebens, sie zum Munde zu führen, um die Abreißschnur mit den Zähnen zu ziehen. Schlaff sank sein Arm nieder, und die Handgranate entglitt ihm. Der Offizier, die Pistole in der linken Hand, schoss zweimal. Lang ausgestreckt und regungslos lag der Matrose auf dem Pflaster.

Der Offizier blieb einen Augenblick unschlüssig stehen, stülpte den Stahlhelm nach vorn vom Kopf und wischte sich mit dem Ärmel die Stirn. Dann drehte er sich zu dem Jungen. Der duckte sich nieder. Er redete auf den Jungen ein, doch der rührte sich nicht. Schließlich zog der Offizier eine flache Flasche aus der Seitentasche, nahm hastig einen Schluck und rannte weiter, schnell jetzt, und suchte Anschluss an seine Truppe zu gewinnen. Im Laufen setzte er den Stahlhelm wieder auf.

Der Junge raffte ein Transparent, das irgendwer weggeworfen hatte, vom Boden auf, kroch auf allen vieren zu dem Matrosen zurück und bedeckte dessen Leib und Beine mit dem Tuch. Dann setzte er sich auf das Pflaster und bettete den Kopf des Toten in seinen Schoß. Die Fliehenden waren längst verschwunden. Der Tritt der Soldaten verhallte. Der Platz lag ruhig in der Dämmerung des 12. Januar. Von fern läutete eine Glocke zum Frühgottesdienst. …

Der Nieselregen hatte aufgehört. Der Himmel war heller geworden. Einige dunkle Wolken zogen schnell über die Hausdächer hin.

Paul kroch aus dem Keller, klopfte sich den Schmutz von den Kleidern und ging, zögernd erst, schließlich aber entschlossen, auf den Jungen zu, der da unbeweglich in der Morgenkälte hockte. Erst als Paul dicht vor ihm stand, schaute der Junge mit aufgerissenen Augen hoch, starr vor Angst. Aber dann huschte Leben über sein Gesicht. Er hob die Hand und rief: „Mensch, Bienmann, Paul! Gott sei Dank!" Paul erkannte den Jungen nicht, wohl aber den, der da lag mit dem spitzen Totengesicht, die Augen noch geöffnet. Sein Körper war halb von dem Transparent bedeckt. Die Aufschrift war deutlich zu lesen: „Nicht schießen, Brüder!"

Paul beugte sich hinunter und drückte dem Toten die Lider zu. Wilhelm Kurpek lag da, wenig älter als er. In Liebenberg war Paul mit ihm aufgewachsen. Er hatte ein paar Häuser die Dorfstraße abwärts gewohnt. Wilhelm Kurpek, ein Freund aus Pauls Kindertagen.

Wie es weitergeht erfahrt ihr in dem Roman „Zeit zu lieben, Zeit zu hassen" von Willi Fährmann (Arena Verlag).

Zusammenfassung

Unsicherheit und Angst

Die „Urkatastrophe des 20. Jahrhunderts", wie ein Historiker den Ersten Weltkrieg (1914–18) genannt hatte, entwurzelte die Menschen in ganz Europa. Die bisherigen staatlichen und gesellschaftlichen Ordnungen lösten sich am Ende des Krieges entweder ganz auf oder veränderten sich in den Zwanzigerjahren in hohem Maße.

Die Oktoberrevolution

Der Erste Weltkrieg brachte unerträgliche Leiden für das russische Volk mit sich. Im Februar 1917 dankte Zar Nikolaus II. daher aufgrund großen Drucks seitens der Bevölkerung und des Militärs ab. Am 25. Oktober 1917 rissen die Bolschewiki in der so genannten Oktoberrevolution die Macht an sich.
Die politischen Gegner der Bolschewiki, vor allem Zaristen, Adel, Großbürgertum und Kirche, leisteten gegenüber der neuen Staatsmacht gewaltsamen Widerstand. Die „Weißen" wurden dabei vom westlichen Ausland unterstützt, das ein Übergreifen der kommunistischen Revolution auf die eigenen Staaten fürchtete. Dennoch setzten sich die Bolschewiki und die neu gegründete „Rote Armee" in diesem Bürgerkrieg durch. 1922 konnten sich die vier auf dem Gebiet des Russischen Reiches gebildeten Räterepubliken zur Union der Sozialistischen Sowjetrepubliken (UdSSR) zusammenschließen.

Novemberrevolution in Deutschland

Nach der Revolution vom November 1918 in Deutschland begann zunächst die Auseinandersetzung um die zukünftige Staatsform. Die beiden Hauptmodelle waren das kommunistisch geprägte Rätesystem und die demokratische Republik. Das Eintreten der SPD als stärkste politische Kraft für eine demokratische Verfassung gab den Ausschlag.
Die Friedensverhandlungen in verschiedenen Vororten von Paris mündeten in zahlreichen Friedensverträgen, die zur Folge hatten, dass in Europa eine Reihe neuer Staaten entstanden. Deutschland musste große Gebiete abtreten und bedrückende Auflagen erfüllen. Die Annahme des Friedensvertrages von Versailles mit seiner Feststellung von Deutschlands Alleinschuld am Ersten Weltkrieg führte zu ständigen innenpolitischen Konflikten, von denen vor allem die extreme Rechte profitierte.

25./26. November 1917

Oktoberrevolution in Russland.

11. November 1918

Die Niederlage der Mittelmächte beendet den Ersten Weltkrieg.

1918/19

Von der Novemberrevolution zur Weimarer Verfassung.

November 1918

Republik in Sachsen.

3. Demokratie und Diktatur in Europa

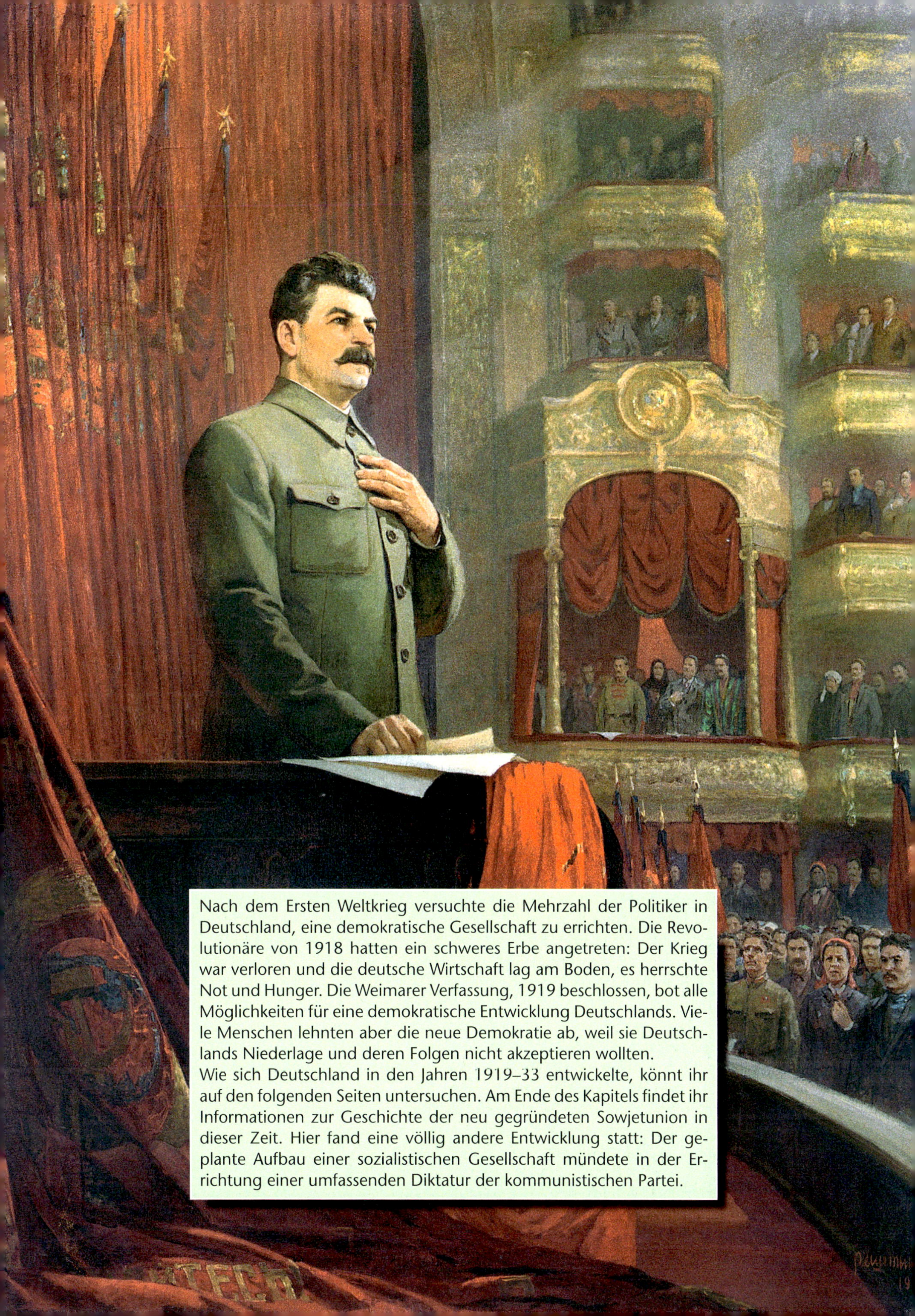

Nach dem Ersten Weltkrieg versuchte die Mehrzahl der Politiker in Deutschland, eine demokratische Gesellschaft zu errichten. Die Revolutionäre von 1918 hatten ein schweres Erbe angetreten: Der Krieg war verloren und die deutsche Wirtschaft lag am Boden, es herrschte Not und Hunger. Die Weimarer Verfassung, 1919 beschlossen, bot alle Möglichkeiten für eine demokratische Entwicklung Deutschlands. Viele Menschen lehnten aber die neue Demokratie ab, weil sie Deutschlands Niederlage und deren Folgen nicht akzeptieren wollten.
Wie sich Deutschland in den Jahren 1919–33 entwickelte, könnt ihr auf den folgenden Seiten untersuchen. Am Ende des Kapitels findet ihr Informationen zur Geschichte der neu gegründeten Sowjetunion in dieser Zeit. Hier fand eine völlig andere Entwicklung statt: Der geplante Aufbau einer sozialistischen Gesellschaft mündete in der Errichtung einer umfassenden Diktatur der kommunistischen Partei.

Die Weimarer Verfassung

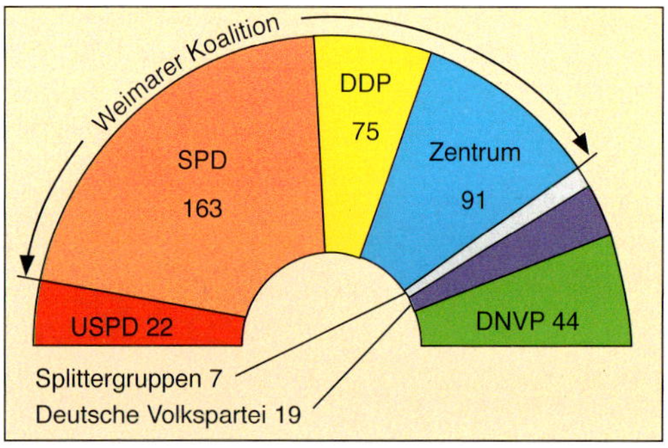

1 **Sitzverteilung der Parteien nach der Wahl zur Nationalversammlung 1919.**

Die Nationalversammlung

Die Wahlen zur Nationalversammlung hatten inmitten der Januarunruhen stattgefunden (vgl. S. 49). Am 6. Februar 1919 trat die Versammlung in Weimar zusammen. Sechs Parteien und mehrere Splittergruppen waren in diesem Parlament vertreten. Am 11. Februar wählte die Versammlung Friedrich Ebert zum Reichspräsidenten und zwei Tage später die erste demokratische Regierung Deutschlands, der Mitglieder der SPD, des Zentrums* und der DDP* angehörten.

1 *Prüft, welche Parteien der Nationalversammlung ihr schon aus dem 19. Jahrhundert kennt.*

2 *Vergleicht die Stärkeverhältnisse der Parteien in der Nationalversammlung.*

3 *Gebt anhand von Abbildung 1 an, welche Parteien Koalitionen bilden konnten.*

Die ▶ Weimarer Verfassung

Nach langen Diskussionen in der Nationalversammlung konnte die Verfassung am 11. August 1919 in Kraft gesetzt werden.
In der Präambel* heißt es:

Q1 Das deutsche Volk, einig in seinen Stämmen und von dem Willen beseelt, sein Reich in Freiheit und Gerechtigkeit zu erneuern und zu festigen, dem inneren und dem äußeren Frieden zu dienen und den gesellschaftlichen Fortschritt zu fördern, hat sich diese Verfassung gegeben.

2 **Friedrich Ebert (1871–1925), Mitglied der SPD, war von 1919 bis 1925 der erste Reichspräsident der Weimarer Republik.** Foto.

4 *Stellt dar, wer hier als Urheber der Verfassung genannt wird und welche Ziele angesprochen werden.*

Der erste Artikel der Verfassung lautet:

Q2 Das Deutsche Reich ist eine Republik. Die Staatsgewalt geht vom Volke aus.

Dem Volk als dem eigentlichen Souverän* war die unmittelbare Mitwirkung an der Staatspolitik durch direkte Wahlen des Reichspräsidenten, der Mitglieder des Reichstages und der Länderparlamente gegeben. Außerdem wurde die Mitwirkung durch Volksbegehren* und Volksentscheide* geregelt. Beide Verfahren wurden in der Weimarer Republik* angewandt und führten jeweils zu heftigen politischen Auseinandersetzungen. Im Grundgesetz der Bundesrepublik Deutschland (vgl. S. 198) sind sie nicht vorgesehen.

5 *Überlegt, was der Satz in Quelle 2 konkret bedeutet, und erläutert die Begriffe.*

6 *Überprüft in Abbildung 3, wie die Gewaltenteilung in der Weimarer Verfassung geregelt ist.*

Zentrum*:
Partei, die im Kaiserreich im Wesentlichen die Interessen der Katholiken vertrat.

DDP*:
Deutsche Demokratische Partei, liberal, gegen Verstaatlichung.

Präambel*
Einleitung oder feierliche Vorrede.

Souverän*:
(franz. „eigenständiger und unumschränkter Herrscher"): Vom Souverän geht die Macht im Staat aus. In einer Monarchie ist dies der König, in einer Demokratie das Volk.

▶ Volksbegehren*:
das Recht einer Mindestzahl stimmberechtigter Bürger, dem Parlament einen Gesetzentwurf vorzulegen und dessen Erlass zu verlangen. Dies kann in Form eines Volksentscheids erfolgen.

▶ Volksentscheid*:
rechtlich bindende Volksabstimmung.

Die Weimarer Verfassung

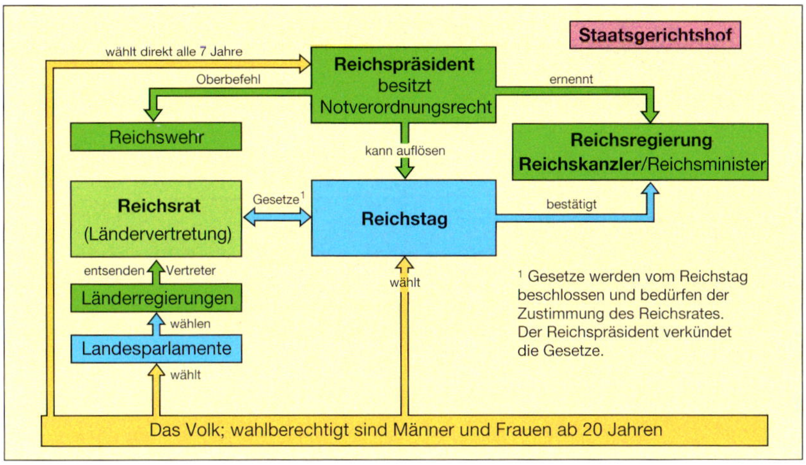

3 Die Weimarer Verfassung.

In einem zweiten Hauptteil der Verfassung werden die Grundrechte aufgeführt:
- die Gleichheit aller vor dem Gesetz,
- die Unverletzlichkeit der Person (Art. 114), der Wohnung (Art. 115) und des Post- und Fernmeldegeheimnisses (Art. 117),
- die Freiheit der Meinungsäußerung sowie die Pressefreiheit (Art. 118),
- die Versammlungs- und Glaubensfreiheit (Art. 123),
- die Vereinsfreiheit (Art. 124) und
- die Freiheit des Eigentums.

Neben diesen schon 1848 verkündeten Grundrechten wurden neue Rechte in der Verfassung verankert:
- der Schutz der Jugend,
- das Recht auf Unterhaltszahlung bei unverschuldeter Arbeitslosigkeit und
- die Anerkennung der Gewerkschaften als Tarifpartner.

Die Verfassung galt als sehr demokratisch und freiheitlich. Sie ermöglichte allen, auch den kleinsten Parteien, an der Gestaltung der Politik mitzuarbeiten.

Die Rechte des Reichspräsidenten

Nach heftigen Auseinandersetzungen in der Nationalversammlung über die Aufgaben und Rechte des Reichspräsidenten wurden diese Artikel in die Verfassung aufgenommen:

Q3 Artikel 25: Der Reichspräsident kann den Reichstag auflösen, jedoch nur einmal aus dem gleichen Anlass …

Artikel 41: Der Reichspräsident wird vom ganzen deutschen Volk gewählt …

Artikel 43: Das Amt des Reichspräsidenten dauert sieben Jahre. Wiederwahl ist zulässig …

Artikel 47: Der Reichspräsident hat den Oberbefehl über die gesamte Wehrmacht des Reichs …

Artikel 48.2: Der Reichspräsident kann, wenn im Deutschen Reiche die öffentliche Sicherheit und Ordnung erheblich gestört oder gefährdet wird, die … nötigen Maßnahmen treffen, erforderlichenfalls mithilfe der bewaffneten Macht einschreiten. Zu diesem Zweck darf er vorübergehend die in den Artikeln 114, 115, 117, 118, 123, 124 und 153 festgesetzten Grundrechte … außer Kraft setzen …

Artikel 53: Der Reichskanzler und auf seinen Vorschlag die Reichsminister werden vom Reichspräsidenten ernannt und entlassen.

7 *Warum galt diese Verfassung als besonders freiheitlich?*

8 *Fasst die Rechte des Reichspräsidenten zusammen und diskutiert seine Machtposition.*

9 *Welche Probleme konnten vor allem aus den Artikeln 48.2 und 53 entstehen?*

10 *Erklärt folgende Begriffe: Republik, Monarchie, Demokratie, Diktatur.*

11 *Vergleicht einzelne Punkte der Weimarer Verfassung mit dem Grundgesetz (siehe Anhang, Seite 198).*

► ***Gewaltenteilung:***
– Gesetzgebende Gewalt
– Ausführende Gewalt
– Richterliche Gewalt.

6. Februar 1919:
Zusammentreten der ersten Weimarer Nationalversammlung.

11. August 1919:
In-Kraft-Treten der Weimarer Verfassung.

► ***Republik*:***
eine Staatsform, bei der das Staatsvolk höchste Gewalt des Staates und oberste Quelle der Legitimität (Rechtmäßigkeit) ist.

Das deutsche Nationaltheater in Weimar: Tagungsort der Nationalversammlung 1919.

Opfer politischer Gewalt:

Matthias Erzberger, *Zentrum, ermordet 26. 8. 1921, Unterzeichner des Waffenstillstands 1918.*

Walter Rathenau, *DDP, ermordet 24. 6. 1922, Sachverständiger bei der Versailler Friedenskonferenz.*

Putsch*: *(schweiz. = Stoß): plötzlicher politischer Umsturz.*

Räterepublik in Bayern*: *Am 21. Februar 1919 rief Kurt Eisner (SPD) die Republik aus. Nachdem er jedoch am 27. Februar 1919 ermordet wurde, rief der Münchner Zentralrat der Arbeiter-, Bauern- und Soldatenräte die Räterepublik nach sozialistischem Vorbild aus. Bereits am 2. Mai wurde München von Regierungstruppen besetzt und die Räterepublik niedergeschlagen.*

18. 11. 1922: *NSDAP-Verbot in Sachsen; 1925 wurde es wieder aufgehoben.*

Der Republik droht Gefahr ...

1 **Kapp-Putschisten riegelten im März 1920 das Regierungsviertel in Berlin ab. Die Regierung floh nach Stuttgart.** Foto.

Der Kapp-Putsch*

Bereits 1920 kam es zum ersten großen Putschversuch. Eine Verschwörergruppe um den ostpreußischen Generallandschaftsdirektor Kapp und den Reichswehrgeneral von Lüttwitz konnte sich nicht mit der Verkleinerung des deutschen Heeres auf 100 000 Mann abfinden, die der Versailler Vertrag vorsah. Sie mobilisierten eine Marinebrigade und marschierten am späten Abend des 12. März nach Berlin mit dem Ziel, die Regierung zu stürzen. Die Generäle weigerten sich, gegen die Putschisten militärisch vorzugehen, da „Reichswehr niemals auf andere Reichswehrtruppen schießen würde". Der Regierung blieb nur die Flucht. Die Reichsregierung rief daraufhin zum Generalstreik auf. Da dieser größtenteils eingehalten wurde, kam das gesamte öffentliche Leben zum Erliegen, der Putsch war gescheitert.

1 *Nehmt kritisch Stellung zu der Haltung der Reichswehrführung gegenüber den Putschisten.*

Kommunistische Aufstände 1920/21

Als das Militär dem Umsturzversuch tatenlos zusah, rief dies die kommunistischen Kräfte auf den Plan. In verschiedenen Teilen Deutschlands griffen die Arbeiter zu den Waffen. Im Ruhrgebiet bildete sich die „Rote Armee" der Ruhrarbeiterschaft, die es sich zum Ziel setzte, eine nationalistische Militärdiktatur zu verhindern. Die Reichsregierung konnte die Rote Ruhr-Armee nicht zur Selbstauflösung überreden. General Watter erhielt daraufhin „volle Freiheit des Handelns, zu tun, was die Lage gebietet". Die Reichswehr war – anders als beim Kapp-Putsch – bereit, gegen die Aufständischen vorzugehen. Unter anderem wurde die Marinebrigade Loewenfeld ins Ruhrgebiet in Marsch gesetzt. Diese hatte sich nur drei Wochen zuvor beim Kapp-Putsch zurückgehalten. Im Ruhrgebiet dagegen machte man meist kurzen Prozess: Wer mit Waffe angetroffen wurde, wurde sofort erschossen. Tausend Arbeiter verloren bei den Kämpfen das Leben, viele waren vorher misshandelt worden. Reichswehr und Freikorps hatten 250 Tote zu beklagen.

2 *Erklärt die Unterschiede, die euch beim Vergleich der beiden Putschversuche auffallen. Nehmt begründet Stellung.*

Der ▶ Hitler-Putsch

Nach der Niederschlagung der Räterepublik* war Bayern ein Schmelztiegel für rechtsradikale Gedanken geworden. Die Unzufriedenheit mit der Abhängigkeit vom Reich wuchs. Hier wurde am 5. Januar 1919 die republikfeindliche Deutsche Arbeiterpartei (DAP) gegründet, deren Mitglied Adolf Hitler wurde und die sich bald NSDAP nannte (vgl. S. 88).

... von Linken und Rechten

2 **Die Angeklagten im Hitler-Prozess 1924 in Siegerpose.** Foto.

8. November 1923:
Hitler-Putsch.

Proklamation zum Hitler-Putsch. Plakat, 1923.

So äußerte sich der bayerische Reichswehrkommandant von Lossow 1923:

Q1 Meine Herren! Es gibt drei Möglichkeiten:
1. Einmarsch nach Berlin und Ausrufung der nationalen Diktatur,
2. Weiterwursteln und Bayerns „Bei-der-Stange-Bleiben",
3. Trennung Bayerns vom Reich.

Während eine Gruppe um den bayerischen Generalstaatskommissar Gustav Ritter von Kahr noch plante, Mussolinis Marsch auf Rom (vgl. S. 96) zu imitieren und selbst nach Berlin zu marschieren, versuchte Hitler am 8. November 1923 den Putsch. Er stürmte eine Versammlung im Münchner Bürgerbräukeller, schoss in die Decke und rief die nationale Revolution aus. Von Kahr, Bayerns Polizeibefehlshaber von Seißer und General von Lossow wurden in ein Nebenzimmer gebracht. Dort bot Hitler ihnen führende Positionen im neuen Staat an, er selbst wollte das Amt des Reichskanzlers übernehmen.
Zunächst schlossen sich die drei Männer Hitler an, distanzierten sich jedoch noch in der Nacht von dem laienhaft geplanten Putschversuch. Hitler und Ludendorff (siehe S. 32) führten daraufhin einen Demonstrationszug an, der an der Feldherrnhalle in München nach einem Schusswechsel mit der bayerischen Landespolizei endete. Der anschließende Prozess trug viel zur Popularität Hitlers über Bayerns Grenzen hinaus bei. Das Urteil fiel milde aus*: Hitler erhielt fünf Jahre Zuchthaus, Ludendorff wurde gar freigesprochen.
In der Urteilsbegründung hieß es:

Q2 ... Auch das Gericht ist zu der Überzeugung gelangt, dass die Angeklagten bei ihrem Tun von rein vaterländischem Geiste und dem edelsten selbstlosen Willen geleitet waren. Alle Angeklagten ... glaubten nach bestem Wissen und Gewissen, dass sie zur Rettung des Vaterlandes handeln müssten. ...

Hitler schrieb während seiner Inhaftierung in Landsberg am Lech das Propagandabuch „Mein Kampf". Wegen „guter Führung" wurde er bereits nach neun Monaten entlassen.
Zu einem Freund äußerte sich Hitler:

Q3 ... Statt die Macht mit Waffengewalt zu erobern, werden wir ... unsere Nase in den Reichstag stecken. Zwar mag es länger dauern, sie zu überstimmen als sie zu erschießen, ... doch werden wir früher oder später die Mehrheit haben und damit Deutschland.

3 *Welche der drei Möglichkeiten in Q1 schließt von Lossow schon durch die Formulierung aus? Welche Veränderung erhofft er sich?*
4 *Beurteilt die Begründung des Gerichts in Q2.*
5 *Erklärt mithilfe von Q3, welchen Weg Hitler nach dem gescheiterten Putschversuch einschlagen wollte.*

Urteil gegen Hitler*:
Hitler hätte gemäß den Bestimmungen des Republikschutzgesetzes als wegen Hochverrats verurteilter Ausländer nach Österreich abgeschoben werden können. Dies lehnte der Richter jedoch ausdrücklich ab.

Wirtschaft und Inflation

1 **Betriebe müssen das Papiergeld für die Tageslöhne in Körben von den Banken holen.** Foto, 1923.

► ***Inflation*:*** *schrittweise Entwertung des Geldes.*

Ruhrbesetzung*: *Die Siegermächte hatten 1921 beschlossen, dass Deutschland 132 Mrd. Goldmark bezahlen sollte. Frankreich, das selbst hohe Kriegsschulden hatte, drängte auf pünktliche Bezahlung. Die Reichsregierungen mussten die Forderungen weitgehend erfüllen.*
Als Deutschland Ende 1922 mit Holz- und Kohlelieferungen im Verzug war, ließ die französische Regierung Soldaten ins Ruhrgebiet einmarschieren. Daraufhin rief die Reichsregierung zum passiven Widerstand auf: Keinem Befehl der Besatzer sollte gehorcht werden.*
Die Alliierten reagierten hart auf jeden Widerstand. Familien aus dem Ruhrgebiet wurden ausgewiesen, Tausende zu Gefängnisstrafen verurteilt. Die Arbeitslosigkeit stieg rasch an. Der Widerstand konnte im September nicht mehr weitergeführt werden. Die Reichsregierung trat zurück und Gustav Stresemann (DVP) bildete eine neue Regierung. Er beschloss den Abbruch des Widerstandes.

Die Inflation*

Im Laufe des Krieges hatte die Reichsregierung viel Geld drucken lassen, um die hohen Kriegskosten zu bezahlen. So war viel Geld im Umlauf, dem aber nur wenige Güter gegenüberstanden. Daher stiegen schon während des Krieges die Preise.
Nach dem Waffenstillstand hatte die neue Regierung Kriegsschulden und Reparationen zu bezahlen. Die Staatseinnahmen waren geringer als die Ausgaben. Um die Bevölkerung nicht mit neuen und hohen Steuern belasten zu müssen, wurde mehr Geld gedruckt. Das führte aber zu weiteren Preisanstiegen. Das Geld verlor zunehmend an Wert.
Als im Januar 1923 der passive Widerstand gegen die Ruhrbesetzung* erklärt wurde, musste die Regierung die Wirtschaft im Ruhrgebiet unterstützen. Täglich wurden 40 Millionen Goldmark für den Ruhrkampf ausgegeben. Das Geld ließ sich nur beschaffen, indem immer mehr Druckereien Geldscheine druckten. Weil es aber keine Waren als Gegenwert für dieses Geld gab, stiegen die Preise immer schneller.
Kein Mensch wollte das wertlose Geld behalten. Jeder gab es schnell wieder aus. Wer Schulden aus früherer Zeit hatte, konnte sie leicht zurückbezahlen. Wer Sachwerte besaß, hielt sie zurück oder tauschte sie nur gegen andere Sachwerte. Industrielle konnten große Gewinne machen, weil sie die Löhne in Papiergeld auszahlten, die Produkte aber gegen Sachwerte eintauschten.

Wirtschaftliche Not in Sachsen

Auch in Sachsen wurden die ersten Jahre der Weimarer Republik zur wirtschaftlichen Zerreißprobe. Die großen Betriebe versuchten aber wieder weltmarktfähig zu werden.
Die Folgen der Kriegswirtschaft und die Lasten, die aus den Bestimmungen des Versailler Vertrages erwuchsen, wurden über Steuern und Versorgungslage immer mehr auf die Einkommensschwächeren abgewälzt. In den großen Chemnitzer Betrieben des Maschinenbaus, in der über ganz Sachsen hin ansässigen Textilindustrie und in dem sich entwickelnden Braunkohletagebau um Leipzig und in der Lausitz kam es zu Massenentlassungen. Gleiches galt zum Beispiel auch im Leipziger Druckgewerbe und in der um Dresden ansässigen Glasindustrie. „Kriegsgewinnler" in Industrie und Bankgewerbe bereicherten sich im Zuge der Firmenkonkurse. Durch den Schwindel erregenden Anstieg der Preise wurde die Lage für die meisten Menschen dagegen immer unerträglicher.

Wirtschaft und Inflation in Sachsen

Die Inflation schritt in immer größerem Tempo fort: Nach Zahlen waren die Menschen mittlerweile Milliardäre geworden. Ihr Lohn, den sie in Rucksäcken und Waschkörben nach Hause schleppten, reichte aber oft nicht einmal für einen Kanten Brot aus.

1 *Weshalb trifft die Inflation besonders die einfachen Menschen?*

2 *Fragt in eurem Bekanntenkreis nach Inflationsgeld und Briefmarken aus dieser Zeit.*

Folgen der Inflation

Im November 1923 war das deutsche Geld praktisch wertlos (vgl. Übersicht 2). Um die riesigen Geldmengen einzuziehen, wurde 1 Billion (1 000 000 000 000) alter Mark gegen 1 Rentenmark umgetauscht. Die Rentenmark war die neue Währung. Das Geld wurde knapp gehalten, und die Wirtschaft erholte sich langsam.

In der Inflation hatten alle Sparer ihre Einlagen verloren, ganz gleich, ob sie das Geld bei Banken oder Sparkassen, bei Lebensversicherungen oder in Staatspapieren angelegt hatten. Betroffen waren vor allem Angestellte, Handwerker, kleinere Unternehmer, Ärzte, Rechtsanwälte und Beamte. Gewonnen hatten die Besitzer von Sachwerten und Devisen sowie der Staat. Die alten Schulden waren mit wertlosem Papiergeld bezahlt worden.

Bei den Verlierern aber entstand zunehmend Hass auf die Republik, der man alle Schuld an diesen Verhältnissen gab. Viele Menschen, die ihr Geld verloren hatten, wurden daher zu vehementen Gegnern der Weimarer Republik.

3 **Karikatur: „Für den Sack müssen Sie auch'n Fahrschein lösen!" – „Erlauben Sie mal, das is' das Fahrgeld, das ich Ihnen geben will!".**
Berliner Illustrierte Zeitung, 1923.

3 *Versetzt euch in die Lage einer Hausfrau, eines Mieters und eines Vermieters, eines Sparers und eines Menschen, der Geld geliehen hat. Schreibt auf, was sie vermutlich zur Geldentwertung sagen.*

4 *Benennt Berufs- und Gesellschaftsgruppen, die Inflationsgewinner waren.*

Französischer Soldat bewacht einen Kohlewaggon im Ruhrgebiet, 1923.

Beim Lumpensammeln wurden Geldscheine, die noch vor kurzem ein Vermögen wert waren, vernichtet.

Datum	Preis für 1 Liter Milch	1 Pfund Butter	1 Pfund Quark
26. August	79 000	432 000	138 000
2. September	114 000	622 000	198 000
9. September	224 000	1 224 300	352 000
16. September	960 000	5 200 000	1 463 000
23. September	2 630 000	14 437 000	4 037 000
30. September	3 800 000	19 800 000	5 830 000
7. Oktober	4 800 000	24 750 000	7 370 000
13. Oktober	16 900 000	85 200 000	25 800 000
18. Oktober	115 000 000	572 500 000	157 800 000

2 **Entwicklung der Höchstpreise (in Mark) zwischen August und Oktober 1923 für die Grundnahrungsmittel Milch, Butter und Quark.**

Sachsen im Krisenjahr 1923

Politische Parteien im Vergleich:

DVP:
Deutsche Volkspartei, bürgerlich-konservativ, für konstitutionelle Monarchie, Förderung von Mittelstand und Industrie.

DNVP:
Deutschnationale Volkspartei, unterstützt Großindustrie und Großgrundbesitz, lehnt Versailler Vertrag ab.

KPD:
Kommunistische Partei Deutschlands, für sozialistische Rätedemokratie, gegen Parlamentarismus, für Weltrevolution nach sowjetischem Vorbild.

SPD:
Sozialdemokratische Partei Deutschlands, für parlamentarische Republik, Stärkung der Rechte der Arbeiter, für staatliche Kontrolle der Wirtschaft.

NSDAP:
Nationalsozialistische Deutsche Arbeiterpartei, 1919/20 gegründet, radikal nationalistisch, antisemitisch, gegen Demokratie und Republik.

(Zentrum und DDP: vergleiche in der Randspalte auf S. 66.)

Konterrevolution*:
Gegenrevolution.

Sachsen wird „rot" regiert

Sachsen war ein bedeutendes Zentrum der deutschen Arbeiterbewegung. Bereits bei den Landtagswahlen im Herbst 1922 erhielt die SPD den größten Stimmenanteil (SPD 40 Mandate, KPD 10, DNVP 19, DVP 19, DDP 8). Im sächsischen Landtag verfügten Sozialdemokraten und Kommunisten über eine knappe Mehrheit. Vier Punkte wurden 1923 als Voraussetzung für die Zusammenarbeit beider Parteien vereinbart:

- ein Amnestiegesetz für Notdelikte,
- Bildung von Kontrollausschüssen zur Bekämpfung des Wuchers,
- Erlass eines Arbeiterkammergesetzes zur Sicherung des Mitbestimmungsrechts bei der Gesetzgebung und
- Schaffung gemeinsamer Abwehrorganisationen zur Bekämpfung der Konterrevolution* („Proletarische Hundertschaften").

Am 21. März wurde Erich Zeigner (SPD) mit 49 Stimmen zum Ministerpräsidenten gewählt. Neben der Erfüllung der vier Punkte wurden Gesetze erlassen, die die Pflichten der Beamten und der Lehrer regelten und den Strafvollzug vereinheitlichten. Eine neue Gemeindeverordnung wurde verabschiedet. Waldflächen, Wasser und Elektrizität kamen in den Besitz des Staates. Der Bergbau sollte folgen. Die KPD versuchte ihren Einfluss auf die Regierung zu verstärken. Am 10. Oktober traten die Kommunisten Fritz Heckert (Wirtschaftsminister; vgl. S. 57), Paul Böttcher (Finanzminister) und Heinrich Brandler (Leiter der Staatskanzlei) der Regierung bei. Zeigner nannte das neugeschaffene Kabinett eine „Regierung der republikanischen und proletarischen Verteidigung".

1 *Diskutiert, was Zeigner mit der letzten Bemerkung gemeint haben könnte.*

Die Bildung dieser Regierung wurde von der Reichsregierung als Vorbereitung eines Bürgerkrieges mit dem Ziel einer „deutschen kommunistischen Oktoberrevolution" angesehen. Tatsächlich hatte Brandler als KPD-Vorsitzender Ende August 1923 in Moskau an Gesprächen mit den russischen Kommunisten teilgenommen, bei denen eine mögliche Revolution im Herbst 1923 in Deutschland

1 Erich Zeigner (1886–1946), Ministerpräsident der Sächsischen Arbeiterregierung 1923 (nach dem 6. Mai 1945 Oberbürgermeister von Leipzig). Foto.

vorbereitet wurde. In der Bildung der „Proletarischen Hundertschaften" sah die Reichsregierung die Vorbereitungen für die Aufstellung einer Bürgerkriegsarmee.

2 *Überlegt, wohin sich Sachsen unter der neuen Regierung entwickeln konnte.*

Die „Rechten" in Sachsen

Die bürgerlichen Kräfte, allen voran der „Verband Sächsischer Industrieller", und die Reichswehr in Sachsen traten gegen die Regierung Zeigner auf. Der Landesverband der DNVP bezeichnete die Politik Zeigners als „Gefährdung des politischen und wirtschaftlichen Bestandes" Sachsens. Nun kam es zunehmend zu gewaltsamen Zusammenstößen zwischen „Rechts" und „Links".

Die „Bereinigung" Sachsens

Während die KPD in Sachsen auf eine Revolution in Deutschland hinarbeitete, bereitete sich die NSDAP in Bayern auf einen Putsch vor (vgl. S. 68). Reichskanzler Gustav Stresemann

Sachsen im Krisenjahr 1923

Plakat der sächsischen KPD, 1923.

2 Einmarsch der Reichswehr in Dresden, wo der Landtag abgesetzt werden soll. Foto, Ende Oktober 1923.

äußerte sich vor diesem Hintergrund zur Lage in Bayern und Sachsen:

Q1 ... Ich darf es nicht zu einem Rechtsputsch kommen lassen. Bayern kommt erst in Ordnung, wenn die Lage in Sachsen entspannt ist. Bereinigung Sachsens ist Voraussetzung des Sieges über Bayern. ...

Auf der Grundlage des Artikels 48 (vgl. S. 67) der Weimarer Verfassung übertrug der Reichspräsident Ebert dem Reichswehrminister die vollziehende Gewalt. Die in Sachsen durch General Müller geführten Reichswehrtruppen erhielten die Rechte von Polizeibeamten. Müller wollte mit seinem Vorgehen gegen die „Linke" ein Exempel statuieren. Bald war ganz Sachsen von der Reichswehr besetzt. In vielen Orten kam es zu blutigen Zusammenstößen mit der Bevölkerung.
In einem Erinnerungsbericht heißt es:

Q2 ... Am 21. Oktober rollten achtzig Eisenbahnzüge, vollbesetzt mit Reichswehrtruppen und vollgepackt mit Maschinengewehren, Geschützen und Munition, aus allen Teilen Deutschlands über die sächsische Grenze. Bald standen 60 000 Mann schwer bewaffnet (im) ... Lande. ... In Meißen, in Pirna, in Freital, in Großenhain, in Chemnitz, in unzähligen Orten des Erzgebirges und des Vogtlandes gab es Tote und Verwundete. ...

Insgesamt gab es in Sachsen 39 Tote und 82 Schwerverletzte. Reichskanzler Stresemann forderte die sächsische Regierung am 27. Oktober auf zurückzutreten. Sie lehnte aber ab. Darauf wurde sie durch Reichswehrtruppen ihres Amtes enthoben und ein Reichskommissar für Sachsen eingesetzt. Am 30. Oktober wählte der sächsische Landtag Alfred Fellisch (SPD) zum Ministerpräsidenten einer sozialdemokratischen Minderheitsregierung. Mit ihrem Amtsantritt am 31. Oktober beendete der Reichskommissar sein Amt.

3 *Erläutert, wie Stresemann Sachsen „bereinigte".*

4 *Stellt dar, wie er sein Vorgehen begründete.*

Ein Aufruf zum Generalstreik von KPD und SPD gegen die Absetzung der Regierung Zeigner fand bei den Arbeitern kein Echo. Ebenso wenig wurde Brandlers Forderung nach einem Generalstreik gegen die Reichswehr auf einem der Treffen von KPD, SPD und Gewerkschaften am 21. Oktober 1923 unterstützt. Nur in Hamburg kam es am 23. Oktober zu einem kommunistischen Aufstand, der militärisch und politisch schlecht vorbereitet, rasch zusammenbrach. Bei der KPD gab es hier 24, bei der Polizei 17 Tote.

5 *Diskutiert die Vorgänge im Oktober 1923.*

Heinrich Brandler *(geb. 3. 7. 1881, gest. 26. 9. 1967) war seit 1915 führendes Mitglied des Chemnitzer Spartakusbundes und 1919 Mitbegründer der KPD in Chemnitz. 1923 war Brandler Leiter der sächsischen Staatskanzlei. Seine Beteiligung an Plänen zu einem kommunistischen Umsturz ist umstritten. Foto.*

Außenpolitische Entspannung

1 Plakat der DNVP zur Reichstagswahl 1928. Die Figur im Hintergrund stellt einen französischen Soldaten dar.

1. 12. 1925: Unterzeichnung der Locarno-Verträge.

► ***Gustav Stresemann*** *(1878 bis 1929), eigentlich Monarchist, August bis November 1923 Reichskanzler und 1923–29 Außenminister.*

Aristide Briand *(geb. 28. 3. 1862, gest. 7. 3. 1932), französischer Außenminister, erhielt 1926 zusammen mit Gustav Stresemann den Friedensnobelpreis für die gemeinsame europäische Aussöhnungspolitik.*

Außenpolitische Zusammenarbeit

1 *Tragt zusammen, was ihr über das Verhältnis zwischen Frankreich und Deutschland wisst. Denkt dabei an den Krieg von 1870/71, an den Versailler Vertrag und an die Ruhrbesetzung.*

Die deutsche Republik hatte die Krisenjahre 1919 bis 1923 überstanden. Seit August 1923 war Gustav Stresemann Reichsaußenminister. Sein Ziel war es, Deutschland wieder zu einer respektierten Macht in Europa zu machen. Dazu mussten aber Teile des Versailler Vertrages außer Kraft gesetzt werden. Dies ging nur mit der Zustimmung Frankreichs. Deshalb mussten die Beziehungen zu Frankreich verbessert werden.

Locarno 1925

Auch der damalige französische Außenminister Aristide Briand hatte erkannt, dass in Europa der Friede nur gesichert werden konnte, wenn Frankreich und Deutschland ihre Feindschaft überwanden. 1925 fand in Locarno (Schweiz) die erste große internationale Konferenz statt, an der Deutschland wieder als gleichberechtigter Partner teilnahm. Auf Anregung Stresemanns trafen sich hier die Außenminister Deutschlands, Frankreichs, Großbritanniens, Belgiens, Italiens, Polens und der Tschechoslowakei. Sie wollten über die Friedenssicherung in Europa verhandeln. Im Vertragstext heißt es:

Q1 … Die Hohen Vertragschließenden Mächte garantieren jede für sich und insgesamt … die Aufrechterhaltung der Grenzen zwischen Deutschland und Belgien und zwischen Deutschland und Frankreich. … (Die genannten Staaten) verpflichten sich gegenseitig in keinem Falle zu einem Angriff oder zu einem Einfall oder zum Kriege zu schreiten. … (Sie) verpflichten sich, auf friedlichem Wege … alle Fragen jeglicher Art zu regeln. … Deutschland und Polen … bekennen den Willen etwa entstehende Streitigkeiten ohne Anwendung von Gewalt auf friedlichem Wege zu regeln.

Bei der Unterzeichnung sagte Briand:

Q2 … Unsere Nationen haben sich oft auf den Schlachtfeldern gegenübergestanden. Der Vertrag von Locarno soll den Wert haben, dass derartige Metzeleien nicht noch einmal vorkommen sollen. Wir müssen jetzt zusammenarbeiten in der Arbeitsgemeinschaft des Friedens. …

2 *Überlegt, welche Auswirkungen der Vertrag haben konnte.*

3 *Vergleicht die Vertragsbedingungen mit Frankreich und mit Polen. Was fällt euch auf?*

4 *Beschreibt das Plakat möglichst genau. Welche politische Einstellung wird hier deutlich?*

Aufnahme in den Völkerbund

Deutschland im Völkerbund 1926

1919 hatten 32 Staaten den Völkerbund zur Sicherung des Weltfriedens (vgl. S. 55) gegründet. Deutschland war von dem Bund ausgeschlossen, weil es als Aggressor* galt.
Im Vertrag von Locarno hatte Deutschland sich nun verpflichtet, Grenzfragen nur auf friedlichem Wege zu regeln. Daraufhin beschloss die Völkerbundversammlung am 8. September 1926 einstimmig, Deutschland in den Völkerbund aufzunehmen.
Der Dolmetscher Paul Schmidt berichtete darüber später in seinen Erinnerungen:

Q3 … Bei Stresemanns Eintritt setzte im ganzen Saal ein wahrer Beifallssturm ein. Nur mit Mühe konnten sich die deutschen Delegierten durch die herandrängende Masse der ausländischen Völkerbundsvertreter den Weg zu ihren Plätzen bahnen. …

Dieser überwältigende Empfang Deutschlands durch die Völker der Welt hatte große politische Bedeutung. In seiner Antrittsrede sagte Gustav Stresemann 1926:

Q4 … Nur auf der Grundlage einer Gemeinschaft, die alle Staaten ohne Unterschied in voller Gleichberechtigung umspannt, können Hilfsbereitschaft und Gerechtigkeit die Leitsterne der Menschenschicksale werden. Nur auf dieser Grundlage lässt sich der Grundsatz der Freiheit aufbauen. …

Der französische Außenminister Aristide Briand antwortete auf Stresemanns Rede:

Q5 Was bedeutet dieser Tag für Deutschland und für Frankreich? Das will ich Ihnen sagen: Es ist jetzt Schluss mit jener langen Reihe schmerzlicher und blutiger Auseinandersetzungen. … In Zukunft werden wir (unsere Meinungsverschiedenheiten) vor dem Richterstuhl in Ordnung bringen. Deshalb sage ich: Fort mit den Waffen! Freie Bahn für die Versöhnung, die Schiedsgerichtsbarkeit und … den Frieden.

5 *Gebt mit eigenen Worten die Inhalte der Redeausschnitte wieder.*
6 *Diskutiert, welche Vor- und Nachteile sich aus dem Beitritt zum Völkerbund ergaben.*

2 **Briand und Stresemann.** Foto, 1926.

Ein Vertrag mit der Sowjetunion

Nach dem Abschluss des Locarno-Paktes zwischen Deutschland und Frankreich nahm Stresemann auch Verhandlungen mit der Sowjetunion auf. Im April 1926 wurde der Berliner Vertrag geschlossen, ein Freundschafts- und Neutralitätspakt*. Darin sicherten sich beide Staaten friedliches Verhalten zu. Außerdem sollte sich keine der beiden Seiten einem wirtschaftlichen oder finanziellen Boykott* gegen den anderen anschließen.
Acht Jahre nach dem verlorenen Krieg hatte Deutschland damit seine außenpolitischen Beziehungen in West und Ost wieder gefestigt und verbessert.
Die deutsche Souveränität* blieb aber immer noch eingeschränkt. Die deutsche Politik wurde weiterhin belastet durch:

- die Reparationszahlungen,
- die Besetzung von Teilen des Rheinlandes und
- das militärische Ungleichgewicht, denn die anderen Staaten hatten nicht abgerüstet, wie Deutschland es hatte tun müssen.

7 *Fasst die Außenpolitik Stresemanns zusammen und versucht sie zu beurteilen.*

Aggressor*: *Angreifer; in diesem Fall der schuldige Verursacher des Ersten Weltkrieges.*

8. September 1926: *Aufnahme Deutschlands in den Völkerbund.*

Neutralität*: *Unparteilichkeit.*

Boykott*: *Maßnahme zur Isolation von Personen und Institutionen; z.B. Warenboykott: die Nichteinfuhr oder der Nichtkauf bestimmter Waren aus bestimmten Ländern.*

Souveränität*: *hier die politische Unabhängigkeit eines Staates.*

Die Goldenen Zwanziger 1924–28

Charles Gates Dawes *(geb. 27. 8. 1865, gest. 23. 4. 1951), von 1925–1929 Vizepräsident der USA, erhielt 1925 für den von ihm vertretenen Dawes-Plan den Friedensnobelpreis. Foto.*

1 **Charlie Chaplin, einer der größten Filmstars der Zwanziger Jahre, wurde weltweit gefeiert.** Foto aus dem Film „Lichter der Großstadt" (1931).

2 **Bubikopf und Charleston – Modefrisur und Modetanz der „Goldenen Zwanziger".** Fotomontage aus „Das Magazin", Juli 1927.

Sportcabrio der Marke Horch, Baujahr 1928, aus Zwickau. Foto, 1928.

Der Dawes-Plan

Die Einführung der Rentenmark hatte im November 1923 in Deutschland den Wert des Geldes stabilisiert (vgl. S. 71). Nun konnte auch die Frage der Reparationen neu geregelt werden. Im April 1924 legte eine Gruppe amerikanischer und britischer Finanzexperten den Dawes-Plan vor:

Q1 … Deutschland steigert seine Zahlungen von 1 Mrd. auf 2,5 Mrd. Mark jährlich. Grundlage für die Zahlungen ist der jeweilige Stand der Wirtschaft. Ein Darlehen von 800 Mio. Mark ermöglicht Deutschland, die erste Rate zu zahlen.

1 *Fasst zusammen, was der Dawes-Plan festlegte.*

Mit Hilfe des Dawes-Darlehens ausländischer Kredite konnten nun die Fabriken erneuert werden. Krankenhäuser und Schulen entstanden, das Verkehrswesen wurde moderner. Deutsche Schiffe, Flugzeuge und Autos waren gefragt. Elektrogeräte verkaufte die Industrie ab 1925 in der ganzen Welt. Spitzenniveau erreichte auch die chemische Industrie.
In den Jahren 1924–28 stellte sich ein deutlicher wirtschaftlicher Aufschwung ein. Die Steuereinnahmen stiegen. Die Staatskasse erholte sich. So konnte Deutschland auch die durch den Dawes-Plan festgelegten Raten bezahlen: bis 1930 über 7 Mrd. Goldmark. Dieser Aufschwung wurde aber mit hoher Auslandsverschuldung und steigender sozialer Ungerechtigkeit bezahlt.

2 *Überlegt, weshalb die USA und Großbritannien an der Festigung der deutschen Wirtschaft interessiert waren.*

Die ► „Goldenen Zwanziger"

Auch im geistigen und künstlerischen Leben kam es im Land zu einem großen Aufschwung. Die demokratische Verfassung der Weimarer Republik ermöglichte die freiere Entfaltung moderner Ideen. Seit 1923 sprach man in der Malerei und Baukunst von der „Neuen Sachlichkeit". Filme mit Charlie Chaplin zogen die Menschen in Massen in die Kinos. In der Musik feierte der Jazz Triumphe, alle wollten in den Tanzdielen Charleston tanzen. Die neue Modefrisur wurde der „Bubikopf". Ab 1927 trugen die Damen kniefrei.

3 *Klärt, weshalb diese Zeit auch als die „Goldenen Zwanziger" bezeichnet wurde.*

Die Wirtschaft in Sachsen nach 1923

3 **Erzgebirgische Spielwarenherstellung in Steinbach bei Jöhstadt, 20er-Jahre.** Foto.

Die Wirtschaft in Sachsen nach 1923
Ab 1924 erholte sich in einigen wichtigen Industriezweigen auch die sächsische Wirtschaft. Im Rahmen des Dawes-Planes flossen z.B. Kredite nach Böhlen bei Leipzig: 1925 15 Mio. Mark und 1926 18 Mio. Mark. In Böhlen befand sich das zur damaligen Zeit wahrscheinlich größte Braunkohlenkraftwerk der Welt. Es gehörte der AG Sächsische Werke (ASW). So konnte Sachsen den Ausbau seines Energienetzes betreiben. Die kleineren Steinkohlevorkommen (z.B. bei Zwickau) erbrachten nur 2,7 % der gesamten Steinkohleförderung Deutschlands. In den modernen Industriezweigen (Eisen-, Metall-, Chemie- und Elektroindustrie) waren damals erst wenige Arbeiter beschäftigt. Anders im aufkommenden Kraftfahrzeugbau, wo die Produktion beträchtlich stieg. Vorherrschend war in Sachsen die Textilindustrie. 60 % des Textilexportes Deutschlands kamen aus Sachsen.
In einigen Industriezweigen entwickelten sich in den Zwanziger Jahren in Sachsen Großunternehmen, z.B.

- bei den Energieversorgern die Thüringer Gasgesellschaft (Sitz in Leipzig) und die Sächsische Werke AG (Sitz in Dresden),
- im Automobilbau die Auto-Union (Sitz in Chemnitz) oder
- die Sächsische Maschinenfabrik Chemnitz mit der Lokomotive „Sachsenstolz".

Doch im Allgemeinen herrschten klein- und mittelständische Betriebe vor. Im Erzgebirge, im Vogtland und in der Oberlausitz existierte noch verbreitet Heimarbeit, z. B. die Herstellung von Kunstblumen in Sebnitz, die Töpferei und Lebkuchenherstellung in Pulsnitz und die erzgebirgische Spielwarenherstellung in Steinbach und Seiffen. Diese Unternehmen waren von Konjunkturschwankungen der Wirtschaft besonders betroffen und vom beständigen schnellen Absatz ihrer Waren abhängig.

4 *Stellt in einem Kurzvortrag euren Mitschülern die wirtschaftliche Entwicklung Sachsens nach 1923 vor.*

„Technischer Fortschritt":

Stielstaubsauger „AEG Vampyr", 1929. Foto.

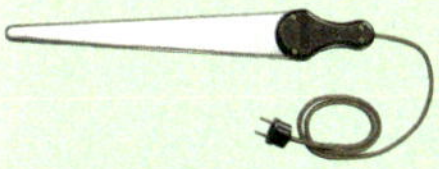

Bügelgerät für Krawatten „Arolac", 1930–1940. Foto.

Brotröster mit Brötchenaufsatz, Rowenta 1926–1938. Foto.

Berliner Straßenbahn. Foto.

NSU 251R, 1927. Foto.

Fürstenabfindung oder Enteignung

1 **Demonstration für die Fürstenenteignung in Leipzig.** Foto, 1926.

Sekundogeniturrente*: *Abgaben (Rente) auf der Grundlage des Erbrechts von Zweitgeborenen und ihrer Familienlinie (Sekundogenitur).*

Domäne*: *herrschaftliches Wirtschaftsgut.*

Haus-Fideikommissvermögen*: *unteilbares, unveräußerliches Familienvermögen, von dem lediglich die daraus erwachsenden Erträge zur freien Verfügung der Erben stehen, nicht das Vermögen selbst.*

Palais*: *Palast, Schloss. Familie von Kapherr erhielt 1867 ein Rittergut bei Lockwitz und baute darauf das Prohliser Schloss.*

GM*: *Abkürzung für Goldmark. Die Goldmark war keine Währungs-, sondern eine Recheneinheit, die auf der Grundlage des Goldwertes das Wertverhältnis des Inflationsgeldes zu ausländischen Währungen berechnen half.*

RM*: *Abkürzung für Reichsmark. Die Reichsmark ersetzte nach dem 30. 8. 1924 die durch Inflation völlig entwertete Mark im Wechselverhältnis von 1 : 1 Billion.*

Volksbegehren und Volksentscheid

Die Besitzungen des deutschen Kaisers und der Fürsten – Ländereien, Vermögen, Kunstgegenstände usw. – waren in der Novemberrevolution beschlagnahmt, aber nicht enteignet worden. Jetzt wollten die Reichsregierung und die Länderregierungen den Fürsten ihr Eigentum zurückgeben oder sie entschädigen, so auch in Sachsen:

Q1 Entschädigungsvereinbarungen:

Barabfindung	300 000 GM*
Zinsen ab 1. 7. 1920	60 000 GM
Sekundogeniturrente*	40 000 GM
jährliche Abfindung für nicht gezahlte Sekundogeniturrente	40 000 GM
Domäne* Moritzburg	4 232 938 RM*
Forsten	22 500 000 RM
Schloss Moritzburg	4 977 700 RM
Ausstattung	2 200 000 RM
Kunst- und Einrichtungsgegenstände	41 500 000 RM
Hofsilberkammer	10 500 000 RM
Hausfideikommissvermögen*	3 600 000 RM
Kapherrsches Palais*, Kunstsammlung und Bibliothek sowie die Brühlsche Terrasse	1 000 000 RM
Betriebskapital dazu	40 000 RM
Kapitalien aus Stiftungen, Jagdrechte, Nutzung der Familiengrüfte	270 000 RM
Insgesamt	91 260 638 RM

Viele Menschen waren gegen Entschädigungsvereinbarungen. Auch Parteien, Gewerkschaften und Organisationen waren unterschiedlicher Meinung. Angesehene Persönlichkeiten wie Albert Einstein, Erwin Piscator und Kurt Tucholsky erreichten mit Unterstützung von SPD, KPD und Gewerkschaften ein Volksbegehren, das vom 4. bis 17. März 1926 stattfand. Sie wollten auf der Grundlage der Reichsverfassung (s. Q2) einen Volksentscheid veranlassen.

In der Verfassung des Deutschen Reiches vom 11. August 1919 über die rechtlichen Voraussetzungen für einen Volksentscheid heißt es:

Q2 Art. 73 … Ein Volksentscheid ist … herbeizuführen, wenn ein Zehntel der Stimmberechtigten das Begehren nach Vorlegung eines Gesetzentwurfes stellt. Dem Begehren muss ein ausgearbeiteter Gesetzentwurf zugrunde liegen. …

Art. 76 … Soll auf Volksbegehren durch Volksentscheid eine Verfassungsänderung

Fürstenabfindung oder Enteignung

beschlossen werden, so ist die Zustimmung der Mehrheit der Stimmberechtigten erforderlich. …

1 *Erläutert, wie ein Volksentscheid über die Fürstenabfindung vorbereitet werden musste und welche Schwierigkeiten dabei zu meistern waren.*

Fürstenabfindung oder Enteignung

Für einen Volksentscheid über die Fürstenabfindung stimmten in Sachsen 47,3 % der Wahlberechtigten (Leipzig 50,2 %, Dresden/Bautzen 43,3 %, Freital 70,7 %), in ganz Deutschland 31,8 %. Die DDP brachte als einzige Partei einen Gesetzentwurf im Reichstag ein, der eine angemessene Entschädigung der Fürstenhäuser vorsah. Einen anderen Vorschlag brachte der Kuczinsky-Ausschuss ein. René Kuczinsky war ein bekannter Wissenschaftler. Zum Ausschuss gehörten berühmte Persönlichkeiten aus Wissenschaft, Kunst und Kultur; er arbeitete mit verschiedenen Parteien zusammen. Aus dem Gesetzentwurf des Kuczinsky-Ausschusses:

Q3 Art. 1 Das gesamte Vermögen der Fürsten, die bis zur Staatsumwälzung 1918 in einem der deutschen Länder regiert haben, sowie das gesamte Vermögen der Fürstenhäuser, ihrer Familien und Familienangehörigen werden zum Wohle der Allgemeinheit ohne Entschädigung enteignet. Das enteignete Vermögen wird Eigentum des Landes, in dem das Fürstenhaus bis zu seiner Absetzung oder Abdankung regiert hat.

Art. 2 Das enteignete Vermögen wird verwendet zugunsten

a) der Erwerbslosen
b) der Kriegsbeschädigten und Kriegshinterbliebenen
c) der Sozial- und Kleinrentner
d) der bedürftigen Opfer der Inflation und
e) der Landarbeiter, Kleinpächter und Kleinbauern durch Schaffung von Siedlungsland auf dem enteigneten Landsitz.

Die Schlösser, Wohnhäuser und sonstigen Gebäude werden für allgemeine Wohlfahrt-, Kultur- und Erziehungszwecke … verwendet. …

2 **Handzettel der Zentrumspartei, Freiberg.**

Der Volksentscheid fand am 20. Juni 1926 statt. Obwohl von 15,8 Millionen Teilnehmern 14,5 Millionen Menschen für eine entschädigungslose Enteignung der deutschen Fürstenhäuser stimmten, reichte diese überwältigende Mehrheit nicht aus. Für die Annahme des verfassungsändernden Gesetzentwurfes wären nämlich 19,8 Millionen Stimmen (50,1 % statt der hier erreichten 39,3 % Beteiligung) erforderlich gewesen – die Enteignung scheiterte also an der zu geringen Abstimmungsbeteiligung.

Damit blieben die Verträge der Nachkriegszeit in Kraft und die Fürstenhäuser bekamen die ersehnte Entschädigung. Trotz der Niederlage sahen die Initiatoren die Abstimmung als Erfolg an. Der „Vorwärts", die Parteizeitung der SPD, schrieb:

Q4 … Eine gewaltige Umgruppierung der Massen ist im Zuge. Die Strömung geht nach links. …

2 *Diskutiert, warum die Parteien in dieser Sache so unterschiedlicher Meinung waren.*

3 *Wie hättet ihr abgestimmt? Begründet eure Entscheidung.*

Albert Einstein
(geb. 14. 3. 1879, gest. 18. 4. 1955), Physiker, Nobelpreisträger. Foto, 1921.

Erwin Piscator
(geb. 17. 12. 1893, gest. 30. 3. 1966), Regisseur und Theaterproduzent. Foto, 1930.

Kurt Tucholsky
(geb. 9. 1. 1890, Selbstmord 21. 12. 1935), Journalist und Schriftsteller. Foto, 1924.

Geschichte vor Ort: Architektur des Aufschwungs

Wege aus der Wohnungsnot

Während des Ersten Weltkrieges und in den Nachkriegsjahren wurde im Freistaat Sachsen fast nichts neu gebaut oder saniert. So verfielen viele Häuser. Die Wohnungsnot war groß. In Leipzig z. B. waren noch 1927 bei der Reichswohnzählung 26 000 Familien ohne eigene Wohnung. Aber auch wer eine Wohnung besaß, wohnte oft schlecht:

Q1 Eine lange schmale Küche, die für das sich darin abspielende Familienleben viel zu klein ist und die fast ausnahmslos auf den engen finsteren Hof führt, ohne Rücksicht auf die Himmelsrichtung, oft also das ganze Jahr ohne einen einzigen Sonnenstrahl; weiter ein ebenso langes schmales, viel zu kleines Schlafzimmer unter denselben Übelständen dafür aber das größte und schönste Zimmer der Wohnung als so genannte gute Stube, die das ganze Jahr über unbenutzt bleibt und höchstens zu Festzeiten oder bei Familienfeiern betreten werden darf. Das Vorzimmer ist ausnahmslos dunkel, oft finster, und der Abort liegt außerhalb der Wohnung auf der halben Treppe.

Unter dem Einfluss fortschrittlicher Ideen und dem wirtschaftlichen Aufschwung der Goldenen Zwanziger (vgl. S. 76) entstanden viele Neubauten. Das Staatliche Bauhaus (1919–33 in Weimar, später in Dessau) war die wichtigste Lehrstätte der neuen Architektur. Hier lehrten so berühmte Künster wie Hannes Meyer, Paul Klee und Walter Gropius. Sie forderten, die Architekten sollten „Volksbedarf statt Luxusbedarf" schaffen. Gemeinsam mit ihren zahlreichen Schülern bauten

1 **Arbeitsloser in seiner Wohnküche.** Foto, um 1929.

sie Wohnhäuser, die zugleich zweckmäßig und preiswert waren. Bekannte Beispiele sind die Krochsiedlung und der Rundling in Leipzig (Abbildung 5). In der Landsberger Straße wurden über 1000 Wohnungen in traditioneller Ziegelbauweise errichtet. Die drei- und viergeschossigen Wohnblocks in versetzter Zeilenbauweise mit z. T. quergestellten Kopfbauten bilden eine architektonische Einheit.
Das Bild der Städte veränderte sich auch durch neue Schulen, Krankenhäuser und Fabrikbauten. Häufig prägen sie die Stadtteile bis heute. Auch in den Kommunen, in Organisationen und Parteien wurden Lösungen für das Wohnungsproblem gesucht.
Eine wichtige Initiative war die Gründung von Wohnungsbaugenossenschaften in vielen sächsischen Städten. Diese Genossenschaften wollten keine Mietskasernen bauen, sondern naturnahe Siedlungen mit Kleinhäusern. So wurde nach dem Vorbild der Gartenstadt Hellerau bei Dresden (www.hellerau.de) in Leipzig-Mockau die Weidenhofsiedlung errichtet. Mitten im Grünen wurden etwa 220 zweigeschossige Einfamilienhäuser aus Klinkerziegeln erbaut. Zu jedem Haus gehörte eine kleine Gartenparzelle.

2 **Wohngebiet Neu-Gohlis in Leipzig.** Foto, um 1929/30.

Geschichte vor Ort: Architektur des Aufschwungs

3 **Siedlung Glauchau.** Foto, um 1926.

5 **Rundlinganlage in Lößnig bei Leipzig.** Foto, um 1929/30.

4 **Das erste Kugelhaus der Welt.** Dresden, 1928. Mehrere dieser Kugelhäuser waren die Hauptattraktion der Bauausstellung „Die technische Stadt" im Mai 1928.

6 **Das Bauhaus in Dessau.** Erbaut ab 1925. Foto, 1990.

1 *Vergleicht die Wohnungsbauweise der Zwanzigerjahre (Abbildungen 2, 3 und 5) mit der Mietskasernenwohnung aus dem 19. Jahrhundert (Q1).*

2 *Sucht in eurer Umgebung Wohnhäuser und andere Gebäude, die zwischen 1924 und 1932 entstanden sind und fertigt eine Foto-Collage an.*

3 *Stellt typische Erkennungsmerkmale zusammen.*

Die Weltwirtschaftskrise

1 **Aufgeregte Anleger vor der Börse auf der Wall Street am „Schwarzen Freitag".** Foto, 25. 10. 1929.

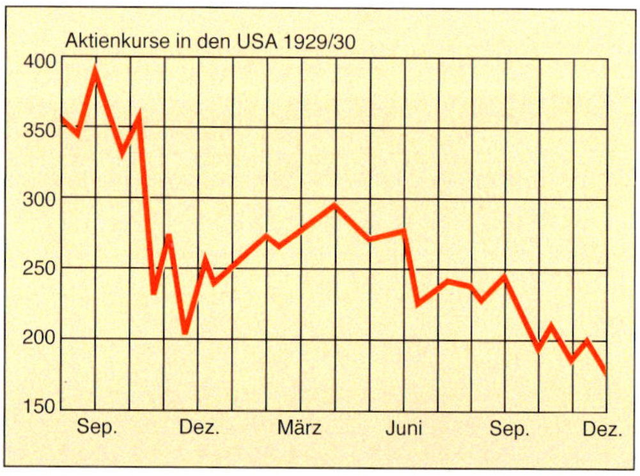

2 **Aktienkurse in den USA 1929/30.**

25. Oktober 1929: *„Schwarzer Freitag" an der New Yorker Wall Street.*

Henry Ford *(1863–1947).*

Wall Street: *Straße im New Yorker Stadtteil Manhattan, mit Banken und Börsen; übertragen auch verwendet als Bezeichnung für das Finanzzentrum der USA.*

Der Weg in die Krise

In den Jahren nach dem Ersten Weltkrieg wurde die Industrie in allen westlichen Ländern auf Friedensproduktion umgestellt. Besonders in den USA war die Produktion sehr schnell gewachsen. Durch Fließbandproduktion wurden z. B. Massen von Autos hergestellt. Immer mehr Menschen kauften sich Autos, Kühlschränke und Radios. Wer sie nicht bar bezahlen konnte, kaufte sie auf Raten. Die Menschen in den USA glaubten, die Wirtschaft würde sich immer weiter steigern. Immer mehr Arbeit, mehr Güter, mehr Lohn. Da könnte man ruhig Schulden machen.
Manch eine Aktie verdoppelte ihren Wert in einem Jahr. Wer sich auf Kredit Aktien kaufte, konnte am Gewinn teilhaben und schon nach kurzer Zeit seine Schulden zurückzahlen. Viele Menschen wollten an den Gewinnen teilhaben. Deshalb kauften sie Aktien auf Kredit.
In der „Deutschen Bergwerkszeitung" vom 15. März 1929 hieß es:

Q1 … Wir haben … mehr Spindeln, als nötig wären, um in einem Jahr den Weltverbrauch von zwei Jahren zu spinnen. Wir haben Kautschukvorräte, … die keine Produktion in den nächsten Jahren verbrauchen kann, und wir haben mehr Automobile verkaufsfertig, als die Kaufkraft in diesem Jahr aufnehmen kann. …

1 *Überlegt, welche Schlüsse sich aus dem Zeitungsbericht ziehen lassen.*

Der Börsenkrach in New York

1928 ließ sich die Produktion schon nicht mehr voll verkaufen, im Sommer 1929 wurde die Produktion in vielen Fabriken eingeschränkt, und Arbeiter mussten entlassen werden. Hierauf reagierte der Aktienmarkt. Die Kurse gaben erst langsam nach, aber am 25. Oktober, dem so genannten ▶ Schwarzen Freitag, und den fünf folgenden Börsentagen kam es zu einem regelrechten Zusammenbruch. Viele Aktien wurden wertlos. Allein am 29. Oktober wurden an der New Yorker Börse 16,5 Millionen Aktien angeboten, doch niemand wollte sie mehr kaufen.
Infolge des Börsenkrachs brachen viele Banken zusammen, die Sparer verloren ihre Einlagen. Aber auch viele Fabriken, die von den Banken keinen Kredit mehr bekommen konnten, mussten schließen. Sie entließen ihre Arbeiter. Die ▶ Weltwirtschaftskrise nahm ihren Anfang.

2 *Informiert euch (z. B. in einem Lexikon) über Aktien.*

3 *Stellt in einer Tabelle Ursachen und Folgen des Börsenkrachs zusammen.*

Die Weltwirtschaftskrise

4 *Banken und Sparkassen bieten für Jugendliche zum Teil „Börsenspiele" an, durch die man die Mechanismen des Aktienmarktes verstehen lernen kann. Erkundigt euch nach solchen Möglichkeiten.*

Die Krise greift auf Europa über

Eine Schweizer Zeitung berichtete einen Monat nach der Börsenkatastrophe in New York:

Q2
- Amerikanische Banken ziehen Kredite aus Europa ab.
- Bestellungen von Schweizer Uhren, von Diamanten aus Amsterdam, von Wein aus Frankreich und Fabrikausrüstungen aus Deutschland werden zurückgezogen.
- In den Häfen der amerikanischen Ostküste lagern Waren, die aus Europa kommen und von den Empfängern nicht bezahlt werden können.

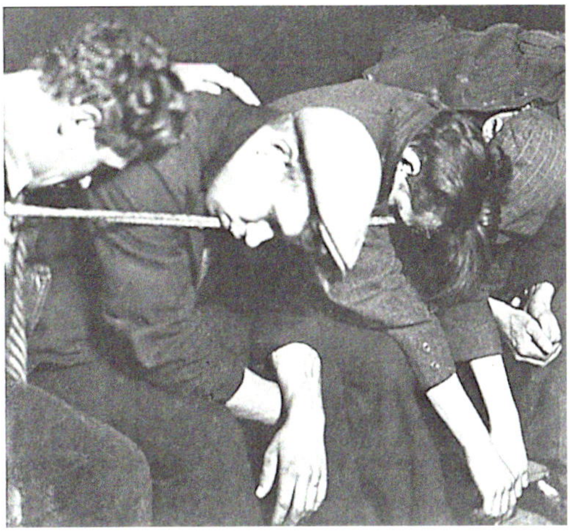

3 **Arbeitslose am Straßenrand. Das Seil ermöglichte es, beim endlosen Warten auf Arbeitsangebote im Sitzen zu schlafen. Für einen solchen „Schlafplatz" musste Geld bezahlt werden.**
Foto, 1928.

5 *Stellt Vermutungen an, wie die Nachrichten mit dem Börsenkrach zusammenhängen.*

Der Geldmangel in den USA führte dazu, dass die Kredite aus Europa abgezogen wurden. Das bewirkte besonders in Deutschland eine schwere Krise. Den Unternehmen fehlte das Geld; sie mussten die Produktion einschränken und viele Arbeiter entlassen. Die schon vorher nicht kleine Zahl von Arbeitslosen in Deutschland stieg nun schnell an.

6 *Führt aus, was die große Zahl an Arbeitslosen für die Wirtschaft bedeutet. Denkt dabei auch an die Bäcker und Fleischer, die Einzelhandelsgeschäfte und die Handwerker.*

7 *Überlegt, welche weiteren Faktoren diese negative Entwicklung der Arbeitslosigkeit bedingt haben könnten.*

8 *Erarbeitet anhand des Zahlenmaterials aus der Randspalte eine graphische Darstellung der Entwicklung der Arbeitslosigkeit in Deutschland von 1929–33.*

9 *Vergleicht aktuelle Arbeitslosenzahlen mit denen von 1929–33.*

Überall fehlte Geld. Viele Menschen kauften nur das Allernötigste, manche nicht einmal das. Viele Fabriken mussten schließen, weil ihre Produkte nicht mehr verkauft werden konnten. Dadurch gab es wieder mehr Arbeitslose.

Die Banken mussten die USA-Kredite zurückzahlen. Dadurch war auch bei den Banken das Geld knapp. Durch die Konkurse vieler Fabriken verloren die Banken Gelder, die sie den Unternehmen geliehen hatten.

Nun wurden die Sparer aufmerksam. Sie wollten ihr Geld nicht verlieren und hoben die Sparguthaben ab. Doch so viel Geld lag nicht bei den Kassen bereit. Eine große deutsche Bank konnte z. B. nicht mehr auszahlen und musste schließen. Als das bekannt wurde, setzte ein Sturm auf die Banken und Sparkassen ein. Sie gerieten in Gefahr.

Um das Bankwesen zu retten, verordnete die Reichsregierung Bankfeiertage, d. h. Tage, an denen die Bank- und Sparkassenschalter geschlossen blieben. Langsam beruhigten sich die Sparer wieder.

Ähnlich war es in Österreich, Großbritannien, Frankreich und den Balkanstaaten.

***Zahl der Arbeitslosen** in Deutschland (jeweils im Januar, in Millionen):*

Jahr	*Mio.*	*Prozent*
1929	*1,89*	*9,6*
1930	*3,07*	*15,7*
1931	*4,52*	*23,9*
1932	*5,57*	*30,8*

Die Folgen der Weltwirtschaftskrise

Dresden-Trachau.
Luftbild, vor 1930.

Dresden-Klotzsche.
Stadtteilansicht mit Landesschule. Luftbild, 1926.

1 **Familie eines Arbeitslosen.** Foto, 1929.

Arbeitslosigkeit

1 *Tragt zusammen, was ihr über Arbeitslosigkeit wisst. Benennt die Probleme der Arbeitslosen.*

Wer 1930 arbeitslos wurde, bekam für 6,5 Monate Arbeitslosenunterstützung, danach für ein Jahr Krisenfürsorge. Wer diese nicht mehr bekam, konnte von der örtlichen Wohlfahrt* unterstützt werden. Im Reichsdurchschnitt lagen die Wohlfahrtssätze bei 30 bis 40 RM im Monat, oft darunter.

Wohlfahrt*: *soziale Einrichtungen zur allgemeinen Pflege des Volkswohls.*

Im März 1932 erhielten von den 6128000 Arbeitslosen:

- 1850750 Arbeitslosenunterstützung,
- 1673150 Krisenfürsorge,
- 1832500 Wohlfahrtsunterstützung,
- 771600 keine Unterstützung.

Im Juni 1932 bekam eine Familie mit zwei Erwachsenen und einem Kind 51 RM als Krisenfürsorge. Davon wurden 32,50 RM für Miete, Beleuchtung und Heizung gerechnet. 18,50 verblieben dann für alle anderen Ausgaben im Monat. Nach damaligen Preisen konnte man davon kaufen: Für jeden ein halbes Brot, 500 g Kartoffeln, 100 g Kohl und 50 g Margarine täglich, drei Heringe für jeden im Monat und für das Kind extra 0,5 l Milch täglich.

2 *Prüft, wofür kein Geld vorhanden war.*

3 *Beschreibt, welche Lebens- und Ernährungsgewohnheiten ihr bei so knapper Unterstützung aufgeben müsstet.*

Bericht des preußischen Wohlfahrtsministeriums über die Not der Kinder, August 1931:

Q1 … Die Arbeitslosigkeit der Eltern verursacht bei den jungen Kindern Unterernährung. … Die Kinderkrankheiten und Erkältungskrankheiten häufen sich, da der Arzt sehr oft zu spät oder gar nicht aufgesucht wird, weil für Arztschein und Medizin die notwendigen Gebühren nicht aufzubringen sind. … Schwindel und Ohnmachtsanfälle treten stark auf. … (Es) hat sich herausgestellt, dass die Ernährung völlig unzureichend ist, Vitamine (Obst, Gemüse) fehlen ganz. …

Die Zeitung „Der Tag" vom 22. September 1932 brachte folgende Stimme eines jungen Arbeitslosen:

Q2 … Der Hunger ist noch lange nicht das Schlimmste. Aber seine Arbeit verlernen, bummeln müssen und nicht wissen, ob man jemals wieder in seine Arbeit kommt, das macht kaputt.
Man ist rumgelaufen nach Arbeit, Tag für Tag. Man ist schon bekannt bei den einzelnen Fabriken, und wenn man dann immer das eine hört: Nichts zu machen – da wird man abgestumpft.
Ich hasse diesen Staat, und ich habe als Arbeitsloser das Recht und die Pflicht, den deutschen Besitzenden zu hassen. …

4 *Erläutert Q1 mithilfe der Informationen über die Unterstützungszahlen.*

5 *Spielt ein Gespräch zwischen den beiden Erwachsenen auf der Abbildung über ihre Lage.*

6 *Diskutiert den letzten Satz in Q2.*

Die Auswirkungen auf Sachsen

Aufforderung zur Mitgliedschaft im „Konsumverein Vorwärts". *Szene aus dem Dokumentarfilm „Aus eigener Kraft". Reproduktion, nach 1928.*

2 **Schlange von Arbeitslosen.** Foto, um 1930.

Sachsen braucht Arbeit

Zwischen dem 1. August 1928 und dem 1. August 1932 ging in Sachsen die Zahl der gewerblichen Betriebe von 72 201 auf 64 779 zurück. Die Anzahl der in diesen Betrieben beschäftigten Arbeitnehmer sank von 1 440 000 auf 820 000, also um 43,1 %. Im Baugewerbe waren es 71,7 % und in der Musikinstrumentenindustrie 69,7 %. Bei den Kreishauptmannschaften gab es folgende Rückgänge: Zwickau 40,4 %, Leipzig 42 %, Dresden 42,4 %, Chemnitz 44,4 % und Bautzen 51,5 %.

Ähnlich traf es die sächsische Landwirtschaft. So gab es z. B. im Februar 1931 im Finanzbezirk Zittau 918 verschuldete bäuerliche Betriebe mit 18 636 ha Nutzfläche. Die Zahl der ausländischen Saisonarbeiter in Sachsen war zwischen 1930 und 1931 von 5000 auf 1850 zurückgegangen.

7 *Welche Konsequenzen hatte der Abbau so vieler Arbeitsplätze? Versucht wirtschaftliche, politische und soziale Folgen miteinander in Beziehung zu setzen.*

Sächsische Industrielle wehren sich

Am 29. April 1932 wandte sich der Verband Sächsischer Industrieller gegen die Verordnungen der Reichsregierung in Berlin. Sie forderten die alte Steuerhoheit zurück, traten für die Erhaltung und Stärkung der Sächsischen Staatsbank als Kreditgeber ein und waren gegen die Bevorzugung der Konzerne. Von der Reichsbahn verlangten sie Sonderfrachttarife, so wie es noch 10 Jahre zuvor durch die Sächsische Staatsbahn geschehen war. Sie kritisierten aber auch eine „unverantwortliche" Gewerkschaftspolitik, die die Löhne hochtrieb, den „Zwangslohn", der nur ein Aufwärts kannte und eine „überzüchtete" Sozialversicherung.

Der Vorsitzende des Verbandes erklärte:

Q3 Man wird uns Partikularisten* schimpfen. Es trifft uns nicht. Wir sind Deutsche, und Deutschland ist unser Vaterland, seit 1918 mehr denn je. Wir stehen fest zum Deutschen Reiche, wie es unsere Väter taten und unsere Kinder tun werden, ganz selbstverständlich und ohne Phrase. Aber wir sind keine Berliner Deutschen, sondern sächsische Deutsche, und in unserem deutschen Vaterlande wollen und werden wir Sachsen sein und bleiben, sowohl staatlich als auch wirtschaftlich. Wir müssen Sachsen in staatlicher Selbstständigkeit und wirtschaftlicher Unabhängigkeit erhalten, um Deutschlands willen.

8 *Erläutert, was das erklärte Ziel dieser sächsischen Industriellen war (Q3).*

Der mit 100 Personen belegte Schlafsaal des Berliner Obdachlosen-Asyls, 1929.

Partikularisten*: *Die Anhänger der Kleinstaaterei, die für ihre staatlichen Teilgebiete Sonderrechte fordern, nennt man Partikularisten.*

Demokratie in Not

Wahlplakat der KPD, 1932.

1 **Berliner Polizei geht gewaltsam gegen Demonstranten vor.** Foto, 1932.

Hakenkreuzler*: *Spottname für die Nationalsozialisten.*

Bannmeile*: *Sperrbereich um Regierungssitz und Parlamentssitz, in dem Demonstrationen verboten sind, um die Volksvertreter vor möglichen Ausschreitungen zu schützen.*

Eiserne Front*: *Seit 1931 schlagkräftige republiktreue Organisation der Gruppe „Reichsbanner Schwarz-Rot-Gold", des Gewerkschaftsbundes und der SPD.*

Regierung und Landtag in der Krise

Bis zum 12. Mai 1929 war Sachsen von einer Regierung geführt worden, in der die SPD eine wichtige Rolle gespielt hatte.
Am 25. 6. 1929 wird Wilhelm Bürger (DVP) zum Ministerpräsidenten gewählt. Nach einem Misstrauensantrag durch NSDAP, SPD, KPD u. a. gibt er sein Amt an Wilhelm Schieck (DVP) ab. Diesem wird am 13. 5. 1930 ebenfalls das Vertrauen entzogen, er amtiert jedoch wegen fehlender Mehrheiten bis März 1933 weiter. Die Parteien äußerten sich ihm gegenüber wie folgt:
DNVP – „Das Beamtenkabinett Schieck hat versagt! Wir fordern, dass es geht!"
NSDAP – „An die Interessenhaufen! Entscheidet euch! Für oder gegen uns! Kampfansage der nationalsozialistischen Landtagsfraktion an die bürgerliche Mitte!"
In den Landtagswahlen am 22. 6. 1930 wird die NSDAP nach der SPD die zweitstärkste Partei. Adolf Hitler gibt kurze Zeit später einen Eid auf die Weimarer Verfassung ab. Im Herbst 1930 stehen NSDAP, SPD und KPD im Wahlkampf.

1 *Überlegt, warum Hitler einen Eid auf die Verfassung schwor.*

2 *Recherchiert die wirtschaftliche Situation in Sachsen um 1929/1930.*

Straßenkämpfe

In den Jahren 1931 und 1932 wurden die politischen Auseinandersetzungen überall in Deutschland, auch in Sachsen, sehr oft durch Gewaltakte auf Straßen und in Versammlungsräumen ausgetragen. Die „Sächsische Tageszeitung" berichtete über diese Vorkommnisse. So war am 30. Januar, 18. Februar und am 15. März 1932 zu lesen:

Q1 Am 29. Januar 1932 ist es in Ruppertsgrün anlässlich einer nationalsozialistischen Versammlung zu einer Saalschlacht mit Stuhlbeinen und anderen Gegenständen zwischen Sozialisten, die in den Saal eingedrungen waren, und den Nationalsozialisten gekommen. Drei SPD-Leute und ein SA-Mann mussten ins Krankenhaus Werdau gebracht werden. ... Am 17. Februar 1932 kam es nach einer kommunistischen Erwerbslosendemonstration auf dem Messplatz in Leipzig zu Ausschreitungen. In der Frankfurter Straße hatte sich ein Zug gebildet, der am alten Theater in die Bannmeile* eindrang. Ein Beteiligter wurde festgenommen. Am Königsplatz wurde ein Angehöriger der NSDAP von Demonstranten angerempelt, er stürzte, seine Angreifer traten ihn mit den Füßen.... Am 14. März 1932 kam es in Gottleuba zu Zusammenstößen zwischen Nationalsozialisten und Kommunisten sowie Anhängern der Eisernen Front*. Bei einer Schlägerei wurde der 23 Jahre alte, der KPD angehörende Erwerbslose R. erheblich verletzt, während sein Bruder mit einem Lungenschuss in das Pirnaer Stadtkrankenhaus eingeliefert werden musste. Auch ein SA-Mann trug erhebliche Verletzungen davon.

Weitere Ausschreitungen der Nationalsozialisten gab es in Wiederitzsch bei Leipzig, in Chemnitz und in Zittau, darunter ein Überfall auf einen Lastwagentransport des Reichsban-

Demokratie in Not

2 **Begräbnis von Friedrich August III. am 18. Februar 1932.** Foto.

ners* am 29. November 1931 auf der Straße Schneeberg-Aue. Die NSDAP beklagte ihrerseits Terrorakte und Mordüberfälle auf Nationalsozialisten, und die KPD prangerte Terrormaßnahmen der Polizeiorgane und die Zusammenarbeit von Behördenteilen und SA an.

3 *Erläutert, wie sich das politische Klima auf den Straßen und im Parlament Sachsens entwickelte.*

Abschied vom König

Ein Beispiel für die politische Spaltung der Gesellschaft bot auch der Tod des früheren sächsischen Königs Friedrich August III. in Sybillenort am 18. Februar 1932. Der letzte regierende Fürst aus dem Geschlecht der Wettiner war bei der sächsischen Bevölkerung bekannt und beliebt. Bei der Überführung der Leiche vom Hauptbahnhof Dresden in die Hofkirche am 22. Februar hatte sich eine unerwartet große Menschenmenge aus allen Bevölkerungsschichten eingefunden.

Auf politischer Ebene fand das Ereignis nicht die gleiche positive Reaktion. Umstritten war vor allem die Frage der Ehrung des ehemaligen Königs durch Vertreter des demokratisch gewählten und von den linken Parteien dominierten Parlaments. SPD und KPD gaben am 25. Februar Erklärungen ab, in denen sie offizielle Teilnahmebekundungen des sächsischen Landtags ablehnten.

Der Trauerzug in Dresden geriet so zu einer Demonstration der konservativen Kräfte in Sachsen: militärisches Trauergeleit, Reichswehroffiziere und Wehrkreiskommandeure, Vertreter des Klerus, die Angehörigen, die Generale der alten sächsischen Armee und Abordnungen der Korporationen von Studentenschaften und Militärvereinen.

4 *Benennt das Verhalten der Bevölkerung, der politischen Parteien, des Staates und des Militärs zum Tod des früheren Königs.*

5 *Diskutiert, welche Auswirkungen die unterschiedlichen Standpunkte für die weitere Entwicklung der Demokratie in Sachsen haben konnten.*

Wahlplakat der NSDAP, 1932. (Zur Analyse von Wahlplakaten siehe S. 142.)

Hermann Müller *(1876–1931), Mitglied der SPD, Reichskanzler vom März bis Juni 1920 sowie Juni 1928 bis März 1930. Foto.*

Reichsbanner „Schwarz-Rot-Gold"*: *1924 von Mitgliedern der SPD, der DDP und des Zentrums gegründet, entwickelte sich das SPD-nahe „Reichsbanner" zum mitgliederstärksten politischen Kampfverband der Weimarer Republik. Zwischen 1930 und 1932 trat es als Schutzwehr der republikanischen Ordnung gegen KPD und NSDAP hervor, näherte sich dann aber zusehends dem „Stahlhelm" an und löste sich 1933 auf.*

Der Aufstieg der NSDAP

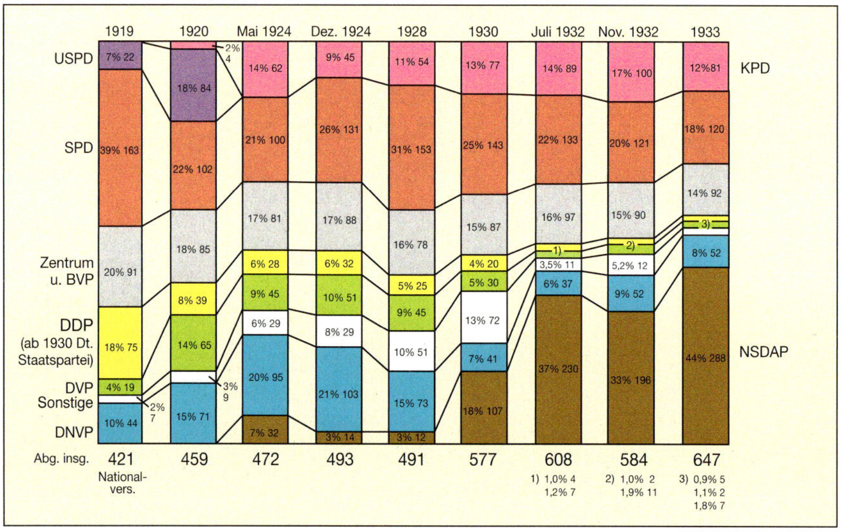

1 Sitzverteilung der Parteien im Reichstag 1919 bis 1933.

Paul von Hindenburg *(geb. 2.10.1847, gest. 2.8.1934), im Ersten Weltkrieg populärer Generalfeldmarschall, war von 1925 bis 1934 Reichspräsident. Foto.*

Elite*: *Führungsschicht*

Ernst Thälmann *(geb. 16.4.1886, ermordet 18.8.1944 im KZ Buchenwald), Mitglied der KPD, kandidierte 1925 und 1932 für das Amt des Reichspräsidenten und war ab 1933 bis zu seiner Ermordung in Gefängnis- und KZ-Haft. Foto.*

Präsidialdiktatur

Ende März 1930 zerbrach die letzte parlamentarisch gebildete Regierung unter dem sozialdemokratischen Reichskanzler Müller. Die SPD hatte sich geweigert, einer Erhöhung der Beiträge zur Arbeitslosenversicherung zuzustimmen. Reichspräsident von Hindenburg ernannte daraufhin den Zentrumspolitiker Brüning zum Reichskanzler. Gestützt auf Artikel 48 der Weimarer Verfassung, sollte Brüning notfalls auch ohne Zustimmung des Reichtages regieren (vgl. S. 67).

Hindenburg stand dabei unter dem Einfluss konservativer Eliten* und führender Kräfte aus der Reichswehr, die schrittweise die parlamentarische Regierungsform durch ein autoritäres System ersetzen wollten. Sie wollten die Verfassung von Weimar ändern, um die Ergebnisse der Revolution von 1918 rückgängig machen zu können.

Anstieg der Stimmen der NSDAP

Um die Aufhebung einer Notverordnung der Regierung Brüning durch den Reichstag zu verhindern, löste Hindenburg diesen schon im Juli 1930 auf. Bei der Neuwahl vom September 1930 stieg der Stimmenanteil der NSDAP von 2,8 auf 18,3 %. Brünings radikale Sparpolitik verschärfte die wirtschaftliche Lage zunächst, statt sie zu entspannen. Die Arbeitslosenzahlen stiegen 1932 bis an die Sechs-Millionen-Grenze.

Im März 1932 musste ein neuer Reichspräsident gewählt werden, da die Amtszeit Hindenburgs abgelaufen war. Neben Hindenburg kandidierten der Führer der NSDAP, Adolf Hitler, und der Führer der KPD, Ernst Thälmann. Die SPD unterstützte die Wiederwahl Hindenburgs. Im ersten Wahlgang erhielten Hindenburg 49,6 %, Hitler 30,1 % und Thälmann 13,2 % der Stimmen. Erst im zweiten Wahlgang am 10. April 1932 wurde Hindenburg mit 53 % der gültigen Stimmen wieder zum Reichspräsidenten gewählt. Hitler kam bei dieser Abstimmung auf 36,8 % und Thälmann auf 10,2 % der gültigen Stimmen. Für Hitler hatten sich damit über 13 Millionen Wählerinnen und Wähler entschieden.

Im Mai 1932 entließ Hindenburg auf Betreiben adliger Großgrundbesitzer und Gruppen der Reichswehr Brüning und ersetzte ihn durch Franz von Papen, Mitglied der Zentrumspartei, der mit einer nationalistischen und antidemokratischen Politik der NSDAP Stimmen abjagen wollte.

1 *Erläutert, welche Folgen die Politik des Regierens mit Notverordnungen für das politische System hatte.*

2 *Zeigt mithilfe eines Zeitstrahls den Aufstieg der NSDAP auf. Informiert euch dazu selbstständig über die Anfänge dieser Partei.*

Zerstörung der demokratischen Basis

Eine Reichstagswahl im Juli 1932 brachte jedoch einen weiteren Anstieg der NSDAP-Stimmen auf 37 %, die KPD konnte ihren Anteil auf 14 % steigern. Auch von Papen und sein im November 1932 ernannter Nachfolger als Reichskanzler, von Schleicher, scheiterten mit dem Versuch, über das Regieren mit Notverordnungen die schwere Wirtschafts- und Gesellschaftskrise auf autoritärem Weg zu lösen.

Politische Taktik Hitlers

Hitler benutzte die politischen Wirren und die Not der Menschen geschickt. Er forderte das Reichskanzleramt für sich und versprach, in kurzer Zeit die politische und wirtschaftliche Krise zu lösen. In allen seinen Wahlreden und öffentlichen Auftritten übte Hitler scharfe Kritik an den Politikern der Weimarer Republik und erklärte, als Reichskanzler folgende Punkte verwirklichen zu wollen:

- Arbeitsbeschaffung für die Arbeitslosen durch staatliche Projekte,
- Beseitigung der Demokratie von Weimar, Abschaffung des Parlaments und Verbot der Parteien,
- Aufhebung der Bestimmungen des Versailler Vertrages von 1919, vor allem endgültige Einstellung der Reparationszahlungen an die Siegermächte,
- Verfolgung und Ausschaltung der Juden aus dem wirtschaftlichen und öffentlichen Leben in Deutschland,
- Verfolgung und Ausschaltung von Sozialdemokraten und Kommunisten (die Hitler neben den Juden als Urheber des Elends der Menschen beschuldigte),
- Schaffung von „Lebensraum" für Deutsche auf Kosten von Polen und Russen im Osten Europas.

Immer mehr Menschen stimmten Teilen dieses Programms zu, ohne jede einzelne Maßnahme zu billigen. Wer die NSDAP wählte, nahm aber auf jeden Fall ihren Antisemitismus und ihre Ablehnung der demokratischen Ordnung in Kauf.

Die Machtübertragung wird vorbereitet

Im November 1932 forderten führende Vertreter der Wirtschaft, Industrie und Großlandwirtschaft in einem Schreiben an Reichspräsident Hindenburg die Ernennung Hitlers zum Reichskanzler:

Q1 … Mit Eurer Exzellenz bejahen wir die Notwendigkeit einer vom parlamentarischen Parteiwesen unabhängigeren Regierung. … Die Übertragung der verantwortlichen Leitung eines mit den besten sachlichen und persönlichen Kräften ausgestatteten Präsidialkabinetts* an den Führer der größten nationalen Gruppe wird die Schlacken und Fehler, die jeder Massenbewegung notgedrungen anhaften, ausmerzen und Millionen Menschen, die heute abseits stehen, zu bejahender Kraft mitreißen.

In Verhandlungen einigten sich die Nationalsozialisten und die Parteiführer der DNVP, eine gemeinsame Regierung zu bilden. Reichspräsident Hindenburg hatte sich noch ein halbes Jahr zuvor geweigert, Adolf Hitler zum Reichskanzler zu ernennen. Unter dem Einfluss des früheren Reichskanzlers von Papen ernannte er Hitler schließlich doch am 30. Januar 1933 zum Reichskanzler.

2 *Analysiert den Quellentext und erläutert, warum führende Wirtschaftsvertreter Hitlers Kanzlerschaft forderten.*

3 *Untersucht mithilfe des Säulendiagramms 2, welche Gruppen der Bevölkerung die NSDAP vermehrt wählten.*

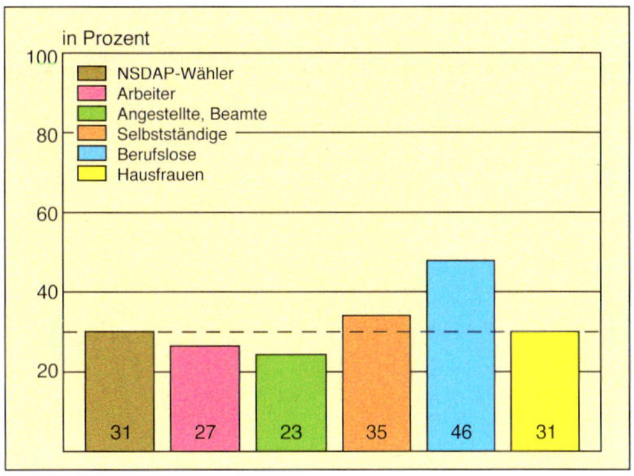

2 **Anfälligkeit verschiedener Berufsgruppen für die NSDAP, Reichstagswahl Juli 1932.** Angaben in Prozent der Wahlberechtigten der jeweiligen Gruppe. Lesebeispiel: Im Juli 1932 gaben 31 % aller Wahlberechtigten der NSDAP ihre Stimme, die Anfälligkeit der Arbeiter war mit 27 % unter dem Durchschnitt.

Wahlplakat der NSDAP, 1932.

Mitgliederzahl der NSDAP:

April 1925:	*521*
März 1926:	*32 373*
März 1927:	*54 477*
März 1928:	*85 646*
März 1929:	*121 178*
März 1930:	*207 624*
März 1931:	*468 099*
Jan. 1933:	*850 000*

Präsidialkabinett*: *Regierung, die nur dem (Reichs-)Präsidenten verantwortlich ist.*

Heinrich Brüning *(1885–1970), Mitglied der Zentrumspartei, 1930–1932 Reichskanzler. Foto.*

Die Sowjetunion unter Stalin

1 **„Dem besten Freund der Kinder, dem großen Stalin: Ruhm!"**
Sowjetisches Plakat von 1931.

Karl Marx
(geb. 5. 5. 1818, gest. 14. 3. 1883) verfasste zusammen mit Friedrich Engels 1847/48 das „Kommunistische Manifest", eine grundlegende Programmschrift der kommunistischen Partei. Sein wichtigstes Werk ist „Das Kapital" (1867). Foto.

Friedrich Engels
(geb. 28. 11. 1820, gest. 5. 8. 1895) war neben Karl Marx die führende Persönlichkeit des internationalen Sozialismus im 19. Jahrhundert. Gemälde.

Grundzüge der neuen Gesellschaft

In der UdSSR sollte eine neue Gesellschaftsordnung nach der Lehre von Karl Marx und Friedrich Engels verwirklicht werden:

- Es sollte keinen privaten Besitz an Produktionsmitteln mehr geben. Alle Fabriken, Banken und Geschäfte sollten dem Volk gehören. Dies galt auch für den Besitz an Grund und Boden.
- Die sozialistische Gesellschaft sollte eine „klassenlose" Gesellschaft sein, in der der Grundsatz der Gleichheit verwirklicht war.
- Niemand sollte sich durch die Ausbeutung Schwächerer bereichern können.
- Arbeiter und Bauern sollten allein die Macht ausüben (Diktatur des Proletariats).

Seit 1924 versuchte Lenins Nachfolger Stalin, den Sozialismus in der Sowjetunion zu verwirklichen. Dabei war ihm jedes Mittel recht, auch das der Gewalt.

1 *Diskutiert die erklärten politischen Ziele der neuen Gesellschaftsordnung. Wie bewertet ihr diese Punkte, wo seht ihr Schwierigkeiten?*

Ausschaltung der Opposition

Als Generalsekretär der KPdSU kontrollierte Stalin die Partei und wichtige Bereiche der Staatsmacht. Neue Stellen besetzte er nur mit Personen, die ihm ergeben waren. Gegensätzliche Meinungen und politische Standpunkte, die von den seinen abwichen, duldete Stalin nicht. In einem Brief an das ihm ergebene Zentralkomitee der KPdSU schrieb er dazu 1927:

Q1 ... Die Ausschließungen aus der Partei haben ... im allgemeinen nicht den gedachten Erfolg gehabt, wenn auch eine Anzahl von führenden Persönlichkeiten der Opposition kapituliert hat. ... Der Partei- und Staatsapparat muss schnellstens gesäubert werden. Nicht mit halben Maßnahmen, sondern radikal. Es muss aus diesen Apparaten jeder entfernt werden, auf den auch nur der leiseste Verdacht fällt. ...

2 *Erklärt, auf welche Weise Stalin seine Macht innerhalb der Partei aufbaute.*

Wer war Josef Stalin?

Josef Stalin, mit bürgerlichem Namen Wissarionowitsch Dschugaschwili, wurde 1879 als Sohn eines Schusters in der Nähe von Tiflis in Georgien geboren. 1894 trat er in ein Priesterseminar ein, von dem er fünf Jahre später wegen seiner kommunistischen Gesinnung verwiesen wurde. Als Mitglied der sozialdemokratischen Arbeiterpartei schloss er sich später den Bolschewiki an. Ab 1912 war Sta-

Stalin – Diktatur und Personenkult

2 **Josef Stalin an der Seite Lenins.** Foto, um 1922.

3 **J. W. Stalin und Mitglieder des Politbüros inmitten von Kindern im Gorki-Park.** Öl auf Leinwand, 1939.

lin Mitglied des Zentralkomitees der Partei, danach Herausgeber der Parteizeitung Prawda. Nach der Oktoberrevolution gehörte er dem Rat der Volkskommissare an. 1922 wurde er Generalsekretär der KPdSU. Durch geschicktes Taktieren schaltete er nach Lenins Tod 1924 die linke und rechte Opposition in der Partei aus. Parteifunktionäre, die von der Linie Stalins abwichen, wurden vor Gericht gestellt und in Schauprozessen* wegen Hochverrates zum Tode verurteilt. Andere ließ er ohne Gerichtsverhandlung ermorden. Ab 1929 konnte Stalin unangefochten alle Entscheidungen durchsetzen und eine diktatorische* Stellung erreichen, die er bis zu seinem Tode im März 1953 ausübte.

▸ Personenkult

An seinem 50. Geburtstag, dem 21. Dezember 1929, ließ sich Stalin mit riesigen Porträts an öffentlichen Gebäuden als Lenins Nachfolger und Führer der Sowjetunion verehren. In der Folgezeit baute er einen ausufernden Personenkult um sich auf. In einer sowjetischen Zeitung wurde in den 30er-Jahren folgender Text über Stalin abgedruckt:

Q2 … Du bist die helle Sonne des Volkes, die Sonne unserer Zeit, die niemals untergeht, und mehr noch als unsere Sonne, denn die Sonne hat keine Weisheit. …

4 **Propagandaplakat.**

3 *Erklärt mithilfe der Abbildungen 1, 3 und 4 sowie von Q2 den Begriff „Personenkult" und überlegt, warum Stalin diesen Kult gefördert haben mag.*

▸ Schauprozess*: *Gerichtsverfahren z. B. in Diktaturen, um politische Gegner zu beseitigen und die Bevölkerung einzuschüchtern. Häufig werden dabei die Geständnisse der Angeklagten erpresst, und die hohen Strafen stehen bereits vor Prozessbeginn fest.*

▸ Diktator*: *Der Begriff ist in der Regel negativ besetzt und meint einen mit allen Macht- und Gewaltmitteln regierenden und darin unumschränkten Alleinherrscher.*

Stalins Terrorherrschaft

Arbeitslager*: *Schon unter dem Zaren und Lenin existierten Arbeitslager für politische Gefangene und Schwerverbrecher. Stalin ließ etwa 50 neue „Besserungsarbeitslager" in Sibirien errichten. Sie wurden als Archipel (riesige zusammenhängende Inselgruppe) ▶ Gulag (Lagerhauptverwaltung) bekannt. In Zeiten schärfster Verfolgung saßen Millionen Menschen in diesen Lagern und wurden als billige Arbeitskräfte ausgebeutet.*

1 **Ein Mitarbeiter der Geheimpolizei NKWD zerdrückt eine Schlange mit den Köpfen der Stalingegner Trotzki, Bucharin, Rykow; der Schwanz der Schlange ist als Hakenkreuz dargestellt.** Russisches Plakat von 1937.

Verhaftungen durch die Geheimpolizei

1 *Vermutet, mit welcher Absicht das Plakat von der Regierung veröffentlicht wurde.*

2 *Tauscht eure Vermutungen aus, welchen Eindruck das Plakat damals auf euch gemacht hätte.*

Die Herrschaft Stalins war stets vom Terror der Geheimpolizei geprägt. Seit 1934 nahmen die staatlichen Gewaltmaßnahmen unvorstellbare Ausmaße an. Die Geheimpolizei Stalins war allgegenwärtig. Niemand war vor ihrem Terror sicher. Die Gründe für die Verhaftungen und die Leiden der Opfer blieben geheim. Kritik an Maßnahmen der Regierung oder abfällige Bemerkungen über Stalin galten als gegenrevolutionäre Handlungen und wurden bestraft. Viele Menschen wurden von Spitzeln der Geheimpolizei, Nachbarn oder Kollegen angezeigt. Der 1932 in die UdSSR ausgewanderte Ingenieur John Scott berichtet über das Vorgehen der Geheimpolizei:

Q1 … Die Verhaftungen wurden des Nachts vorgenommen. Man war immer darauf bedacht überraschend zuzuschlagen. Die Leute wurden verhaftet, wenn sie daran am wenigsten dachten, und sie wurden in Ruhe gelassen, wenn sie gerade fürchteten, dass jetzt sie an die Reihe kämen. … Wenn jemand verhaftet war, schwebte die Familie in der Regel für mehrere Monate in vollständiger Unkenntnis. In dieser Zeit wurde der „Angehaltene" in das … Gefängnis gebracht, um mürbe zu werden. … Das Gefängnis war damals immer überfüllt. Zellen, die für 20 Personen berechnet waren, nahmen 40 auf. … Einige Wochen nach der Verhaftung bekam die Familie dann meist ein formelles Schreiben, dass der Mann oder Bruder verhaftet sei und dass die Familie zu der und der Zeit mit einem Paket kommen könne. …

Ein deutscher Sozialdemokrat, der in der Sowjetunion arbeitete, berichtete 1930 über ein Beispiel für diese Vorgehensweise:

Q2 [In einer großen Stadt] lebte … der Sohn eines ehemaligen Fabrikbesitzers mit seiner jungen Frau. … Eines Abends klopft es an, zwei Männer treten ein. Das Gespräch ist kurz und einseitig. „Geheimpolizei! Bitte folgen sie uns! Sprechen sie kein Wort." Bleich und wortlos folgt der Mann, verstört und hilflos bleibt die junge Frau zurück, … in der vierten Woche holt man die junge Frau. „Wenn sie ihren Mann noch einmal sehen wollen." Stumm folgt sie, jede Frage wäre zwecklos. Und dann, am Bahnhof, steht sie plötzlich einem Mann gegenüber, den sie kaum wiedererkennt. In den drei Wochen ist sein Haar ergraut, sein Blick erloschen. … Er erkennt sein Frau nicht mehr – geistesgestört – so schafft man ihn fort.

3 *Sprecht anhand von Q1 und Q2 über Vorgehen und Absichten der Geheimpolizei.*

4 *Beschreibt die Folgen der Verhaftung für den jungen Mann und seine Ehefrau.*

5 *Erkundigt euch, ob es auch in der Gegenwart noch Staaten gibt, in denen von staatlichen Organen Terror ausgeübt wird.*

Stalins Terrorherrschaft

2 **Zwangsarbeiter in Sibirien. Die Männer müssen einen bearbeiteten Baumstamm mit Schulterstricken zum Betrieb ziehen.** Foto, um 1940.

Das weitere Schicksal der Gefangenen

Viele Gefangene wurden in Schnellverfahren zum Tode verurteilt. Andere wurden in Arbeitslager eingewiesen, um dort Zwangsarbeit zu verrichten. Nach Schätzungen kamen in solchen Lagern etwa 12 Millionen Menschen ums Leben.

Der sowjetische Historiker Medwedew schildert 1970 den Alltag der Gefangenen:

M1 … Im Lager dauerte es 20–30 Tage, bis aus einem gesunden Mann ein Wrack wurde. Siebzehn Stunden Arbeit im Schacht ohne Ruhetag, systematische Aushungerung, zerfetzte Kleidung, Schlaf in durchlöcherten Zelten bei 60 °C unter 0 bewirkten das. Schläge … von den Wächtern beschleunigten diesen Prozess noch. … Das Goldbergwerk spuckte seinen Abfall regelmäßig in die Lazarette, die sogenannten Genesungsheime, die Invalidensiedlungen und die „brüderlichen Friedhöfe" (Massengräber) aus. …

6 *Listet die Folgen des Lageralltags für die Gefangenen auf.*

Politische Schauprozesse

Nicht nur einfache Bürger wurden Opfer des Terrors. Hohe Parteifunktionäre und Militärs standen zwischen 1936 und 1938 in drei öffentlichen Prozessen vor Gericht. Ihnen wurde vorgeworfen, gemeinsam mit Trotzki den Sturz der Regierung und die Ermordung Stalins geplant zu haben. Die Geheimpolizei hatte alle Phasen des Prozesses vorher festgelegt. Unter dem Druck körperlicher und seelischer Folter legten die Angeklagten öffentlich umfassende Geständnisse ab, obwohl sie unschuldig waren.

7 *Stellt Vermutungen darüber an, mit welcher Absicht Stalin die Prozesse gegen Parteifunktionäre und Militärs durchführen ließ.*

Stalin im Urteil seiner Nachfolger

Nach Stalins Tod (1953) wurde erst das volle Ausmaß seiner Terrorherrschaft deutlich.

Auf dem 20. Parteitag der KPdSU 1956 äußerte sich Stalins Nachfolger Chruschtschow dazu:

Q3 … Die Partei musste gegen jene kämpfen, die das Land von dem richtigen leninistischen Weg abzubringen suchten. … Dieser Kampf war unerlässlich. Später allerdings begann Stalin seine Macht in zunehmendem Maße zu missbrauchen, den Kampf auf hervorragende Partei- und Regierungsfunktionäre auszudehnen und mit Terrormaßnahmen vorzugehen. …

8 *Fasst Chruschtschows Aussagen mit eigenen Worten zusammen.*

9 *Lest noch einmal Q2 und überlegt, ob die Ehefrau des Verhafteten mit der Stellungnahme in Q3 zufrieden sein konnte.*

1929–1953:
Stalinistische Diktatur in der Sowjetunion.

Industrialisierung und Kollektivierung

Bodenreform*: *Nach erfolgter Enteignung von Großgrundbesitzern und Großbauern (Kulaken) verteilten staatliche Behörden Boden an Kleinbauern und Landarbeiter zur eigenen Nutzung. Später folgte die Kollektivierung.*

Planwirtschaft*: *Wirtschaftsordnung, in der durch zentrale Planungsbehörden Pläne für die gesamte Volkswirtschaft erarbeitet werden, die festlegen, wie viel in welcher Zeit produziert wird. Ab 1928 gab es Fünfjahrespläne in der Sowjetunion.*

▶ Kollektivierung*: *Zusammenschluss von Bauern oder Arbeitern in sozialistischen Regimen unter Aufsicht des Staates.*

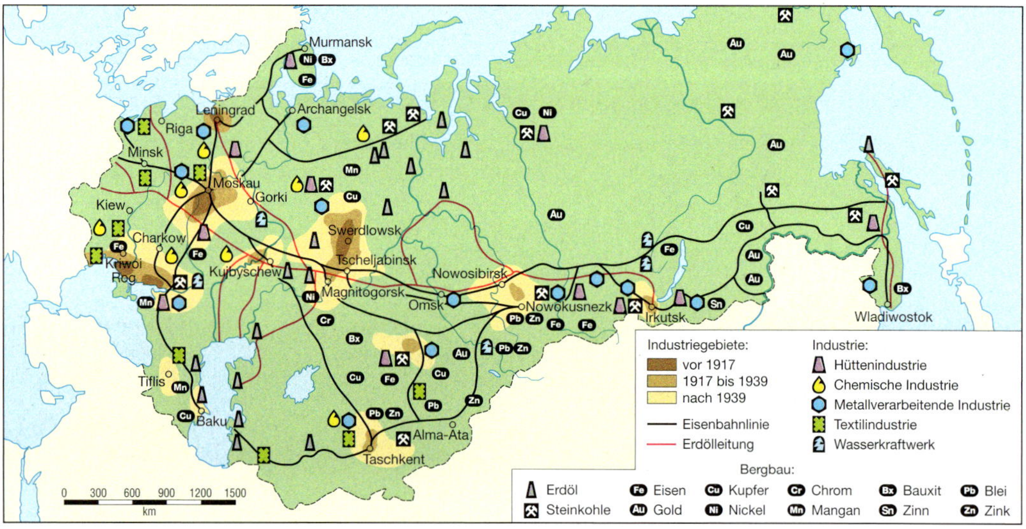

1 **Wirtschaftsentwicklung in der Sowjetunion.**

Verstärkte Industrialisierung

Russland war ein Agrarland gewesen. Nach Weltkrieg, Revolution und Bürgerkrieg war es nun wirtschaftlich völlig am Ende. Die kommunistische Regierung setzte daher auf die Umverteilung der Güter und den Ausbau der Industrialisierung. Doch dies brachte nicht das erhoffte und geplante Wachstum. Die Industrie produzierte mit zu hohen Kosten, und die Landwirtschaft brachte zu geringe Erträge, so dass es immer wieder zu Engpässen in der Getreideversorgung und beim Getreideexport kam.

Unter maßgeblicher Führung Josef Stalins beschloss die Staatsführung, ab 1927 die Industrialisierung energischer voranzutreiben und die Landwirtschaft zwangsweise zu kollektivieren*.

In einer Rede vor dem Zentralkomitee der Partei rechtfertigte Stalin am 19. November 1928 den hierzu beschlossenen Fünfjahresplan:

Q1 … Schauen Sie sich die kapitalistischen Länder an und Sie werden sehen, dass die Technik dort nicht nur fortschreitet, sondern geradezu vorwärts eilt. … Und so ergibt sich eine Situation, dass wir in unserem Lande einerseits die fortschrittlichste Gesellschaftsordnung … haben, andererseits eine äußerst rückständige Technik der Industrie, die die Basis für den Sozialismus und die Sowjetmacht abgeben muss. … Um den endgültigen Sieg des Sozialismus in unserem Land zu erringen, müssen wir diese Länder auch in technisch-ökonomischer Sicht einholen und überholen. Entweder erreichen wir das oder wir werden zermalmt. …

Industrialisierung bedeutete nicht nur den Bau neuer Fabrikanlagen, sondern auch die Erschließung von Rohstoffvorkommen und den Bau neuer Industriestädte für die Arbeiter. Dies alles sollte in möglichst kurzer Zeit geleistet werden.

1 *Beschreibt mit Hilfe von Q1 die Ziele der Industrialisierungspolitik.*

2 *Beschreibt anhand der Tabelle auf S. 95 die Entwicklung der sowjetischen Industrieproduktion. Vergleicht dabei erst die tatsächliche Entwicklung seit 1913 und bewertet die Entwicklung bei den einzelnen Produkten. Setzt dann diese Ergebnisse in Beziehung zu den Planzielen für 1932.*

Gewaltsame Kollektivierung

Ein weiteres Ziel des Fünfjahresplanes war die völlige Umgestaltung der Landwirtschaft. Schon seit 1928 wurden überall auf dem Lande Kolchosen und Sowchosen gegründet. In einem Kolchos wurden Boden, Vieh und Gerätebestand in Gemeineigentum umgewandelt. Den Bauern verblieben nur ein klei-

nes Stück Land und etwas Vieh zur privaten Bewirtschaftung. Die ehemaligen Staatsgüter wurden in Sowchosen umgewandelt, große landwirtschaftliche Spezialbetriebe (Getreidefabriken, Schweinemästereien u. Ä.). Sowchos-Arbeiter erhielten ähnlich wie Industriearbeiter einen festen Lohn. Für den Eigenbedarf bekamen sie ein kleines Stück Land.
Die Umwandlung in Kollektivwirtschaften stieß bei den Bauern auf Widerstand. Sie vernichteten Getreide, schlachteten das Vieh ab, verfütterten hochwertiges Mehl an Schweine und griffen zu den Waffen. Es kam zu bürgerkriegsähnlichen Zuständen.

3 *Überlegt, warum viele Bauern die Kollektivierung ablehnten.*

2 **„Zwei Welten begegnen sich"**. Foto, 1935.

Zwangsmaßnahmen

Industrialisierung und Kollektivierung wurden mit großer Gewalt von der Kommunistischen Partei und vor allem durch Stalins Geheimpolizei durchgesetzt.
Zehntausende politisch Verfolgter verrichteten auf den Baustellen unter Bewachung Zwangsarbeit. Den übrigen Arbeitnehmern war es verboten, ohne Genehmigung den Arbeitsplatz zu wechseln. Zahllose Gefangene wurden im Schnellverfahren zum Tode verurteilt, andere wurden in Arbeitslager eingewiesen, um dort unter menschenunwürdigen Bedingungen Zwangsarbeit zu verrichten. Stalins Willkürherrschaft machte nicht vor seinen ehemaligen Mitkämpfern und Parteigenossen halt. In großen Schauprozessen wurden sie zum Tode verurteilt und hingerichtet.

Die Bevölkerungsverluste in der Zeit zwischen 1927 und 1939 werden auf zwölf Millionen geschätzt, einschließlich der Opfer einer schrecklichen Hungersnot in der Ukraine im Jahre 1932, die unter anderem eine Folge der Kollektivierung war.
Die Kollektivierung in Industrie und Landwirtschaft war unter großen Opfern mit Gewalt durchgesetzt worden. Der allmächtige Partei- und Staatsapparat übte seine Macht im Namen der Arbeiter und Bauern aus, die er unterdrückte.

4 *Erläutert mithilfe des Textes und der Materialien die Entwicklung in der Sowjetunion für die Jahre von 1927–40 und bewertet die Methoden der Industrialisierung.*

Stalingrad*:
Zwischen 1925 und 1961 im Rahmen des Personenkults nach Stalin benannt. Vorher hieß die Stadt an der Wolga Zarizyn, seit 1961 Wolgograd.

Kolchosen*:
Landwirtschaftliche Produktionsgenossenschaften mit Gemeinschaftseigentum an den Produktionsmitteln.

Sowchosen*:
Staatsgüter auf dem Land.

	1913	1928	1932	1940	Planziel 1932
Elektroenergie (Mrd. kWh)	2	5	13,5	48,3	22
Stahl (Mio. t)	4,3	4,3	–		18,3
Erdöl (Mio. t)	10,3	11,6	21,4	31,1	22
Kohle (Mio. t)	29,2	35,5	64,4	166	75
Mineraldünger (Mio. t)	0,09	0,14		3,2	
Traktoren (1000 Stück)	–	1,3	48,9	–	53
Kraftfahrzeuge (1000 Stück)		0,8	23,9	–	100
Getreide (Mio. t)		73,3	69,9		105,8
Vieh (Pferde, Rinder, Schweine; Mio. Stück)		114,2	70,9		153,7
Produktionsmittel (Index 1913)	100	128	450	1554	
Konsumgüter (Index 1913)	100	102	196	497	

3 **Die sowjetische Produktion – tatsächliche Produktion und Planziel 1932.**

Der Faschismus in Italien

Italiens Rolle im Ersten Weltkrieg: *Italien blieb bei Ausbruch des Ersten Weltkriegs zunächst neutral, trat aber 1915 aufseiten Russlands, Frankreichs und Großbritanniens gegen Österreich-Ungarn, später dann auch gegen das Deutsche Reich in den Krieg ein. Als Kriegsgewinner erfüllten sich die Hoffnungen Italiens auf den Erhalt bestimmter Territorien aber nicht.*

1 Mussolini im Kreise seiner Anhänger beim „Marsch auf Rom". Foto, vom 28. Oktober 1922.

28. Oktober 1922: *Mussolinis „Marsch auf Rom".*

Benito Mussolini *(geb. 29. 7. 1883, hingerichtet 28. 4. 1945), genannt der „Duce" (= Führer). Foto.*

▶ Faschismus: *antidemokratische, nationalistische Staatsauffassung oder Herrschaftsform.*

Faschistische Bewegungen in Europa

In den Jahrzehnten nach dem Ersten Weltkrieg entwickelten sich in zahlreichen europäischen Ländern faschistische Bewegungen. Ihr gemeinsames Vorbild waren die Faschisten Italiens. Nur dort sowie in Deutschland und in Spanien gelang es diesen Gruppierungen, aus eigener Kraft die Regierungsmacht zu erobern. Die Faschisten in den meisten anderen europäischen Staaten unterschieden sich in ihren Programmen und Aktionen im Übrigen sehr von den großen faschistischen Bewegungen in Deutschland und Italien.

Erst im Zweiten Weltkrieg kamen in Ungarn, Rumänien und Jugoslawien durch deutsche Unterstützung für kurze Zeit nationale faschistische Bewegungen an die Macht. Alle übrigen faschistischen Parteien in Europa konnten zwar die Zahl ihrer Anhänger während des Krieges vergrößern, blieben aber ohne Einfluss.

Der italienische Faschismus

Die italienische Bewegung leitete ihren Namen von dem italienischen Wort „fascio" (lateinisch „fascis" = Rutenbündel) ab, der Bezeichnung für das Machtsymbol der antiken römischen Stadtregierung. Die Zeit des Römischen Kaiserreiches galt den Faschisten als vorbildhaft für die Größe der italienischen Geschichte. Auch der faschistische Gruß, die hochgereckte Rechte, bezog sich auf den Salut der römischen Legionäre. Die „Fasci di combattimento" (Kampfbünde), 1919 von dem italienischen Volksschullehrer Benito Mussolini gegründet, wollten mit Hilfe von Bürgerkrieg und Terror die Macht in Italien erringen.

Viele Menschen in Italien waren nach dem Ersten Weltkrieg sozial entwurzelt. Italien hatte auf der Seite der Alliierten große Verluste erlitten, in den Augen vieler aber keinen Nutzen aus dem Sieg gezogen. Die Armut auf dem Land und in den Städten war der Nährboden für diese rechtsradikale italienische Bewegung. Ihr Ziel war die Beseitigung von Demokratie und liberaler Wirtschaftsordnung, denen viele Menschen die Schuld an ihrer Not gaben.

Im Oktober 1922 übernahmen die Faschisten mit dem „Marsch auf Rom" die Macht. Es war eine Art bewaffneter Demonstration, an der sich 40 000 organisierte Faschisten beteiligten. Entscheidend für den Erfolg dieses kommandoartigen Unternehmens war die Kompromissbereitschaft der bürgerlichen Parteien und des italienischen Königs sowie die teilweise Unterstützung durch Polizei und Militär.

Der Faschismus in Italien

Mussolini wurde schon am 31. Oktober 1922 Ministerpräsident einer Koalitionsregierung von Nationalisten und Faschisten. Aus dieser Position heraus errichtete er in der Folgezeit eine faschistische Diktatur in Italien, die sich bis 1943 an der Macht hielt.

1 *Vergleicht die Abbildungen 1 und 2 miteinander. Wie stellt sich Mussolini dar?*

2 *Lassen die Bilder Rückschlüsse auf Mussolinis politisches Vorgehen zu?*

2 Benito Mussolini, genannt der „Duce", italienischer Diktator von 1922–43. Foto.

31. Oktober 1922 bis 28. Juli 1943: *Faschistische Diktatur in Italien unter Benito Mussolini.*

Das Wesen des italienischen Faschismus

Trotz der Popularität des „Duce" Mussolini gelang es ihm im Unterschied zum deutschen Nationalsozialismus unter Hitler nicht, die Gesellschaft und den Staat völlig der faschistischen Bewegung unterzuordnen. Auch sein persönlicher Einfluss auf die faschistische Partei war wesentlich geringer als der Hitlers auf die NSDAP.

Im Jahre 1932 erläuterte Mussolini, was den italienischen Faschismus ausmache:

Q1 ... alles in allem: Der Faschismus ist nicht nur Gesetzgeber und Gründer von Einrichtungen, sondern Erzieher und Förderer des geistigen Lebens. Er will nicht die Formen des menschlichen Lebens, sondern seinen Inhalt, den Menschen, den Charakter, den Glauben neu schaffen. Und zu diesem Zweck fordert er Zucht und Führung, die in die Geister eindringt und darin unbestritten herrscht. ...
Losgelöst von der Betrachtung der gegenwärtigen Politik, glaubt der Faschismus nicht an die Möglichkeit noch an die Nützlichkeit des ewigen Friedens. ... Der Kampf allein bringt die menschliche Willenskraft auf die höchste Spannung und verleiht ihrem Träger die Würde des Adels derer, die den Mut und die Tugend haben dem Kampf die Stirn zu bieten. ... Eine Lehre, die von der vorgefassten Forderung des Friedens ausgeht, ist daher dem Faschismus fremd. ...

3 *Erläutert mit euren Worten, wie Mussolini das Wesen des italienischen Faschismus beschreibt.*

Das faschistische Italien im Krieg

Im Oktober 1935 überfiel das faschistische Italien ohne Kriegserklärung Abessinien (das heutige Äthiopien) und machte es zu einer italienischen Kolonie. Der Völkerbund verhängte Sanktionen, griff aber ansonsten nicht ein. Der äthiopische Kaiser Haile Selassie ging nach England ins Exil. Italien beanspruchte den Mittelmeerraum als sein Einflussgebiet. Im April 1939 überfiel und eroberte Italien überraschend Albanien. Im Zweiten Weltkrieg versuchte Mussolini auch Griechenland zu erobern, was aber erst mit deutscher Unterstützung gelang. Nach der Landung amerikanischer Truppen in Italien wurde Mussolini 1943 entmachtet. Nach einer kurzen Phase als Führer einer norditalienischen Republik von Hitlers Gnaden wurde er Ende April 1945 auf der Flucht von italienischen Partisanen standrechtlich (vgl. S. 196, Lexikon) hingerichtet.

4 *Vergleicht Mussolinis Politik mit seiner Auffassung vom Wesen des Faschismus.*

Haile Selassie *(geb. 23. 7. 1892, gest. 27. 8. 1975) war 1928 durch einen Staatsstreich Kaiser von Äthiopien geworden. Nach der italienischen Besetzung von den Engländern wieder eingesetzt, wurde er 1974 durch einen Militärputsch gestürzt. Foto.*

Diktatoren / Alleinherrscher im 20. Jahrhundert:

Idi Amin *(Uganda). Foto, 1977.*

Augusto Pinochet *(Chile). Foto, 1998.*

(rechts) **General Franco** *(Spanien). Foto, 1973.*

Kim Jong Il. *(Nord-Korea). Foto, 2005.*

Merkmale totalitärer Staatsformen

1 **Die Diktatur des Nationalsozialismus unter Adolf Hitler ist ein Beispiel für eine totalitäre Staatsform.** Foto.

Vergleich unterschiedlicher Staatsformen

Am Ende dieses Kapitels ist es sinnvoll, sich noch einmal deutlich zu machen, welche unterschiedlichen Wege Menschen in Europa gewählt haben, um die Wirtschafts- und Gesellschaftskrise nach dem Ersten Weltkrieg zu bewältigen.

Es gab zwei unterschiedliche Möglichkeiten: totalitäre Staats- und Gesellschaftsordnungen und die Staatsformen der westlichen Demokratie, wie sie z. B. in Großbritannien und den USA, aber auch in Frankreich schon lange bestanden.

▸ Totalitäre Staatsformen

Ihr Kennzeichen ist, dass die staatliche Gewalt von oben nach unten ausgeübt wird. Die politische Elite regiert mithilfe einer Einheitspartei, andere Parteien sind verboten. Es gibt keine Gewaltenteilung. Die Einheitspartei beherrscht den Regierungsapparat, die Polizei, die Verwaltung bis in die Dörfer, das Militär und die Justiz.

Eine allumfassende Ideologie, eine politische Philosophie, rechtfertigt die staatliche Machtausübung durch die Elite. In der Regel lässt sie sich ihre Macht nicht durch freie Wahlen, sondern durch unfreie Scheinwahlen bestätigen. Ein durch Propaganda erzeugter „Führerkult" soll die Massen für das Regime begeistern und verführen. Die tatsächliche politische Macht wird mithilfe eines Terrorsystems willkürlich ausgeübt und geschützt. Es gibt kein unabhängiges Rechtssystem, bei dem die Bürger sich Schutz gegen staatliche oder außerstaatliche Gewaltmaßnahmen einklagen können. Die Menschenrechte werden nicht beachtet.

Das totalitäre Regime versucht auch, die Privatsphäre der Bürgerinnen und Bürger aufzuheben und in diesen Bereich einzudringen. Dazu dient ein Spitzelsystem, eine gelenkte Presse und die Beherrschung der elektronischen Medien. Oft gibt es keine Religionsfreiheit. Vor allem sollen die Schulen den „neuen Bürger" im Sinne des Regimes formen. Politischer Widerstand, aber auch selbstständiges Denken wird verfolgt oder unterdrückt.

Das totalitäre Regime kann seine Macht aber nicht allein mit Gewalt durchsetzen

Es bedarf vieler Menschen, die entweder aktiv mitarbeiten, weil sie sich davon Vorteile versprechen (Bestechung, Hoffnung auf Karriere), oder zumindest die Herrschaft der totalitären Machthaber hinnehmen, weil sie die Hoffnung auf Veränderung aufgegeben haben.

... und westlicher Demokratien

2 **Der Bundestag in Berlin als Zentrum der deutschen Demokratie.** Foto, 2002.

Demokratien nach westlichem Muster:

Das Unterhaus in London. Foto, 2003.

Wahlen in Indien. Foto, 26.4.2004.

George W. Bush. *Foto, 20.1.2004.*

Westliche Demokratien

In westlichen Demokratien nach dem Vorbild Großbritanniens oder der USA wird die politische Macht in regelmäßig stattfindenden freien Wahlen an die Führungseliten miteinander konkurrierender Parteien auf Zeit vergeben. Die Parteigründungen sind frei. Die Vielfalt der politischen Meinungen ist durch die geschützte Meinungs- und Pressefreiheit und die Versammlungsfreiheit gewährleistet. Es herrscht Gewaltenteilung zwischen Regierung, Parlament und Justiz. In parlamentarischen Demokratien bilden die Mehrheitsparteien die Regierung. Das Militär und die Polizei unterliegen der Kontrolle des Parlaments. Maßnahmen der staatlichen Macht können auf allen Ebenen vor den unabhängigen Gerichten überprüft werden. Ein Verfassungsgerichtshof wacht über die Einhaltung der garantierten Menschen- und Grundrechte. Das Eigentum der Bürger ist vor staatlichem Eingriff geschützt. Bürgerinnen und Bürger haben grundsätzlich ein Recht auf ihre geschützte Privatsphäre, in der der Staat keinen Einfluss hat. Es herrscht Religionsfreiheit. Die Schule darf die Schülerinnen und Schüler nicht politisch beeinflussen, sondern soll sie zum selbstständigen Denken befähigen. Politischer Widerstand gegen bestimmte Maßnahmen der Regierung ist im Rahmen der Gesetze gewaltfrei erlaubt.

1 *Legt eine Tabelle mit zwei Spalten an: „Totalitäre Staatsformen" und „Westliche Demokratie". Lest den Text noch einmal genau durch und schreibt für beide Staatsformen Merkmale in die Tabelle.*

2 *Ordnet den Merkmalen der Demokratie entsprechende Artikel des Grundgesetzes (vgl. S. 198) zu.*

Methode: Recherche im Archiv

1 **Besuch einer Schulklasse im Archiv.** Foto, 2003.

2 **Sächsisches Hauptstaatsarchiv Dresden.** Foto.

Internettipp:
www.sachsen.de/archiv

Ein Besuch im Archiv

In den meisten größeren Orten gibt es ein Archiv. Der Archivar hat die Aufgabe, die historische Überlieferung der Region zu sammeln, zu sichten, zu ordnen und der öffentlichen Benutzung zugänglich zu machen. Ein Archiv ist wie eine große begehbare Datenbank. Der Zugang zu dieser „Datenbank" geschieht am besten durch einen Anruf beim Archivar. Seine Telefonnummer könnt ihr wahrscheinlich über die Internetseite der Stadt herausbekommen. Führungen für Schulklassen bieten Archive meist gern an.

Die lokale Zeitung – eine Fundgrube

Zu den wichtigsten Quellen für die lokale Geschichte der vergangenen 150 Jahre gehören historische Zeitungsbestände, die in kommunalen Archiven aufgestöbert werden können. Sie enthalten nicht nur Berichte über sonst vergessene lokale Begebenheiten, sondern geben in ihren überregionalen Spalten Einsicht in das Gedankengut des Massenlesepublikums damals. Und: Als gedruckte Dokumente lassen sie sich viel einfacher lesen als handgeschriebene Akten.
Vorsicht ist dennoch geboten. Eine Zeitung als historische Quelle zu nutzen, bringt viele Unwägbarkeiten mit sich: zum Beispiel nachlässig verfasste Artikel, Satzfehler, Zahlendreher, einseitige Berichterstattung, lückenhafte Überlieferung und vor allem das Problem der Wertung aus historischer Sicht.

Wie geht ihr vor?

Wie verlief in meinem Heimatort die Endphase der Weimarer Republik? Gab es Kämpfe und sogar Tote? Wurden Menschen schikaniert, ausgegrenzt, verhaftet oder ermordet? Wurde über die Vorgänge in Russland/der Sowjetunion berichtet?
So geht ihr vor:

1. Schritt: Das Thema eingrenzen

Je genauer ihr euer Thema eingrenzt, umso gezielter könnt ihr im Archiv suchen.

2. Schritt: Eine Archivführung vereinbaren

Bereitet euch auf die Führung vor und notiert euch wichtige Fragen. Informiert euch genau, wie ihr arbeiten könnt.

3. Schritt: Arbeitsgruppen bilden

Sprecht ab, wer sich um bestimmte Bereiche des Themas kümmern soll und nach entsprechenden Quellen aus dem Archiv „fahndet" und diese dann genauer bearbeitet.

4. Schritt: Eigene Recherchen

Ihr seid jetzt mit den wichtigsten Benutzungsbedingungen im Archiv vertraut und könnt nun schon langsam selbstständig recherchieren. Macht euch möglichst häufig Notizen darüber, was ihr wo findet.

Zusammenfassung

Nachkriegszeit und innenpolitische Krisen
Auch nach Errichtung der Weimarer Republik blieben die politischen Lager unversöhnlich. Besonders auch an dem als Demütigung empfundenen „Diktatfrieden" von Versailles und den daraus entstehenden wirtschaftlichen Belastungen entzündete sich immer wieder Streit. 1923 gipfelten die Spannungen in mehreren Putschversuchen von links und rechts.

Politische Entspannung und Goldene Zwanziger
Die wirtschaftliche Erholung im Zuge des Dawes-Plans und die außenpolitische Entspannung durch die europäische Friedenspolitik Stresemanns und Briands schufen in Deutschland ein neues, freieres Klima – die Goldenen Zwanziger. Die für kurze Zeit stabilisierte Demokratie ermöglichte kulturellen Freigeist, wirtschaftlichen Aufschwung und sozialen Ausgleich.

Die Schwäche der Demokratie
Die Weltwirtschaftskrise zerstörte die wirtschaftliche Grundlage des mühsam errungenen politischen und sozialen Friedens der Weimarer Republik. Die Republik mit ihrer demokratischen Verfassung schien vielen Menschen für ihre persönliche Not verantwortlich zu sein. Besonders die rechtskonservativen Parteien, am erfolgreichsten die NSDAP, nutzten diese Stimmung. Die Demokratie fand immer weniger Verteidiger.

Diktatur in Russland
Der Aufbau einer sozialistischen Gesellschaftsordnung in Russland geschah in der Form einer Diktatur der kommunistischen Partei. Ein allmächtiger Geheimdienst unterdrückte brutal alle, die sich gegen die Pläne Stalins, dem Nachfolger Lenins, stellten.
Das Terrorsystem zwang viele Bürger ohne Gerichtsverfahren zur Zwangsarbeit. Stalin setzte unter unvorstellbaren Leiden der Bevölkerung die Umwandlung Russlands in einen Industriestaat durch, der vor allem die Schwerindustrie förderte und die Konsumansprüche der Bevölkerung bewusst vernachlässigte.

1923

Krisenjahr: Putschversuche und Inflation.

1924–28

Nach Wirtschaftskrise und Inflation bringen die Goldenen Zwanziger eine kurze Blütezeit.

25. Oktober 1917

Die Bolschewiki stürmen das Winterpalais.

1927–53

Brutale Diktatur unter Josef Stalin.

4. Herrschaft und Alltag im Nationalsozialismus

Bei einer Großkundgebung der nationalsozialistischen Hitlerjugend grüßen hunderte uniformierter Hitlerjungen den vorbeifahrenden „Führer“ mit erhobenem rechtem Arm, dem „Hitlergruß“. Veranstaltungen wie diese gab es fast ununterbrochen. Sie sollten den unbedingten Gehorsam von Volk und Jugend gegenüber Adolf Hitler und dem Nationalsozialismus beweisen. Das nationalsozialistische Deutschland war eine Diktatur, ein „Führerstaat“, in dem andere Meinungen als die der staatstragenden Partei, der NSDAP, nicht toleriert wurden. Auch jede Andersartigkeit wurde brutal verfolgt. Besonders Juden und Slawen waren den Nationalsozialisten verhasst und galten als „minderwertig“. Diese Weltsicht sollte das deutsche Volk möglichst widerspruchslos verinnerlichen, um die Methoden und Ziele des Nationalsozialismus rückhaltlos zu unterstützen – mit allen Konsequenzen …

Die Ideologie des Nationalsozialismus

1910 1920 1930 1940 1950 1960 1970 1980 1990 2000

Das Ideal der Volksgemeinschaft

Die Nationalsozialisten lehnten alle demokratischen und auch die sozialistischen Anschauungen ab. Nicht Klassengegensätze (wie Adel – Bauern, Arbeiter – Fabrikbesitzer) oder Interessenkonflikte verschiedener Bevölkerungsschichten bestimmten nach ihrer Meinung die politischen und sozialen Auseinandersetzungen. Für sie gab es das Ideal der Volksgemeinschaft, in der es keine sozialen Gegensätze gab, sondern alle Gruppen im Staat zu einer Einheit verschmolzen waren.
Folglich benötigten die einzelnen Bevölkerungsgruppen auch keine eigene Interessenvertretung, d. h., Gewerkschaften waren überflüssig, denn alle Berufsstände trugen in der Volksgemeinschaft zum gemeinsamen Nutzen bei. Parteien waren nicht nötig, der „Führer" formulierte den „Volkswillen", dem sich dann alle unterordneten.
Die nationalsozialistische Propaganda machte Parteienzersplitterung, Gewerkschaften und Arbeiterparteien für die Wirtschaftskrise der Weimarer Republik verantwortlich, und viele Menschen, denen es durch die Wirtschaftskrise schlechter ging, glaubten ihr.

Glaube an die deutsche Überlegenheit

Aus der damals modernen Biologie übertrugen die Nationalsozialisten Lehren von Charles Darwin unkritisch auf die menschliche Gesellschaft (▶ Sozialdarwinismus). So wie die Tiere in erblich festgelegte Rassen eingeteilt sind, so seien auch die Menschen in Rassen unterteilt. Diese menschlichen Rassen besäßen aber einen unterschiedlichen Wert.
Die besten Anlagen hatte nach dieser Theorie die germanische, auch arisch genannte Rasse. Die Deutschen seien somit zum so genannten Herrenvolk bestimmt. In seinem Buch „Mein Kampf" stempelte Hitler die Slawen zu einer Rasse, die den Ariern untergeordnet sei. Die von ihnen bewohnten Gebiete böten einen „natürlichen Lebensraum" für die wachsende deutsche Bevölkerung.
Mit diesem ▶ „Rassismus" versuchten die Nationalsozialisten, Kriege zur Ausdehnung Deutschlands zu rechtfertigen.

Wurzeln des ▶ Antisemitismus

In den Jahren um 1880 machte eine kleine Gruppe von Politikern und Journalisten in Deutschland die Juden in öffentlichen Angriffen zum Sündenbock. Ihnen wurden fälschlicherweise viele Probleme der wirtschaftlichen Krise und der entstehenden Industriegesellschaft angelastet. Die alte, religiös geprägte Judenfeindschaft wurde jetzt mit einer neuen Theorie, der Rassenlehre, verbunden. In dieser Rassenlehre wurden scheinbar naturwissenschaftliche Behauptungen über die Juden zusammengefasst. Man stellte als sicher dar, dass die „weiße bzw. germanische oder arische Rasse" der „semitischen Rasse" überlegen sei. Die Vorurteile, gespeist aus Rassismus und Nationalismus, gipfelten in der Feststellung, Juden seien keine Deutschen. In Wirklichkeit waren auch die Juden in Deutschland geboren und aufgewachsen. Sie gehörten auch keiner anderen „Rasse" an, sie hatten nur ein anderes religiöses Bekenntnis.
Im Deutschen Kaiserreich (1871–1918) waren die meisten deutschen Juden den mittleren und gehobenen Schichten zuzuordnen. Nur wenige von ihnen gehörten zur Oberschicht, auch in der Unterschicht war ihre Zahl unterdurchschnittlich vertreten. In dieser Verteilung spiegelte sich die jahrhundertelange Ausgrenzung der Juden aus der Gesellschaft und vielen Berufen.
Nach dem Ersten Weltkrieg (1914–18) flammte der Antisemitismus stark auf. Der Antisemitismus und die Rassenlehre wurden zu einem wichtigen Programmpunkt der 1920 gegründeten ▶ NSDAP, der Partei Adolf Hitlers. Es gab viele Menschen in der deutschen Gesellschaft, die in dem einen oder anderen Punkt mit der nationalsozialistischen Ideologie übereinstimmten. Die

Quellen des rassischen Antisemitismus: *Die pseudowissenschaftliche Grundlage für den modernen Antisemitismus hatte der britische Schriftsteller Houston Stewart Chamberlain (1855–1927) geliefert. Der Schwiegersohn des ebenfalls radikal antisemitisch eingestellten Komponisten Richard Wagner behauptete in seinem Werk „Die Grundlagen des neunzehnten Jahrhunderts", die Juden seien die „verachtungswürdigen Vertreter" der „minderwertigen semitischen Rasse" und führten ununterbrochen Krieg gegen die „Kultur der arischen Rasse".*

Biografie*: *Lebensbeschreibung.*

Hitler, um 1927. Nach der Machtübernahme verbot er die Veröffentlichung von Fotografien, die nicht seinem „Führer"-Ideal entsprachen. Foto.

Hitlers Lebenslauf

Wenigsten konnten sich aber vorstellen, dass Hitlers Ideen, bestehend aus Krieg und dem Massenmord an den Juden, tatsächlich verwirklicht würden.

Hinnahme des Antisemitismus
Der britische Historiker Ian Kershaw, Autor einer großen Hitlerbiografie*, schrieb im Mai 2001 über das Verhältnis der damaligen Deutschen zu Hitler:

M1 ... Je mehr Hitler imstande war, „nationale" Erfolge zu verkünden, sein Image von dem eines Parteiführers in das eines Führers der Nation zu verwandeln, desto mehr schienen die „unangenehmen" Aspekte des Dritten Reiches hinnehmbar zu sein – etwas, was man in Kauf nehmen oder ignorieren konnte, wenn man nicht Beifall spendete. Während Hitlers Macht indessen, gestützt auf seine ungeheure Popularität, absolut wurde, durchdrang der Antisemitismus alle Bereiche des öffentlichen Lebens. Zahllose Deutsche fanden sich in unzählbaren Detailangelegenheiten bereit, „dem Führer entgegenzuarbeiten", indem sie freiwillig bei der Verfolgung von Nachbarn oder Konkurrenten mitwirkten – ob nun aus ideologischen Motiven oder weil sie einfach auf Kosten von Juden eine bessere Wohnung oder sonst einen materiellen Vorteil haben wollten. ...

1 *Erarbeitet in Gruppen wesentliche Elemente der NS-Ideologie.*
2 *Setzt die Aussagen des Historikers in M1 in Beziehung zu euren Arbeitsergebnissen.*
3 *Erstellt eine Kurzbiografie über Adolf Hitler.*

Internettipp:
www.slpb.de
(die Sächsische Landeszentrale für politische Bildung verfügt über ein umfangreiches Schriftenangebot zur Zeit des Nationalsozialismus in Deutschland und speziell auch zu Sachsen).

Hitlers Lebenslauf
Adolf Hitler wurde am 20. April 1889 im österreichischen Braunau geboren. Der Vater war Zollbeamter. Nach dem frühen Tod der Eltern ging Hitler 1907 nach Wien, um Kunstmaler oder Architekt zu werden. Da er in die Kunstakademie nicht aufgenommen wurde, verdiente er seinen Lebensunterhalt mit Gelegenheitsarbeiten und lebte von einer kleinen Rente. In Wien bildeten sich seine politischen Grundüberzeugungen, der Judenhass und die wütende Gegnerschaft gegenüber dem ▸ Marxismus* und ▸ Sozialismus*.
Bei Ausbruch des Ersten Weltkriegs im August 1914 meldete sich Hitler freiwillig in München als Soldat zu einem bayerischen Regiment. Im Oktober 1918 wurde Hitler bei einem Gasangriff schwer verletzt und war vorübergehend erblindet.
Nach Kriegsende trat er 1919 in die Deutsche Arbeiterpartei ein, die ab 1920 Nationalsozialistische Deutsche Arbeiterpartei hieß. Seit Juli 1921 Parteivorsitzender, versuchte Hitler 1923 einen Putsch gegen die Regierung Bayerns, um von München aus die Macht in Deutschland zu gewinnen. Nach dem Scheitern des Putsches wurde Hitler zu Festungshaft verurteilt, von der er nicht einmal ein Jahr absitzen musste. Während der Haft schrieb er sein Buch „Mein Kampf".
In der Wirtschafts- und Staatskrise 1930 bis 1932 begann Hitlers politischer Aufstieg: seine Partei, die NSDAP, wuchs in Wahlen von 2,6 Prozent (1928) auf 37 Prozent im Juli 1932 an. Einflussreiche Kreise aus Wirtschaft, Armee und Politik unterstützten Hitlers Forderung nach dem Reichskanzleramt. Am 30. Januar 1933 ernannte Reichspräsident von Hindenburg Hitler zum Reichskanzler.
Am Ende des von ihm ausgelösten Zweiten Weltkriegs (1939–45) beging Hitler am 30. April 1945 Selbstmord, um sich auf diese Weise seiner Verantwortung zu entziehen.

Liberalismus:
eine politische Haltung, die die Freiheit des einzelnen Menschen, ihre Erhaltung und Fortentwicklung in den Mittelpunkt stellt.

Marxismus*:
Bezeichnung für die Lehren von Karl Marx und Friedrich Engels.

Sozialismus*:
eine politische Lehre. Ihre wichtigsten Ziele sind soziale Gleichheit und Gerechtigkeit und eine nach diesen Prinzipien organisierte Gesellschaftsordnung. Seine wesentliche Ausgestaltung erhielt der Sozialismus durch Karl Marx und Friedrich Engels (siehe auch S. 43).

Hitlers Ansichten zu Demokratie und Juden

Adolf Hitler als Soldat. Foto, 1914.

Pogrom*: *Ausschreitungen gegen nationale, religiöse oder rassische Gruppen.*

Adolf Hitler über Demokratie

In seinem Buch „Mein Kampf" und in zahlreichen Reden hat Adolf Hitler, der Vorsitzende der Nationalsozialistischen Deutschen Arbeiterpartei (NSDAP), seine politischen Ansichten vorgetragen und immer wiederholt:

Reden 1923

Q1 … Die Masse besteht aus Durchschnitt, aus Demokraten. Aber hundert Blinde machen noch keinen Sehenden, tausend Feige noch keinen Helden, hunderttausend Parlamentarier noch keinen Staatsmann. Feige Menschen wählen sich wieder die Feigsten zu Führern, damit sie nicht Heldenmut zu zeigen brauchen, und die Dummen den Dümmsten, damit jeder das Gefühl hat, dem Führer doch noch etwas überlegen zu sein. Ein Volk, das Mehrheitsbeschlüssen unterworfen ist, ist dem Untergang ausgesetzt.

Q2 … Stets hat vor Gott und der Welt der Stärkere das Recht, seinen Willen durchzusetzen. Die Geschichte beweist: Wer nicht die Kraft hat, dem nutzt „das Recht an sich" gar nichts! … Die ganze Natur ist ein gewaltiges Ringen zwischen Kraft und Schwäche, ein ewiger Sieg des Starken über den Schwachen.

„Mein Kampf" 1925

Q3 … Damit ist die Bewegung aber antiparlamentarisch und selbst ihre Beteiligung an einer parlamentarischen Institution kann nur den Sinn einer Tätigkeit zu deren Zertrümmerung besitzen, zur Beseitigung einer Einrichtung, in der wir eine der schwersten Verfallserscheinungen der Menschheit erblicken.

Reden 1928

Q4 1. … Unser Volk muss … bewusst planmäßig zum fanatischen Nationalismus erzogen werden. …
2. Indem wir dieses Volk erziehen zum Kampf gegen den Wahnwitz der Demokratie, wieder hinführen zur Erkenntnis der Notwendigkeit der Autorität, des Führertums, der Persönlichkeit. Wegreißen von dem Unsinn des Parlamentarismus, erlösen aus dieser Atmosphäre der Unverantwortlichkeit und hinführen zur Verantwortlichkeit, zum Pflichtbewusstsein der einzelnen Person.
3. Indem wir dieses Volk herausreißen aus dieser Atmosphäre des erbärmlichen Glaubens an Möglichkeiten, die außerhalb der eigenen Kraft liegen, des Glaubens an Versöhnung, Verständigung, Weltfrieden, Völkerbund, internationale Solidarität. Indem wir diese Begriffe zerschlagen. Es gibt ein Recht auf dieser Welt und dieses Recht heißt eigene Kraft.

Q5 … Nicht durch die Prinzipien der Humanität lebt der Mensch oder ist er fähig, sich neben der Tierwelt zu behaupten, sondern einzig und allein durch die Mittel des brutalsten Kampfes.

1 *Erarbeitet aus Q1–Q5 Hitlers Ziele und seine Einstellung gegenüber der demokratischen Staatsform. Notiert eure Ergebnisse.*
2 *Stellt mithilfe von Q2, Q3 und Q5 fest, welche Mittel Hitler für die politische Auseinandersetzung für geeignet hält.*

Hitler über die Juden

Aus einem Brief 1919:

Q6 … Zunächst ist das Judentum unbedingt Rasse und nicht Religionsgenossenschaft. … Durch tausendjährige Inzucht … hat der Jude im Allgemeinen seine Rasse und ihre Eigenschaften schärfer bewahrt als zahlreiche Völker, unter denen er lebt, und damit ergibt sich die Tatsache, dass zwischen uns eine nicht deutsche fremde Rasse lebt … und die dennoch politisch alle Rechte besitzt wie wir selber. …
Der Antisemitismus aus rein gefühlsmäßigen Gründen wird seinen letzten Ausdruck finden in der Form von Pogromen*. Der Antisemitismus der Vernunft jedoch muss führen zur planmäßigen gesetzlichen Bekämpfung und Beseitigung der Vorrechte des Juden, die er zum Unterschied der anderen zwischen uns lebenden Fremden besitzt (Fremdengesetzgebung). Sein letztes Ziel aber

muss unverrückbar die Entfernung der Juden überhaupt sein. Zu beiden ist nur fähig eine Regierung nationaler Kraft und niemals eine Regierung nationaler Ohnmacht.

Aus Hitlers Buch „Mein Kampf“:

Q7 … So ist der Jude heute der große Hetzer zur restlosen Zerstörung Deutschlands. Wo immer wir in der Welt Angriffe gegen Deutschland lesen, sind Juden ihre Fabrikanten, gleich wie ja auch im Frieden und während des Krieges die jüdische Börsen- und Marxistenpresse den Hass gegen Deutschland planmäßig schürte. … Die Gedankengänge des Judentums dabei sind klar. Die Bolschewisierung (vgl. S. 154f.) Deutschlands, d.h. die Ausrottung der nationalen völkischen Intelligenz und die dadurch ermöglichte Auspressung der deutschen Arbeitskraft im Joche der jüdischen Weltfinanz, ist nur als Vorspiel gedacht für die Weiterverbreitung dieser jüdischen Welteroberungstendenz. …

Hitler über die Eroberung von Lebensraum

Aus Hitlers Buch „Mein Kampf“:

Q8 … Nur ein genügend großer Raum auf dieser Erde sichert einem Volk die Freiheit des Daseins. … Damit ziehen wir Nationalsozialisten bewusst einen Strich unter die außenpolitische Richtung unserer Vorkriegszeit. Wir setzen dort an, wo man vor sechs Jahrhunderten endete. Wir stoppen den ewigen Germanenzug nach dem Süden und Westen Europas und weisen den Blick nach dem Land im Osten. Wir schließen endlich ab die Kolonial- und Handelspolitik der Vorkriegszeit und gehen über zur Bodenpolitik der Zukunft. Wenn wir aber heute in Europa von neuem Grund und Boden reden, können wir in erster Linie nur an Russland und die ihm untertanen Randstaaten denken. Das Schicksal selbst scheint uns hier einen Fingerzeig geben zu wollen; indem es Russland dem Bolschewismus überantwortete, raubte es dem russischen Volk jene Intelligenz, die bisher dessen staatlichen Bestand herbeiführte und garantierte. …

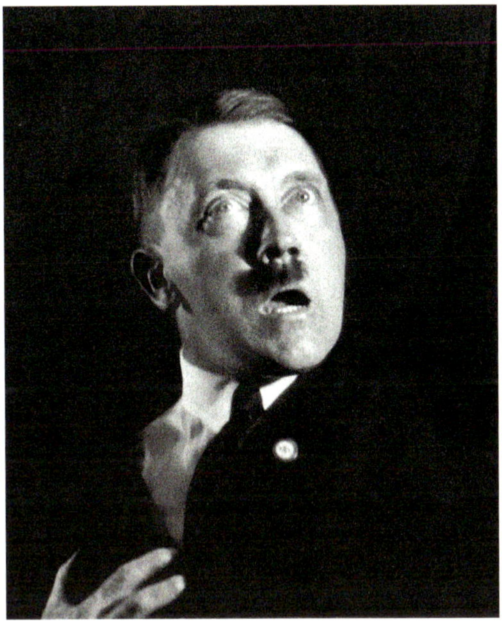

1 **Hitler übt die Rede.** Foto, ca. 1925.

3 *Untersucht in Gruppen Q6–Q8 und schreibt die wichtigsten Aussagen Hitlers zu den Begriffen „Rasse“, „Juden“ und „Lebensraum“ auf.*

4 *Erläutert, auf welche Weise Hitler bereits 1925 einen möglichen Angriff Deutschlands auf Russland rechtfertigt (Q7 und Q8).*

5 *Analysiert die Abbildung 2.*

2 **„Das Verhängnis“.** Lithographie von A. Paul Weber, 1932.

Bevölkerungszahlen von Sachsen:

1834	*1 595 668*
1871	*2 556 244*
1885	*3 182 003*
1890	*3 502 684*
1895	*3 787 688*
1900	*4 202 216*
1910	*4 806 661*
1933	*5 196 652*
1939	*5 231 739*
1950	*5 682 802*
1964	*5 463 571*
1980	*5 419 187*
1989	*5 022 537*
2000	*4 425 581*
2005	*4 321 782*

Die Errichtung der NS-Diktatur

30. Januar 1933: „Machtergreifung" der Nationalsozialisten.

1 **Die „Machtergreifung" in einer propagandistischen Darstellung: Fackelzug der Nationalsozialisten am 30. Januar 1933 in Berlin.** Gemälde, 1938.

Hitler bei seiner ersten Rundfunkansprache als Reichskanzler in der Nacht zum 31. Januar 1933. Foto.

***Franz von Papen** (geb. 29. 10. 1879, gest. 2. 5. 1969), Mitglied der Zentrumspartei, war 1932 Nachfolger Brünings als Reichskanzler. Durch politische Fehleinschätzungen erleichterte er Hitlers Weg zur Macht. In den Nürnberger Prozessen (vgl. S. 172) wurde er aber frei gesprochen. Foto.*

Die „Machtergreifung" am 30. 1. 1933

Eine damals 15-jährige Anhängerin Hitlers erinnerte sich 1965 an den 30. 1. 1933:

Q1 ... Am Abend des 30. Januar nahmen meine Eltern uns Kinder mit in das Stadtzentrum. Dort erlebten wir den Fackelzug, mit dem die Nationalsozialisten ihren Sieg feierten. Etwas Unheimliches ist mir von dieser Nacht her gegenwärtig geblieben. Das Hämmern der Schritte, die düstere Feierlichkeit roter und schwarzer Fahnen, zuckender Widerschein der Fackeln auf den Gesichtern und Lieder, deren Melodien aufpeitschend und sentimental zugleich klangen. Stundenlang marschierten die Kolonnen vorüber.

1 *Berichtet über die Reaktionen der Menschen am 30. Januar 1933.*

Die Nationalsozialisten sichern ihre Macht

Die neue Regierung unter Adolf Hitler war eine Koalitionsregierung von NSDAP und DNVP. Außer Hitler als Reichskanzler gehörten nur noch zwei weitere Nationalsozialisten zur Regierung. Viele Menschen begrüßten Hitlers Ernennung. Die Gefahr, die in der Übertragung der Macht an Hitler lag, sahen sie nicht. Der frühere Reichskanzler von Papen (DNVP), der jetzt Vizekanzler war, erklärte gegenüber Vertrauten: „In zwei Monaten haben wir Hitler in die Ecke gedrückt, dass er quietscht." Noch vor der Ernennung Hitlers zum Reichskanzler hatte die DNVP zwei wichtigen Forderungen der Nationalsozialisten zugestimmt: sofortige Neuwahlen und die Absicht, dem Reichstag durch ein Gesetz vorübergehend seine Macht zu nehmen (Ermächtigungsgesetz). Neben der Reichswehr war die Polizei das wichtigste Machtmittel des Staates. Den Befehl über die preußische Polizei hatten sich die Nationalsozialisten ebenso gesichert wie die Macht über das Reichsinnenministerium.

2 *Erläutert die Machtverteilung in der neuen Regierung und im Staatsapparat.*

Hitlers Programm

Bereits drei Tage nach seiner Ernennung nannte Hitler in einer geheimen Rede vor Befehlshabern des Heeres und der Marine seine wahren politischen Ziele. In einem Stichwortprotokoll der Rede hieß es:

Das Ermächtigungsgesetz

Q2 … Völlige Umkehrung der gegenwärtigen innenpolitischen Zustände in D. … Wer sich nicht bekehren lässt, muss gebeugt werden. Ausrottung des Marxismus mit Stumpf und Stiel. … Ertüchtigung der Jugend u. Stärkung des Wehrwillens mit allen Mitteln. Todesstrafe für Landes- u. Volksverrat. Straffste autoritäre Staatsführung. Beseitigung des Krebsschadens der Demokratie! … Eroberung neuen Lebensraums im Osten u. dessen rücksichtslose Germanisierung.

3 *Untersucht das Stichwortprotokoll und erläutert, was die Befehlshaber über Hitlers Politik schon im Februar 1933 wussten.*

Notverordnungen und Terror

Nach dem 30. Januar 1933 wurden 50 000 SA-Männer* zu Hilfspolizisten ernannt und zahlreiche demokratisch eingestellte Polizeipräsidenten abgesetzt. Versammlungen der KPD, der SPD und des Zentrums wurden verboten oder aufgelöst. Der Nationalsozialist Hermann Göring, preußischer Innenminister, befahl der Polizei, mit der SA zusammenzuarbeiten, und ordnete an:

Q3 … Dem Treiben staatsfeindlicher Organisationen ist mit den schärfsten Mitteln entgegenzutreten …; wenn nötig, [ist] rücksichtslos von der Waffe Gebrauch zu machen. Polizeibeamte, die in Ausübung dieser Pflichten von der Schusswaffe Gebrauch machen, werden ohne Rücksicht auf die Folgen des Schusswaffengebrauchs von mir gedeckt. Wer hingegen in falscher Rücksichtnahme versagt, hat dienststrafrechtliche Folgen zu gewärtigen.

Der Reichstag brennt

Als am 27. Februar 1933 der Reichstag völlig ausbrannte, beschuldigten die Nationalsozialisten noch in der Nacht die Kommunisten der Brandstiftung. Auf Vorschlag Hitlers erließ Reichspräsident Hindenburg am Tag nach dem Reichstagsbrand eine Notverordnung, in der wesentliche Grundrechte der Weimarer Verfassung außer Kraft gesetzt wurden. Gleichzeitig wurden über 4000 Funktionäre der KPD nach längst vorbereiteten Listen verhaftet.

2 **Der Reichstagsbrand.** Foto, 27. Februar 1933.

4 *Erklärt mit euren Worten, welchen Auftrag die preußische Polizei in Q3 erhielt.*

Das ▶ Ermächtigungsgesetz

Das „Gesetz zur Behebung der Not von Volk und Staat" vom 23. März 1933 – eigentlich auf vier Jahre befristet, aber immer wieder verlängert – gab der Regierung Hitlers die unumschränkte Gesetzgebungsvollmacht und blieb bis 1945 gesetzliche Grundlage der nationalsozialistischen Diktatur in Deutschland. Durch das Ermächtigungsgesetz übertrug das Parlament seine eigenen Befugnisse auf die Regierung, wodurch der demokratische Grundsatz der Gewaltenteilung zwischen Legislative* und Exekutive* aufgehoben wurde. Nur die SPD stimmte dagegen. Die Reichsregierung, faktisch also Hitler, konnte nun Gesetze ohne parlamentarische Zustimmung erlassen.

5 *Nennt die einzelnen Schritte der „Machtergreifung" und deren Auswirkungen.*

Aufmarsch der SA. Foto, um 1933.

SA-Männer*: *Mitglieder der SA, der „Sturmabteilung" der NSDAP. Die SA war eine nationalsozialistische Truppe für Straßenschlachten und Aufzüge. SA-Männer trugen eine spezielle Armbinde, die sie als Hilfspolizisten auswiesen.*

23. März 1933: *Ermächtigungsgesetz.*

Legislative*: *die gesetzgebende der drei Gewalten im Staat, in einer Demokratie das Parlament.*

Exekutive*: *die ausführende der drei Staatsgewalten. Die dritte ist die Judikative, die Recht sprechende Gewalt.*

Gleichschaltung

*Der niederländische Maurergeselle **Marinus van der Lubbe** wird nach dem Reichstagsbrand von den Nazis verhaftet, als Drahtzieher einer kommunistischen Verschwörung beschuldigt und im Januar 1934 hingerichtet. Die Ursachen des Reichstagsbrandes sind bis heute ungeklärt.*

► Gestapo: Die Geheime Staatspolizei, 1933 von Göring und Himmler geschaffen, diente als politische Polizei zur rücksichtslosen Unterdrückung aller Gegner des Nationalsozialismus. Dabei bediente sie sich unter anderem der Folter, der Einweisungen in Konzentrationslager (KZ) und politischer Morde.*

***Gleichschaltung*:** das von den Nationalsozialisten verfolgte Ziel des Abbaus und schließlich der Beseitigung der Eigenständigkeit der Länder, Organisationen und Organe.*

1 **Die SA verwüstet das Gebäude der SPD-eigenen Dresdner Volkszeitung.** Foto, 8. März 1933.

Die Zerschlagung der Gewerkschaften

Der Reichsminister für Volksaufklärung und Propaganda, Joseph Goebbels, vermerkte am 17. April 1933 in seinem Tagebuch:

Q1 … Ich habe mit dem Führer die schwebenden Fragen eingehend durchgesprochen. … Am 2. Mai werden dann die Gewerkschaftshäuser besetzt. Gleichschaltung* auch auf diesem Gebiet. Es wird vielleicht ein paar Tage Krach geben, aber dann gehören sie uns. Man darf hier keine Rücksicht mehr kennen. … Sind die Gewerkschaften in unserer Hand, dann werden sich auch die anderen Parteien und Organisationen nicht mehr lange halten können …

Die Aktion traf die breite Öffentlichkeit am 2. Mai 1933 völlig überraschend, nachdem am Vortag noch mit großem Aufwand der „Tag der Arbeit" gefeiert worden war. Im ganzen Reichsgebiet wurden die Häuser der freien Gewerkschaften besetzt, eine Anzahl der Funktionäre verhaftet und die Leitung des Gewerkschaftsapparats von Nationalsozialisten übernommen.

1 *Erläutert Zielsetzung und Vorgehensweise der Nationalsozialisten gegen die Gewerkschaften.*

Verbot der Gewerkschaftsarbeit

In den Betrieben galt nun das nationalsozialistische „Führerprinzip". Die gewerkschaftliche und parteipolitische Arbeit in den Betrieben wurde den Arbeitern per Gesetz verboten. Die Geheime Staatspolizei (Gestapo*) übte ihren Terror auch in den Betrieben aus. Dies belegt etwa eine Bekanntmachung der NS-Betriebszelle des Osramwerkes D in Berlin vom 24. Juli 1933:

Q2 … Den Unterzeichneten ist heute im Gebäude des Geheimen Staatspolizeiamtes durch die Geheime Staatspolizei eröffnet worden, dass sie auf Anordnung der Geheimen Staatspolizei für mehrere Jahre in ein Konzentrationslager überführt werden, falls ab Montag, den 24. Juli 1933, im Werk D … noch ein einziges Mal durch Mund oder Schrift Propaganda für irgendeine Partei, ausgenommen die NSDAP, getrieben wird. … Die Werksleitung hofft, dass durch diese abschließende Maßnahme die für den Betrieb nötige Ruhe wieder einkehren wird.

2 *Vermutet, wie ihr euch nach dem Lesen dieser Bekanntmachung im Betrieb verhalten hättet.*

► Gleichschaltung auf allen Gebieten

Die Gleichschaltung von Organisationen, Parteien und Vereinen umfasste viele Stufen. Oft wurden die Menschen durch neue gesetzliche Verordnungen, Terror und psychischen Druck überwältigt. Die Gleichschaltung war nicht einfach durchschaubar.

Auch die Presse wurde durch die Nationalsozialisten gleichgeschaltet. Der Hauptbuchhalter der SPD-eigenen „Dresdner Volkszeitung" zum Beispiel erlebte die nationalsozialistische Übernahme des Verlages am 8. März 1933 so:

Q3 Gegen 16 Uhr rückte der SA-Sturm … mit Karabinern, Handgranaten und Stahlhelmen aus vier Straßenzügen an. Etwa 15 SA-Männer stürmten … unter Misshandlungen … die Türen des Verlagsgebäudes. … Der Bestand der Volksbuchhandlung … wurde auf die Straße geworfen und in Brand gesteckt. … Wertvolle Maschinen wurden zerschlagen, Bleivorräte an Rohstoffhändler verkauft. In den Verlagsgrundstücken wurde eine SA-Kaserne und im SPD-Sekretariat eine Vernehmungsstelle für politische Häftlinge eingerichtet. Die Druckerei wurde dem nationalsozialistischen Blatt „Freiheitskampf" zur Verfügung gestellt.

Die Beseitigung des Rechtsstaates

Die Zeitungen der KPD und SPD wurden verboten, Journalisten, die sich nicht anpassen wollten, wurden entlassen. Der Reichspropagandaminister Goebbels bestimmte, welche Nachrichten veröffentlicht werden durften. Bereits im April 1933 schloss ein Gesetz Juden vom Beamtenberuf aus. Kommunisten durften nicht mehr Rechtsanwälte werden. Auch aus Schulen und Hochschulen wurden „Nichtarier" und sonstige Unliebsame ausgeschlossen. Die Studentenzahlen wurden auf die Hälfte reduziert. Mitgliedschaft in NS-Organisationen war als Voraussetzung für die Zulassung zum Studium wichtiger als intellektuelle Befähigung.

Führerprinzip

Nach dem Tod Hindenburgs 1934 bekleidete Hitler sowohl das Amt des Reichspräsidenten als auch das des Reichskanzlers. Er beanspruchte Führer des deutschen Volkes zu sein. Bücher jener Zeit zeigen es:

Q4 … Die Führergewalt ist umfassend und total. Sie erfasst alle Volksgenossen, die dem Führer zu Treue und Gehorsam verpflichtet sind. Die Führergewalt ist nicht durch Sicherungen und Kontrollen gehemmt, sondern sie ist frei und unbeschränkt.

Der „Röhm-Putsch"

Bereits am 30. Juni 1934 hatte Hitler in einer überraschenden Aktion mit Unterstützung der Reichswehr hohe SA-Führer ermorden lassen. Mit dem so genannten Röhm-Putsch* entmachtete Hitler die SA*, die beansprucht hatte, neben der Reichswehr eine gleichberechtigte militärische Organisation zu werden. Die SA verlor ihre Bedeutung als stärkste innenpolitische Macht an die SS*. Im innerparteilichen Machtkampf hatte Hitler damit den Einfluss unliebsamer Konkurrenten zerschlagen.

2 **Propagandaplakat der NSDAP.**

Auch die Soldaten der Reichswehr mussten 1934 einen neuen Eid schwören:

Q5 Ich schwöre bei Gott diesen heiligen Eid, dass ich dem Führer des Deutschen Reiches und Volkes, Adolf Hitler, dem Oberbefehlshaber der Wehrmacht, unbedingten Gehorsam leisten und als tapferer Soldat bereit sein will, jederzeit für diesen Eid mein Leben einzusetzen.

3 *Untersucht Q4, Q5 und das Plakat. Erläutert, welche Stellung Hitler einnahm. Welche Konsequenzen hatte das für die Rechte des einzelnen Bürgers?*

„Röhm-Putsch*":
Die Ermordung des SA-Führers Ernst Röhm und anderer innerparteilicher Gegner und Konkurrenten Hitlers rechtfertigte dieser mit der Behauptung, man habe nur so einen bevorstehenden Staatsstreich verhindern können. In einem von der NS-Reichsregierung nachträglich beschlossenen Gesetz wurden die Morde als „Staatsnotwehr" für rechtens erklärt.

► SA*:
Abkürzung für „Sturmabteilung"; Wehrverband der NSDAP, der vor 1934 Gewalt und Terror in der Auseinandersetzung mit den politischen Gegnern der NSDAP ausübte.

► SS*:
Abkürzung für „Schutzstaffel"; ursprünglich mit Polizeifunktion innerhalb der NSDAP und ab 1934 Hauptträger des nationalsozialistischen Terrors nach innen und außen. Die SS dominierte die Gestapo, leitete die KZs und führte den „Rassenkampf". Die „Waffen-SS" kämpfte im Krieg im Rahmen des Heeres, war aber kein Teil der Wehrmacht.

Beginn der NS-Herrschaft in Sachsen

► ***Propaganda:*** *Die systematische Verbreitung politischer oder weltanschaulicher Ideen und Meinungen mithilfe von Großveranstaltungen, Presse, Film, Theater, Rundfunk usw. zur gezielten Beeinflussung des allgemeinen Bewusstseins.*

1 SA und Stahlhelm vor dem Neuen Rathaus in Dresden am 1. Februar 1933. Foto.

Sachsen nach dem 30. Januar 1933

Die Nationalsozialisten hatten im Reich die Macht übernommen. Um Deutschland aber ganz beherrschen zu können, mussten sie auch in den deutschen Teilstaaten Regierungen und Verwaltungen in ihre Hände bekommen. Wie geschah das in Sachsen?
Sachsen war zu dieser Zeit nicht nur eine Hochburg der SPD und KPD sondern auch einer der zahlenmäßig stärksten Gaue* der NSDAP. Schon 1930 erreichte die Partei bei den Landtagswahlen einen ersten großen Erfolg. Dieser setzte sich bei den Kommunalwahlen desselben Jahres fort. Etwa ein Drittel der Gemeindevertreter gehörte der NSDAP an. Besonders stark war die Partei in den Regionen Zwickau und Plauen, wo die wirtschaftliche Lage besonders schwierig war. In ganz Sachsen zählte sie schon Anfang 1932 70 000 Mitglieder, viele davon gehörten der SA oder der SS an.

Gau*: *oberster Parteibezirk in der Parteistruktur der NSDAP, mit einem Gauleiter an der Spitze; ein Gau entsprach im wesentlichen einem Land.*

	Dt. Reich	Preußen	Sachsen
DVP	1,1	1,1	1,8
Zentrum	13,9	14,2	12,0
KPD	12,3	13,2	16,5
SPD	18,9	17,0	16,3
NSDAP	43,9	43,7	45,0

2 Ergebnis der Reichstagswahlen am 5. März 1933 (in % der abgegebenen Stimmen).

Wie reagierten die Sachsen auf die Ernennung Hitlers zum Reichskanzler?
Die Anhänger der Nationalsozialisten jubelten und feierten. Ihre Gegner waren erschrocken und protestierten. In Dresden demonstrierten am 31. Januar 30 000 Menschen. Anlass war ein brutaler Polizeiüberfall auf eine antifaschistische Versammlung in einem Keglerheim, bei dem es 9 Tote gab.
Die letzte große Kundgebung gegen den Nationalsozialismus fand am 19. 2. 1933 mit 20 000 Teilnehmern in Leipzig statt.

1 *Betrachtet die Abbildungen 1 und 3. Wie beurteilt ihr die Wirkung solcher Aufmärsche auf die Öffentlichkeit?*

2 *Analysiert das Wahlergebnis vom 5. März 1933 (Übersicht 2). Welche Erwartungen hatten eventuell die Wähler der NSDAP?*

3 *Überlegt, weshalb die NSDAP in dem einst „roten Sachsen" so viele Wähler fand.*

Umstrukturierung der Machtorgane

Am 28. Februar 1933 wurde die Verordnung zum Schutz von Volk und Staat erlassen. Was das für den Freistaat bedeutete, zeigt der Er-

Die nationalsozialistische Herrschaft in Sachsen

3 **„Marine- und Kolonialkriegskundgebung" am Völkerschlachtdenkmal in Leipzig.**
Foto, 6. August 1933.

lass des NS-Reichsbeauftragten für Sachsen, Manfred von Killinger:

Q1 Dresden, den 9. März 1933:

Der Reichsminister des Inneren hat mich wegen der Gefährdung der öffentlichen Sicherheit und Ordnung im Lande Sachsen beauftragt, die ... notwendigen Maßnahmen zu treffen. Ich ... werde mit allen dem Staate und mir zu Gebote stehenden Mitteln jede Störung der Ruhe, des Verkehrs und der friedlichen Bevölkerung zu verhindern wissen. ...
Ich werde nicht zurückschrecken, alle Personen, die die Ruhe und Ordnung stören oder zur Arbeitseinstellung auffordern, der härtesten Strafe zuzuführen.

4 *Überlegt, was von Killinger unter „Sicherheit und Ordnung" verstanden hat.*

Am 10. März 1933 zwang von Killinger die bürgerliche Regierung unter Walter Schieck zum Rücktritt. Sie fügte sich widerstandslos. Von Killinger war nun Ministerpräsident sowie Innen-, Arbeits- und Wohlfahrtsminister.
Mit einem Trick sicherte sich die NSDAP auch die Mehrheit im Landtag: Die politischen Parteien konnten entsprechend ihrem Anteil bei der letzten Reichstagswahl Abgeordnete in den sächsischen Landtag delegieren. Da die KPD und die Sozialistische Arbeiterpartei (SAP*) nicht zugelassen waren, sicherte sich die NSDAP mit 38 von nun nur noch 61 Sitzen die absolute Mehrheit im Landtag.
Da auch die SPD und ihre Abgeordneten in der Ausübung ihrer Tätigkeit behindert wurden, war eine demokratische parlamentarische Arbeit im sächsischen Landtag schon lange vor seiner Auflösung unmöglich geworden.
Im April 1933 wurden auf gleiche Weise die Gemeindevertretungen und die Bezirkstage der Amtshauptmannschaft umgebildet.
Am 25. März wurde das Landesabwehramt zur Bekämpfung staatsfeindlicher Interessen beim Landeskriminalamt gebildet. Es sollte vor allem „bolschewistische Bestrebungen bekämpfen" und war der Vorläufer der Geheimen Staatspolizei in Sachsen. Ende März wurde ein Sondergericht in Freiberg eingerichtet. Es diente zur Aburteilung von Gegnern des nationalsozialistischen Regimes. Ähnlich war später der „Volksgerichtshof*" angelegt, der die politischen Gegner mit brutalen Urteilen abstrafte.

5 *Berichtet über den Verlauf der Gleichschaltung in Sachsen.*

SAP*:
Die Sozialistische Arbeiterpartei war eine linke Abspaltung aus der SPD, die ein Rätesystem anstrebte.

▶ Volksgerichtshof*:
Sondergericht der Nationalsozialisten für die Verurteilung politischer Gegner. Die Volksgerichte arbeiteten seit 1936 neben der normalen Gerichtsbarkeit.

Zerstörung der Demokratie in Sachsen

1 NS-Gauleiter Mutschmann im Kreis von sächsischen Industriellen, SA-, SS- und Wirtschaftsführern. Foto, um 1934.

Martin Mutschmann *(geb. 1879, gest. 1948) war seit 1925 sächsischer Gauleiter und ab 5. 5. 1933 bis 1945 Reichsstatthalter in Sachsen.*

„Ersatzwappen" des Gaues Sachsen ab 1933.

Der neue „erste" Mann im Sachsen-Gau

Im Mai 1933 wurde Martin Mutschmann zum neuen Reichsstatthalter ernannt. In dieser Funktion und in seiner Position als Gauleiter war es eine seiner vordringlichen Aufgaben, die Politik an nationalsozialistische Grundsätze anzupassen. In einem Aufruf an die Bevölkerung Sachsens formulierte er seine Ziele folgendermaßen:

Q1 Volksgenossen! Männer und Frauen Sachsens! Durch das Vertrauen des ehrwürdigen Herrn Reichspräsidenten von Hindenburg und unseres Kanzlers und Führers Adolf Hitler zum Reichsstatthalter ernannt, habe ich zur Neubildung einer sächsischen Regierung Männer berufen, die in jahrelangem Kampf in der vordersten Front der nationalsozialistischen Bewegung an der Befreiung unserer sächsischen Heimat und unseres deutschen Vaterlandes vom Joche marxistisch-liberalistischer Herrschaft mitgewirkt haben. Die neue Regierung ist nunmehr gebildet, und Sachsen steht damit an einem Wendepunkt seiner Geschichte. An die Stelle einer unrühmlichen 15-jährigen Vergangenheit soll eine große unvergängliche Zukunft treten. Der Klassen- und Parteienstaat soll für immer der Vergangenheit angehören, und es soll ein Volksstaat erstehen, in dem alle Kräfte gemeinsam sich zum Wiederaufbau regen.

1 *Stellt Vermutungen an, was Mutschmann mit seinem Aufruf bezweckte.*

2 *Überlegt, was für Mutschmann die Begriffe „Volksgenosse" und „Volksstaat" bedeuteten.*

Das Ermächtigungsgesetz in Sachsen

Wenige Wochen nach der Regierungsneubildung wurde am 27. Mai 1933 vom sächsischen Landtag folgendes Ermächtigungsgesetz erlassen, das auf dem Vorbild des nationalen Ermächtigungsgesetzes vom 23. 3. 1933 fußte (vgl. S. 109):

Q2 §1 Gesetze können außer in dem in der Verfassung vorgesehenen Verfahren auch von der Regierung beschlossen werden.
§2 Die von der Regierung beschlossenen

Zerstörung der Demokratie in Sachsen

2 **Große SA-Kundgebung im Dresdner Zwinger anlässlich eines Besuchs Adolf Hitlers.** Foto, 26. Januar 1936.

Gesetze können von der Verfassung abweichen, soweit sie nicht die Einrichtung des Landtages als solche zum Gegenstand haben.
§3 Die Vorschriften in den Artikeln 34 und 41 der Verfassung finden auf die von der Regierung beschlossenen Gesetze keine Anwendung. …

3 *Vergleicht das Ermächtigungsgesetz mit der sächsischen Verfassung von 1920 (S. 59).*

Schon vor dem Erlass des Ermächtigungsgesetzes wurden Beamte, Angestellte und Arbeiter aus dem Staatsdienst entlassen, die Mitglieder der KPD und der SAP waren. Es folgten Mitglieder der SPD und schließlich alle, die ihre „arische" Herkunft nicht beweisen konnten oder im Verdacht standen, nicht dem NS-Regime zu dienen. So wurden allein in Leipzig bis September 1933 von 15 800 Arbeitern, Angestellten und Beamten etwa 1600 entlassen, davon 1400 Arbeiter kommunaler Betriebe, wegen ihrer Zugehörigkeit zur KPD. In Plauen erhielten von etwa 2000 Beschäftigten rund 150 ihre Entlassung.

4 *Diskutiert, welches Ziel die Nationalsozialisten mit diesen Maßnahmen verfolgten.*

3 **Maifeier in Mittweida.** Foto, 1933.

Rottenführer im Dienstmantel der SA in Sachsen.

Obertruppführer im großen Dienstanzug der SA.

Eröffnung der Reichstheaterwoche 1934. Foto.

Die Erfassung des Volkes

1 **Das Winterhilfswerk veranstaltet eine Altkleidersammlung.** Plakat, 1934.

2 **Plakat zu dem 1935/36 in Firmenkooperation entwickelten „Volksempfänger".** Plakat, 1936.

Propagandapostkarte zum 1. Mai. Der „Arbeiter der Stirn und der Faust" stehen unter dem Schutz des „Führers".

Plakat der Deutschen Arbeitsfront (DAF). Die DAF ersetzte als nationalsozialistische Wirtschaftsorganisation die im Mai 1933 zerschlagenen Gewerkschaften (vgl. S. 110).

Wahlplakat der DAF, 1935.

Sammlung für das „Winterhilfswerk"
Um die Not der Arbeitslosen zu lindern, veranstalteten die Nationalsozialisten groß angelegte Sammelaktionen. Die Bevölkerung wurde aufgefordert, Kleider, Lebensmittel und Geld für die Arbeitslosen zu spenden. Die bekannteste Einrichtung zur Linderung der Not der Arbeitslosen war das Winterhilfswerk, zu dessen Gunsten alle Deutschen einmal im Monat auf ihren Sonntagsbraten verzichten sollten.
Anfang November 1933 konnten Göttinger Bürger folgenden Aufruf in ihrer Zeitung lesen:

Q1 Das Eintopfgericht – Tischkameraden der Nation.
Der Sonntag ist der zweite Sonntag des Eintopfgerichtes. … Die gesamte Bevölkerung Göttingens wird aufgerufen, sich ausnahmslos zu beteiligen. SS-Männer werden die durch das Eintopfgericht ersparten Beträge in allen Haushaltungen einkassieren. … Die Volksgenossen, die in Gaststätten das Eintopfgericht einnehmen, erhalten dort eine Quittung als Ausweis. Bei der Straßensammlung werden Ansteckblumen – Narzissen – als Ausweis abgegeben. Am Sonntag darf kein Göttinger ohne diese Ansteckblume angetroffen werden! …

Nach 1935 wurden ohne Wissen der Bevölkerung Teile der für das Winterhilfswerk gesammelten Gelder für Rüstungszwecke ausgegeben.

1 *Spielt folgende Szene: Ihr sitzt am Sonntag im November 1933 am Mittagstisch, es gibt Braten. Ein SS-Mann klingelt …*

2 *Diskutiert darüber, ob ihr für das Winterhilfswerk gesammelt hättet.*

Die Erfassung des Volkes

3 „Auch Du kannst jetzt reisen!" – Plakat der NS-Organisation „Kraft durch Freude". 1937.

Überwachung und Unterhaltung

Mit der Auflösung aller privaten Vereine und Berufsverbände versuchten die Nationalsozialisten, die Bürger gleichzuschalten. An die Stelle der Vereine und der Berufsverbände traten Untergliederungen der Partei, die möglichst alle Bürger erfassen sollten. Haus- und Blockwarte sorgten darüber hinaus für die Überwachung des Einzelnen auch zu Hause. Im öffentlichen Leben wurde der Hitlergruß eingeführt. Die Einführung des „Volksempfängers", eines besonders preiswerten Radiogerätes, ermöglichte den Einsatz des seit 1923 existenten deutschen Rundfunks als flächendeckendes Propagandainstrument – ganz Deutschland konnte nun im Wohnzimmer mit NS-Parolen beschallt werden. An die Stelle der Gewerkschaften trat die „Deutsche Arbeitsfront" (DAF), ein Zusammenschluss von Arbeitern und Unternehmern. Die DAF sollte soziale Verbesserungen in den Betrieben erreichen.

„Kraft durch Freude" – KdF

Eine der größten Unterorganisationen der DAF war die Organisation „Kraft durch Freude" (KdF). Sie sollte den Arbeiterinnen und Arbeitern ein breites Freizeitangebot bieten und damit die Menschen für ihre politische Entmündigung entschädigen.
Mitarbeiter der verbotenen SPD berichteten 1936 dem Exilvorstand ihrer Partei über die Aktivitäten der KdF und deren Akzeptanz in der deutschen Arbeiterschaft:

Q2 Einen Einblick in die Vielgestaltigkeit des KdF-Programms bieten die von den einzelnen Gauen herausgegebenen Prospekte und Monatshefte. So veranstaltet der Gau Sachsen vom Januar bis September 1936 46 Gaufahrten, darunter 4 Seefahrten, außerdem 104 Bezirksfahrten, darunter ebenfalls 4 Seefahrten. ... Die KdF hat jetzt ihre Wanderfahrten sehr ausgebaut. Es werden Tages- und Halbtagswanderungen, Radtouren usw. unternommen. ... Die Beliebtheit der KdF-Veranstaltungen ist sehr groß geworden. Auch der einfache Arbeiter kann sich solche Wanderungen leisten, denn sie kommen meist billiger als jede Privatwanderung. Die KdF wird bei fast allen Volksgenossen als eine wirklich anerkennenswerte Leistung des Nationalsozialismus gewertet. ...

Es gab aber auch gegenteilige Ansichten unter den Arbeitern, wie dem gleichen Bericht zu entnehmen ist:

Q3 ... In Sachsen haben mehrere Korruptionsfälle bei der KdF viel Gemecker hervorgerufen. Die Art wie die KdF Exkursionen durchführt, stößt viele Arbeiter ab. Man fährt wie eine Hammelherde und die alberne Erklärerei vor jedem Denkmal und jedem Bild, die der Vertiefung der nationalsozialistischen Weltanschauung dienen soll, widert manchen an. ...

3 *Vergleicht Q2 und Q3 miteinander. Wie erklären sich die Gegensätze?*

4 *Bewertet Ziele und Methoden der KdF im Hinblick auf ihre Funktionen im NS-Staat.*

*► **Joseph Goebbels** (1897–1945), seit 1930 Reichspropagandaleiter der NSDAP, seit 1933 „Reichsminister für Volksaufklärung und Propaganda". Er war der maßgebliche Kopf der Kriegspropaganda sowie des Führerkults, löste die „Reichskristallnacht" aus und vertrat die „Endlösung" (siehe S. 132).*

Rundfunkgerät „VE 301", der so genannte „Volksempfänger", hergestellt im Rundfunkwerk Staßfurt, um 1935. Er kostete 76 RM, was dem Wochenlohn eines Facharbeiters entsprach.

Werbeprospekt für den KdF-Wagen, 1938.

*Der Fraktionsvorsitzende der SPD, **Otto Wels** (1873–1939), hielt als einziger Reichstagsabgeordneter eine mutige Rede gegen das Ermächtigungsgesetz. Wenige Tage später musste er nach Prag emigrieren und gehörte somit zu den ersten Deutschen, die auf Anordnung der Nationalsozialisten ausgebürgert wurden. Foto.*

1934–44:
Aufbau des Konzentrationslagersystems.

***Carl von Ossietzky** (geb. 3. 10. 1889, gest. 4. 5. 1938 in Berlin) war Pazifist und linksliberaler Journalist. Im berüchtigten KZ Esterwegen erkrankte er unheilbar an Tuberkulose. Nach seiner Auszeichnung mit dem Friedensnobelpreis 1936 verboten die Nationalsozialisten allen „Reichsdeutschen" dessen Annahme.*

Willkür und Terror

1 **Zählappell in einem Konzentrationslager.** Foto, um 1934.

Die Verfolgung politischer Gegner

Gestützt auf die „Notverordnung zum Schutz von Volk und Staat" verhafteten die Nationalsozialisten politische Gegner und alle Menschen, die sie als solche ansahen. Diese Verhaftungen ohne eine gerichtliche Anordnung nannten sie ► „Schutzhaft".
Einem Verhafteten wurde 1933 erklärt:

Q1 ... Die Schutzhaft wird damit begründet, dass infolge Ihrer Betätigung im kommunistischen Sinne die Bevölkerung von N. und darüber hinaus derart gegen Sie aufgebracht ist, dass mit Gewaltmaßnahmen gegen Ihre Person gerechnet werden muss. Die Anordnung der Schutzhaft erfolgt somit zum Schutz Ihrer eigenen Person.

In der ersten Zeit der nationalsozialistischen Herrschaft wurden vor allem Kommunisten und Sozialdemokraten, später auch andere Personen verhaftet. Da die Gefängnisse bald überfüllt waren, wurden in ganz Deutschland behelfsmäßige Lager als Ersatzgefängnisse errichtet. Die Nationalsozialisten nannten sie ► „Konzentrationslager" (KZs). Diese Lager unterstanden seit 1934 direkt der SS, die eine besondere Kampfeinheit der Nationalsozialisten war.
Die SS wurde nach 1934 zur mächtigsten Organisation der Nationalsozialisten. Wegen ihrer Brutalität wurde sie von allen gefürchtet. 1936 wurde der Führer der SS, Heinrich Himmler, zugleich Chef der deutschen Polizei, sodass die SS nun auch die Polizei kontrollierte.

1 *Erklärt den Begriff „Schutzhaft".*

Nobelpreisträger im KZ

1935 besuchte der Abgesandte des Internationalen Roten Kreuzes, Carl J. Burkhardt, den Journalisten und Schriftsteller Carl von Ossietzky im KZ Esterwegen. Ossietzky hatte von 1926 bis 1929 in der Zeitschrift „Die Weltbühne" Artikel gegen die Nationalsozialisten geschrieben. 1933 gehörte er zu den nach dem Reichstagsbrand willkürlich verhafteten Regimegegnern und wurde zunächst in das KZ Sonnenburg, dann ins KZ Esterwegen im Emsland gesperrt.
Über seine Begegnung mit Ossietzky, der 1936 noch im KZ den Friedensnobelpreis zugesprochen erhielt, schrieb Burkhardt:

Terror und früher Widerstand

Q2 … Nach 10 Minuten kamen zwei SS-Leute, die einen kleinen Mann eher schleppten und trugen als ihn heranführten. Ein zitterndes, totenblasses Etwas, das gefühllos zu sein schien, ein Auge geschwollen, die Zähne anscheinend eingeschlagen. Er schleppte ein gebrochenes, schlecht ausgeheiltes Bein nach sich.… Vor mir, gerade noch lebend, stand ein Mensch, der an der äußersten Grenze des Tragbaren angelangt war.… Jetzt füllte sich das noch sehende Auge mit Tränen, lispelnd unter Schluchzen sagte er: „Danke, sagen Sie den Freunden, ich sei am Ende, es ist bald vorüber, bald aus. Das ist gut."

Ossietzky wurde bald nach dem Besuch des Vertreters des Internationalen Roten Kreuzes entlassen. Er starb kurze Zeit später an den Folgen seiner KZ-Haft.

2 *Versucht in einer Stadt- oder Schulbücherei bzw. im Internet mehr über das Leben von Carl von Ossietzky zu erfahren und berichtet in der Klasse.*

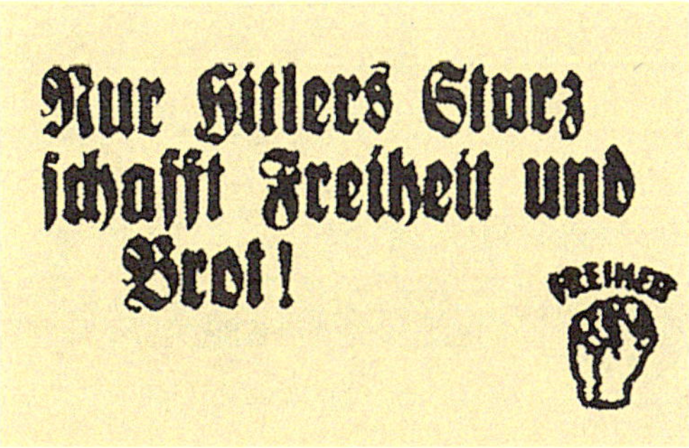

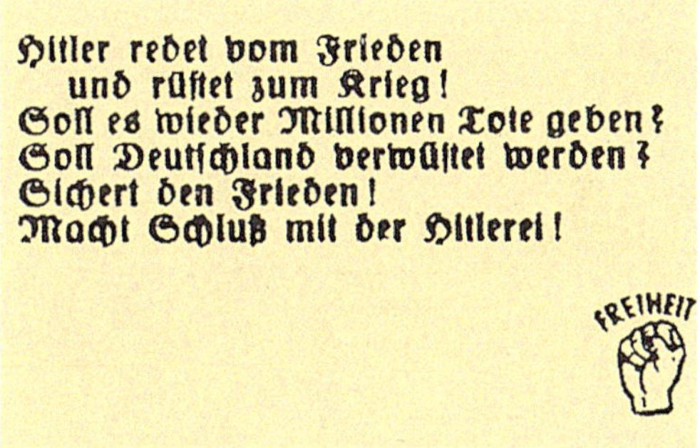

2 **Zwei Klebezettel aus dem Jahr 1936.**

***Willy Brandt**, eigentlich Herbert Ernst Karl Frahm, wurde 1913 in Lübeck geboren und musste bereits als Neunzehnjähriger vor den Nationalsozialisten nach Skandinavien fliehen. Foto.*

Terror und früher Widerstand

Trotz der Unterdrückungsmaßnahmen bildeten sich nach 1933 immer wieder Widerstandsgruppen, die mit Flugblättern, Broschüren und Klebezetteln die Bevölkerung vor den Gefahren des Nationalsozialismus warnen wollten.

Vor allem Mitglieder der KPD und der SPD leisteten diese Widerstandsarbeit. Ihre Gruppen wurden immer wieder von der Gestapo zerschlagen. Allein 1935 verhaftete die Polizei 15 000 Kommunisten, 1938 waren es immerhin noch 3800.

Nach Schätzungen von Historikern wurden 1936 1,6 Millionen Flugblätter heimlich in Deutschland gegen die Nationalsozialisten verteilt. 70 Prozent davon stammten von kommunistischen, etwa 30 Prozent von sozialdemokratischen und sozialistischen Gruppen. Für verschiedene solcher Gruppen arbeiteten zum Beispiel Willy Brandt und Heinz Kühn oder auch Wilhelm Pieck und Erich Honecker, die später in der Bundesrepublik Deutschland bzw. DDR politisch wichtige Funktionen bekleideten.

Auch innerhalb der evangelischen Kirche bildete sich früh der Widerstand gegenüber den Nationalsozialisten aus. In der „Bekennenden Kirche" sammelten sich Pastoren und Christen, die verhindern wollten, dass nationalsozialistische Gruppen Einfluss in der evangelischen Kirche gewannen.

Auch in der katholischen Kirche leisteten einzelne Pfarrer und Christen Widerstand gegenüber den Nationalsozialisten. Für ihre mutigen Predigten wurden diese Pfarrer von der Gestapo verhaftet und wie ihre Glaubensbrüder von der „Bekennenden Kirche" ohne Urteil in Konzentrationslager verschleppt.

3 *Überlegt, welche Gefahren einem Widerstandskämpfer drohten.*

4 *Diskutiert, welche Handlungen ihr als Widerstand einordnen würdet.*

5 *Erarbeitet mithilfe eines Lexikons die politischen Aufgaben von Willy Brandt, Heinz Kühn, Wilhelm Pieck und Erich Honecker.*

6 *Recherchiert im Internet über das Leben und Wirken des sorbischen Priesters Alois Andritzki.*

Gefangene im Konzentrationslager Oranienburg bei Berlin. Foto, 1933.

Jugend im Nationalsozialismus

1 **Organisatorischer Aufbau des Lebensweges der Jugend im System des NS-Staates in einer Grafik.**

2 **Veranstaltung des BDM vor dem Saarbrücker Theater.** Foto.

„Der deutsche Luftsport ruft dich!" Mit Attraktionen wie dieser sollten Jugendliche für die Hitlerjugend begeistert werden.

Pimpf*:
Die Angehörigen der jüngsten Jugendgruppe der Nationalsozialisten wurden Pimpfe genannt.

Plakat, 1935.

Pimpfe* und Hitlerjungen

1 *Beschreibt mithilfe der Grafik 1 den Lebensweg eines Mädchen oder Jungen.*

Die ▶ Hitlerjugend zog in den ersten Jahren der nationalsozialistischen Herrschaft viele Jugendliche an. Ihre Freizeitangebote und der Gemeinschaftsgeist waren für Mädchen und Jungen gleichermaßen verlockend. Auch in der Schule hatte man als Mitglied Vorteile. An zwei Tagen gab es keine Hausaufgaben. Die Führer der Hitlerjugend waren Jugendliche, die als 14- bis 16-Jährige sogar Lehrkräften in Dingen der Hitlerjugend Befehle erteilen durften.

1933 umfasste die Hitlerjugend etwa 3 Millionen Jugendliche, 1939 waren es bereits etwa 12 Millionen.

▶ Bund Deutscher Mädel (BDM)

Alle Mädchen gehörten nach ihrer Jungmädelzeit zum Bund Deutscher Mädel (BDM). Während der BDM-Zeit sollte in den jungen Mädchen der „Wille zu einer gesunden, dem Volke wertvollen Ehe" geweckt werden. Der Alltag sah aber oft anders aus. Ein ehemaliges BDM-Mädel erinnerte sich 1963 an die Heimabende:

Q1 ... Die Zeit wurde mit dem Einkassieren der Beiträge, mit dem Führen unzähliger Listen und dem Einpauken von Liedertexten totgeschlagen. ... Aussprachen über politische Texte – etwa aus „Mein Kampf" – endeten schnell im allgemeinen Verstummen.

Der BDM organisierte das „Pflichtjahr" (vgl. S. 125), aber auch Wochenendfahrten mit Wanderungen, Lagerfeuern und Übernachtungen in der Jugendherberge. Unter dem Motto „Straff, aber nicht stramm – herb, aber nicht derb" wurde viel Sport getrieben.

2 *Stellt Vermutungen an über die Einstellung der Mädchen und Jungen zu diesen Veranstaltungen. Betrachtet dazu Abbildung 2 und die Randspalte.*

Hitlerjugend und BDM

„Auch du gehörst dem Führer!" BDM-Plakat, 1936.

3 **„Tag der Wehrmacht" am 19. März 1939. Kinder nehmen an Schießübungen in einer Maschinengewehrstellung teil.** Foto, 1939.

5 **Wehrmachtschulung: Hitlerjungen beim „Kriegsspiel" unter Aufsicht von Jungoffizieren.** Foto, um 1940.

4 **Hitlerjungen üben den Brandeinsatz im Gaskrieg.** Foto, um 1943.

6 **Von US-Soldaten gefangen genommener Hitlerjunge in Wehrmachtsuniform. Der 14-Jährige weint vor Angst und Erschöpfung.** Foto, 1945.

Vom Jungvolk zur Wehrmacht

Der Lebensweg der Kinder und Jugendlichen im Dritten Reich war durch die verschiedenen Organisationen von Jungvolk und Jungmädchen bis Wehr- und Arbeitsdienst klar vorgezeichnet, wie Abbildung 1 zu entnehmen ist. Besonders die Jungen wurden von Beginn an gezielt auf ihren späteren Einsatz als Soldaten vorbereitet.

3 *Welche Gedanken und Gefühle bewegen euch beim Betrachten der Abbildungen 3–6?*

4 *Erstellt anhand der Abbildungen und der Texte eine Übersicht darüber, was ihr bei der Hitlerjugend vermutlich gut oder schlecht gefunden hättet.*

Jugend im Nationalsozialismus

Der nationalsozialistische Führerkult als Ersatzreligion. Zum Erntedankfest wurde das Bild Hitlers geschmückt. Foto.

1 **Nationalsozialistischer Morgenappell in einer Schule.** Foto, 1938.

Hitlergruß*:
Die offizielle Grußgeste der Nationalsozialisten war der ausgestreckt erhobene rechte Arm. – Der Berliner Kabarettist Werner Fink bezeichnete dies beziehungsreich als „aufgehobene Rechte". Für diese und andere Pointen kam er für mehrere Monate ins KZ.

humanistisch:
Humanismus ist das auf das Bildungsideal der Antike gegründete Denken und Handeln mit dem moralischen Gebot der Menschlichkeit.

Schule im Nationalsozialismus

In einer Dokumentation von 1982 über den NS-Schulalltag wird berichtet:

M1 … Jeder Lehrer musste mit dem Hitlergruß* vor die Klasse treten und diese antwortete mit einem lauten „Heil Hitler!". … In vielen Schulen herrschte Kasernenton.

Etwa ein Viertel der Lehrkräfte war nach 1933 der NSDAP beigetreten. Dieser Anteil stieg später noch stark an. Ob das NS-Gedankengut den Unterricht bestimmte, hing stark vom Verhalten der einzelnen Lehrkräfte ab. Die Lehrpläne änderten sich aber nur langsam. Drei Fächer waren von den Veränderungen besonders betroffen: Geschichte, Biologie und Deutsch. Zusätzlich wurde in den Gymnasien das Fach „Rassenkunde" eingeführt. In Geschichte und Biologie sollte der nationalsozialistische Rassengedanke stark betont werden. Geschichte sollte die Schülerinnen und Schüler im Sinne der NS-Ideologie beeinflussen. Sie sollten die Welt als ständigen Kampf um das Überleben betrachten und andere Völker vornehmlich als Gegner.
Die nationalsozialistischen Erziehungsziele formulierte der sächsische Sportkommissar Schmidt in einer Rede im Mitteldeutschen Rundfunk am 18. Mai 1933 sehr deutlich:

Q1 Stähle deinen Körper und du dienst dem Vaterlande! Haupteigenschaften eines gesunden Volkes sind Nationalbewusstsein, Selbstdisziplin, Kameradschaftsgefühle, Mut und Entschlossenheit! Über alles der Dienst am Vaterlande! Vorbedingung dafür ist die Gleichheit in der geistigen Einstellung!

1 *Formuliert selbst Wünsche und Erziehungsziele, die ihr für wichtig haltet, und vergleicht sie mit den Zielen, die in Q1 formuliert sind.*

Werbung um Kriegsfreiwillige

Der Schriftsteller Ludwig Harig erinnerte sich 1987 an seine Schule, in der die Nationalsozialisten besonders ausgewählte Jungen erzogen:

M2 … Es kamen [nach 1941] Ritterkreuzträger und erzählten von ihren Heldentaten, es kamen Jugendoffiziere und warben Kriegsfreiwillige; wir meldeten uns alle. … Aus dem Munde der Ritterkreuzträger hörten wir die Wörter Mut, Risiko, Disziplin, aus dem Munde der Jugendoffiziere die Wörter Ehre, Treue, Vaterland. … Wir waren berauscht,

wir waren blind. Das Nazipathos* blähte meine Backen, ich krähte die Parolen lauthals in alle Winde.

2 *Versucht zu erklären, warum sich die Jungen freiwillig zum Kriegsdienst meldeten.*

Vom Ehrgeiz gepackt

Ein ehemaliger Hitlerjugendführer erinnerte sich 1975:

M3 ... Wenn andere von der Pimpfenzeit schwärmen (als sei das Ganze nur ein Pfadfinderklub mit anderem Vorzeichen gewesen), so kann ich diese Begeisterung nicht teilen. Ich habe beklemmende Erinnerungen. In unserem Fähnlein bestanden die Jungvolkstunden fast nur aus „Ordnungsdienst", das heißt aus sturem militärischem Drill. Auch wenn Sport oder Schießen oder Singen auf dem Plan stand, gab es erst immer „Ordnungsdienst": endloses Exerzieren mit „Stillgestanden", „Rührt euch", „Links um", „Rechts um", „Ganze Abteilung – kehrt" – Kommandos, die ich noch heute im Schlaf beherrsche. Zwölfjährige Hordenführer brüllten zehnjährige Pimpfe zusammen und jagten sie kreuz und quer über die Schulhöfe, Wiesen und Sturzäcker. Die kleinsten Aufsässigkeiten, die harmlosesten Mängel an der Uniform, die geringste Verspätung wurden sogleich mit Strafexerzieren geahndet – ohnmächtige Unterführer ließen ihre Wut an uns aus. Aber die Schikane hatte Methode: Uns wurden von Kindesbeinen an Härte und blinder Gehorsam eingedrillt. ... Wir alle waren vom Ehrgeiz gepackt, wollten durch vorbildliche Disziplin, durch Härte im Nehmen, durch zackiges Auftreten den Unterführern imponieren. Denn wer tüchtig war, wurde befördert, durfte sich mit Schnüren und Litzen* schmücken, durfte selber kommandieren. ... Mit dreizehn hatte ich es geschafft: Ich wurde „Jungzugführer" in einem Dörflein, wo es nur zwölf Pimpfe gab. Beim Sport und beim Geländespiel vertrugen wir uns prächtig, und wenn ich zum Dienstschluss mein „dreifaches Sieg Heil auf unseren geliebten Führer Adolf Hitler" ausrief, strahlten die Augen „meiner Kameraden". Doch der befohlene „Ordnungsdienst" langweilte sie. Eines Tages muckten sie auf. Nun war die Reihe an mir zu treten. Nach Dienstschluss um sechs Uhr abends knöpfte ich mir ... die drei ärgsten „Rabauken" vor und „schliff sie nach Strich und Faden": „Hinlegen – auf", „An die Mauer – marsch – marsch", „Zurück – marsch – marsch", „Tiefflieger von links", „von rechts", „von links", „zehn Liegestütze", „fünfzehn Liegestütze", „zwanzig" – so in immer schnellerem Wechseln. Ich brauchte nur zu brüllen, den Daumen auf und ab zu bewegen und die Liegestütze zu zählen. ... Die armen Kerle stöhnten, schwitzten, schnappten nach Luft – aber sie gehorchten. Ihr (Eigen-)Wille war gebrochen.

2 **Ein Hitlerjugendführer inspiziert das „Jungvolk".** Foto, um 1938.

3 *Lest M3 noch einmal aufmerksam durch. Notiert die Stellen, in denen der Erzähler über seine Rolle damals berichtet. Vermutet, wie er sich dabei gefühlt hat.*

4 *Könnt ihr das Berichtete nachvollziehen? Begründet eure Entscheidung.*

Nazipathos* *(griech. pathos = Ergriffenheit, Leidenschaft): Die Inszenierungen von Nazikundgebungen und Ähnlichem zielten darauf ab, die Teilnehmer in Begeisterung zu versetzen und ihnen pathetisch die „Größe" und „Schicksalhaftigkeit" des Moments einzuprägen.*

Tipp:
*Das Buch „Ich war Hitlerjunge Salomon" (1989) ist eine Autobiografie des Juden Sally Perel, der in seinen Jugendjahren der Verfolgung durch die Nationalsozialisten entkam, indem er sich als „Volksdeutscher" und damit der „arischen" Rasse zugehörig ausgab. Sally Perel (*1925) kann unter www.lanskmehr.de als Zeitzeuge in Schulen eingeladen werden.*

Litze*:
hier: ein farbiges Rangabzeichen

Frauen im Nationalsozialismus

1 **Feierliche Verleihung des Mutterkreuzes.** Foto, 1942.

Als im Zuge des Krieges immer mehr Männer zur Front abgezogen wurden, mussten Frauen auch verstärkt körperlich belastendere Arbeiten übernehmen. Plakat, 1943.

Zurück in Küche und Kammer

Frauenemanzipation, Gleichberechtigung sowie Selbstständigkeit gegenüber dem Mann – dies alles wurde von den Nationalsozialisten entschieden abgelehnt. Nach ihrer Meinung wurden in der Frauenbewegung Frauen gegen Männer aufgehetzt und von ihrer „naturgegebenen Bestimmung" abgehalten. Hitler sagte 1934 vor dem Reichsparteitag:

Q1 … Wenn man sagt, die Welt des Mannes ist der Staat, die Welt des Mannes ist sein Ringen, die Einsatzbereitschaft für die Gemeinschaft, so könnte man vielleicht sagen, dass die Welt der Frau eine kleinere sei. Denn ihre Welt ist der Mann, ihre Familie, ihre Kinder und ihr Haus.

Mindestens vier Kinder sollte jede Frau gebären. Die Abtreibung galt als „Verbrechen an der Volksgemeinschaft". Sie wurde schwer bestraft. Nur Frauen jüdischen Glaubens durften ab 1938 straffrei abtreiben.
Gezielte Propaganda und verschiedene Aktionen erinnerten die Frauen an ihre wichtigste staatsbürgerliche Aufgabe.
Am 24. Dezember 1938 berichtete der „Völkische Beobachter":

Q2 … Die deutsche kinderreiche Mutter soll den gleichen Ehrenplatz in der deutschen Volksgemeinschaft erhalten wie der Frontsoldat, denn ihr Einsatz für Leib und Leben, für Volk und Vaterland war der gleiche wie der des Frontsoldaten im Donner der Schlachten.

Für kinderreiche Mütter wurde 1939 ein „Ehrenzeichen" geschaffen, das Mutterkreuz. Am Muttertag 1939 verlieh der Staat 3 Millionen Frauen für Kinderreichtum feierlich dieses neue Ehrenzeichen. Auch finanziell wurde kinderreichen Familien mit Kindergeld und Steuerfreibeträgen geholfen.

1 *Stellt mithilfe von Q1–Q3 fest, welche Rolle der Frau im Nationalsozialismus zukam.*

2 *Vermutet, warum jüdischen Frauen Abtreibung „erlaubt" wurde.*

3 *Vermutet, warum den Nationalsozialisten eine möglichst große Kinderzahl so wichtig war.*

4 *Erkundigt euch, ob und welche Hilfen es heute für kinderreiche Familien gibt.*

Förderung von Eheschließungen

Mit einem groß angelegten Programm förderten die Nationalsozialisten Eheschließungen. Seit Juni 1933 konnten Hochzeitspaare ein großzügiges Ehestandsdarlehen erhalten. Der zurückzuzahlende Betrag verminderte sich mit der Zahl der Kinder. Nach vier Geburten galt er als „abgekindert". Das

Frauen im Nationalsozialismus

2 **Begeisterte Frauen jubeln Hitler zu.** Foto, März 1938.

3 **Das „Heer der Mütter“.** Foto, um 1939.

Geld erhielten nur gesunde „arische“ Paare, deren politische Einstellung stimmte. Mit dem Darlehen wurde ein weiteres Ziel verfolgt:

Q3 ... Voraussetzung für die Bewilligung des Ehestandsdarlehens ist:
a) dass die künftige Ehefrau mindestens sechs Monate lang ... in einem Arbeitnehmerverhältnis gestanden hat;
b) ... dass die künftige Ehefrau ihre Tätigkeit als Arbeitnehmerin spätestens zum Zeitpunkt der Eheschließung aufgibt oder ... bereits aufgegeben hat.

Die von den heiratswilligen Frauen geräumten Arbeitsplätze wurden meistens mit Männern wieder besetzt. Die Nationalsozialisten sahen in der Berufstätigkeit von Frauen nur eine Ersatzbeschäftigung für Nichtverheiratete. Frauen sollten – wenn überhaupt – nur in solchen Bereichen arbeiten, die angeblich ihrer weiblichen Wesensart entsprachen, zum Beispiel als Krankenschwester, Hausgehilfin, Fürsorgerin. Aus leitenden Positionen wurden Frauen entlassen. Verheiratete Frauen sollten gar nicht berufstätig sein.

5 *Zählt die Bedingungen für ein Ehestandsdarlehen auf.*

6 *Gebt die Einstellung der Nationalsozialisten zur Berufstätigkeit von Frauen mit euren Worten wieder. Sagt eure Meinung dazu.*

Erziehung zur Ehe

Für Mädchen waren Hauswirtschaft, Handarbeiten, Säuglingspflege und Rassenbiologie verpflichtende Unterrichtsfächer. Vor der Zulassung zur Oberstufe der höheren Schulen mussten Mädchen eine hauswirtschaftliche Prüfung ablegen. Sie mussten beweisen, dass sie trotz Abitur ihre eigentliche Aufgabe als Hausfrau und Mutter erfüllen würden. Auch das Studium der Mädchen wurde beschränkt. Nur 10 Prozent der jährlich zugelassenen Studienanfänger durften Frauen sein. Mädchen bekamen frühestens ein Jahr nach der Schulentlassung eine Lehrstelle. Vorher mussten sie hauswirtschaftlich arbeiten. 1938 wurde das Pflichtjahr* eingeführt: Alle ledigen Frauen unter 25 Jahren, die in bestimmten Berufen arbeiten wollten, mussten vorher ein Jahr in der Haus- oder Landwirtschaft tätig sein.

7 *Benennt die Inhalte der Mädchenerziehung.*

6 *Entwerft eine Antwort aus heutiger Sicht auf den nebenstehenden Aufruf zum Pflichtjahr.*

9 *Bewertet zusammenfassend die Rolle der Frau im Nationalsozialismus.*

*Für das **Pflichtjahr*** wurde 1934 in einer Propagandabroschüre unter anderem mit folgendem Schüttelreim geworben:
„Dem deutschen Mädel!
Pack Kochtopf, Schaufel, Besen an, du bekommst viel eher einen Mann!
Erkenne deinen natürlichen Beruf – handele danach.
Stelle nicht äußere Annehmlichkeiten in der Fabrik- und Büroarbeit höher als die Vorbereitung auf deinen späteren Hausfrauenberuf. So bleibst du auch gesünder, frischer und schöner ...“*

„Minderwertiges Leben"

Gertrud B. Foto.

verbrämen*:
verschleiern, ausschmücken

Arier*:
Die Verfechter des Antisemitismus seit dem 19. Jahrhundert bezeichnen die Germanen und besonders die Deutschen als Arier. Diese wurden in der NS-Zeit als „Herrenrasse" der angeblich minderwertigen jüdischen Rasse gegenübergestellt.

Epilepsie*:
immer wiederkehrende Krampfanfälle, die den ganzen Körper oder einzelne Körperteile betreffen.

Zwangssterilisation

Eine Frau erinnert sich an ihre Schwägerin Gertrud. Gertrud B. wurde nach der Verhaftung ihres Mannes durch die Gestapo 1942 psychisch krank. Sie wurde in eine Nervenheilanstalt abtransportiert. Die Frau schreibt:

Q1 …Du bist nun in der Hölle, Gertrud. Die Mittel deiner Peiniger sind Tabletten, Spritzen, Schläge. … Sie wenden Gewalt an, wenn du nicht gehorsam bist. Du bist nervenkrank, es wird dir immer wieder gesagt. Mit diesem Satz verbrämen* die Ärzte und Schwestern die willkürliche Verabreichung von Mitteln, die sie an dir ausprobieren. Doch dein Gesundheitszustand ist unwichtig, wenn es darum geht, dich zur Arbeit zu treiben. … Die Ärzte haben dir etwas genommen, was unwiederbringlich verloren ist, die Möglichkeit ein Kind zu bekommen. Du bist unfruchtbar gemacht worden. Ohne dir vorher davon etwas zu sagen, ohne dein Einverständnis. Während unzählige Frauen für ihre Gebärfreudigkeit mit dem Mutterkreuz belohnt werden, nimmt man dir wegen deiner zeitweiligen Depressionen das Recht auf ein Kind. …

1 *Erläutert mit Q1, warum Gertrud B. gequält und unfruchtbar gemacht wurde.*

Am 1. Januar 1934 war das „Gesetz zur Verhütung erbkranken Nachwuchses" in Kraft getreten. Dadurch konnten Frauen und Männer, die an Taub- und Blindheit, Epilepsie*, Schwachsinn, Alkoholismus und angeborenen körperlichen Missbildungen litten, unfruchtbar gemacht werden.

Q2 … Hat das Gericht die Unfruchtbarmachung endgültig beschlossen, so ist sie auch gegen den Willen des Unfruchtbarzumachenden auszuführen. … Soweit andere Maßnahmen nicht ausreichen, ist die Anwendung unmittelbaren Zwanges zulässig.

2 *Sagt eure Meinung zu diesem Gesetz.*

Zwischen 1934 und 1945 wurden etwa 180 000 Frauen und Männer nach diesem Gesetz sterilisiert. Bei den meisten geschah es zwangsweise. Opfer der ▶ zwangsweisen Sterilisation wurden auch viele Frauen, die während des Krieges aus den überfallenen Ländern zur Zwangsarbeit nach Deutschland verschleppt wurden.

Q3 Uns liegt daran, dass die fremdvölkischen Arbeiterinnen, insbesondere die Ostarbeiterinnen, ihre Schwangerschaft unterbrechen. Dadurch sind wir von der Sorge um diese Kinder befreit und es bleibt uns die Arbeitskraft der Frau voll erhalten. … War der Vater ein deutscher Arier* und trat trotz der schweren Arbeit der werdenden Mutter keine Fehlgeburt ein, wurden die Kinder ihren Müttern sofort nach der Geburt weggenommen. Die als rassisch brauchbar begutachteten Kinder sollten in Heimen „germanisiert" und zur Adoption freigegeben werden.

Andere Säuglinge kamen in Kindersammelstellen:

Q4 Am 11. August 1943 teilte ein SS-Gruppenführer … mit, er habe das Säuglingsheim für Ostarbeiterkinder … in Augenschein genommen und festgestellt, dass sämtliche Kinder bei der vorgeschriebenen Ernährung innerhalb der nächsten Monate unweigerlich an Unterernährung zugrunde gehen würden. Diese Lage sei darauf zurückzuführen, dass noch Meinungsverschiedenheiten bestünden, ob die Kinder als Arbeitskräfte aufgezogen oder beseitigt werden sollten.

Eine Historikerin schrieb 1986:

M1 Angesprochen waren … nur deutsche, arische, gesunde und politisch unauffällige Mütter; Frauen, die diesen Anforderungen nicht genügten, wurden in Hitlers Frauenparadies öffentlich gedemütigt, gefoltert, in Konzentrationslager verschleppt, ermordet.

3 *Äußert eure Gedanken und Gefühle zu Q1–Q4.*

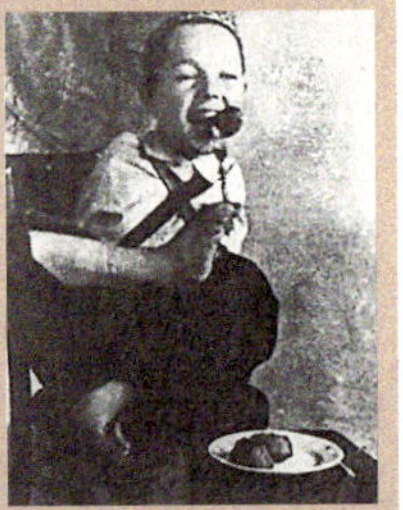

▶ Euthanasie*:
Sterbehilfe, in der NS-Zeit die Tötung von geistig behinderten Menschen.

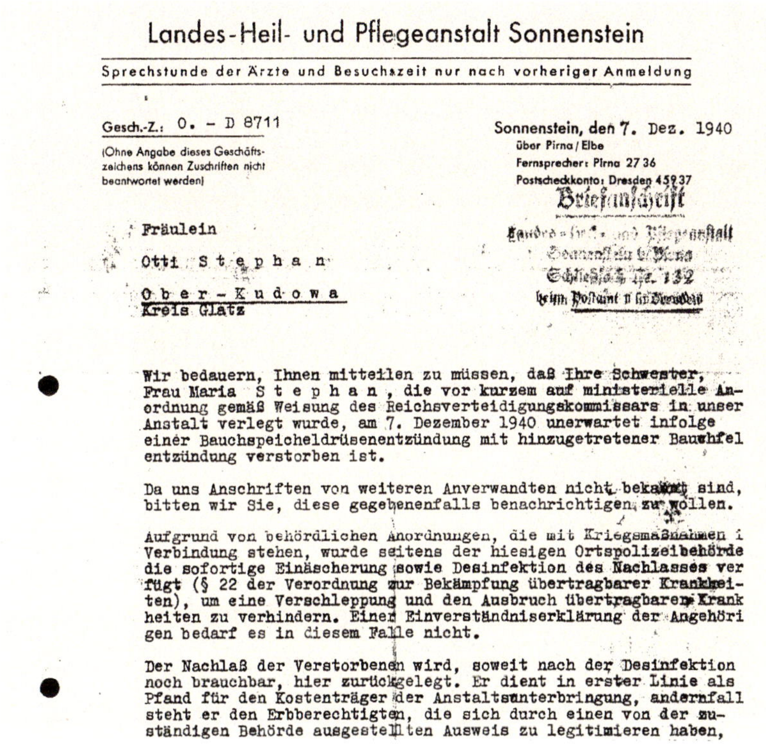

Landes-Heil- und Pflegeanstalt Sonnenstein

Sprechstunde der Ärzte und Besuchszeit nur nach vorheriger Anmeldung

Gesch.-Z.: O. - D 8711
(Ohne Angabe dieses Geschäftszeichens können Zuschriften nicht beantwortet werden)

Sonnenstein, den 7. Dez. 1940
über Pirna / Elbe
Fernsprecher: Pirna 27 36
Postscheckkonto: Dresden 45937

Briefanschrift
[illegible]

Fräulein
Otti S t e p h a n
O b e r - K u d o w a
Kreis Glatz

Wir bedauern, Ihnen mitteilen zu müssen, daß Ihre Schwester, Frau Maria S t e p h a n , die vor kurzem auf ministerielle Anordnung gemäß Weisung des Reichsverteidigungskommissars in unser Anstalt verlegt wurde, am 7. Dezember 1940 unerwartet infolge einer Bauchspeicheldrüsenentzündung mit hinzugetretener Bauchfelentzündung verstorben ist.

Da uns Anschriften von weiteren Anverwandten nicht bekannt sind, bitten wir Sie, diese gegebenenfalls benachrichtigen zu wollen.

Aufgrund von behördlichen Anordnungen, die mit Kriegsmaßnahmen i Verbindung stehen, wurde seitens der hiesigen Ortspolizeibehörde die sofortige Einäscherung sowie Desinfektion des Nachlasses verfügt (§ 22 der Verordnung zur Bekämpfung übertragbarer Krankheiten), um eine Verschleppung und den Ausbruch übertragbarer Krankheiten zu verhindern. Einer Einverständniserklärung der Angehörigen bedarf es in diesem Falle nicht.

Der Nachlaß der Verstorbenen wird, soweit nach der Desinfektion noch brauchbar, hier zurückgelegt. Er dient in erster Linie als Pfand für den Kostenträger der Anstaltsunterbringung, andernfall steht er den Erbberechtigten, die sich durch einen von der zuständigen Behörde ausgestellten Ausweis zu legitimieren haben,

1 **Schreiben der Landes-Heil- und Pflegeanstalt Pirna-Sonnenstein, 7. 12. 1940** (Auszug).

„Minderwertiges Leben"

Lange bevor die Nationalsozialisten 1934 das „Gesetz zur Verhütung erbkranken Lebens" erließen, hatte es eine Diskussion um Fragen der Erbgesundheitslehre und der „Rassenhygiene" gegeben. Dabei ging es um die Frage, ob unheilbar geistig Kranke sich fortpflanzen durften oder ob sie sterilisiert werden sollten. Unter den Nationalsozialisten setzte nun eine außerordentliche Radikalisierung dieses Denkens ein, das nun mit Rassengedanken vermischt wurde und sich jetzt sowohl gegen die Juden wie auch gegen die so genannten Unerwünschten richtete. Die NS-Propaganda brachte dies auf die Formel: „Volk ist nicht gleich Volk, Mensch ist nicht gleich Mensch." Auf der Grundlage des Gesetzes von 1934 konnten „rassisch Unerwünschte", denen Erbkrankheiten wie etwa „angeborener Schwachsinn", „erbliche Blindheit" oder „schwerer erblicher Alkoholismus" bescheinigt worden waren, von einem Erbgesundheitsgericht zur Sterilisation verurteilt werden.
Nach dem Beginn des Zweiten Weltkrieges (1939) radikalisierten die Nationalsozialisten ihre Politik: bis 1945 wurden ca. 250 000 chronisch psychisch Kranke, geistig Behinderte und Bewohner von Alten- und Pflegeheimen systematisch ermordet. Ein Schwerpunkt dieser „Euthanasie-Aktion", von den Nationalsozialisten „Aktion T 4" genannt, lag in Sachsen.

Pirna-Sonnenstein

Die Heil-und Pflegeanstalt Pirna-Sonnenstein, im 19. Jahrhundert gegründet, wurde 1939 geschlossen und 1940 zu einer Tötungsanstalt für psychisch Kranke, geistig Behinderte und Bewohner von Alten- und Pflegeheimen und KZ-Häftlinge umgebaut. Etwa 15 000 Menschen wurden innerhalb von zwei Jahren hier mit Hilfe von Gas getötet, wobei die Leitung der Tötungen in den Händen von Ärzten lag. Die Kranken wurden aus den Krankenhäusern und Heimen der Umgebung in Bussen nach Pirna-Sonnenstein gebracht. Unter dem Vorwand, sie müssten duschen, wurden sie noch am selben Tag in die im Keller errichtete Gaskammer geführt. Anschließend fand die Verbrennung der Leichen statt. Riesige schwarze Rauchsäulen stiegen aus den Kaminen des Krematoriums auf. Den Angehörigen der Getöteten wurden verlogene Briefe über den plötzlichen Tod der Menschen zugestellt, Eintragungen in die Sterbeurkunden wurden gefälscht. Im August 1941 wurde die Aktion eingestellt und alle Spuren des Verbrechens getilgt. Trotz der Rauchsäulen und des Geruchs von verbrannten Leichen wollen viele Bewohner Pirnas nichts von dem Massenmord bemerkt haben.
Erst 1989 wurde erstmals der Euthanasieopfer gedacht, der Aufbau einer Gedenkstätte ist geplant.

1 *Sucht in der Schulbibliothek, in der Stadtbücherei oder im Internet Berichte und Darstellungen über die Tötung kranker Menschen in der Zeit des Nationalsozialismus (Suchwörter: Euthanasie, Hadamar, Pirna-Sonnenstein).*

2 *Berichtet, wie wir heute mit Behinderten umgehen.*

Die Judenverfolgung

Lesetipp:
Victor Klemperer: Das Tagebuch 1933–1945. Eine Auswahl für junge Leser. Mit Anregungen für den Unterricht. Bearbeitet von Harald Roth. Aufbau Taschenbuch, Berlin 1997.

1 **Aufruf zum Boykott jüdischer Geschäfte in Essen.** Foto vom 1. April 1933.

Aus Verleumdung wird Verfolgung

Die Verfolgung der jüdischen Bürger durch die Nationalsozialisten begann sofort nach der Machtübertragung an Hitler. In seinem Buch „Mein Kampf" hatte er die Juden zum Haupt- und Todfeind des deutschen Volkes erklärt.

Auftakt zur systematischen Verfolgung der Juden in Deutschland war im April 1933 der „Judenboykott". Dieser richtete sich gegen jüdische Geschäfte, Ärzte und Rechtsanwälte. Am 1. April 1933 zogen in ganz Deutschland SA-Wachen vor jüdischen Geschäften auf und hinderten die Bevölkerung am Betreten dieser Geschäfte. Diese Aktionen taten viele Menschen als einen vorübergehenden Spuk ab. Auch die Entlassung von jüdischen Mitbürgern aus öffentlichen Ämtern (als Beamte, als Hochschullehrer) oder Berufsverbote für Juden (z. B. als Redakteure von Zeitungen), stießen kaum auf Widerstand.

1. April 1933:
Der „Judenboykott" ist der Auftakt zur systematischen Judenverfolgung in Deutschland.

In fast allen Orten Sachsens kam es zum Boykott jüdischer Geschäfte. Jüdische Kinos und Theater sollten nicht besucht werden. Verlage und Betriebe von jüdischen Eigentümern erhielten kaum Aufträge. Deutsche Bürger wurden aufgefordert, sich nicht von Juden unterrichten, behandeln und rechtlich vertreten zu lassen.

Es zeigte sich aber schnell, dass sich dieses Vorgehen negativ auf die deutsche Gesamtwirtschaft auswirkte, und so stellten die Nazis ihren „Judenboykott" vorerst ein.

Die ständig steigenden Beschimpfungen und Verfolgungen der Juden im täglichen Leben veranlassten bis 1938 über 220 000 jüdische Bürger, aus Deutschland auszuwandern. Ihnen folgten bis 1941 mehr oder minder unfreiwillig weitere 100 000.

1 *Überlegt, was die Nazis mit dem Boykott erreichen wollten?*

2 *Notiert Gründe, warum viele Juden trotz der Verfolgung nicht auswanderten.*

Der damals 16-jährige Gerhard Moss aus Hamburg berichtete 1978:

M1 … Bis … 1936 etwa ließ ich als echter HSV-Anhänger kein Fußballspiel … aus. Bis dann Juden der Besuch von Fußballspielen verboten wurde! – Ich erinnere mich an einen Sonntagnachmittag. Wir fuhren zum Café Randel in Wellingsbüttel, um wie so oft zuvor …, dort Kaffee zu trinken. Aber wir mussten dieses Mal wieder umkehren, denn am Eingang hing ein großes Schild: „Juden ist der Zutritt verboten!". Wir fanden auch kein anderes Lokal mehr. Überall hingen solche Schilder. Einmal fuhren wir im Sommer an die Ostsee. Da waren Transparente über die Straße gespannt: „Hier scheint den Juden die Sonne nicht." …

3 *Überlegt, wie es euch an Stelle des 16-jährigen Gerhard Moss wohl zumute gewesen wäre.*

Die Juden werden zu Sündenböcken gemacht

Die von den Nationalsozialisten verbreiteten Vorurteile gegenüber den Juden wurden von vielen Deutschen geteilt oder hingenommen. Diese Vorurteile waren seit der Mitte des 19. Jahrhunderts in Deutschland immer wieder aufgekommen. Sie entstanden unter anderem aus Neid über den Erfolg von Juden im

Die Nürnberger Gesetze

Handel und Bankgewerbe. Auch die herausragende Stellung jüdischer Gelehrter an den Universitäten erweckte Neid und Missgunst. Dabei übersahen viele Menschen, dass die Mehrzahl der Juden ebenso in einfachen Verhältnissen lebte wie die übrigen Deutschen. Die deutschen Juden waren mit 526 000 Personen eine Minderheit von 0,8 % der deutschen Bevölkerung. Mit hasserfüllter Propaganda gelang es den Nationalsozialisten, die Juden zu Sündenböcken zu machen. Nur noch wenige Menschen setzten sich für sie ein.

▶ Die Nürnberger Gesetze

Eine neue Stufe der Demütigung und Verfolgung setzte 1935 mit dem Erlass der „Nürnberger Gesetze" ein. Sie waren die Grundlage der weiteren Verfolgung der Juden in Deutschland. Darin heißt es auszugsweise:

Q1 Reichsbürgergesetz

- Reichsbürger ist nur der Staatsangehörige deutschen und artverwandten Blutes, der durch sein Verhalten beweist, dass er gewillt und geeignet ist, in Treue dem Deutschen Reich und Volk zu dienen.
- Nur der Reichsbürger kann als Träger der vollen politischen Rechte das Stimmrecht in politischen Angelegenheiten ausüben und ein öffentliches Amt bekleiden.
- Ein Jude kann nicht Reichsbürger sein. Ihm steht ein Stimmrecht in politischen Angelegenheiten nicht zu; er kann ein öffentliches Amt nicht bekleiden.

Q2 Gesetz zum Schutz des deutschen Blutes und der deutschen Ehre

- Eheschließungen zwischen Juden und Staatsangehörigen deutschen und artverwandten Blutes sind verboten. Trotzdem geschlossene Ehen sind nichtig …
- Juden dürfen weibliche Staatsangehörige deutschen oder artverwandten Blutes unter 45 Jahren nicht in ihrem Haushalt beschäftigen.

Nun waren die Bürger jüdischen Glaubens auch juristisch aus der „Volksgemeinschaft" ausgeschlossen. Vor jeder Eheschließung oder bei Bewerbungen musste der Nachweis

2 Der jüdische Arzt Dr. Glaser, linker Sozialdemokrat und Stadtverordneter in Chemnitz, wird von SA-Männern gedemütigt. Die Bildaufschrift stammt vom Fotografen. Foto, etwa 1936.

der „arischen Abstammung" erbracht werden. Den Juden wurde es verboten, Bibliotheken, Theater, Kinos und Badeanstalten zu besuchen. Auch Parkanlagen und öffentliche Verkehrsmittel blieben ihnen zunehmend verwehrt. 1935 wurden auf Veranlassung der Gestapo jüdische Kulturschaffende zur Gründung des „Reichsverbands der jüdischen Kulturbünde in Deutschland" gezwungen. Durch die Schaffung dieses Verbandes war es den Nationalsozialisten möglich, die jüdischen Kultur- und Sportvereinigungen noch mehr zu kontrollieren. Ab 1941 mussten alle Juden in der Öffentlichkeit einen gelben Stern tragen.

4 *Bewertet diese Vorgänge in Deutschland.*

15. September 1935: *Verabschiedung der Nürnberger Gesetze.*

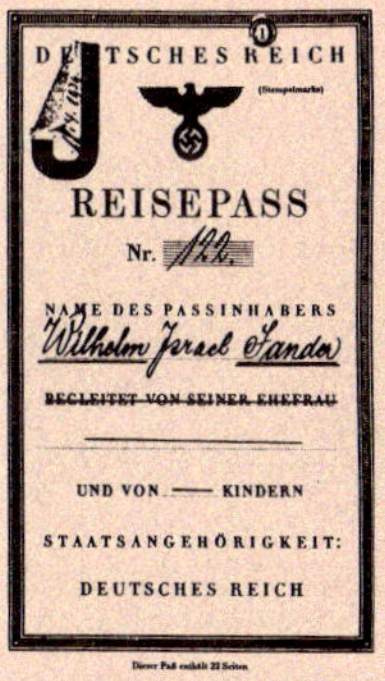

Ausweise jüdischer Bürger 1938.

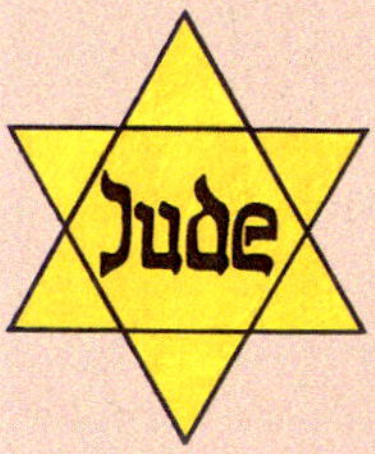

Der so genannte Judenstern.

Antisemitismus in der Schule

1 **Schulunterricht im Zeichen des Hakenkreuzes.** Foto, 1941.

Rabbiner*: *jüdischer Gesetzes- und Religionslehrer, gleichzeitig Bezeichnung für einen jüdischen Geistlichen oder Prediger.*

Hetze und Demütigungen

Die Nationalsozialisten waren besonders daran interessiert, die nachrückenden Generationen in ihrem Sinne zu beeinflussen. Insbesondere in den Schulen sollten die Kinder von Anfang an zu Nationalsozialisten erzogen werden. Dazu gehörte neben der unbedingten Führer- und Parteitreue, neben der frühzeitigen Einübung militärischer Strukturen und dem Befehlsgehorsam auch die Verinnerlichung des Antisemitismus.

Schon Grundschulfibeln zeigten Juden als hässliche, verschlagene und ausbeuterische Gestalten (Abbildung 3). Entsprechende Spottreime und Verleumdungen wurden auswendig gelernt und abgefragt. Die Schüler sollten, was die Juden betraf, von vornherein gar nicht anders sehen und denken lernen als mit Verachtung und Hass.

Dementsprechend wurden auch die jüdischen Schüler selbst behandelt. Viele Lehrkräfte setzten sie zurück und demütigten sie vor versammelter Klasse. Die Frau eines jüdischen Rabbiners* erzählte, was ihre Kinder 1937 in der Schule in Dortmund erlebten:

Q1 … Nun sagte die Lehrerin vor allen anderen Kindern, dass man es einem arischen Mädchen nicht mehr zumuten kann, neben einem Judenkind zu sitzen. Dann hat die Lehrerin meiner Tochter befohlen, sich in die letzte Bankreihe zu setzen und dass keine arische Schülerin in derselben Reihe sitzen darf. Und nun ist sie auch während des Unterrichts von allen isoliert und sitzt dahinten ganz allein.

1 *Beschreibt, auf welche Weise sich der Judenhass der Nationalsozialisten in der Schule ausgewirkt hat.*

2 *Diskutiert darüber, was man unternehmen kann, wenn heute Mitschüler in der Schule juden- oder ausländerfeindliche Meinungen vertreten.*

Antisemitismus in der Schule

2 **Jüdische Schüler werden vor versammelter Klasse gedemütigt. Auf der Tafel steht: „Der Jude ist unser größter Feind. Hütet euch vor den Juden."** Foto, um 1941.

Judenfeindlichkeit im Klassenzimmer
Auch die Mitschüler wurden von verschiedenen Seiten angehalten, Juden in ihrer Klasse auszugrenzen. Wer Freundschaften mit jüdischen Mitschülern pflegte, wurde als „Judenfreund" ebenso bösartig behandelt wie seine jüdischen Freunde. Mit Beginn der Deportation* von Juden verschwanden immer mehr jüdische Kinder. Nicht selten wurde dies an den Schulen von Lehrkräften, Eltern und Schülern sogar ausdrücklich begrüßt.
Der nationalsozialistische Zugriff auf die Erziehung hatte bei vielen Menschen bereits zu einer weitgehenden Gleichgültigkeit gegenüber dem Schicksal der Juden geführt.
Wie stark der Antisemitismus die Schulwirklichkeit aber tatsächlich bestimmte, hing auch von den einzelnen Lehrkräften und den Schülern selbst ab. Einige Lehrkräfte versuchten, in ihrem Unterricht Zeichen gegen den Antisemitismus zu setzen oder ihn doch wenigstens aus dem Klassenzimmer zu verbannen. Und manche Schüler hielten trotz Einschüchterungen und Verleumdungen an Freundschaften zu ihren jüdischen Mitschülern fest.

3 *Betrachtet die Abbildungen 1 und 2. Versucht euch in die gezeigten Situationen hineinzuversetzen. Was bewegt euch dabei?*

4 *Erläutert, welche Folgen die Erziehung von Kindern mit Materialien wie der Abbildung 3 haben musste.*

5 *Benennt das Verhalten vieler Lehrkräfte in der Zeit des Nationalsozialismus und beurteilt ihr Verhalten (Abbildungen 1 und 2, Text).*

6 *Diskutiert, ob es Möglichkeiten gegeben hätte, in der Schule Widerstand zu leisten.*

3 **Antisemitisches Hetzbild aus einem Kinderbuch von 1935. Der Text in altdeutscher Schrift heißt: „Einbahnstraße, Tempo, Tempo. Die Juden sind unser Unglück."**

Deportation*: *gewaltsame und zwangsweise Verschleppung, Verbannung.*

Pogrome und „Endlösung"

► *9./10. November 1938: „Reichskristallnacht":* *Von den Nationalsozialisten inszenierte Pogrome gegen die deutschen Juden. Der Begriff wurde von den Nationalsozialisten geprägt aus Hohn über die zahllosen zerstörten Schaufensterscheiben jüdischer Geschäfte und alle übrigen Glasschäden.*

Pogrom:* *Ausschreitungen und gewaltsame Verfolgung aus religiösen oder in Vorurteilen begründeten Absichten.*

Wannsee-Konferenz:* *Unter der Leitung Reinhard Heydrichs (vgl. S. 157) wurde am Großen Wannsee in Berlin durch Vertreter verschiedener Amtsstellen die konkrete Organisation des Völkermords an den Juden geplant.*

1 **Feuer in einer der Leipziger Synagogen am 10. November 1938.** Foto.

► Pogrome am 9./10. November 1938

Am 7. November 1938 wurde in Paris ein Beamter der deutschen Botschaft erschossen. Der Täter war ein 17-jähriger deutscher Jude, dessen Familie wenige Tage zuvor von den Nationalsozialisten aus Hannover nach Polen ausgewiesen worden war.

Die nationalsozialistische Hetzpropaganda nahm dies zum Anlass, die bis zu diesem Zeitpunkt größten Pogrome* gegen die jüdische Bevölkerung in Deutschland zu organisieren. Am 9. November 1938 brannten in Deutschland 191 Synagogen, darunter auch in Leipzig, Dresden, Bautzen, Görlitz und Plauen. Jüdische Friedhöfe wurden geschändet, jüdische Kaufhäuser, Anwaltbüros und Wohnungen wurden ausgeraubt, verwüstet und die Besitzer deportiert oder ermordet. Allein im Zuge dieser Aktion wurden 30 000 Menschen verschleppt. Das geschah vor aller Augen. Der größte Teil der Bevölkerung stand diesen antisemitischen Ausschreitungen passiv gegenüber. Die Menschen waren eingeschüchtert, denn Aufbegehren war lebensgefährlich.

Am 20. Januar 1942 wurde auf der Wannsee-Konferenz* die ► „Endlösung der Judenfrage" beschlossen. Damit begann die systematische Ausrottung der Juden in Deutschland und in den inzwischen von Deutschland besetzten Gebieten. Täglich gingen Transporte aus allen Teilen Deutschlands in die Vernichtungslager.

Vor ihrer Deportation erhielten alle Juden im Reichsgebiet folgendes Schreiben:

Q1 Es wird Ihnen hiermit eröffnet, dass Sie innerhalb von zwei Stunden Ihre Wohnung zu verlassen haben. Die beauftragten Beamten sind gehalten, bis Sie Ihre Koffer gepackt und Ihre Wohnung ordnungsgemäß hergerichtet haben, bei Ihnen zu bleiben und Sie alsdann zum Sammelplatz zu bringen. Sie werden ersucht die Schlüssel an sämtlichen Behältnissen, Schränken usw. stecken zu lassen, ebenso die inneren Wohnungsschlüssel. Den Haus- und Korridorschlüssel haben Sie mit einem Bändchen und einem daran befestigten Stück Pappe zu versehen und Ihren Namen und Wohnung und Kennnummer darauf zu schreiben. Vor Verlassen der Wohnung ist das Ihnen ausgehändigte Vermögensverzeichnis genauestens ausgefüllt und unterschrieben abzugeben.

Sie haben mitzunehmen:

1. Zahlungsmittel RM 50,–.
2. Rucksack oder Handgepäck mit Wäsche und sonstiges zur einfachen Lebensführung notwendiges Gerät.
3. Vollständige Bekleidung (es können auch zwei Mäntel und doppelte Unterwäsche angezogen werden).
4. Verpflegung für zwei Tage, Löffel, Teller oder Napf, Trinkbecher.
5. Reisepass, Kennkarte, Arbeits- und sonstige Ausweispapiere sowie Lebensmittelkarten, Kartoffel- und Kohlenbezugsscheine. Sie dürfen nicht eingepackt werden, sondern sind von jeder Person bei sich zu führen. Nicht mitgenommen werden dürfen: Wertpapiere, Devisen, Sparkassenbücher usw. sowie Wertsachen jeder Art (Geld, Silber, Platin), ebenfalls kein lebendes Inventar. Der Ehering sowie eine einfache Uhr dürfen mitgenommen werden.

... Außerdem haben Sie sich selbst ein Schild um den Hals zu hängen, auf dem Ihr Name

Die Ermordung der sächsischen Juden

2 Jüdische Kinder in Auschwitz.
Foto, 1945.

Ausrottung der Juden:*
Für die von den Nationalsozialisten systematisch betriebene Ausrottung der Juden wird häufig der Begriff ▶ „Holocaust" verwendet. Im Englischen bezeichnet der Begriff „Holocaust" die vollständige Verbrennung eines Opfers.

und Geburtstag angegeben sind, sowie Kennnummer. ...

1 *Versucht euch in die Lage der Menschen zu versetzen, die diesen Bescheid erhielten! Was mögen sie empfunden haben?*

Terror und Entrechtung
Die etwa 23 000 Juden in Sachsen teilten den Leidensweg der Juden in ganz Deutschland. Die Ausführung der Nürnberger Gesetze begründete furchtbare Einzelschicksale.
Als ein Beispiel von vielen sei die junge Chemnitzerin Ellen Müller genannt.
Das Ehepaar Arthur Müller war christlicher Konfessionszugehörigkeit und hatte eine jüdische Waise adoptiert. Das Mädchen wurde von den Eltern christlich erzogen. Als Ellen zwanzig Jahre alt war, verlobte sie sich mit einem jungen Mann, ebenfalls christlichen Glaubens. Im Zuge der „Nürnberger Gesetze" musste Ellen Müller aber ihre „arische" Verlobung lösen und wurde gezwungen, in das jüdische Mutterhaus zurückzukehren. Obwohl sie einen Bruder in der Schweiz hatte, wurde ihr die Ausreise dorthin verwehrt. Im Jahre 1941 wurde Ellen Müller mit vielen anderen Chemnitzer Juden nach Polen deportiert. Sie wurde im Konzentrationslager Auschwitz umgebracht.

Über das Schicksal der Kinder der Jüdischen Schule Dresden berichtet ein Historiker:

M1 Die letzten jüdischen Schüler traten Anfang 1943 die Reise in den Tod an. Sie führte nach Riga, wo sogleich alle Kinder unter zehn Jahren herausgesucht und auf dem sogenannten „Blechplatz" erschossen wurden, da sie zur Arbeit untauglich waren. Die Arbeit der älteren Kinder bestand darin, alles einigermaßen verwendbare Kriegsmaterial von den Resten der Toten zu säubern. (Aus den Schuhen mussten z. B. die abgeschossenen Füße entfernt werden.) Die Ernährung war so schlecht, dass buchstäblich eines der Kinder nach dem anderen starb. Nur wenige konnten später in das Vernichtungslager Auschwitz überführt werden. Dort wurden sie in einer Kammer vergast und die Leichen im Krematorium verbrannt. Als die Rote Armee in Auschwitz eintraf, lebten von den jüdischen Schulkindern Dresdens nur noch zwei oder drei.

Nach dem 9. November 1938 wurden aus Chemnitz 171, aus Dresden 151 und aus Leipzig 270 Personen allein in das KZ Buchenwald eingeliefert.

2 *Erkundigt euch über ähnliche Vorgänge in eurem Heimatort. Gab es hier Juden? Was ist mit ihnen geschehen?*

3 *Versucht Menschen aus eurem Heimatort zu befragen, die die Zeit des Nationalsozialismus miterlebt haben. Präsentiert eure Ergebnisse der Klasse.*

Internettipps:
www.annefrank.nl
www.shoa.de

Zum Weiterlesen: Alltag im Getto

Leben im Getto Theresienstadt
Die dreizehnjährige Jüdin Clara kommt 1943 mit ihren Eltern in das Getto Theresienstadt und erfährt den harten Alltag im Lager.

Clara stellte sich in die Essensschlange. Der Gedanke, dass sie gleich ihre Mutter wiedersehen würde, munterte sie ein bisschen auf. Diesmal würde sie versuchen nach Papa zu fragen. Immer noch hatte sie ihren Vater kein einziges Mal gesehen, und seit Mamas Bemerkung, dass er im Krankenhaus arbeitete, hatte sie nichts darüber erfahren, wie es ihm ging. Die Schlange war lang wie immer und Clara konnte es kaum erwarten, zu ihrer Mutter nach vorne zu gelangen. Doch schließlich war es so weit: Clara nutzte den kostbaren kurzen Augenblick, beugte sich zu Mama hin und fragte nach ihrem Vater.
„Schau mal nach links, Claritschka", flüsterte Mama zurück.
Clara drehte den Kopf nach links – und ihr Herz machte einen Satz. Da war Papa! Langsam, ganz langsam ging er am Küchengebäude vorbei und hielt dabei angestrengt nach seiner Familie Ausschau. Als er Clara sah, riss er den Arm hoch und winkte. Er hielt sich ganz aufrecht, so als wollte er Clara sagen, dass es ihm gut ging und dass sie stark sein sollte. Tränen schossen Clara in die Augen, aber sie wischte sie hastig weg. Mama schöpfte ihrer Tochter Suppe in den Becher und schob ihr verstohlen eine zusätzliche Brotscheibe auf den Teller.
„Du musst so viel essen wie möglich, um bei Kräften zu bleiben", flüsterte sie. Dann tauchte sie den Schöpflöffel tief in den Suppenkessel und suchte eine zusätzliche Kartoffel. In der Zwischenzeit erzählte Clara ihr von der Zeichenstunde am Vormittag und wie viel Spaß sie dabei gehabt hatte. Es war so schön, mit Mama reden zu können! Einen Augenblick vergaß Clara völlig, wo sie sich befanden. Plötzlich war es wie früher, als sie zu Hause in der Küche gesessen hatten, nachdem Clara aus der Schule gekommen war. Das war immer die beste Zeit des Tages gewesen. Clara hatte immer viel zu erzählen gehabt, über die Schule, über ihre Freunde, über die Lehrer. Während sie munter plapperte, hatte Mama ihr etwas zu essen gemacht und geduldig zugehört. Clara und ihre Mutter waren beide so in den Zauber des Augenblicks gefangen und so glücklich darüber, dass sie zusammen waren, dass sie den sich nähernden Soldaten nicht sahen. Clara war immer noch am Erzählen, Mama fischte weiter nach der zusätzlichen Suppenkartoffel. Und auf einmal ragte er bedrohlich über ihnen auf, das Gewehr im Anschlag. Jetzt würden sie Ärger bekommen, das wussten Clara und ihre Mutter sofort. Der Soldat war Heindl, der Nazi, vor dem Jakob Clara schon am ersten Tag gewarnt hatte.
„Was denkst du denn, was das hier ist? Ein Plauderstündchen?", schrie er und zeigte auf Clara. „Und du ...", er richtete das Gewehr auf Mama, „... denkst du etwa, das Essen kostet nichts und du kannst es so großzügig austeilen, wie du willst? Ihr elenden, hinterhältigen Juden, ihr! Ihr braucht wohl eine kleine Lektion, damit ihr mal kapiert, was geschieht, wenn ihr die Regeln übertretet." Ohne Vorwarnung schleuderte er Clara zu Boden. Ihr Blechteller flog im hohen Bogen durch die Luft. Heindl holte mit dem Bein aus, um Clara zu treten, und sie stieß einen gellenden Angstschrei aus. Mama griff nach seinem Arm und flehte um Gnade, aber er schüttelte sie einfach ab. Seine volle Aufmerksamkeit war auf Clara gerichtet, die sich am Boden wand und in Erwartung des nächsten Angriffs die Arme um den Oberkörper schlang. Doch bevor der Soldat zuschlagen konnte, bewegte sich jemand hinter ihm und ein Schrei hallte durch die Luft.
„Fass sie nicht an!" Wie aus dem Nichts stürmte Peter aus der Gruppe der Kinder hervor, die sich um Clara und ihren Peiniger versammelt hatten. Ohne zu zögern, stürzte er sich auf Heindl und brachte ihn aus dem Gleichgewicht.
„Lass sie in Ruhe!", schrie Peter und baute sich breitbeinig vor dem Soldaten auf, die Fäuste vor dem Gesicht, als wäre er ein Boxer, der sich im Ring seinem Gegner stellt.
Eine Sekunde lang schwieg Heindl verblüfft und schüttelte nur den Kopf. Das war ja beinahe komisch! Wer zum Teufel war dieses kleine Judenbalg, das es wagte, ihn herauszufordern? Doch die Überraschung und Belustigung im Gesicht des Mannes verwandelten sich rasch in dumpfe, dunkle Wut. Er hob die Hand und schlug Peter hart ins Gesicht. Der Junge taumelte und stürzte neben Clara zu Boden. Der Soldat schob sich wieder auf Peter zu und holte aus, um ihn mit dem Gewehr zu schlagen. Doch da tauchte ein weiterer Wachposten auf.

Wie es weitergeht, erfahrt ihr in dem Buch von Kathy Kacer, Die Kinder aus Theresienstadt, Ravensburg (Ravensburger) 2003.

Methode: Besuch einer Gedenkstätte

Konzentrationslager

Gleich nach ihrer Machtübernahme sperrten die Nationalsozialisten Kommunisten, SPD-Anhänger und viele andere in so genannte wilde Lager, die in alten Fabriken, stillgelegten Arbeits- und Zuchthäusern oder auf ehemaligen Truppenübungsplätzen errichtet wurden. Ab 1934 wurden diese Lager nach und nach aufgelöst. An ihrer Stelle errichteten die Nationalsozialisten Konzentrationslager (vgl. S. 118). In diesen KZ wurden Menschen eingesperrt, die von den Nationalsozialisten aus politischen, religiösen oder rassischen Gründen verfolgt wurden. Nach Kriegsbeginn nahm die Zahl der Häftlinge enorm zu, weil viele Bürger aus den eroberten Ländern in die Lager verschleppt wurden.

In Sachsen gab es keine zentralen Konzentrations- oder Vernichtungslager. Aber in einer Vielzahl von Außenlagern und kleineren KZ wurden ebenfalls Zehntausende Menschen ausgebeutet, misshandelt und zu Tode gequält. Daran erinnern meist Gedenktafeln oder Mahnmale, wie zum Beispiel in Leipzig/Abtnaundorf. Eine zentrale Gedenkstätte zur „Judenvernichtung" gibt es in Sachsen nicht. Die Gedenkstätte im ehemaligen KZ Buchenwald unweit Weimar in Thüringen bietet sich aber für einen Besuch an.

Besuch einer Gedenkstätte

Gedenkstätten dienen der Erinnerung und sollen die Vergangenheit durch die Begegnung mit originalen Gegenständen für uns lebendig machen.

In den KZ-Gedenkstätten werden die Gräueltaten der Nationalsozialisten und das Leiden der Häftlinge

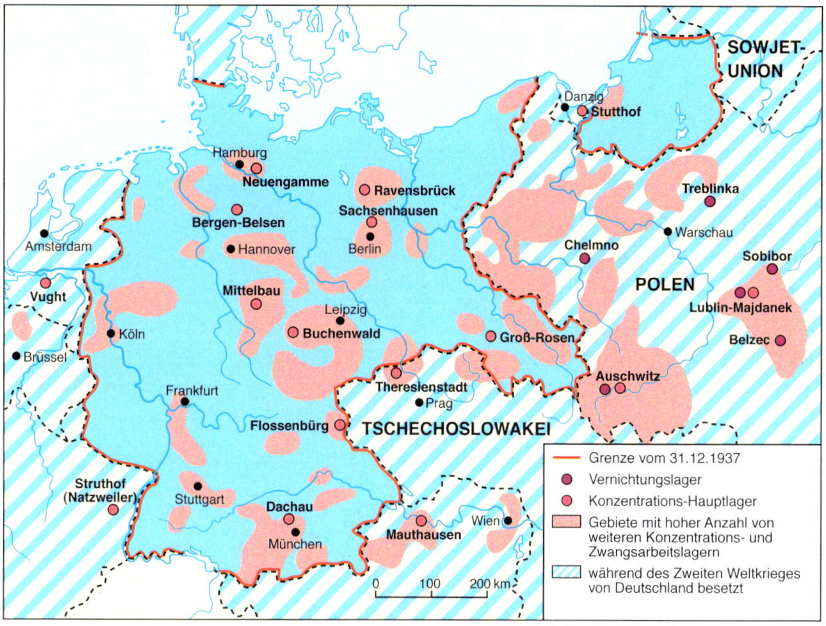

1 Karte der Konzentrationslager im deutsch kontrollierten Gebiet während des Zweiten Weltkriegs.

besonders eindrucksvoll verdeutlicht. Den Besuch einer solchen Gedenkstätte sollte man aber gut planen.

Planung

- Informationen einholen:
  - Ausstellungskatalog,
  - Berichte von ehemaligen Häftlingen,
  - Zusammenarbeit mit anderen Fachlehrern, z. B. dem Religionslehrer;
- Aufbau der Gedenkstätte erläutern;
- Führung in Anspruch nehmen (rechtzeitige Anmeldung bedenken);
- vorbereitendes Material besorgen;
- Organisation der Fahrt mit Zug oder Bus und Klärung der Finanzierung (möglicherweise gibt es hierfür Zuschüsse);
  - Erwartungen klären: ein Gedenkstättenbesuch ist kein lustiger Wandertag.

Auswertung

- Gefühle während des Besuchs.
- Was haben wir Neues erfahren, was wussten wir schon?
- Wie wirkte die Darstellung?
- Welche zusätzlichen Informationen fehlten? Wie können wir sie beschaffen?
- Welche Lehren kann man aus dem Besuch ziehen?
- Auswertung der Fragebögen.
  Vertiefung des Themas:
  - Zeitzeugen einladen;
  - Filme: „Holocaust", „Schindlers Liste".

Unterlagen

Besorgt euch schon vor dem Besuch der Gedenkstätte offizielles Begleitmaterial.

 Geschichte vor Ort: NS-Lager in Sachsen

1 Im Konzentrationslager Abtnaundorf. Ein amerikanischer Zivil-Beobachter erleidet bei der Lager-Begehung angesichts der Opfer einen Nervenzusammenbruch.
Foto, Mitte April 1945.

Konzentrationslager in Deutschland

Am 15. 2. 1933 wurde mit der Verordnung des Reichspräsidenten zum „Schutz von Volk und Staat" die „Rechtsgrundlage" für die nationalsozialistischen Konzentrationslager geschaffen. Damit war in Deutschland das Grundrecht der persönlichen Freiheit außer Kraft gesetzt. Die KZ wurden in den zwölf Jahren der NS-Herrschaft zum wichtigsten Instrument des Staatsterrors. In 59 frühen Lagern und einer geringen Zahl von KZ-ähnlichen Einrichtungen im Reichsgebiet wurden 1933/34 die Gefangenen anfangs meist von SA und Polizei bewacht, bevor SS-Mannschaften, die ab 1936 als „Totenkopfverbände" bezeichnet wurden, die Bewachung übernahmen.
Bei Kriegsbeginn wurden sieben KZ errichtet. Bis 1945 waren im Machtbereich des NS-Staates 22 Hauptlager mit 1202 Außenlagern entstanden. Während des Krieges wurden die Lager immer mehr zum Arbeitskräftereservoir für die Rüstungsindustrie.
Ab 1942 wurde im Zuge der Beschlüsse der „Wannsee-Konferenz" in einigen Konzentrationslagern die fabrikmäßige Tötung von Juden, Sinti und Roma und in kleinerem Umfang auch von Kriegsgefangenen und politischen Gegnern durchgeführt.

Lager in Sachsen

Auf sächsischem Territorium gab es keine eigentlichen Konzentrationslager, dafür aber ein dichtes Netz so genannter Außenlager. Hervorzuheben sind die Lager des KZ Buchenwald in und um Leipzig, in Taucha, Markkleeberg, Colditz, Meuselwitz und die des KZ Flossenbürg in Penig, Böhlen, Flöha und Johanngeorgenstadt. Hier wurden die Häftlinge zur Zwangsarbeit für deutsche Industriekonzerne gepresst, darunter zum Beispiel der Flick-Konzern und die Erla-Flugzeugwerke.
Auch diese Lager wurden von Mannschaften der SS geführt. Die Zwangsarbeitslager waren nicht direkt der Ermordung der Häftlinge gewidmet, da diese ja als billige Arbeitskräfte gebraucht wurden. Dennoch wurden die Insassen auf brutalste Weise behandelt. Ihr Tod wurde billigend in Kauf genommen.
Im Zwangsarbeitslager Leipzig-Mockau wurden die Häftlinge zu Kriegsende beim Heranrücken der amerikanischen Truppen von der SS in einer Essensbaracke zusammengetrieben. Dann sprengten die SS-Männer das Gebäude. Nur wenige der Opfer entkamen, doch die meisten von ihnen starben bei dem Versuch, über den Lagerzaun zu fliehen.

Das KZ Buchenwald

Das Konzentrationslager Buchenwald wurde 1937 nahe Weimar eingerichtet. Ihm wurden 137 Außenlager in ganz Mitteldeutschland und zum Teil sogar im Ruhrgebiet zugeordnet. Bis Kriegsende waren insgesamt rund 239 000 Menschen in Buchenwald interniert, von denen etwa 56 000 hier den Tod fanden. Schon im Zuge der Judenpogrome vom 9./10. November 1938 wurden hierher auch die ersten Juden aus Chemnitz verschleppt. Am 17. Oktober 1942 wurden von hier aus 10 000 Juden über Leipzig und Dresden ins Vernichtungslager Auschwitz deportiert.

Geschichte vor Ort: NS-Lager in Sachsen

Die Lagerinsassen wurden systematisch zu Arbeitszwecken ausgebeutet, z. B. in Rüstungsbetrieben zur Produktion von Waffen und Munition. In Buchenwald arbeiteten die Lagerinsassen, unsäglichen Schikanen ausgesetzt, in den Außenstellen für Rüstungsbetriebe der Firmen Krupp, Wintershall, IG Farben, Junkers, Braunkohle-Benzin AG und andere.

Die mörderische Behandlung bei diesen Arbeitseinsätzen, die „Vernichtung durch Arbeit" genannt wurde und vor allem die jüdischen Häftlinge traf, haben viele Lagerinsassen nicht überlebt. Zu den Toten von Buchenwald zählen auch der Kommunist Ernst Thälmann (vgl. S. 88, Randspalte), 1925 und 1932 Kandidat der KPD bei den Reichspräsidentenwahlen, und der Sozialist Rudolf Breitscheid, von 1920–33 Reichstagsabgeordneter.

Ein ehemaliger KZ-Häftling schildert die Zwangsarbeit in einem Klinkerwerk:

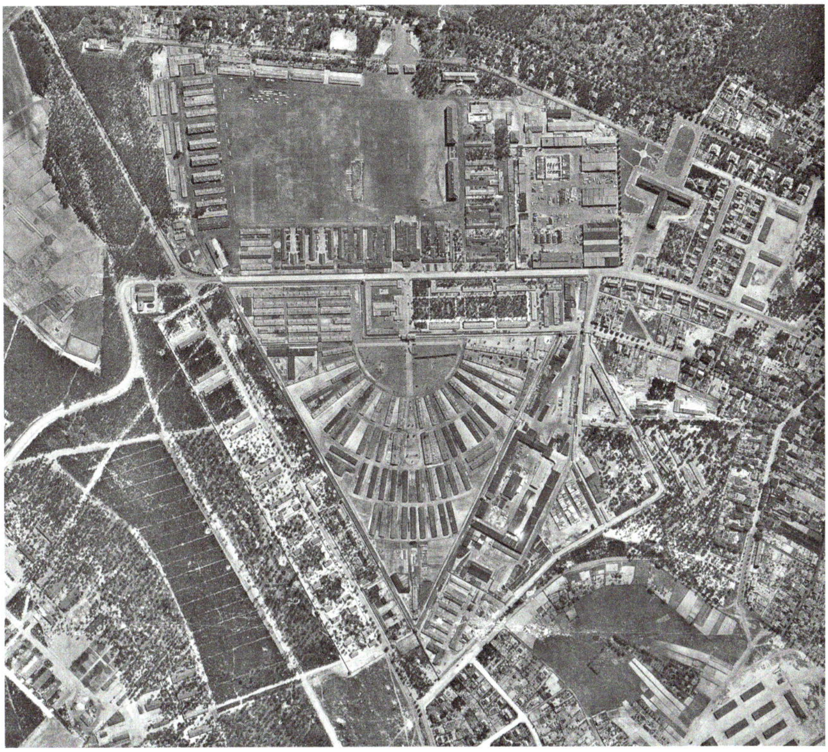

2 **Luftbildaufnahme des brandenburgischen Konzentrationslagers Sachsenhausen. Ein Beispiel für Anlagen von Vernichtungslagern.** Foto, 30. Mai 1944.

M1 Alles ging im Laufschritt und mit Karacho. Da menschliche Arbeitskräfte in einem nicht versiegenden Strom hinzukamen, legte die SS keinen Wert auf Maschinen irgendwelcher Art. Diese hätten Anschaffungs- und Reparaturkosten verursacht. So mancher Häftling hielt es für überflüssig, solange zu warten, bis er infolge körperlicher Entkräftung durch das Arbeitstempo zusammenbrach und durch Schikanen der Vorarbeiter und der SS totgeschlagen wurde. Er benutzte dann lieber eine Gelegenheit, um sich zu ertränken oder durch die Postenkette erschossen zu werden. Der Bau des Hafenbeckens war ein besonderer Aderlass der jüdischen Häftlinge. Die Sohle des Beckens war beim Ausschachten ca. 11 m tief zwecks Befestigung und Betonierung. Hier mussten die Häftlinge ausschließlich mit Spitzhacke und Schaufeln gewaltige Erdmassen bewegen. Mir sind drei Fälle bekannt, wo Juden von Erdmassen verschüttet wurden und erstickten. Es wurde in solchen Fällen mit den Bergungsarbeiten nicht etwa sofort begonnen, sondern erst dann, wenn es im Zuge der Arbeit sein musste.

Am 11. 4. 1945 – zwei Tage vor dem Eintreffen amerikanischer Soldaten – erfolgte die organisierte Selbstbefreiung der 21 000 verbliebenen Häftlinge Buchenwalds.

Von 1945 bis 1950 benutzte die Sowjetische Militäradministration (SMAD) das ehemalige Konzentrationslager Buchenwald ihrerseits als Internierungslager.

Heute ist in Buchenwald eine Gedenkstätte für die Opfer der nationalsozialistischen Judenverfolgung untergebracht.

1 *Besucht mit der Klasse eine der KZ-Gedenkstätten, zum Beispiel in Buchenwald. Lasst euch die Orte zeigen und geht die Wege, die vor euch Opfer und Täter gegangen sind.*
Wie ihr diesen Besuch vorbereiten solltet, ist auf S. 135 beschrieben.

Der Widerstand

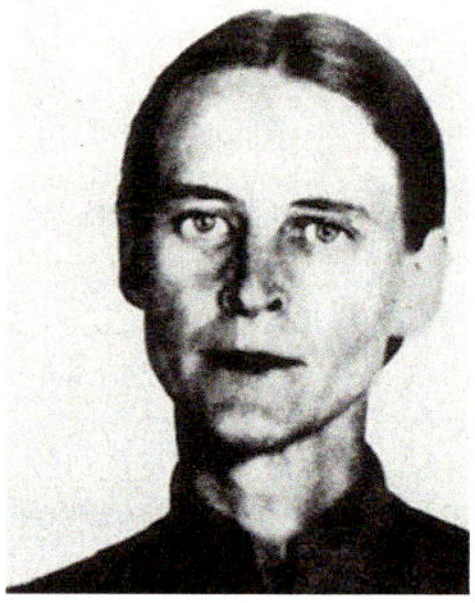

1 **Mildred Harnack von der „Roten Kapelle" (geb. 16. 9. 1902, hingerichtet in Berlin-Plötzensee 16. 2. 1943).** Foto.

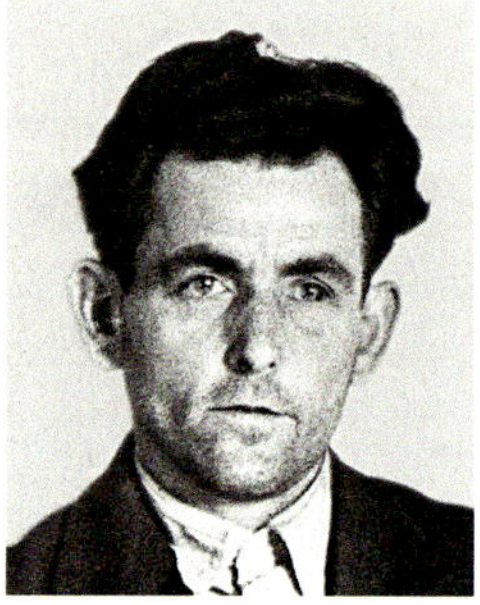

2 **Der Schreiner Georg Elser (geb. 4. 1. 1903, hingerichtet im KZ Dachau 9. 4. 1945).** Foto.

3 **Der katholische Jesuitenpater Alfred Delp (geb. 15. 9. 1907, hingerichtet in Berlin-Plötzensee 2. 2. 1945).** Foto.

4 **Der evangelische Pastor Dietrich Bonhoeffer (geb. 4. 2. 1906, hingerichtet im KZ Flossenbürg 9. 4. 1945).** Foto.

Die Rote Kapelle*: *kommunistische Spionage- und Widerstandsorganisation, die 1941/42 besonders in Berlin und Hamburg aktiv war. Die Rote Kapelle arbeitete unabhängig von der KPD, gehörte aber zum internationalen sowjetischen Spionagenetz.*

Widerstand im Krieg

Trotz der Gefahr für das eigene Leben waren immer wieder Menschen bereit, Widerstand gegen den Nationalsozialismus zu leisten. Man schätzt ihre Zahl auf etwa 20 000 bis 40 000 Menschen.

Die einen taten es aufgrund ihrer politischen oder religiösen Überzeugung, z. B. Angehörige der KPD, der SPD, der Gewerkschaften und Christen beider Bekenntnisse. Andere Menschen kamen zum Widerstand, weil sie als Soldaten die Verbrechen der Nationalsozialisten in den besetzten Gebieten gesehen hatten und an ihnen nicht mitschuldig werden wollten. Wiederum andere waren davon überzeugt, dass man Hitler stürzen müsse, um den Krieg nicht zu verlieren.

Der Gestapo gelang es aber immer wieder, Mitglieder von Widerstandsgruppen zu verhaften. Auch noch in den letzten Kriegsjahren hatte der Widerstand gegen Hitler in der Bevölkerung wenig Rückhalt. Zu viele Menschen glaubten, man dürfe während des Krieges nichts gegen die eigene Regierung tun. Außerdem fühlte sich die überwiegende Zahl der Soldaten und Offiziere an ihren Eid gebunden, mit dem sie Hitler persönlich die Treue geschworen hatten.

Widerstand politischer Gruppen

Zu politischen Widerstandsgruppen fanden sich vor allem Kommunisten, Sozialdemokraten und Gewerkschaftler zusammen. Sie verbreiteten Nachrichten und Flugblätter unter Soldaten und Arbeitern in den Betrieben. Dresdner KPD-Mitglieder der Bergsteigergruppe „Felsenstern" brachten zum Beispiel auf einer Autobahnbrücke Anti-Hitler-Parolen an.

Kommunistische Gruppen organisierten auch Anschläge in Rüstungsbetrieben. Besonders bekannt wurden später die Gruppen um Anton Saefkow, Harro Schulze-Boysen sowie Mildred und Arvid Harnack, denen auch viele Frauen angehörten. Einige Mitglieder sammelten militärische Nachrichten und leiteten sie an die Sowjetunion weiter. Bis 1942 konnten die Gruppen im Untergrund arbeiten, ohne erkannt zu werden. Die Fahnder der Wehrmacht und der Gestapo nannten sie „Rote Kapelle"*. 1942/43 wurden etwa 126 Personen verhaftet. Von diesen Mitgliedern des engeren Kreises wurden 52 hingerichtet.

Christlicher Widerstand

Der Widerstand von Christen beider Konfessionen war nicht in festen Gruppen organisiert. Einzelne Pfarrer und Pastoren, wie die evangelischen Pastoren Schneider und Niemöller und der katholische Pastor Lichtenberg, predigten mutig gegen das nationalsozialistische Unrecht. Dafür wurden sie in Konzentrationslager gesperrt, Schneider und Lichtenberg zu Tode gequält. Der sorbische katholische Geistliche Alois Andritzki wurde wegen seiner Kritik am Nationalsozialismus

Der Widerstand in Sachsen

5 **Der ehemalige Leipziger Oberbürgermeister Karl Goerdeler (geb. 31. 7. 1884, hingerichtet in Berlin-Plötzensee 2. 2. 1945).** Foto.

6 **Generaloberst Ludwig Beck (geb. 29. 6. 1880, hingerichtet in Berlin 20. 7. 1944).** Foto.

festgenommen und 1941 in Dresden zu Gefängnis verurteilt. Anschließend wurde er in das Konzentrationlager Dachau gebracht und 1943 dort mit einer Giftspritze getötet.
Allein im Bistum Meißen wurden während der NS-Herrschaft 37 katholische Geistliche wegen unterschiedlichster Widerstandsformen verfolgt. Auch evangelische Geistliche wie der Dresdner Pfarrer Karl-Heinz Rabast oder sein Wilsdruffer Amtsbruder Paul Richter leisteten Widerstand.
Der evangelische Bischof Wurm und der katholische Bischof Graf von Galen prangerten in Schriften und Predigten die Tötung von psychisch kranken Menschen an. Sie erreichten dadurch die zeitweilige Einstellung der Tötungsaktionen.
Der katholische Jesuitenpater Alfred Delp und der evangelische Pastor Dietrich Bonhoeffer kritisierten offen das NS-Regime und standen in Kontakt zu Widerstandsgruppen. Von ihren Kirchenleitungen erfuhren sie aber keine Unterstützung. Allzu oft beugten sich diese den Machtansprüchen der Nationalsozialisten.

Widerstand von Frauen

Es wird geschätzt, daß etwa 15 % des bekannt gewordenen aktiven Widerstandes von Frauen geleistet wurde. Für die Gestapo war vor allem der politische und der militärische Widerstand gegen das Regime männlich. Dabei übersah sie, dass viele Gruppen nur bestehen konnten, wenn sie von Frauen unterstützt wurden, die Wohnungen und Verpflegung besorgten und zahlreiche Hilfsdienste für diese Gruppen leisteten.
Daneben gab es noch eine große Zahl von anderen Widerstandshandlungen, die besonders von Frauen geleistet wurden. Diese reichten von der offenen Verweigerung des Hitlergrußes bis zum Verstecken und Unterstützen verfolgter Juden oder politisch Verfolgter in der eigenen Wohnung oder in Kellern und Schuppen.

1 *Erkundigt euch in eurer Gemeinde nach dem Widerstand von Frauen.*

Einzelaktionen

Der Widerstand beschränkte sich nicht nur auf Verweigerung und Protest. Bereits am 8. November 1939 hatte zum Beispiel der 36-jährige Schreiner Georg Elser versucht, Hitler während einer Gedenkveranstaltung im Münchener Bürgerbräukeller mit einer selbstgebastelten Bombe zu töten.

Widerstand und Nachfolgekonzepte

Der Widerstand von Bürgern, Diplomaten und Militärs wurde in zwei Gruppen geplant: Der ehemalige Leipziger Oberbürgermeister Karl Goerdeler beriet mit Diplomaten und Militärs über eine neue staatliche Ordnung nach dem Sturz Hitlers. Ähnliche Überlegungen stellte 1942/43 der Kreisauer Kreis* um den Grafen von Moltke an, in dem Christen, Sozialdemokraten, Gewerkschafter, Diplomaten und Militärs zusammentrafen. In dieser Gruppe wurde freilich ein gewaltsames Vorgehen gegen das NS-Regime abgelehnt. Den Kreisen um Goerdeler und Moltke eng verbunden war der militärische Widerstand um den 1938 entlassenen Generaloberst Beck. Aus diesem Kreis gingen auch die Widerstandskämpfer des 20. Juli 1944 hervor (vgl. S. 141).
Insgesamt entfaltete der deutsche Widerstand aber nie die Qualität einer Massenbewegung, sondern blieb auf vereinzelte Gruppen und die alltägliche Verweigerung des einzelnen Bürgers beschränkt

2 *Diskutiert, welche historische Bedeutung ihr dem deutschen Widerstand beimessen könnt.*

Der polnische Kinderarzt, Schriftsteller und Pädagoge Janusz Korczak harrte mit den Kindern seines jüdischen Waisenhauses unter unsäglichen Bedingungen im Warschauer Getto aus und setzte damit ein Zeichen der Solidarität und Menschlichkeit. Mit seinen Kindern wurde er 1942 im Konzentrationslager Treblinka ermordet.

Kreisauer Kreis*:
Seit 1940 kamen auf dem niederschlesischen Gut Kreisau Persönlichkeiten durchaus unterschiedlicher Weltanschauung zusammen, die dem NS-Unrechtsstaat eine neue Gesellschaftskonzeption für die Nachkriegszeit entgegensetzen wollten. 1944 schlossen sich die meisten Mitglieder der Gruppe des 20. Juli um Oberst von Stauffenberg an.

Jugendliche leisten Widerstand

1 Die Geschwister Hans (geb. 22. 9. 1918) und Sophie Scholl (geb. 9. 5. 1921) – hier mit Christoph Probst (rechts im Bild) – von der „Weißen Rose". Alle drei wurden am 22. 2. 1943 in München-Stadelheim hingerichtet. Foto.

Mormone*: *Angehöriger einer christlichen nordamerikanischen Sekte.*

BBC*: *British Broadcasting Company; englischer Radiosender.*

Parteiclique*: *Parteiklüngel, Parteiseilschaft.*

Tyrannis*: *griechisch = Gewaltherrschaft.*

Jugendliche leisten Widerstand

Der 17-jährige Hamburger Mormone* Helmuth Hübener hörte englische Radionachrichten ab und verbreitete sie auf Flugblättern, in denen er auch zum Sturz Hitlers aufrief. Dafür wurde er zum Tode verurteilt und im Oktober 1942 hingerichtet.

Der katholische Jugendliche Walter Klingenbeck hörte trotz Verbots Sendungen von Radio Vatikan und BBC* ab. Einer Aufforderung des englischen Senders folgend, malte er an etwa 40 Häuser in München mit Lackfarbe das englische V-Zeichen (V für engl. Victory), das als Symbol für den Sieg der Alliierten galt. 1942 wurde er verhaftet und 1943 hingerichtet.

2 Willi Graf (geb. 1918, hingerichtet 12. 10. 1943). Foto.

Die „Weiße Rose"

Die „Weiße Rose", eine Studentengruppe um die Geschwister Scholl, ihre Freunde Willi Graf und Christoph Probst sowie den Münchener Professor Huber, rief in ihren Flugblättern zum Widerstand gegen Hitler auf.

In ihrem letzten Flugblatt vom Februar 1943 schrieben die Autoren unter dem Eindruck der deutschen Niederlage von Stalingrad (vgl. S. 162):

Q1 … Erschüttert steht unser Volk vor dem Untergang der Männer von Stalingrad … Wollen wir den niederen Machtinstinkten einer Parteiclique* den Rest der deutschen Jugend opfern? Nimmer mehr! Der Tag der Abrechnung ist gekommen, der Abrechnung der deutschen Jugend mit der verabscheuungswürdigsten Tyrannis*, die unser Volk je erduldet hat. Im Namen der deutschen Jugend fordern wir vom Staat Adolf Hitlers die persönliche Freiheit, das kostbarste Gut des Deutschen, zurück, um das er uns in der erbärmlichsten Weise betrogen. …

Der 20. Juli 1944

3 **Der Wehrmachtsoffizier Oberst Claus Graf Schenk von Stauffenberg (geb. 15. 11. 1907, hingerichtet in Berlin 20. 7. 1944).** Foto, um 1940.

4 **Nach dem Attentat steht Generalfeldmarschall von Witzleben (geb. 4. 12. 1881, hingerichtet in Berlin-Plötzensee 8. 8. 1944) vor dem Volksgerichtshof des berüchtigten Gerichtspräsidenten Freisler.** Foto.

Im Februar 1943 wurden die Geschwister Scholl und ihre Freunde verhaftet und bereits vier Tage danach hingerichtet.

1 *Beschreibt, warum und wie Jugendliche Widerstand leisteten.*

Der 20. Juli 1944

Nachdem schon mehrere Attentatsversuche auf Hitler gescheitert waren, plante auch eine Gruppe um Oberst Claus Graf Schenk von Stauffenberg ein Attentat gegen Hitler. Am 20. Juli 1944 wurde von Stauffenberg zu einer Besprechung zu Hitler nach Ostpreußen gerufen. Bei der Besprechung stellte er eine Aktentasche mit einer Bombe neben Hitler ab und verließ den Raum, um nach Berlin zu fliegen. Von dort sollte von Stauffenberg den Umsturz selbst leiten. Die Bombe tötete mehrere Menschen. Hitler wurde aber nur leicht verletzt. Da die überwiegende Mehrzahl der Generäle sich nach dem Attentat auf die Seite Hitlers stellte, brach der Umsturzversuch schnell zusammen. Stauffenberg und andere beteiligte Offiziere wurden noch in der Nacht des 20. Juli erschossen. In den nächsten Monaten verhaftete die Gestapo über 5000 Personen, die an dem Umsturzplan beteiligt waren. Viele wurden vom Volksgerichtshof zum Tode verurteilt.

Recht und Freiheit statt Terror und Gewalt

Die Männer des 20. Juli hatten eine Begründung für ihr Attentat auf Hitler verfasst:

Q2 … Um sich an der Macht zu halten, hat er eine Schreckensherrschaft errichtet. … Zahllose Deutsche, aber auch Angehörige anderer Völker, schmachten seit Jahren in Konzentrationslagern, den größten Qualen ausgesetzt und häufig schrecklichen Foltern unterworfen. … Durch grausame Massenmorde ist unser guter Name besudelt. … Unser Ziel ist die wahre, auf Achtung, Hilfsbereitschaft und soziale Gerechtigkeit gegründete Gemeinschaft des Volkes. Wir wollen Gottesfurcht an Stelle von Selbstvergottung, Recht und Freiheit an Stelle von Gewalt und Terror, Wahrheit und Sauberkeit an Stelle von Lüge und Eigennutz. …

2 *Gebt mit eigenen Worten wieder, was die Widerstandskämpfer Hitler vorwarfen und was sie in Deutschland verändern wollten.*

Internettipp:
www.obersalzberg.de/ausstellung/widerstand/wider.htm

20. Juli 1944:
Bombenattentat Graf von Stauffenbergs auf Hitler.

Methode: Propaganda untersuchen

1 „Hilf auch Du mit!". Plakat, 1943.

2 „Auch du gehörst dem Führer!" BDM-Plakat, 1936.

Nationalsozialismus und Propaganda
Die Nationalsozialisten haben alle Medien benutzt, um ihre Ansichten zu verbreiten. Rundfunk und Presse wurden in ihren Dienst gestellt, ebenso die Kunst (siehe Kasten). Ein bevorzugtes Mittel zur Verbreitung ihrer Ideologie war das Plakat. Mit dem Plakat konnten sie durch die Verbindung von Bild und knappem Text einen hohen Erinnerungswert erreichen und ihre Botschaft fest in den Köpfen verankern (siehe auch S. 153). Der Appell an die Gefühle senkte die Fähigkeit zur kritischen Verarbeitung der Botschaft der Nationalsozialisten. Am Beispiel von Plakaten der NSDAP untersuchen wir beispielhaft Propaganda; der Fragekatalog lässt sich aber auch auf andere Formen von Propaganda übertragen.

Plakate muss man wie Quellen genau analysieren, dabei kann man sich an die Regeln der Quelleninterpretation halten (vgl. S. 169) und folgende Schritte erarbeiten:

1. Wer ist der Urheber des Plakats? Wer ist die mögliche Zielgruppe?
2. In welcher Zeit ist es entstanden, und wie waren damals die politischen und gesellschaftlichen Verhältnisse?
3. Was ist die Botschaft des Plakats, was wird unterschwellig ausgesagt, was ist der Gesamteindruck?
4. Welche Wirkung löst es heute beim Betrachter aus, welche Wirkung wird es möglicherweise bei den damaligen Menschen ausgelöst haben?
5. Kann man sich gegen die Botschaft des Plakats „wehren"?

Propagandaform	Mittel/Methoden/Wirkung
NS-Zeitungen	reißerische Schlagzeilen, einseitig nationalsozialistische Darstellung
Rundfunkreden	??
Wochenschauen	einseitige Info-Auswahl; schmissige Musik; schnelle Schnitte
Filme	Unterhaltungs- und Durchhaltethemen zur Ablenkung
Kundgebungen	??
neue Feiertage	??
Aktionen	??
irreführende Sprache	??
Zeichen und Symbole	??
Angriffe gegen Juden, Andersdenkende, Künstler, Behinderte	Verleumdung (Unterstellung krimineller Absichten); Lächerlichmachen (Karikatur); Minderwertigkeit behaupten; aus der Gemeinschaft ausgrenzen: „Feindbilder" pflegen; „gesundes Volksempfinden" ansprechen; Menschen nach ihrer „Verwertbarkeit" beurteilen; als überflüssig ansehen

3 **Propagandaformen.**

1 *Wählt ein Plakat dieser Seite und erarbeitet mit Hilfe des Fragenkatalogs eine Analyse des Plakats. Woran wird deutlich, dass es sich um Propaganda handelt?*
2 *Untersucht ein Wahlplakat von heute und eine „normale" Werbung und beschreibt eventuelle Unterschiede.*

Zusammenfassung

Die Machtergreifung
Am 30. Januar 1933 ernannte Reichspräsident Hindenburg den Führer der NSDAP, Adolf Hitler, zum Reichskanzler. Die Nationalsozialisten nutzten in der Folge jede Gelegenheit, die damit gewonnene Macht zu sichern. Als am 27. Februar 1933 der Reichstag durch Brandstiftung ausbrannte, wofür umgehend die Kommunisten verantwortlich gemacht wurden, war dies der Anlass „Notverordnungen" zu erlassen. Damit wurden mehrere demokratische Rechte außer Kraft gesetzt. Das am 23. März 1933 vom Reichstag gegen die Stimmen der SPD beschlossene Ermächtigungsgesetz gab den Nationalsozialisten unumschränkte Gesetzgebungsvollmacht. Bis 1945 war dies die Rechtsgrundlage der NS-Herrschaft. Aus der Weimarer Republik war die NS-Diktatur geworden.

„Ein Volk, ein Reich, ein Führer!"
Von jetzt an wurden Beamtenschaft und Heer namentlich auf Adolf Hitler eingeschworen. Politisch kritische Medien wurden beseitigt, Gewerkschaften und Parteien aufgelöst und durch nationalsozialistische Organisationen ersetzt oder umgeformt. Diese Vorgänge wurden als „Gleichschaltung" bezeichnet. Regimegegner wurden verfolgt und inhaftiert. Der Nationalsozialismus beanspruchte alleinige Führerschaft. Die offizielle Parole lautete: „Führer befiehl, wir folgen dir!"
Auch und gerade die Kinder und Jugendlichen wurden frühzeitig in die nationalsozialistischen Jugendverbände einbezogen.

Judenverfolgung und Judenvernichtung
Die Juden galten den Nationalsozialisten von Beginn an als „Volksfeinde". Sie wurden diffamiert und gedemütigt, zunehmend entrechtet und fortgesetzt unter Druck gesetzt. Als Sündenböcke „waren die Juden an allem schuld". In den „Nürnberger Gesetzen" wurden sie 1935 endgültig ihrer Bürgerrechte beraubt. Mit den Judenpogromen vom 9./10. 11. 1938 begann die organisierte Judenverfolgung, die ab 1942 in die systematische Judenvernichtung mündete.

Widerstand
Verschiedene Gruppen und Einzelne leisteten mutigen Widerstand gegen die nationalsozialistische Unrechtsherrschaft. Sie blieben aber eine Minderheit. Anschlagsversuche auf Hitler scheiterten, z. B. das Attentat am 20. Juli 1944.

30. 1. 1933

Die Nationalsozialisten ergreifen die Macht in Deutschland.

1933

„Gleichschaltung" auf allen Gebieten und „Führerprinzip".

9./10. 11. 1938

Mit großen Judenpogromen beginnt die systematische Judenverfolgung.

1942–1945

Nach der „Wannsee-Konferenz" werden die Juden systematisch ermordet.

5. Zweiter Weltkrieg: Völkermord und Kriegsverbrechen

Am 7. September 1940 fliegen deutsche Bomber über London. Das Bild zeigt unten deutlich den Flusslauf der Themse. In wenigen Augenblicken werden die Piloten ihre Bomben über der Millionenstadt abwerfen.
Die deutsche Luftwaffe eröffnete im Zweiten Weltkrieg (1939–45) mit ihren Bombenangriffen auf englische Großstädte den gezielten Terror gegen die Zivilbevölkerung. Briten und Amerikaner schlugen bald mit gleichen Mitteln zurück. Hamburg, Köln, Dresden, Lübeck, Berlin und viele andere deutsche Städte wurden im Zweiten Weltkrieg in Schutt und Asche gebombt. Einen vergleichbaren Vernichtungskrieg hatte es zuvor noch nie gegeben.
Doch es waren die Deutschen gewesen, die diesen Krieg eröffnet hatten, und die Vorbereitungen hierzu hatten bereits lange vor 1939 begonnen …

Die nationalsozialistische Außenpolitik

1910 1920 1930 1940 1950 1960 1970 1980 1990 2000

*Die **Lebensraumideologie** der Nationalsozialisten wird auf der Seite 107 behandelt. Dort könnt ihr die Begründung, mit der die Nationalsozialisten ihr Kriegsprogramm rechtfertigen wollten, nochmals nachlesen.*

1 Karikatur aus der amerikanischen Zeitschrift „The Nation" zu Hitlers „Friedensrede" vom 17. Mai 1933 im Deutschen Reichstag.

März 1935: *Wiedereinführung der allgemeinen Wehrpflicht in Deutschland.*

Friedensreden und Aufrüstung

Kurz nach der Machtübertragung erklärte Adolf Hitler am 17. Mai 1933 vor dem Reichstag:

Q1 … Die deutsche Regierung wünscht sich über alle schwierigen Fragen politischer und wirtschaftlicher Natur mit den anderen Nationen friedlich und vertraglich auseinander zu setzen. Sie weiß, dass jeder militärische Akt in Europa, auch im Falle seines vollständigen Gelingens, gemessen an seinen Opfern in keinem Verhältnis steht zu möglichem, endgültigem Gewinn. …

Revision*: *Prüfung, Änderung.*

Appeasement-Politik* *(engl. = Beschwichtigung): Der Begriff bezeichnet die englische Beschwichtigungspolitik gegenüber Hitler, wie sie vor allem im Münchener Abkommen 1938 zum Ausdruck kam.*

1 *Welche Politik scheint Hitler hier zu vertreten?*
2 *Beschreibt die Karikatur (Abbildung 1). Setzt sie in Beziehung zu Q1 und Q2.*

12. März 1938: *Anschluss Österreichs an das Deutsche Reich.*

Noch in vielen anderen Reden zwischen 1933 und 1938 betonte Hitler seinen Willen zum Frieden. Aber bereits drei Tage nach seiner Ernennung zum Reichskanzler versprach er der Reichswehrführung, aufzurüsten und die allgemeine Wehrpflicht einzuführen. Er deutete seine Absicht an, neuen „Lebensraum" im Osten zu erobern.

1938 formulierte Hitler in einer geheimen Rede vor deutschen Verlegern unverblümt seine wahren Ziele und Methoden:

Q2 … Nur unter der fortgesetzten Betonung des deutschen Friedenswillens und der Friedensabsichten war es mir möglich, dem deutschen Volk Stück für Stück die Freiheit zu erringen und ihm die Rüstung zu geben, die immer wieder für den nächsten Schritt als Voraussetzung notwendig war. … Es war nunmehr notwendig, das deutsche Volk psychologisch allmählich umzustellen und ihm langsam klar zu machen, dass es Dinge gibt, die, wenn sie nicht mit friedlichen Mitteln durchgesetzt werden können, mit Mitteln der Gewalt durchgesetzt werden müssen. … Es war notwendig, … bestimmte außenpolitische Vorgänge so zu beleuchten, dass die innere Stimme des Volkes selbst langsam nach der Gewalt zu schreien begann. … Diese Arbeit hat Monate erfordert.

3 *Untersucht Q2 und erläutert, in welcher Form und in welchem Sinne Hitler jeweils die öffentliche Meinung beeinflusst hat.*

Die Revision* des Versailler Vertrages

Durch viele Einzelaktionen hatte Hitler den Versailler Vertrag verletzt: die Stationierung deutschen Militärs im Rheinland 1936 und an der Ruhr, die neuerliche Aufrüstung und Erhöhung der Truppenstärke, der Bruch von Zahlungsverpflichtungen. Doch die Lage in Europa hatte sich seit dem Ersten Weltkrieg wirtschaftlich und politisch so entwickelt, dass die ehemaligen Hauptgegner Frankreich und Großbritannien an einem Konflikt mit Deutschland nicht interessiert waren.

Der Weg in den Zweiten Weltkrieg

2 **Die Erweiterung des deutschen Machtbereichs nach 1938.**

Die „Appeasement-Politik*"
Großbritannien und Frankreich wollten einen möglichen Krieg unter allen Umständen vermeiden. Im März 1938 nahmen sie selbst den Anschluss Österreichs und die ihm folgende brutale Verfolgung von Juden und Regimegegnern hin. Die Regierungen in Großbritannien und Frankreich fürchteten den Ausbruch eines neuen großen Krieges und hofften, diese Gefahr zu bannen, indem sie Deutschland so weit wie möglich gewähren ließen. Hitler war daher bemüht, bei jedem seiner Schritte zu versichern, dies sei nun die letzte Forderung Deutschlands gewesen. So wurde zunächst nichts gegen die aggressive Politik Deutschlands unternommen.

Das Münchener Abkommen
Bereits im Mai 1938 drohte Hitler erneut mit Krieg, um seine lautstarken Forderungen nach Abtretung des Sudetenlandes durch die Tschechoslowakei an Deutschland durchzusetzen. Daraufhin trafen sich die Regierungschefs Italiens, Frankreichs, Großbritanniens und Deutschlands im September 1938 in München. Die betroffene Tschechoslowakei wurde nicht eingeladen. Im Münchener Abkommen (29.9.1938) billigten die drei Mächte die deutschen Forderungen nach Abtretung des Sudetenlandes und vereinbarten dafür mit Deutschland den Fortbestand der restlichen Tschechoslowakei. Diese musste die Münchener Entscheidung hinnehmen. Es schien, als ob durch das britische und französische Entgegenkommen gegenüber Hitler der Frieden in Europa noch einmal gerettet worden war.

4 *Versetzt euch in die Lage eines Tschechen und beurteilt das Münchener Abkommen.*

Das „Protektorat" Böhmen und Mähren
Entgegen Hitlers Versicherung, nach dem „Anschluss" des Sudetenlandes keine Gebietsansprüche mehr zu stellen, überfielen deutsche Truppen am 15. März 1939 die Rest-Tschechoslowakei. Böhmen und Mähren wurden als „Protektorat" dem Reich ebenso eingegliedert wie das Memelland (westlich von Litauen). Die Slowakei wurde ein „selbstständiger" Staat unter deutscher Oberhoheit.

5 *Beschreibt die Vorgehensweise Hitlers und bewertet die europäischen Reaktionen.*

Legion Condor: *deutsche Militäreinheit, die den faschistischen General Franco 1936 im spanischen Bürgerkrieg unterstützte.*

29. September 1938: *Im Münchener Abkommen wird Deutschland das Sudetenland zugesprochen.*

15. März 1939: *deutscher Überfall auf die Rest-Tschechoslowakei.*

Arthur Neville Chamberlain *(geb. 18. 3. 1869, gest. 9. 11. 1940), 1937–40 englischer Premierminister, versuchte durch die Appeasement-Politik den europäischen Frieden zu retten. Erst ab 1939 trat er Hitlers Kriegspolitik entgegen.*

Auf dem Weg in den Zweiten Weltkrieg

Bau der Autobahn Hamburg – Lübeck. Foto.

Autobahnbau:
Die Bezeichnung Autobahn prägten die Nationalsozialisten. Autobahnen gab es in Deutschland aber bereits seit 1926. 1936 wurde die Autobahn Leipzig-Halle frei gegeben.

1 **Panzermontage in einer deutschen Rüstungsfabrik.** Foto, 1941.

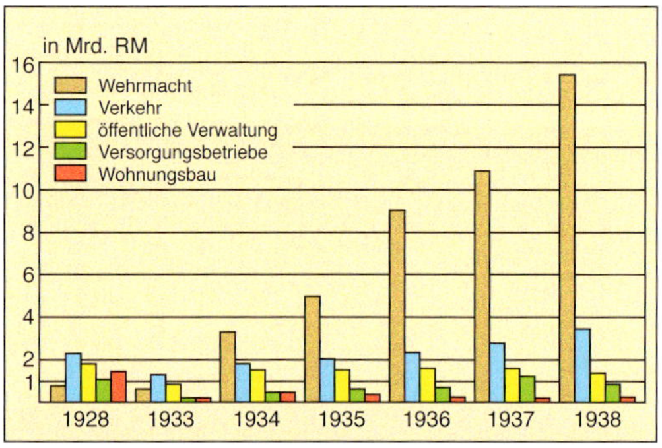

2 **Die öffentlichen Ausgaben im Deutschen Reich.**

Aufrüstung seit 1933

1 *Betrachtet die Grafik 2 und untersucht die Entwicklung der Ausgaben für die Wehrmacht im Vergleich zu den anderen öffentlichen Ausgaben.*

2 *Verfolgt die Entwicklung der Ausgaben für Versorgung und Wohnungsbau und fasst eure Beobachtungen in einem Satz zusammen.*

3 *Stellt Vermutungen darüber an, warum die Ausgaben für Verkehr nach 1933 anstiegen.*

Wirtschaftspolitische Ziele

Schon vor 1932 hatten die Nationalsozialisten ihre wirtschaftspolitischen Ziele festgelegt und den Spitzen der Wirtschaft und der Wehrmacht erläutert. Die wirtschaftliche Krise mit den über 6 Millionen Arbeitslosen im Jahr 1933 sollte durch eine massive Aufrüstung unter Beibehaltung des kapitalistischen Wirtschaftssystems überwunden werden. Die Beseitigung der Arbeitslosigkeit war aber nicht das erste Ziel der NS-Wirtschaftspolitik. Das eigentliche Ziel war die Aufrüstung der Reichswehr (alte Bezeichnung für die Streitkräfte, die ab 1935 Wehrmacht hießen), der alle anderen wirtschaftlichen Entscheidungen untergeordnet wurden. Die Wehrmacht sollte die modernste Armee Europas werden. Mit diesem Instrument sollten die Niederlage von 1918 revidiert und das rassistische Lebensraumprogramm im Osten Europas verwirklicht werden.

Durch staatlich gesteuerte Vierjahrespläne* richteten die Nationalsozialisten alle wirtschaftlichen Maßnahmen auf die Rüstung aus. Die Bewirtschaftung der Rohstoffeinfuhren und die besondere Förderung der Produktion einheimischer Rohstoffe und Ersatzstoffe sollten die deutsche Wirtschaft unabhängig von Einfuhren machen (autark*). Schon im Dezember 1933 garantierte die NS-Regierung dem IG-Farben-Konzern* im so genannten Benzinvertrag die Abnahme von synthetisch erzeugtem Benzin aus Kohle, dessen Produktion um ein Vielfaches teurer war als das aus Erdöl gewonnene Benzin.
Nach 1936 stellten die immer stärker werdenden staatlichen Lenkungsmaßnahmen die Industrieproduktion fast ausschließlich in den Dienst der Aufrüstung. Die Versorgung der Bevölkerung wurde bewusst nachrangig behandelt. Statt der dringend benötigten Wohnungen wurden die Mittel der Bauindustrie überwiegend für rüstungswichtige Objekte eingesetzt. 1939 wurden im Deutschen Reich 100 000 Wohnungen weniger fertig gestellt als 1929.

Vierjahresplan*:
Festlegung der wirtschaftlichen Investitionen, Ausrichtung, Betriebs- und Produktionszahlen für einen Zeitraum von vier Jahren im Voraus.

autark*:
wirtschaftlich unabhängig vom Ausland

IG Farben*:
Aus dem Chemiekonzern IG Farben (Interessengemeinschaft Farbenindustrie, 1925 durch Firmenübernahmen der BASF gegründet) gingen nach dem Krieg Firmen wie Agfa, BASF, Cassella Farbwerke, Farbenfabriken Bayer, Farbwerke Hoechst und andere hervor.

Die Rolle der Rüstungsindustrie

Produktion in 1000 Tonnen	1928	1936	1939
Eisenerz	2089	2259	3928
Aluminium	33	95	194
Flugbenzin	–	43	302
Benzin	–	1214	1633

Selbstversorgungsgrad in Prozent	1927/28	1938/39
Brotgetreide	79	115
Kartoffeln	96	100
Fleisch	91	97
Fett	44	57

3 **Ausgewählte Wirtschaftszahlen 1928–39.**

4 **Hitler bei einer KdF-Festrede.** Foto, 17. 2. 1938.

*Plakat von 1939 für den KdF-Wagen: Der „**Volkswagen**" sollte 900 Reichsmark kosten. Mit monatlich 20 RM Spareinlage war man dabei. Doch infolge des Krieges wurde kein einziger Volkswagen an einen KdF-Sparer ausgeliefert.*

Die Finanzierung der Rüstung

Die Aufrüstung wurde von den Nationalsozialisten durch eine starke Staatsverschuldung finanziert, wobei sie sich komplizierter wirtschaftlicher Methoden bedienten, um den Menschen das Ausmaß der Rüstung und der Staatsverschuldung zu verschleiern.

1938 befand sich die NS-Wirtschaftspolitik in einer Krise. Beim Anschluss Österreichs 1938 und dem Einmarsch in die Tschechoslowakei 1939 (vgl. S. 147) fielen den Nationalsozialisten die Gold- und Devisenvorräte dieser Länder in die Hände, mit denen die deutsche Wirtschaftskrise kurzfristig überwunden werden konnte.

Die innere Ordnung in den Industriebetrieben hatten die Nationalsozialisten durch die Zerschlagung der Gewerkschaften 1933 in ihrem Sinne geregelt (vgl. S. 110). Der Einsatz der Gestapo in den Rüstungsbetrieben brach jeden Widerstand gegen die Aufrüstungspolitik. Die Unternehmer, seit 1934 „Führer des Betriebes" mit alleiniger Entscheidungsgewalt, arbeiteten im Rahmen der Vierjahrespläne eng mit den Nationalsozialisten zusammen.

Die deutsche Rüstungs- und die gesamte Schwerindustrie waren insbesondere an den Militärprogrammen Hitlers interessiert, da hier die größten Aufträge ergingen. Die politische Zielsetzung der Nationalsozialisten wurde daher auch aktiv unterstützt oder doch zumindest als notwendiges Übel mitgetragen.

1937/38:
Die Bergarbeiter an der Saar verweigern die geplanten Sonntagsschichten.

Das Beispiel Volkswagen

Manche wirtschaftliche Maßnahme, die als positive Errungenschaft dargestellt wurde, entsprang der nationalsozialistischen Vorbereitung auf den geplanten Krieg. So auch der „Volkswagen", der einerseits als preiswerter „KdF-Wagen" und Symbol des deutschen Wohlstands geplant war, in seiner Entwicklung aber andererseits vor allem als störungsarmes und robustes Militärauto konzipiert wurde.

4 *Diskutiert, in welchem Umfang die deutschen Unternehmer – vor allem in der Rüstungsindustrie – mitverantwortlich für den Aufstieg der Nationalsozialisten und deren Kriegspolitik waren.*

Devisen*:
Zahlungsmittel in ausländischer Währung.

Firmenwerbung der Firma Krupp im Zweiten Weltkrieg.

Der Kriegsausbruch 1939

Lesetipp:
Der Zweite Weltkrieg. Fakten – Bilder – Hintergründe. Gerstenberg Verlag, Hildesheim 2002 (= Sehen – Staunen – Wissen).

23. August 1939:
Hitler-Stalin-Pakt (Nichtangriffspakt zwischen dem Deutschen Reich und der Sowjetunion).

1. September 1939:
Mit dem deutschen Überfall auf Polen beginnt der Zweite Weltkrieg.

November 1936:
Antikominternpakt, Bündnis mit Japan gegen die kommunistische Sowjetunion.

Kapitulation:*
Aufgabe aller Kriegshandlungen einer Truppe in aussichtsloser Lage.

1 **Karikatur zum Hitler-Stalin-Pakt.** D. Low, 1939.

Der Hitler-Stalin-Pakt von 1939

Zur völligen Überraschung schlossen das nationalsozialistische Deutschland und die Sowjetunion am 23. August 1939 einen gegenseitigen Nichtangriffspakt. Die Sowjetunion sagte sogar die Lieferung wichtiger Rohstoffe und Erze zu, die Deutschland für die Kriegführung benötigte. In einem geheimen Zusatzprotokoll hieß es weiter:

Q1 ... Für den Fall einer ... Umgestaltung in den zu den baltischen Staaten gehörenden Gebieten bildet die nördliche Grenze Litauens zugleich die Grenze der Interessensphären Deutschlands und der UdSSR. ... Für den Fall einer ... Umgestaltung der zum polnischen Staate gehörenden Gebiete werden die Interessensphären Deutschlands und der UdSSR ungefähr durch die Linie der Flüsse Narew, Weichsel und San abgegrenzt. Die Frage, ob die beiderseitigen Interessen die Erhaltung eines unabhängigen polnischen Staates erwünscht erscheinen lassen und wie dieser Staat abzugrenzen wäre, kann endgültig erst im Laufe der weiteren politischen Entwicklung geklärt werden. ...

1 *Beschreibt die deutschen und sowjetischen Absichten gegenüber Polen. Verfolgt die „Interessenlinie" auf der Karte 2 auf Seite 147.*
2 *Erläutert die Karikatur 1.*
3 *Diskutiert, ob sich die Sowjetunion nach dem Vertragsabschluss vor einem deutschen Angriff sicher fühlen konnte.*

Der Zweite Weltkrieg beginnt

Am 1. September 1939 überschritten deutsche Truppen ohne Kriegserklärung die polnische Grenze. Großbritannien und Frankreich erklärten Deutschland daraufhin den Krieg, kamen aber Polen nicht mehr rechtzeitig zu Hilfe. Nach 18 Tagen war Polen besiegt. Bereits am 17. September 1939 marschierte auch die Sowjetunion in Polen ein und besetzte Ostpolen bis zur Weichsel. Dies entsprach dem Abkommen vom August 1939.

Der Krieg im Westen

Während der ersten Phase des Zweiten Weltkriegs bis 1941 schien es, als ob Deutschland bald ganz Europa beherrschen würde. Nach dem Sieg über Polen eroberten deutsche Truppen ab April 1940 Dänemark und Norwegen, um die Zufuhr wichtiger Erzlieferungen nach Deutschland zu sichern.
Im Mai 1940 befahl Hitler den Angriff auf Frankreich. Unter Bruch der Neutralität Belgiens und der Niederlande stießen Panzertruppen durch Belgien nach Frankreich vor. Fallschirmjäger und Panzertruppen besetzten die Niederlande. Am 22. Juni 1940 kapitulierten* die französischen Truppen. Eine britische Armee entging erst in letzter Minute durch eine groß angelegte Rettungsaktion der Vernichtung durch deutsche Truppen bei Dünkirchen.
In allen eroberten Gebieten errichteten die Deutschen eine brutale Besatzungsherrschaft – besonders grausam in Polen. Dabei waren Einheiten der SS und der Polizei, aber auch reguläre Truppen eingesetzt. Sie verfolgten insbesondere Juden, verschleppten sie in Konzentrationslager oder ermordeten sie an Ort und Stelle (vgl. S. 132 ff. und S. 154 ff.).

Der Krieg in Europa und Asien

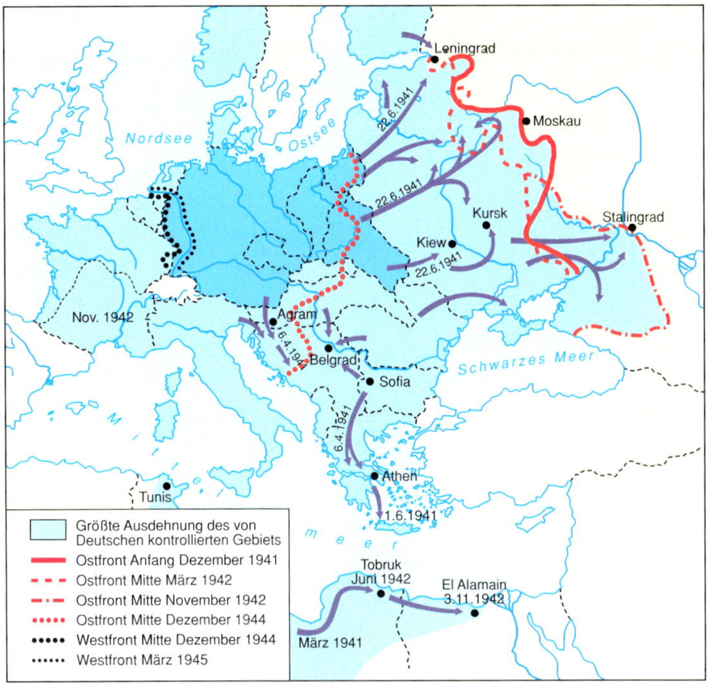

2 **Größte Ausdehnung des deutschen Machtbereichs im Verlauf des Zweiten Weltkriegs.**

Winston Churchill *(geb. 30. 11. 1874, gest. 24. 1. 1965), der schon seit 1929 vor den von Hitler drohenden Gefahren gewarnt hatte, war von 1940 bis 1945 britischer Premierminister. Foto.*

Kriegsgefangene Belgier und Franzosen. Foto.

Überfall auf die Sowjetunion

Mit dem Sieg über Frankreich war Hitler auf dem Höhepunkt seiner Macht. Die deutsche Bevölkerung bejubelte die Erfolge. Die hohen Verluste auch auf der deutschen Seite wurden heruntergespielt und hingenommen. Einzig Großbritannien unter seinem neuen Premier Winston Churchill leistete auch nach der erlittenen Niederlage von Dünkirchen erbitterten Widerstand.

Am 22. Juni 1941 überfiel die deutsche Wehrmacht auf Weisung Hitlers überraschend auch die UdSSR und eröffnete damit eine zweite Kriegsfront. Bis zu diesem Angriff hatte das kommunistische Regime seine Handelslieferungen von Rohstoffen, Erzen und Getreide an Deutschland entsprechend den Vereinbarungen des deutsch-sowjetischen Abkommens fortgesetzt.

Wiederum schien es, als ob die Nationalsozialisten auch die Sowjetunion durch einen Blitzkrieg* besiegen könnten. Mit dem Einbruch des Winters 1941 kam aber der deutsche Vormarsch zum Erliegen.

4 *Berichtet mithilfe der Karten und des Textes über den Kriegsverlauf.*

Kriegseintritt der USA und Krieg in Asien

Japan, auf dessen Hilfe Hitler gesetzt hatte, griff am 7. Dezember 1941 die US-Marine in Pearl Harbor auf Hawaii an und eroberte in der Folgezeit große Teile des Pazifikraumes und Südostasiens – Indochina, Sumatra, Java, Borneo, Philippinen, Celebes, Neuguinea.

Hitler ergriff die Gelegenheit zur Kriegserklärung an die USA. Die USA waren durch ihre Rüstungslieferungen bereits seit 1939 wenigstens indirekt an der englischen Kriegführung beteiligt. Seit März 1941 konnte England im Rahmen eines Leih- und Pachtgesetzes amerikanische Kriegsmaterialien in unbegrenzter Höhe ohne Gegenleistung erhalten. Im November 1941 wurde auch die Sowjetunion in dieses Programm einbezogen, da sie sich nach dem deutschen Überfall vom politischen Gegner zum militärischen Verbündeten gewandelt hatte. Mit dem Kriegseintritt Japans und der USA wurde der europäische Krieg an der Jahreswende 1941/42 endgültig zum Weltkrieg.

5 *Erläutert die Bedeutung des Kriegseintritts von Japan und der USA.*

Internettipp:
www.dhm.de/lemo/html/wk2/index.html

22. Juni 1941:
Beginn des Russlandfeldzugs („Unternehmen Barbarossa").

Blitzkrieg*:
Bezeichnung für einen extrem schnellen und erfolgreichen Angriffskrieg.

Der Kriegsalltag

1 Da die meisten Männer zum Kriegsdienst eingezogen waren, mussten die zurückgebliebenen Frauen auch schwerste Landarbeit verrichten. Foto, um 1943.

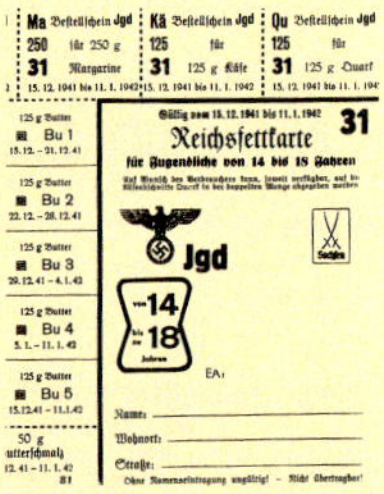

Reichsfettkarte für Jugendliche von 14 bis 18 Jahren.

Versorgung im „Hinterland"

Von September bis November 1939 wurde die Rationierung für alle Hauptnahrungsmittel und wichtigen Gebrauchsgüter eingeführt. Die Lebensmittelration betrug für Erwachsene pro Woche 2400 Gramm Brot oder Mehl, 500 Gramm Fleisch bzw. Wurst, 270 Gramm Fett, 280 Gramm Zucker, 1,5 Liter Milch. Andere Lebensmittel, wie Marmelade und Kaffee, waren ebenfalls rationiert. Nur Schwerarbeiter erhielten höhere Rationen. Für Kleidung gab es eine Reichskleiderkarte, die pro Jahr 100 Punkte umfasste. In diesem Punktesystem machte zum Beispiel ein Herrenanzug 60 Punkte, ein Frauenkleid 30 Punkte, ein Wintermantel 40, ein Sommermantel 35 Punkte. Diese Rationen wurden mit zunehmender Kriegsdauer ständig geändert, fast immer gekürzt. Nach der Erklärung des „totalen Krieges" im Februar 1943 (vgl. S. 169) wurden die Rationen immer kleiner, sie reichten kaum aus, um täglich bis zu 14 Stunden arbeiten zu können. Häufig konnten die Waren gar nicht bereitgestellt werden. Die sächsische Zeitung „Der Freiheitskampf" z. B. veröffentlichte regelmäßig Sparkochrezepte unter der Überschrift „Kohlrüben einmal anders!" oder „Zeitgemäße Rezepte".

Am 7. März 1945 veröffentlichte die Zeitung ein Rezept zur Herstellung von Kohlrübenbratlingen:

Q1 750 g Kohlrüben, 500 g Kartoffeln, 10 g Fett, Zwiebeln oder Lauch, 20 g Mehl, 10 g Semmelmehl, Basilikum, Salz.
Kartoffeln und Kohlrüben waschen, putzen, dämpfen, reiben ..., die gehackten Zwiebeln und das Mehl in zerlassenem Fett bräunen, mit den übrigen Zutaten gut vermischen, abschmecken, flache Klopse formen und in einer mit wenig Fett ausgeriebenen Pfanne braten.

1 *Vielleicht könnt ihr dieses Rezept einmal zu Hause ausprobieren. Berichtet danach, ob es geschmeckt hat und ihr satt geworden seid.*

2 *Verwendet die Textmaterialien für eine Schilderung der Lebenslage der sächsischen Bürger zwischen 1939 und 1945.*

3 *Vergleicht das Leben der Bevölkerung mit den Versprechungen der Nationalsozialisten vor dem Krieg.*

4 *Sprecht über Abbildung 1. Welche Konsequenzen ergeben sich aus der hier erkennbaren Alltagswirklichkeit?*

5 *Wie schätzt ihr die Situation der deutschen Bevölkerung in den Kriegstagen ein?*

Der Krieg in der Propagandakunst

1 NS-Plakat von 1942.

2 NS-Plakat von 1943.

Bildquelle: Propagandakunst
Kunst war für den NS-Staat vor allem Teil staatlicher Selbstdarstellung (siehe auch S. 142). Von der Reichskulturkammer wurden alle Künste gelenkt und mit Auflagen versehen, also zensiert*.
Die Themen der offiziellen Kunst waren durch die NS-Weltanschauung vorgegeben und in ihrem Stil nach Hitlers Kunstauffassung orientiert, die fast die gesamte moderne Kunst des 20. Jahrhunderts als „undeutsch" und „entartet" sah. Davon zeugen auch die Bücherverbrennungen im Mai und Juni 1933. Das eigentliche Ziel der NS-Kulturpolitik bestand darin, alle Kunst zur Propagandakunst für den NS-Staat zu machen.

1 *Welche Zielsetzung haben die beiden Plakate (Abbildungen 1 und 2)? Beachtet die Plakattexte und bedenkt die Kriegslage ab 1941.*

2 *Welcher darstellerischen Mittel bedienen sich diese Plakatbilder? Welchen Eindruck machen sie auf euch?*

3 *Das unten abgebildete dreiteilige Gemälde (Abbildung 3) wurde auch als ein „nationalsozialistisches Altarbild" bezeichnet. Überlegt, worauf sich dieser Vergleich gründet.*

Zensur*:
behördliche Prüfung und Verbot von Druckschriften oder sonstigen Veröffentlichungen. Die Zensur dient zur staatlichen Beschränkung der Pressefreiheit, der Kunst oder sonstiger Kulturtätigkeit.

3 **„Arbeiter, Bauern, Soldaten".** Gemälde von Hans Schmitz-Wiedenbrück, 1941.

Rassismus im Krieg

Meldung der Einsatzgruppe A (= Sonderkommando der Wehrmacht) vom 15. Oktober 1941:

Übersicht über die Zahl der bisher durchgeführten Exekutionen (= Hinrichtungen)

Litauen:
80 311 Juden
860 Kommunisten

Lettland:
30 025 Juden
1843 Kommunisten

Estland:
474 Juden
684 Kommunisten

Weißrussland:
7620 Juden

Insgesamt:
118 430 Juden
3387 Kommunisten

1 **„Vergeltungsaktion" an polnischen Partisanen.** Foto, 1942.

2 **Ausführung des „Kommissarbefehls".** Foto, um 1942.

„Leitlinien für den Krieg im Osten"

Entsprechend den Vorgaben Hitlers erließ die Wehrmachtsführung Anweisungen über die Art der Kriegführung im Osten.

In einem Befehl vom 13. Mai 1941 für den Russlandfeldzug stand:

Q1 … Freischärler* sind durch die Truppe im Kampf oder auf der Flucht schonungslos zu erledigen. …
Für die Handlungen, die Angehörige der Wehrmacht und des Gefolges gegen feindliche Zivilpersonen begehen, besteht kein Verfolgungszwang, auch dann nicht, wenn die Tat zugleich ein militärisches Verbrechen oder Vergehen ist …

Freischärler*: *eigenständig handelnde Kampftruppen, die nicht unter Armeebefehl stehen, z. B. Partisanen und Widerstandskämpfer.*

Am 6. Juni 1941 erging der so genannte ▸ Kommissarbefehl:

Q2 … Im Kampf gegen den Bolschewismus ist … von den politischen Kommissaren* … als den eigentlichen Trägern des Widerstands eine hasserfüllte, grausame und unmenschliche Behandlung unserer Gefangenen zu erwarten. …
Sie sind daher … grundsätzlich sofort mit der Waffe zu erledigen; … der für Kriegsgefangene völkerrechtlich geltende Schutz findet auf sie keine Anwendung. …

Kommissar*: *Beamter mit besonderem Auftrag. Die politischen Kommissare der KPdSU sollten die Truppen der Roten Armee ideologisch im Sinne Stalins führen.*

Die Juden als Feindbild der Armee

Aus einem Befehl des Oberbefehlshabers der 6. Armee, Feldmarschall von Reichenau, vom 10. Oktober 1941:

Q3 … Der Soldat ist im Ostraum nicht nur ein Kämpfer nach den Regeln der Kriegskunst, sondern auch Träger einer unerbittlichen völkischen Idee und der Rächer für alle Bestialitäten, die deutschem oder artverwandtem Volkstum zugefügt wurden. Deshalb muss der Soldat für die Notwendigkeit der harten, aber gerechten Sühne am jüdischen Untermenschen volles Verständnis haben. …

Aus einem Befehl des Oberbefehlshabers der 11. Armee, Erich von Manstein, vom 20. November 1941:

Q4 … Das jüdisch-bolschewistische System muss ein für alle Mal ausgerottet werden. …
Für die Notwendigkeit der harten Sühne am Judentum, dem geistigen Träger des bolschewistischen Terrors, muss der Soldat Verständnis aufbringen. Sie ist auch notwendig, um alle Erhebungen, die meist von Juden angezettelt werden, im Keime zu ersticken. …

1 *Fasst den Inhalt der Wehrmachtsbefehle zusammen.*

2 *Untersucht die in den Befehlen verwendete Sprache. Welche Begriffe fallen besonders auf? Bewertet das dahinter stehende Gedankengut.*

Verbrechen im deutschen Namen

Verbrechen von SS und Wehrmacht

Stellvertretend für Verbrechen von Einheiten der SS, aber auch der Wehrmacht stehen vor allem folgende Orte:

- Pančevo: Als Vergeltungsmaßnahme für die Erschießung zweier SS-Männer trieben Wehrmachtsangehörige die Einwohner der serbischen Stadt zusammen. Am 22. April 1941 wurden insgesamt 36 Menschen getötet, davon 18 Personen an der Friedhofsmauer erschossen.
- Babi Yar (westlich von Kiew): Hier wurden 33000 Juden aus Kiew in einer Schlucht von einem Sonderkommando der SS umgebracht. Anschließend planierte eine zur Wehrmacht gehörende Pioniereinheit das Massengrab.
- Lidice (Tschechoslowakei): Als Rache für die Ermordung des deutschen Statthalters in der Tschechoslowakei, Reinhard Heydrich am 4. Juni 1942 ermordete die SS alle Männer (rund 190 Personen) des tschechischen Dorfes. Frauen und Kinder wurden in KZs verschleppt.
- Oradour-sur-Glane (Frankreich): Als Vergeltung für Partisanentätigkeit ermordeten im Juni 1944 Einheiten der Waffen-SS alle Einwohner auf barbarische Weise. Rund 180 Männer wurden erschossen, über 440 Frauen und Kinder in der Kirche verbrannt.
- Warschau: Den Aufstand der polnischen Juden im Warschauer Getto im April/Mai 1943 schlug die SS blutig nieder. Die Überlebenden wurden in KZs gebracht und ermordet. Im August 1944 erschossen SS-Einheiten nach Beginn des Warschauer Aufstands etwa 15000 Menschen. Warschau wurde dem Erdboden gleichgemacht.

Außerdem umstellten Soldaten eines zur Heeresgruppe Mitte gehörenden Infanterieregiments russische Dörfer, trieben die Juden zusammen und erschossen sie.

Die Mitschuld der Wehrmacht

Als nach dem Zweiten Weltkrieg die deutschen Verbrechen einer breiten Öffentlichkeit bekannt geworden waren, wurde die ausschließliche Schuld der SS oder der Gestapo zugemessen, während nach allgemeiner Auffassung der „Ehrenschild der Wehrmacht" unbefleckt geblieben sei. Diese Legende von der „sauberen" Wehrmacht lässt sich nicht mehr aufrechterhalten. Es konnte inzwischen nachgewiesen werden, dass Teile dieser Streitkräfte am Vernichtungskrieg im Osten beteiligt waren. Dies reichte von einer Hilfeleistung durch Absperraktionen oder Materiallieferungen bis hin zu aktiver Beteiligung an Morden. Es bleibt aber festzuhalten, dass die meisten Wehrmachtsangehörigen von diesen Mordaktionen nichts wussten oder lediglich gerüchteweise davon erfuhren.

3 **Ermordung von Juden und so genannten Zigeunern* durch Wehrmachtstruppen in Pančevo.** Foto, 22.4.1941.

Aus einem Brief von Major Hellmuth Stieff an seine Frau über die Zustände in Polen, 21. November 1939:

Q5 ... Diese Ausrottung ganzer Geschlechter mit Frauen und Kindern ist nur von einem Untermenschentum möglich, das den Namen Deutsch nicht mehr verdient. Ich schäme mich, ein Deutscher zu sein! Diese Minderheit, die durch Morden, Plündern und Sengen den deutschen Namen besudelt, wird das Unglück des ganzen deutschen Volkes werden, wenn wir ihnen nicht bald das Handwerk legen. ...

3 *Erläutert anhand der Texte, wie die Rolle der Wehrmacht heute beurteilt wird.*

Zigeuner*: *Diese Benennung der Sinti und Roma ist zwar im deutschen Sprachraum weit verbreitet, wird aber von den Angehörigen dieser Volksgruppen als diskriminierend abgelehnt. Siehe auch S. 160.*

Massenmorde in Vernichtungslagern

Deportation*:
Gewaltsame und zwangsweise Verschleppung, Verbannung.

Babi Jar:
Schlucht bei Kiew, in der im September 1941 von Angehörigen eines deutschen Polizeibataillons über 30 000 Juden ermordet wurden.

1 **Auf der Rampe von Auschwitz.** Foto, 1942.

2 **Auf dem Weg in die Gaskammern.** Foto, 1942.

Heinrich Himmler
(geb. 7. 10. 1900, Selbstmord 23. 5. 1945), hemmungsloser Antisemit, war schon 1923 am Hitler-Putsch beteiligt (vgl. S. 68). Seit 1936 war er als Reichsführer der SS und damit Leiter des KZ-Systems führender Kopf einer brutalen „Germanisierungspolitik" im besetzten Osteuropa sowie treibende Kraft der „Endlösung" (vgl. S. 132).

Mordaktionen in Polen und Russland

Am 30. Januar 1939 kündigte Hitler vor dem Reichstag in dunklen Worten die Ermordung der Juden Europas an:

Q1 ... Ich will heute wieder ein Prophet sein: Wenn es dem internationalen Finanzjudentum in und außerhalb Europas gelingen sollte, die Völker noch einmal in einen Weltkrieg zu stürzen, dann würde das Ergebnis nicht die Bolschewisierung der Erde und damit der Sieg des Judentums sein, sondern die Vernichtung der jüdischen Rasse in Europa. ...

Nachdem Hitler im September 1939 (siehe S. 150) durch den Überfall auf Polen den Zweiten Weltkrieg ausgelöst hatte, verschlechterte sich die Lage der Juden in Deutschland und im eroberten Polen von Tag zu Tag.

Unter der Leitung Heinrich Himmlers begannen die Nationalsozialisten nun mit der planmäßigen Ermordung von Juden in Polen, später auch in der Sowjetunion. Besondere Einsatzkommandos der SS verwirklichten auf grausame Weise das Rassenprogramm der Nationalsozialisten. Diesen Mordaktionen, an denen sich auch Soldaten der Wehrmacht beteiligten, fiel etwa 1 Million Menschen zum Opfer.

Aus allen Ländern Europas, die die Nationalsozialisten erobert hatten, wurden Juden in die Vernichtungslager deportiert*. Für diese Schreckenslager stehen stellvertretend die Namen ▶ Auschwitz, Majdanek, Treblinka und Buchenwald. Allein in Auschwitz wurden drei Millionen Menschen in Gaskammern umgebracht. Andere starben an den Folgen schwerer Arbeit ohne ausreichende Ernährung. Nach der Ankunft in den Lagern wurden die Menschen von SS-Ärzten „selektiert", d. h. ausgesondert nach ihrer Arbeitsfähigkeit (Abbildung 1). Die Arbeitsfähigen wurden in primitiven Unterkünften untergebracht und zu schwerer Arbeit gezwungen. Die anderen Menschen wurden in den Gaskammern ermordet.

1 *Betrachtet die Abbildungen auf dieser Doppelseite und lest die Texte. Sprecht über eure Empfindungen.*

„Ich war allein" ...

Der damals 9 Jahre alte Soschia Minz berichtete nach dem Zweiten Weltkrieg:

Q2 ... Der Lagerarzt ... stellte fest, dass ich noch nicht zur Arbeit tauglich sei, und übergab mich dem Tod. Sie schlossen mich im Block ein. ... (Dort) traf ich meine Mutter, die auch für den Tod vorgesehen war. ... Ich war vollständig verzweifelt. Ich wollte nicht mehr leben und gequält werden. ...

Massenmorde in Vernichtungslagern

3 **Leichengrube im KZ Bergen-Belsen.** Das Foto entstand bei der Befreiung der Überlebenden 1945.

Reinhard Heydrich *(geb. 7. 3. 1904, durch Attentat getötet 4. 6. 1942), ab 1934 Chef der Gestapo, galt als „Architekt des NS-Polizeistaates" und war neben Hitler und Himmler Hauptinitiator der Judenverfolgung und -vernichtung.*

Frühmorgens kamen die Autos an, und wir fuhren zu jenem Platz, von dem niemand zurückkehrt. In der Gaskammer lag ich in den Armen meiner Mutter. Sie schaute mich mit weit aufgerissenen Augen voller Verzweiflung an, und ich hatte Angst, sie weiter anzusehen. ... Da kam ein SS-Mann herein, und er betrachtete die Opfer. Er trat mit seinen genagelten Schuhen auf meinen Fuß. Ich schrie leise auf. Er bückte sich, schaute mich einen Moment lang an, dann nahm er plötzlich meine Hand und warf mich aus der Kammer heraus. Als ich wieder zu Bewusstsein kam, war die Gaskammer von außen verriegelt. Ich war allein. Ich hatte keine Mutter, und ich musste weitermachen und gegen den Tod ankämpfen. ...

Der Kommandant von Auschwitz, Rudolf Höß, schrieb nach dem Zweiten Weltkrieg, kurz vor seiner Hinrichtung, einen Bericht:

Q3 ... ich befehligte Auschwitz bis zum 1. Dezember 1943 und schätze, dass mindestens 2 500 000 Opfer dort durch Vergasung und Verbrennen hingerichtet und ausgerottet wurden; mindestens eine weitere halbe Million starben durch Hunger und Krankheit, was eine Gesamtzahl von ungefähr 3 Millionen Toten ausmacht. Diese Zahl stellt ungefähr 70 oder 80 % aller Personen dar, die als Gefangene nach Auschwitz geschleppt wurden; die übrigen wurden ausgesucht und für Sklavenarbeit in den Industrien des Konzentrationslagers verwendet. Unter den hingerichteten und verbrannten Personen befanden sich ungefähr 20 000 russische Kriegsgefangene, die früher von der Gestapo aus den Gefängnissen der Kriegsgefangenen ausgesondert waren; ... der Rest der Gesamtzahl der Opfer umfasste ungefähr 100 000 deutsche Juden und eine große Anzahl von ... Juden aus Holland, Frankreich, Belgien, Polen, Ungarn, der Tschechoslowakei, Griechenland oder anderen Ländern. Ungefähr 400 000 ungarische Juden wurden allein in Auschwitz im Sommer 1944 von uns hingerichtet. ...

2 *Vergleicht Q2 und Q3 miteinander. Wie erinnern sich Opfer und Täter der Vorgänge? Achtet besonders auf die Sprache.*

Schätzung der Zahl der ermordeten Juden aus:

Polen
2 800 000

Deutschland
170 000

Russland
1 500 000

Europa insgesamt
5 978 000

Verfolgung und Widerstand im Warschauer Getto

sadistisch:*
grausam

1 Hungernde und frierende Kinder am Straßenrand im Warschauer Getto. Foto.

Das einzige Transportmittel für über 500 000 Gettobewohner war eine mit Davidstern gekennzeichnete Straßenbahn. Foto.

Leben und Sterben im Getto

In Polen und in Russland verwirklichten die Nationalsozialisten während des Zweiten Weltkriegs ihre rassistische Vernichtungspolitik gegenüber den Einwohnern dieser Länder, besonders aber gegenüber den osteuropäischen Juden. Der anfänglichen Verfolgung, Entrechtung und Ausbeutung der Juden folgte seit 1942 die systematische Ermordung der jüdischen Bevölkerung in Vernichtungslagern. Ein Beispiel für diese unmenschliche Politik sind die Ereignisse in Warschau (siehe auch S. 134).

In der polnischen Hauptstadt lebten 1939 eine Million Einwohner, von denen 350 000 Juden waren. 1940 wurden die jüdischen Einwohner gezwungen, wie im Mittelalter in einem engen Wohnbezirk, der von hohen Mauern umgeben war, zu wohnen. Das hoffnungslos überfüllte Getto war von der Außenwelt fast total abgeschottet, die Ausgänge wurden von der SS scharf bewacht. Diese Menschen versorgte man besonders schlecht, die Tagesration von Lebensmitteln war auf 200 Kalorien reduziert. Ein Judenrat war gezwungen, die Befehle der Deutschen gegenüber den eigenen jüdischen Mitgefangenen im Getto durchzusetzen. Marcel Reich-Ranicki, der als junger Mann im Getto leben musste, schrieb in seinen Erinnerungen:

Q1 … Den deutschen Posten an dieser Brücke bereitete es ein Vergnügen, die Juden, die dort vorbeigehen mussten (anders konnte man nicht vom kleinen Getto ins große gelangen und umgekehrt), auf besondere Art zu behandeln. Viele wurden ohne weiteres durchgelassen, andere sadistisch* gequält. Ging etwa ein bärtiger, womöglich älterer Jude vorbei, wurde ihm befohlen: „Fünfzig Kniebeugen!" Keiner hat das ausgehalten, alle brachen nach zwanzig oder dreißig ohnmächtig zusammen. Wir wohnten einige Monate lang unmittelbar an dieser Holzbrücke. So habe ich den düsteren Zirkus, der sich dort beinahe täglich abspielte und an dem sich die Wachtposten offenbar nicht satt sehen konnten, oft vom Fenster aus beobachtet. An die nächtlichen Schüsse und Schreie hatte man sich bald gewöhnt. …
Man traf ihn im Getto auf Schritt und Tritt, den Tod. Das ist wörtlich gemeint: Am Straßenrand lagen, vor allem in den Morgenstunden, die mit alten Zeitungen nur dürftig bedeckten Leichen jener, die an Entkräftung oder Hunger oder Typhus gestorben waren und für deren Beerdigung niemand die Kosten tragen wollte.
Zum Straßenbild im Getto gehörten unzählige Bettler, die, an eine Hauswand gelehnt, auf der Erde saßen und laut jammernd um ein Stück Brot baten; ihr Zustand ließ vermuten, dass sie sehr bald nicht mehr sitzen, sondern liegen würden – von Zeitungen bedeckt.

Planmäßiger Mord

Im Sommer und Herbst 1942 begann die systematische Ermordung der Juden. In drei Aktionen wurden die Bewohner des Gettos von der SS, der deutschen Polizei und der Gettopolizei zusammengetrieben und in Viehwaggons in das Vernichtungslager Treblinka gebracht. Etwa 250 000 Juden fanden den Tod in den Gaskammern. Reich-Ranicki erinnerte sich:

Q2 … Aber am 5. September gab es wieder eine an allen Mauern plakatierte Anordnung: Sämtliche noch im Getto lebenden Juden hatten sich am nächsten Tag um zehn

Verfolgung und Widerstand im Warschauer Getto

2 Überlebende der Aufstände im Warschauer Getto ergeben sich der SS. Foto, 1943.

Uhr morgens auf den Straßen eines genau bezeichneten Bezirks in der Nähe des „Umschlagplatzes" zu stellen: „zur Registrierung". Man sollte Lebensmittel für zwei Tage mitbringen und Trinkgefäße. Die Wohnungen durften nicht verschlossen werden. Was jetzt stattfand, nannte man die „große Selektion": 35 000 Juden, somit weniger als zehn Prozent der Bewohnerzahl des Gettos vor Beginn der „Umsiedlung", erhielten gelbe „Lebensnummern", die auf der Brust zu tragen waren – es waren vorwiegend die „nützlichen" Juden, diejenigen, die in den deutschen Betrieben arbeiteten oder im „Judenrat". Tausende bekamen keine „Lebensnummern", ließen sich aber von der angedrohten Todesstrafe nicht beirren: Sie hielten sich irgendwo im Getto verborgen. Alle anderen, es waren Zehntausende, wurden von der „Registrierung", von der „großen Selektion" direkt zu den Zügen nach Treblinka abgeführt.

1 *Lest Q1 und Q2 und berichtet über die Situation der Juden im Getto.*

Aufstand der Verzweifelten

Im Januar 1943 leisteten die im Getto verbliebenen Juden erstmals bewaffneten Widerstand. Eine „Jüdische Kampforganisation" unter Mordechai Anielewicz wehrte sich gegen die deutschen Unterdrücker. Als im April 1943 die letzten 60 000 Juden nach Treblinka deportiert werden sollten, kam es zum bewaffneten Aufstand. In erbitterten Kämpfen wehrten sich die Juden bis Ende Mai 1943 gegen die überlegenen Polizei- und SS-Einheiten, die das Getto systematisch niederbrannten und zerstörten. Im Bericht des SS- und Polizeiführers Stroop über den Einsatz hieß es:

Q3 … Nur durch den ununterbrochenen und unermüdlichen Einsatz sämtlicher Kräfte ist es gelungen, insgesamt 56 065 Juden zu erfassen bzw. nachweislich zu vernichten. Dieser Zahl hinzuzusetzen sind noch die Juden, die durch Sprengungen, Brände usw. ums Leben gekommen sind, aber zahlenmäßig nicht erfasst werden konnten.

2 *Berichtet über die Motive und den Verlauf des Widerstands der Juden im Getto.*

3 *Analysiert die Sprache des SS- und Polizeiführers (Q3).*

Der deutsche Bundeskanzler ***Willy Brandt*** *kniete 1970 am Mahnmahl für die Opfer des Warschauer Gettos nieder. Mit dieser Geste wollte er ein Zeichen setzen.*
Brandt war nach Warschau gekommen, um den deutsch-polnischen Vertrag zu unterzeichnen, der die Anerkennung der Grenzen Polens garantierte und eine friedliche Zusammenarbeit beider Staaten einleitete.

Völkermord

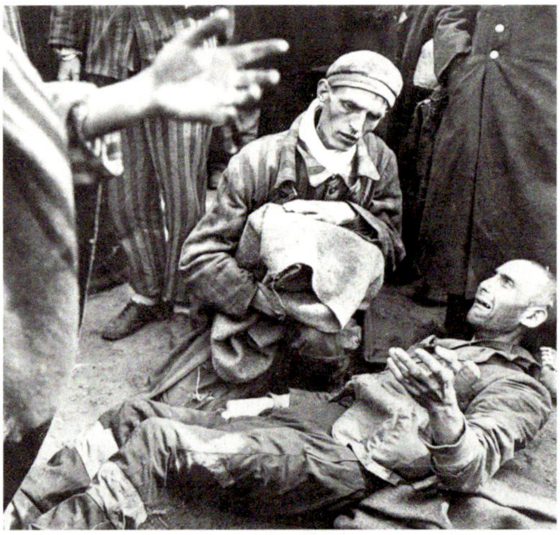

1 **KZ-Häftlinge bei ihrer Befreiung 1945.** Foto.

2 **Der Lagerarzt Dr. Klein inmitten eines Leichenberges im KZ Bergen-Belsen.** Foto, 1945.

Sinti und Roma*: *Sammelbezeichnung für weltweit verbreitete Minderheitsgruppen, deren kulturelle Zusammengehörigkeit vor allem in ihrer Sprache, dem Romani, gegeben ist. Die Sinti bilden dabei die mitteleuropäische Gruppe, die Roma entstammen im wesentlichen dem außerdeutschen Sprachraum. Unter den Nationalsozialisten von Beginn an verfolgt, war das Zentrum des späteren Völkermords an den Sinti und Roma vor allem in Auschwitz.*

Genozid*: *Völkermord.*

Andere Opfer der Nationalsozialisten

Millionen anderer Menschen wurden ebenso wie die Juden Opfer der nationalsozialistischen Vernichtungspolitik. Viele Gegner der Nationalsozialisten, wie Sozialdemokraten, Kommunisten oder Christen beider Konfessionen und Zeugen Jehovas, wurden verfolgt, eingesperrt oder in Konzentrationslager gebracht.

Nach Ausbruch des Zweiten Weltkrieges töteten die Nationalsozialisten in einer gemeinsamen Aktion etwa 20 000 Geisteskranke und körperlich Missgebildete durch Gas oder Gift. Gegen diese Aktion protestierten Geistliche der evangelischen und der katholischen Kirche. Daraufhin stellten die Nationalsozialisten die Mordaktion zeitweilig ein (siehe S. 139).

Ein ähnliches Schicksal wie die Juden erlitten die Sinti und Roma. Etwa 500 000 Angehörige dieses Volkes wurden aus ganz Europa in Vernichtungslager gebracht und getötet. Nach dem Entzug der Bürgerrechte im Jahre 1935 konnten die Sinti und Roma* in Deutschland jederzeit verhaftet und in Lager eingesperrt werden. Von den 30 000 Sinti und Roma, die 1939 in Deutschland lebten, überlebten nur 5000 den Genozid*.

Mitwirkung und Mitschuld

Ohne die Mitwirkung zahlreicher Menschen und vieler Behörden, etwa der Reichsbahn, hätte der Massenmord an den Juden nicht verwirklicht werden können. Die Angst, selbst Opfer der Mordmaschinerie zu werden, hinderte viele Menschen, aktiven Widerstand gegen den Massenmord zu leisten oder gegen ihn zu protestieren. Nach sorgfältigen Schätzungen sind fast 6 Millionen jüdische Menschen in den nationalsozialistischen Vernichtungslagern gequält und ermordet worden. Gegen die massenweise Ermordung der Juden durch die SS regte sich in Deutschland kein Widerstand. Viele, die davon wussten oder etwas ahnten, schwiegen. Auch die beiden großen Kirchen protestierten nicht gegen die Verfolgungen und den Massenmord an den Juden.

1 *Versucht herauszufinden, ob es in der Nähe eures Schulortes Konzentrations- oder Zwangsarbeiterlager gab. Überlegt, ob ihr eine Gedenkstätte besuchen könnt.*

2 *Auch heute gibt es Verleumdungen gegen Minderheiten. Überlegt, was man tun kann, um diesen Parolen Einhalt zu gebieten.*

3 *Diskutiert darüber, zu welchem Zeitpunkt die Menschen in Deutschland sich gegen die antijüdischen Parolen der Nationalsozialisten hätten wehren müssen, um Schlimmeres zu verhindern.*

Zwangsarbeit

1 Zwangsarbeiterinnen aus dem Osten beim Arbeitseinsatz in Deutschland, 1942.

Arbeitskräfte für Deutschland

Um die Rüstungs- und Lebensmittelproduktion während des Krieges aufrechtzuerhalten, wurden überall in Deutschland ▶ Kriegsgefangene und zivile ausländische Arbeiterinnen und Arbeiter zwangsweise beschäftigt. Die meisten von ihnen kamen aus Osteuropa. Dort wurden sie oft durch Razzien* oder unter Androhung von Gefängnis oder sogar der Todesstrafe zusammengetrieben und verschleppt.

Ende 1944 gab es etwa fünf Millionen ▶ Zwangsarbeiter in Deutschland, darunter fast zwei Millionen Russen und 850 000 Polen, mehr als die Hälfte von ihnen Frauen.

Die Lebensbedingungen der ausländischen Zwangsarbeiter und Gefangenen unterschieden sich sehr stark nach ihrem Einsatzort in Industrie oder Landwirtschaft und nach ihrer Herkunft. Je nach Arbeitsbedarf waren sie über das ganze Land verteilt, kaum ein Ort blieb ausgenommen.

Wer in einem Rüstungsbetrieb eingesetzt war, musste bei unzureichender Ernährung in schmutzigen Barackenlagern leben, während die Lebens- und Arbeitsbedingungen auf dem Land, auf den Bauernhöfen, oft weniger hart und bedrückend waren. Besonders schrecklich war die Behandlung der russischen Arbeiterinnen und Arbeiter, die oft völlig unterernährt wie Arbeitssklaven leben mussten.

Die Einstellung zu ihnen drückte Heinrich Himmler, Reichsführer SS, deutlich aus:

Q1 … Ob beim Bau eines Panzergrabens 10 000 russische Weiber an Entkräftung umfallen oder nicht, interessiert mich nur insoweit, als der Panzergraben für Deutschland fertig wird. Wir werden niemals roh und herzlos sein, wo es nicht sein muss; das ist klar. Wir Deutsche, die wir als Einzige auf der Welt eine anständige Einstellung zum Tier haben, werden auch zu diesen Menschentieren eine anständige Einstellung einnehmen. …

1 *Beschreibt das Schicksal der nach Deutschland verschleppten Zwangsarbeiter/-innen.*

2 *Welche Einstellung zu ihnen spiegelt sich im Quellentext wider?*

Bei den geringsten Verstößen gegen Arbeitsanweisungen oder die Lagerdisziplin wurden die Zwangsarbeiter streng bestraft. Essensentzug, Bunkerhaft und körperliche Misshandlungen waren üblich.

Erst nach jahrzehntelangen Verhandlungen haben die Bundesregierung und die Industrie im Jahr 2000 eine Lösung für das Problem geleisteter Zwangsarbeit gefunden. Allen überlebenden Zwangsarbeitern wurde eine finanzielle Entschädigung gewährt.

3 *Waren in eurem Ort oder in der näheren Umgebung Zwangsarbeiter untergebracht? Bringt etwas über deren Schicksal in Erfahrung.*

Razzia*:
überraschende Fahndung der Polizei in einem Gebiet oder Gebäude.

Arbeitsbuch
eines als so genannte Ostarbeiterin eingesetzten sowjetischen Mädchens, Dezember 1943. Vorwort im Arbeitsbuch: „Wie der deutsche, so dient auch der ausländische Arbeiter der Stirn und der Faust durch seinen Arbeitseinsatz im Großdeutschen Reich dem Neuaufbau Europas und dem Kampf um die lebenswichtigen Voraussetzungen für eine glückliche Zukunft und Wohlfahrt der Völker im europäischen Raum. Der ausländische Arbeiter muss sich dieser Aufgabe und Auszeichnung stets bewusst sein. Auf diesem Gedanken beruht sein Einsatz, seine Arbeitsleistung und seine persönliche Haltung."

Der Anfang vom Ende

1 **Leichen gefallener deutscher Soldaten der 6. Armee vor Stalingrad.**
Foto, Februar 1943.

Friedrich Paulus
(geb. 23. 9. 1890, gest. 1. 2. 1957), General und Oberbefehlshaber der 6. Armee vor Stalingrad, wurde 1953 aus der Kriegsgefangenschaft entlassen und ließ sich in der DDR nieder. Foto.

Stalingrad

Im Osten wurde der deutsche Vorstoß gestoppt. Bei Stalingrad an der Wolga entbrannte eine erbitterte Schlacht, in deren Verlauf im November 1942 280 000 deutsche Soldaten eingekesselt wurden. Die Kesselschlacht von Stalingrad tobte zwei Monate lang. Sowohl die Kämpfe als auch die furchtbare Kälte (–31 °C) forderten auf beiden Seiten zahlreiche Opfer. Die Bitte des kommandierenden Generals Paulus, einen Ausbruch unternehmen oder kapitulieren zu dürfen, wurde von Hitler in Berlin abgelehnt. Die Luftunterstützung für die Eingekesselten schlug aber weitgehend fehl. Die Luftwaffe verlor etwa 8000 Mann und rund 500 Flugzeuge.

Ende Januar 1943 gaben die völlig entkräfteten deutschen Truppen auf. Hitler sprach von „Feigheit vor dem Feind". Etwa 146 000 Soldaten waren allein auf deutscher Seite ums Leben gekommen. Die Verluste auf sowjetischer Seite werden auf etwa 400 000 Mann geschätzt. Darüber hinaus kamen 50 000 Bewohner Stalingrads durch die deutsche Belagerung ums Leben. Weitere 65 000 Menschen wurden als Zwangsarbeiter nach Deutschland verschleppt. Die Stadt selbst wurde völlig vernichtet.

In der deutschen Bevölkerung wuchs die Überzeugung, dass Deutschland den Krieg nicht mehr gewinnen könne.

Die Reaktion der deutschen Bevölkerung

In einem geheimen Lagebericht der Gestapo wird die Reaktion auf die Nachricht von der Niederlage bei Stalingrad in der deutschen Bevölkerung beschrieben:

Q1 Die Meldung ... hat im ganzen Volk... eine tiefe Erschütterung ausgelöst. ... In erster Linie ist es die Höhe der Blutopfer, nach denen die Bevölkerung fragt. ...
Die einen erklären, die Gefangenschaft sei schlimmer als der Tod, weil die Bolschewisten die lebend in ihre Hände gelangten Soldaten unmenschlich behandeln würden. Andere wiederum meinen, es sei doch ein Glück, dass nicht alle gefallen seien, so sei doch noch Hoffnung, dass später einmal ein Teil von ihnen in die Heimat zurückkehre. ... Allgemein ist die Überzeugung vorhanden, dass Stalingrad einen Wendepunkt des Krieges bedeute.

1 *Welche Grundstimmung in der deutschen Bevölkerung wird in diesem Bericht deutlich?*
2 *Bewertet die Rolle Hitlers in den Geschehnissen um die Schlacht von Stalingrad.*
3 *Erklärt, warum die Schlacht von Stalingrad als Wendepunkt im Zweiten Weltkrieg bezeichnet wird.*
4 *Erklärt die verschiedenen Einschätzungen des Schicksals russischer Gefangenschaft.*

Luftkrieg gegen deutsche Städte

2 **Blick vom Rathausturm auf die zerstörte Dresdner Innenstadt.** Foto, 1945.

3 **Überlebende nach einem Bombenangriff.** Zeitgenössisches Foto.

London nach einem deutschen Luftangriff am 15. 9. 1940. Foto.

Die Potsdamer Nikolaikirche nach dem Luftangriff. Foto, 1946.

Leipzig, 4. Dezember 1943

Die deutsche Luftwaffe hatte im August 1940 mit der Bombardierung englischer Städte den ▶ Luftkrieg gegen die Zivilbevölkerung eröffnet. Im Gegenzug erfolgten auch verheerende Luftangriffe auf deutsche Städte wie etwa Köln, Hamburg oder Berlin durch englische und amerikanische Flugzeuge. Auf die Stadt Leipzig warfen in der Nacht des 4. Dezember 1943 400 Kampfflugzeuge etwa 900 Sprengbomben, 90 000 Stabbrandbomben, 1700 Phosphorbomben und 18 schwere Luftminen ab. Durch diesen flächendeckenden „Bombenteppich" verloren 1717 Menschen ihr Leben.

Dresden, 13. Februar 1945

Im Februar 1945 waren in Dresden viele Flüchtlinge, z. B. aus Schlesien. Auf den Flüchtlingstrecks befanden sich auch viele ältere und kranke Menschen und verwundete Soldaten. Schulen, Gasthöfe und zahlreiche große Gebäude waren belegt.

Vom 13. bis 15. Februar 1945 bombardierten mehr als 1300 Flugzeuge in vier aufeinander folgenden Angriffen Dresden. Die Stadt war ein Rüstungsstandort und ein Knotenpunkt der Infrastruktur in Deutschland. Bei dem Angriff nahmen die Kriegsparteien jedoch auch den Tod vieler Zivilisten in Kauf: Dresden brannte fünf Tage lang, Forschungen zufolge starben ca. 35 000 Menschen.

Potsdam, 14./15. April 1945

Am 14. und 15. April warfen alliierte Flugzeugverbände über 1700 Tonnen Bomben auf Potsdam und zerstörten den historischen Stadtkern: Das Stadtschloss, die Garnisonkirche, das Schauspielhaus und viele andere Gebäude in der Stadt sanken in Schutt und Asche, während Sanssouci verschont blieb. Von 5166 Gebäuden wurden 856 vernichtet und 248 schwer beschädigt.

5 *Überlegt, welche Ziele die Alliierten mit der Bombardierung der deutschen Städte verfolgten.*

6 *Wie bewertet ihr diese Art der Kriegführung beider Seiten aus heutiger Sicht?*

7 *Informiert euch, ob auch euer Wohnort Ziel von Luftangriffen gewesen ist oder ob Brücken oder Gewerbeanlagen in eurem Umfeld bombardiert worden sind.*

Das Kriegsende in Europa

Am 30. April 1945 setzte Hitler Großadmiral **Dönitz** als seinen Nachfolger ein. Der Zweite Weltkrieg war am 8./9. Mai mit der deutschen Kapitulation in Europa vorbei. Aber die Regierung Dönitz, der sich mit seinen Ministern in die Marineschule Flensburg-Mürwik begeben hatte, bestand weiterhin. Allerdings nur kurze Zeit. Am 23. Mai wurde die Reichsregierung unter Dönitz gefangen genommen. So endete das „Dritte Reich". Foto.

Westwall*: *deutsche Befestigungsanlage an der Westgrenze zu Frankreich, zwischen 1936 und 1939 errichtet.*

9. Mai 1945: *Inkrafttretem der bedingungslosen Gesamtkapitulation der deutschen Wehrmacht und damit Kriegsende in Europa.*

1 **Amerikanische und russische Truppen treffen an der zerstörten Elbbrücke in Torgau zusammen.** Foto, 1945.

2 **Russische Soldaten hissen die sowjetische Flagge auf dem gestürmten Reichstag in Berlin.** Foto, 1945.

Zusammenbruch an Ost- und Westfront

In den letzten anderthalb Kriegsjahren kamen auf allen Seiten mehr Menschen ums Leben als in den vorangegangenen zusammen. Letzte Gegenoffensiven wie etwa der deutsche Truppenvorstoß in den Ardennen blieben erfolglos. Nacheinander wurden alle von den Deutschen besetzten Gebiete wieder befreit. Aufgrund der Überlegenheit der Alliierten, u. a. durch die Landung der westalliierten Truppen 1944 in der Normandie (Frankreich), waren seit 1944 alle deutschen Truppen auf dem Rückzug. Im Westen zogen sie sich bis September 1944 zum Westwall* zurück, im Osten erzwang die Rote Armee im Oktober die Front auf die Linie Ostpreußen – Warschau – Karpaten zurückzunehmen. Jetzt begannen Millionen Deutsche nach Westen zu fliehen. Die Front kam nach Deutschland.

Das Kriegsende in Deutschland

Durch eine sowjetische Großoffensive wurde Ostpreußen vom Reich abgeschnitten, Schlesien von der Roten Armee erobert. Die sowjetischen Truppen drangen bis an die Oder vor. Ende März 1945 setzten die Westalliierten über den Rhein und leiteten die Endphase des Krieges ein. Amerikaner und Briten bombardierten die deutschen Städte Tag und Nacht. Dresden, Nürnberg, Würzburg und viele andere Städte wurden durch Bombenangriffe zerstört. Die alliierten Truppen eroberten den Westen Deutschlands und rückten über Süddeutschland nach West-Böhmen vor. Am 25. April trafen sich sowjetische und amerikanische Truppen östlich von Leipzig bei Torgau an der Elbe.

Im April 1945 eroberten sowjetische Truppen schließlich Berlin. Auf dem Reichstag wurde die sowjetische Flagge gehisst.

Die nationalsozialistische Herrschaft endete mit dem Selbstmord Hitlers am 30. April 1945 im Berliner „Führerbunker" und der Unterzeichnung der ▶ bedingungslosen Kapitulation am 7./8. Mai 1945 durch die Führung der deutschen Wehrmacht. In allen deutschen Gebieten übernahmen die Siegermächte die Regierungsgewalt.

1 *Berichtet über das Ende des Krieges in Deutschland.*

2 *Diskutiert über den Sinn und Unsinn der langen Rückzugskämpfe.*

Das Kriegsende in Asien

3 **Hiroshima nach dem Abwurf der ersten Atombombe am 6. August 1945.** Foto, 1945.

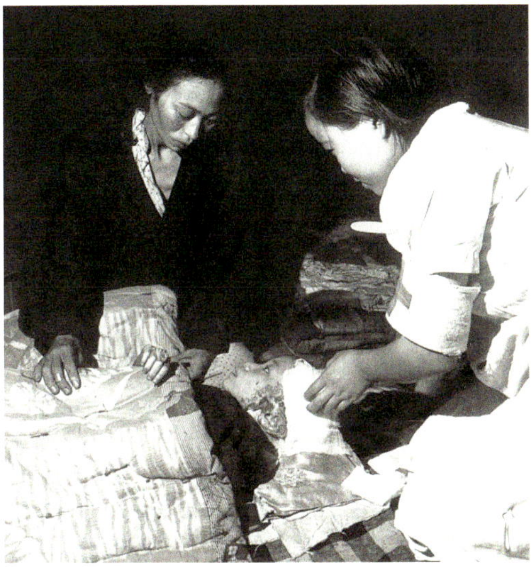

4 **Überlebende des Atombombenabwurfs von Hiroshima.** Foto, August 1945.

Kriegsschauplatz Pazifik
In Ostasien ging der Krieg zwischen Japan und den USA weiter. Dabei gelang es den Alliierten, die Japaner aus zahlreichen ihrer Eroberungsgebiete zu verdrängen. Die Kämpfe wurden unter hohen Verlusten auf beiden Seiten geführt. Längst hatten die Amerikaner auch die Lufthoheit über Japan errungen, und so forderten die Alliierten nun die bedingungslose Kapitulation. Dies aber lehnte Japan ab, der Krieg ging weiter.

3 *Überlegt, warum Japan eine bedingungslose Kapitulation ablehnte.*

Der erste ▶ Atombombenabwurf
Am 6. August 1945 warfen die Amerikaner über der japanischen Stadt Hiroshima, in der 340 000 Menschen lebten, erstmals eine Atombombe ab. Durch die Explosion starben 80 000 Menschen sofort, 40 000 weitere erlagen innerhalb weniger Monate ihren Strahlenverletzungen und Verbrennungen. Mindestens 30 000 Überlebende erlitten schwere Strahlenschäden, deren Spätfolgen bis heute nicht abzusehen sind. Die Rate an Krebserkrankungen und Missbildungen bei Neugeborenen liegt in Hiroshima weit über dem Landesdurchschnitt.
Hiroshima wurde fast völlig zerstört. Doch erst nachdem die UdSSR Japan am 8. August den Krieg erklärt und die Mandschurei besetzt hatte und nachdem von den Amerikanern am 9. August eine zweite Atombombe über Nagasaki abgeworfen worden war, bei der 72 000 Menschen ihr Leben verloren, kapitulierte Japan bedingungslos am 2. September 1945.

4 *Versucht Informationen über die Auswirkungen des ersten Atombombenabwurfs aus Büchern und Zeitschriften zusammenzustellen (Stadtbibliothek, Schulbibliothek).*

5 *Informiert euch über den derzeitigen Stand der internationalen Abrüstungsverhandlungen zur Begrenzung und Abschaffung von Atomwaffen.*

Präsident Truman äußerte sich 1965 im Rückblick zu seiner Entscheidung:

Q1 Mir war natürlich klar, dass die Explosion einer Atombombe unvorstellbare Schäden und Menschenverluste zur Folge haben würde. … Eines möchte ich klarstellen: Ich betrachtete die Bombe als militärische Waffe und hatte nie den geringsten Zweifel, dass sie eingesetzt werden sollte.

6 *Diskutiert, ob Trumans Entscheidung zu rechtfertigen ist.*

6./9. August 1945:
Atombombenabwürfe über Hiroshima und Nagasaki.

Der Atompilz einer Wasserstoffbombe. Foto.

2. September 1945:
bedingungslose Kapitulation Japans und damit Kriegsende in Asien.

Harry S. Truman
(geb. 8. 5. 1884, gest. 26. 12. 1972) war von 1945 bis 1953 Präsident der Vereinigten Staaten. Foto.

Bis heute starben weitere 200 000 Menschen allein in Hiroshima an den Spätfolgen des Abwurfs.

Im April/Mai 1945 wurde Sachsen von der Roten Armee besetzt, die Gebiete westlich der Mulde mit Leipzig, Grimma und Rochlitz sowie westlich der Zwickauer Mulde mit Auerbach, Falkenstein, Glauchau, Plauen, Oelsnitz, Reichenbach und Zwickau von den US-Streitkräften. Ein Sonderfall bildete der damalige Landkreis Schwarzenberg, welcher als so genannte ***Freie Republik Schwarzenberg*** *anfangs unbesetzt blieb. Anfang Juli 1945 wurde dann ganz Sachsen Teil der Sowjetischen Besatzungszone (SBZ).*

Kriegsende in Sachsen

1 **Der Einmarsch der Alliierten in das Deutsche Reich im April/Mai 1945.**

Der Krieg geht endlich zu Ende

Im Internetauftritt des MDR zum Kriegsende in Sachsen vor 60 Jahren heißt es:

M1 **Frühjahr 1945:** Der Zweite Weltkrieg ist an seinen Ausgangspunkt zurückgekehrt. Für viele Menschen in und um Leipzig steht die Frage: „Wer wird wann kommen?" Die Bevölkerung freut sich nicht auf die Besatzertruppen, doch die Hoffnung auf ein Ende der Luftangriffe und auf etwas mehr Essen drängt die Angst vor dem „Feind" in den Hintergrund.

Angriffsziel Leipzig

Immer wahrscheinlicher wird die Besetzung Mitteldeutschlands durch amerikanische Truppen, denn der Oberbefehlshaber der alliierten Streitkräfte – General Eisenhower – hatte Ende März 1945 Berlin als Angriffsziel der westlichen Verbündeten aufgegeben. Stattdessen wird der Vormarsch in Richtung Erfurt – Leipzig – Dresden forciert. Leipzig – mit 700 000 Einwohnern eine der größten Städte im Deutschen Reich – wird damit zum Angriffsziel. Zahlreiche verheerende Luftangriffe haben der einst glanzvollen Stadt zu diesem Zeitpunkt bereits schwere Wunden zugefügt. Durch das Flächenbombardement vom 4. Dezember 1943 waren weite Teile der Innenstadt zerstört worden. ... Doch noch immer ist die Stadt ein bedeutender Standort der Rüstungsindustrie. Zehntausende Zwangsarbeiter, Kriegsgefangene und KZ-Häftlinge verrichten Sklavendienste, u. a. bei der Allgemeinen Transportgesellschaft (ATG) und in den Erla-Werken. Dazu gibt es etwa 400 Gefangenenlager und Außenstellen der KZ Buchenwald, Flossenbürg und Ravensbrück.

Die letzten Tage vor der Kapitulation

Am 11. April 1945 erreicht die 1. Armee der US-Streitkräfte die Saale bei Bad-Kösen und dringt weiter in Richtung Leipzig vor. Die Gegend in und um Leipzig bietet den vorrückenden Truppen keinerlei natürliche Hindernisse; künstliche Wehranlagen fehlen ebenso. Hastig werden „Verteidigungswälle" errichtet. Mit Steinen gefüllte Straßenbahnwagen ... sollen den Vormarsch der Amerikaner zumindest verzögern. Zur gleichen Zeit versuchen die Nazis, ihre Spuren zu verwischen. Die Gestapo verbrennt belastende Akten im Krematorium auf dem Südfriedhof und tötet politische Häftlinge aus den Gefängnissen in der Riebeck- und Wächterstraße. SS-Truppen lösen die Leipziger Außenlager der KZ auf und treiben auf den Todesmärschen über Döbeln, Freiberg und Teplice viele der entkräfteten, halbverhungerten Häftlinge in den Tod.

Kriegsende in Sachsen

Den nahenden Alliierten kann der Leipziger Kampfkommandant Generalmajor von Ziegesar neben 1000 Wehrmachtsangehörigen nur noch acht Volkssturmbataillone entgegenstellen, darunter auch 16-jährige Hitlerjungen. Das letzte Aufgebot ist völlig unzureichend ausgerüstet, nur Panzerfäuste sind in großer Zahl vorhanden. Oberst von Poncet, der jetzt den zögernden Generalmajor von Ziegesar ablöst, wählte als Hauptverteidigungsstützpunkte den Hauptbahnhof, das Völkerschlachtdenkmal und das Neue Rathaus.
Am 13. April hören die Leipziger erstmals den Geschützdonner der nahenden Front. Vier Tage später verkünden Sirenen den Angriff amerikanischer Panzer auf Leipzig. ... Am 18. April nehmen die amerikanischen Truppen Leipzig ein. Auf ihrem Vormarsch stoßen die Soldaten nur selten auf heftigen Widerstand.
Am Felsenkeller schießt indes ein „schmächtiger 16-jähriger Junge" einen Sherman-Panzer mit einer Panzerfaust ab. Die Besatzung findet den Tod, der Junge wird vom nachfolgenden Tank getötet. Viele Einwohner empfangen die US-Soldaten mit weißen Fahnen. Und schließlich bietet Polizeipräsident von Grolman die Übergabe der Stadt an. Die Gespräche scheitern jedoch, da sich Oberst von Poncet weigert, die Waffen niederzulegen. Gemeinsam mit etwa 300 „Getreuen" verschanzt er sich im Völkerschlachtdenkmal und leistet erbitterten Widerstand. Auch aus dem Neuen Rathaus werden die US-Truppen mit Gewehrfeuer empfangen. Die Verteidiger des Hauptbahnhofes ergeben sich dagegen schon am Abend des 18. April. Jetzt halten die Deutschen nur noch den Leipziger Norden, einige Wohngebiete im Süden, das Völkerschlachtdenkmal und das Neue Rathaus. Das nehmen die amerikanischen Soldaten am Nachmittag des 19. April ein. Dabei stoßen sie auf die Leichen einiger Naziführer und auch auf die von Oberbürgermeister Freyberg und Stadtkämmerer Dr. Lisso, die ihrem Leben und dem ihrer Familien durch Gift ein Ende gesetzt hatten.
... Das Völkerschlachtdenkmal erweist sich als „harter Brocken". Die amerikanische Artillerie kann aus dem Steinkoloss nur kleine Splitter herausschießen. Erst als ein Geschoss durch ein Fenster ins Innere des steinernen Monuments fliegt und dort explodiert, sind die Verteidiger zu Kapitulationsverhandlungen bereit. Am 20. April, 02.00 Uhr morgens, gibt Oberst von Poncet auf.
Im Laufe des Tages nehmen die US-Truppen Schönefeld, Lindenthal, Wiederitzsch, Thekla und Crassdorf ein und beenden damit die Kämpfe um Leipzig. Die Deutschen verloren bei der Verteidigung der Stadt zwischen 126 und 200 Soldaten, Volkssturmangehörige, Hitlerjungen und Zivilisten, auf amerikanischer Seite fielen 20 Soldaten.

Unter amerikanischer Besatzung

Unter amerikanischer Herrschaft beginnt der schwierige Nachkriegsalltag. Die Militärregierung erlässt zahlreiche Verordnungen. Diese regeln unter anderem die Sperrstunde, verbieten die Herausgabe von Zeitungen und das Benutzen von Fotoapparaten. Doch das amerikanische Engagement hält sich in Grenzen. Denn es ist klar, dass die Truppen – gemäß den Vereinbarungen von Jalta – die Stadt verlassen würden. Ab Ende Juni bereiten sich die Amerikaner auf den Abzug vor und verlassen die Stadt am 2. Juli 1945. Das Ende der amerikanischen Besatzung kommt aber für viele Leipziger überraschend, auch für den Einwohner Arno Knapp: „Am 1. Juli durchlief die Nachricht unsere Stadt, dass russische Truppen im Anmarsch seien. Als ich am nächsten Tag [...] aus Großzschocher zurückkehrte, waren bereits russische Truppen in der Stadt. Russische Panjewagen neben modernen Autos durchzogen die Straßen. – Nur wenige Plakate begrüßen die neuen Besatzer."

Am 7. Mai 1945 kapituliert die deutsche Wehrmacht in Reims vor den Westmächten, am 8. Mai in Berlin-Karlshorst vor der Sowjetunion. Der Zweite Weltkrieg ist mit dem 9. Mai in Europa endgültig zu Ende.

1 *Lest M1 und notiert euch beim Durchlesen auf einem Blatt Papier wichtige Stationen auf dem Weg zum Kriegsende in Sachsen.*

2 *Erläutert anhand eurer Notizen und der Karte in einem Kurzreferat die Geschehnisse.*

Internettipp:
www.mdr.de/geschichte/zeitreise/

Die Bilanz des Zweiten Weltkriegs

1 Deutsche Soldaten gehen in amerikanische Kriegsgefangenschaft. Foto, 1945.

Der Zweite Weltkrieg 1939–45:

Der Zweite Weltkrieg begann mit dem Überfall auf Polen am 1. September 1939 um 4.45 Uhr.

Er endete mit der Kapitulation Japans am 2. September 1945 um 9.25 Uhr.

Er dauerte sechs Jahre und einen Tag oder 2194 Tage oder 52 641 Stunden.

Durch den Krieg verloren in jeder Stunde 1045, in jeder Minute 17 Menschen ihr Leben.

Insgesamt starben über 57 Millionen Menschen als Soldaten, als Opfer des Luftkriegs, als Flüchtlinge, als Opfer der Gewaltherrschaft.

Die Bilanz des Schreckens

Der Zweite Weltkrieg kostete rund 57 Millionen Menschen das Leben, etwa 26,75 Millionen Soldaten und rund 30,25 Millionen Zivilisten. Hinzu kamen 35 Millionen Verwundete und drei Millionen Vermisste.

Die deutschen Verluste betrugen insgesamt rund 7,8 Millionen Tote, unter denen die 3,8 Millionen Zivilisten überwiegend bei den Luftangriffen auf deutsche Städte und auf der Flucht bzw. bei der Vertreibung aus den östlichen Kriegsgebieten den Tod gefunden hatten.

Auf der Flucht vor den deutschen Truppen waren zuvor bereits etwa sieben Millionen Russen und 4,2 Millionen Polen ums Leben gekommen. Die höchsten Verluste hatte die Rote Armee mit etwa 13,6 Millionen Toten. Allein die UdSSR hatte also insgesamt etwa 20,6 Millionen Tote zu beklagen. Aber auch in Ostasien waren die Verluste enorm: Den japanischen Angriffen fielen allein in China etwa 5,4 Millionen Zivilisten und 6,4 Millionen Soldaten zum Opfer. Die Japaner selbst verloren etwa 1,2 Millionen Soldaten. Briten und Amerikaner hatten etwa 326 000 bzw. 259 000 Gefallene.

Kriegsgefangene

Die Behandlung der Kriegsgefangenen, die in deutsche Gefangenschaft gerieten, war für Russen und Polen grausam und inhuman und vom Rassenhass der Nationalsozialisten geprägt. Gefangene anderer Nationen wurden, soweit sie nicht Juden waren, einigermaßen korrekt behandelt. Von den 5,3 Millionen sowjetischen Gefangenen kamen etwa drei Millionen in deutschen Lagern ums Leben. Am Ende des Zweiten Weltkriegs gerieten alle deutschen Soldaten in Gefangenschaft, etwa sechs Millionen Soldaten kamen in britische und amerikanische Gefangenschaft. Sie wurden relativ schnell entlassen und bis auf Ausnahmen gut behandelt. Die 3,1 Millionen Gefangenen in sowjetischer Gefangenschaft hatten erheblich mehr zu leiden. Die katastrophale Versorgungslage und die harte Zwangsarbeit führten dazu, dass nach Schätzungen etwa eine Million Gefangene starben. Die letzten sowjetischen Kriegsgefangenen wurden 1955 nach Westdeutschland entlassen.

Kosten

Die Rüstungskosten des Krieges werden auf etwa 1500 Milliarden Dollar geschätzt. Die weltweiten Schäden sind nie berechnet worden.

Die politischen Machtverhältnisse änderten sich grundlegend: Europa verlor seine Bedeutung, die USA und die UdSSR bestimmten von jetzt an das Weltgeschehen.

1 *Gibt es in euren Familien noch Menschen, die den Zweiten Weltkrieg bewusst erlebt haben? Befragt sie nach ihren Erinnerungen.*

2 *Der Zweite Weltkrieg war der größte Krieg in der Menschheitsgeschichte. Er hat bis heute Auswirkungen. Geht auch in eurem Ort auf Spurensuche.*

Methode: Beurteilen von politischen Reden

Kritischer Umgang mit Quellen
Eine geschichtliche Darstellung ist in der Regel das Ergebnis einer Untersuchung vieler unterschiedlicher Quellen. Das können Texte, Reden aber auch Bilder oder Gegenstände aus der untersuchten Zeit sein. Die Historiker versuchen, daraus eine zusammenhängende und der Wahrheit möglichst nahe kommende Darstellung der Ereignisse zu schreiben. In ihre Erzählungen fließen aber, wie bei jeder Alltagserzählung von euch, eigene Annahmen, eigene politische Überzeugungen und Deutungen ein.
An jede Quelle müssen die Historiker Fragen stellen, um die Quelle richtig einordnen zu können. Diese Fragen müssen auch Schülerinnen und Schüler stellen, wenn sie mit Quellen arbeiten, um sich ein eigenen Bild von dem geschichtlichen Ereignis zu machen.

Solche Fragen können lauten:
a) Wann und von wem wurde der Text verfasst?
b) Zu welchem Zweck, mit welcher Absicht wurde der Text geschrieben?
c) Wie unterscheidet sich die Darstellung von anderen mir bekannten Darstellungen? Welche Wertungen werden deutlich?
d) Sind die Schlussfolgerungen, sind die Deutungen, die der Autor zu den Ereignissen gibt, überzeugend?

Eine besondere Art von Quellen sind die politischen Reden, die als Tonbandmitschnitt, als Textentwurf einer Rede oder als Nachschrift des gesprochenen Wortes überliefert sind. Sie muss man zunächst auch wie Quellen untersuchen und dann noch weitere Fragen stellen:
e) Wie lauten die zentralen Aussagen? (diese notiert man sich in Stichworten)
f) Welche Wirkung macht die Rede auf mich und wie könnte sie auf die damaligen Zuhörer gewirkt haben?
g) Welche Stilmittel setzt der Redner ein, um eine bestimmte Wirkung zu erzielen? (Wiederholungen, Dramatisierung, Fragen, Appelle, Erzeugung von Angst, Spott)

Beispiel: Goebbelsrede 1943
Eine berühmte Rede, von der es auch in vielen Schulen Ausschnitte auf Tonträgern gibt, ist die Ansprache von Reichspropagandaminister Josef Goebbels, die er am 18. Februar 1943 im Berliner Sportpalast hielt. Angesichts der drohenden Niederlage rief er zum „totalen Krieg" auf:

Q1 ... Ihr also, meine Zuhörer, repräsentiert in diesem Augenblick die Nation. Und an euch möchte ich zehn Fragen richten, die ihr mit dem deutschen Volk vor der ganzen Welt, insbesondere aber vor unseren Feinden, die uns auch an ihrem Rundfunk zuhören, beantworten sollt: ... Es geht hier nicht um die Methode, mit der man den Bolschewismus zu Boden schlägt, sondern um das Ziel, nämlich um die Beseitigung der Gefahr. ... Die Engländer behaupten, das deutsche Volk habe den Glauben an den Sieg verloren. Ich frage euch: Glaubt ihr mit dem Führer und mit uns an den endgültigen totalen Sieg des deutschen Volkes? Ich frage euch: Seid ihr entschlossen, dem Führer in der Erkämpfung des Sieges durch dick und dünn und unter Aufnahme auch der schwersten persönlichen Belastungen zu folgen? ... Drittens: ... Ich frage euch, seid ihr und ist das deutsche Volk entschlossen, wenn der Führer es befiehlt, 10 oder 12, und wenn nötig 14 und 16 Stunden täglich zu arbeiten und das Letzte herzugeben für den Sieg? ... Viertens: ... Ich frage euch, wollt ihr den totalen Krieg, wollt ihr ihn, wenn nötig, totaler und radikaler, als wir ihn uns heute überhaupt noch vorstellen können? ... Fünftens: ... Ich frage euch, ist euer Vertrauen zum Führer heute größer, gläubiger und unerschütterlicher denn je? ... (Auf jede Frage antwortete die Versammlung begeistert mit „Ja!") ... Ich habe euch gefragt; ihr habt mir eure Antwort gegeben. Ihr seid ein Stück Volk, durch euren Mund hat sich damit die Stellungnahme des deutschen Volkes manifestiert (gezeigt). ... Und darum lautet von jetzt ab unsere Parole: Nun, Volk, steh auf – und Sturm, brich los! ...

1 *Untersucht mithilfe der Fragen a–g den Ausschnitt der Goebbelsrede (Q1).*
2 *Bewertet die Rede vor dem Hintergrund der Geschichte der nationalsozialistischen Herrschaft in Deutschland und der Kriegslage im Februar 1943.*
3 *Sofern ihr im Unterricht ein Ton- oder Filmbeispiel der Rede hören bzw. sehen könnt: Vergleicht eure Reaktion auf die Rede mit der der damaligen Zuhörer.*
4 *Kann man die Wirkung einer Rede ohne weitere Informationen allein vom Text her einschätzen? Begründet eure Meinung.*

Methode: Briefe als Quelle

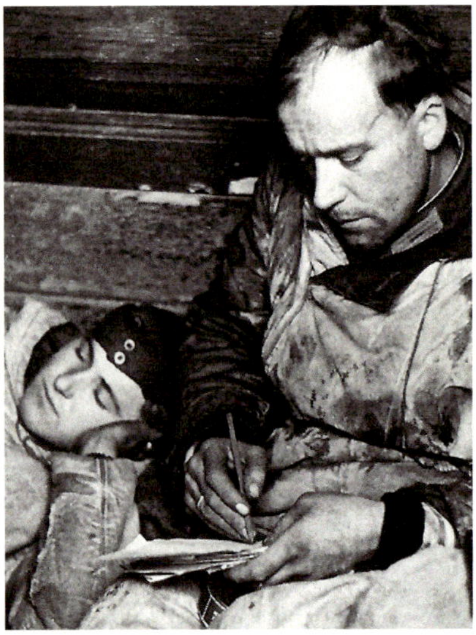

1 **Ein Brief nach Hause.** Sowjetunion, Winter 1943.

2 **Feldpostbrief von 1943.** Was hier als Karte erscheint, war aufzufalten und wurde zu einem DIN-A4-Brief, der von der Rückseite beschriftet war.

Briefe werden normalerweise nicht für die Nachwelt geschrieben, sondern nur für den Adressaten. Sie haben deshalb den Nachteil, dass man private Anspielungen oft nicht versteht, weil sich der Briefschreiber und der Empfänger meist gut kannten und bestimmte Dinge deshalb nicht genauer erklärt werden mussten. Andererseits sind sie nicht für spätere Leser aufbereitet und verraten deshalb unzensiert, was die Menschen gedacht haben. Wenn man Briefe als „Zeitzeugen" befragt, sollte man so vorgehen:

1 *Klärt, wer diesen Brief an wen geschrieben hat. Wie standen Absender und Adressat zueinander? Ist der Brief privater oder geschäftlicher Natur?*
2 *Wann und wo wurde der Brief geschrieben? Meist stehen Ort und Datum rechts oben. Manchmal, wenn der Umschlag erhalten geblieben ist, kann man auch auf den Poststempel schauen. Gibt es Besonderheiten der „Feldpost"?*
3 *Was erzählt der Schreiber über sich?*
4 *Was erfahren wir aus dem Brief über die Zeit und die Situation, in der er geschrieben wurde? Welche Fakten enthält er? Wie wird das Leben des Schreibers geschildert?*

Probiert es selbst:
Als die 6. Armee im Winter 1942/43 in und um Stalingrad eingekesselt war, schrieben die Soldaten von dort Briefe an ihre Freunde und Verwandten. Die Briefe wurden jedoch nie zugestellt, sondern ohne Absender und Adressat archiviert. Heute kann man Ausschnitte dieser Briefe abgedruckt in einem Buch nachlesen.

Brief 1:
Q1 … Und was ist die Wirklichkeit hier? Ein Verrecken, Verhungern, Erfrieren, nichts weiter wie eine biologische Tatsache, wie Essen und Trinken. Sie fallen wie die Fliegen, und keiner kümmert sich darum und begräbt sie. Ohne Arme und Beine und ohne Augen, mit zerrissenen Bäuchen liegen sie überall. Man sollte davon einen Film drehen, um den „schönsten Tod der Welt" unmöglich zu machen. Es ist ein viehisches Sterben, das später einmal auf Sockeln aus Granit mit „sterbenden Kriegern", die Binde um den Kopf oder den Arm, veredelt wird. …

Brief 2:
Q2 … So nun weißt du es, dass ich nicht wiederkomme. Bringe es unseren Eltern schonend bei. Ich bin schwer erschüttert und zweifle sehr an allem. Einst war ich gläubig und stark, jetzt bin ich klein und ungläubig. Vieles, was hier vor sich geht, werde ich nie erfahren; aber das Wenige, das ich mitmache, ist schon so viel, dass ich es nicht schlucken kann. Mir kann man nicht einreden, dass die Kameraden mit dem Worte „Deutschland" oder „Heil Hitler" auf den Lippen starben. Gestorben wird, das lässt sich nicht leugnen; aber das letzte Wort gilt der Mutter oder dem Menschen, den man am liebsten hat, oder nur dem Ruf nach Hilfe.

Methode: Briefe als Quelle

Brief 3:
Q3 … Der Russe ist überall durch. Unsere Truppen, durch die lange Hungerperiode …, seit Beginn des Einsatzes ohne einen Tag Unterbrechung in schwerstem Kampf stehend, in ihrer physischen Kraft völlig erschöpft, haben Heldenhaftes geleistet. Es ergibt sich auch keiner! Wenn Brot, Munition, Betriebsstoff und Menschen ausgehen, dann ist es für den Gegner weiß Gott kein Sieg, uns noch zu zerdrücken! …

Brief 4:
Q4 … Du wirst im Januar 28 Jahre alt, das ist noch sehr jung für eine so hübsche Frau. …
Du wirst mich sehr vermissen, aber schließe dich trotzdem nicht ab von den Menschen. Lass ein paar Monate dazwischenliegen, aber nicht länger. Denn Gertrud und Claus brauchen einen Vater. Vergiss nicht, dass du für die Kinder leben musst, und mach um ihren Vater nicht viel Wesens. Kinder vergessen sehr schnell und in dem Alter noch leichter. Sieh dir den Mann, auf den deine Wahl fällt, genau an. … Vor allem eins, erzieh die Kinder zu aufrechten Menschen, die den Kopf hoch tragen und jedem frei ins Angesicht blicken können. …

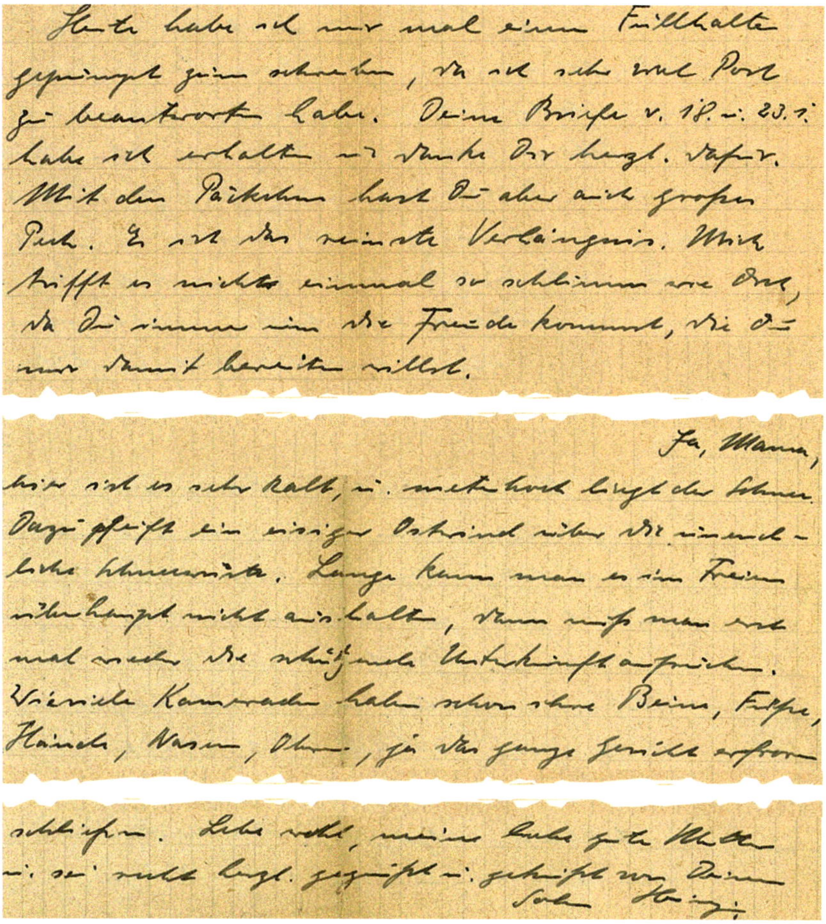

Heute habe ich mir mal einen Füllhalter gepumpt zum schreiben, da ich sehr viel Post zu beantworten habe. Deine Briefe v. 18. u. 23.1. habe ich erhalten u. danke Dir herzl. dafür. Mit den Päckchen hast Du aber auch großen Pech. Es ist das reinste Verhängnis. Mich trifft es nicht einmal so schlimm wie Dich, da Du immer um die Freude kommst, die Du mir damit bereiten willst.

Ja, Mama, hier ist es sehr kalt, u. meterhoch liegt der Schnee. Dazu pfeift ein eisiger Ostwind über die unendliche Schneewüste. Lange kann man es im Freien überhaupt nicht aushalten, dann muß man erst mal nach der schützenden Unterkunft aufsuchen. Wieviele Kameraden haben schon ihre Beine, Füße, Hände, Nasen, Ohren, ja das ganze Gesicht erfroren

schlafen. Lebe wohl, meine liebe gute Mutter u. sei recht herzl. gegrüßt u. geküßt von Deinem Sohn Heinz.

3 **Ein Brief des Soldaten Heinz Zimmermann von einem Kampfplatz „im Osten" in die Heimat.** Die Soldaten durften nicht schreiben, wo genau sie sich gerade befanden. Brief von 1942. Foto, 2003.

5 *Was meint der Autor von Brief 3, wenn er schreibt, dass „Menschen ausgehen"?*
6 *Schreibt aus den Briefen Informationen über die Situation der Soldaten in Stalingrad heraus.*
7 *Überlegt, warum die Briefe nicht zugestellt wurden. Besprecht, ob es gut oder schlecht war, dass diese Briefe nie ankamen.*
8 *Diskutiert, ob es richtig war, sie zu veröffentlichen.*

Woher bekommt man Briefe, die man als Quelle benutzen kann?
- Fragt bei euren Eltern und Großeltern nach, ob sie alte Briefe haben. Meist werden nur solche Briefe aufbewahrt, die für den Empfänger von großer Bedeutung waren.
- In Archiven werden alle amtlichen Schriftwechsel aufbewahrt. Wenn ihr beim Archivar nachfragt und erklärt, was euch interessiert, kann er euch vielleicht weiterhelfen.
- Die Briefwechsel berühmter Leute wurden z. T. aufbewahrt und gedruckt. Ihr könnt sie in der Bücherei ausleihen.
- Manchmal haben Briefe aufgrund bestimmter Umstände ihren Adressaten nicht erreicht. Sie wurden später gefunden und herausgegeben. So kann man z. B. die Briefe des Polarforschers Scott und seiner Begleiter, die in der Antarktis erfroren sind, heute als Quelle benutzen.

Sühne für Verbrechen und Völkermord

1 Nürnberger Kriegsverbrecher-Prozesse: Die Hauptangeklagten vor dem alliierten Militärtribunal (20. 11. 1945 – 1. 10. 1946). Die Angeklagten befinden sich in den beiden Reihen links; in den beiden Stuhlreihen rechts die Verteidiger. Foto.

Nürnberger Prozesse

Bereits 1943, also noch während des Zweiten Weltkrieges, einigten sich die Alliierten auf einer Konferenz in Moskau darauf, alle an Kriegsverbrechen Beteiligten und Verantwortlichen festzunehmen und vor Gericht zu stellen. Nach der deutschen Niederlage beschlossen die Siegermächte in London im August 1945 die Errichtung eines Internationalen Militärgerichtshofes, der mit Richtern aus den USA, Frankreich, Großbritannien und der Sowjetunion besetzt wurde. Der Sitz des Gerichts wurde nach Nürnberg verlegt, wo ab November 1945 zunächst ein großer Prozess gegen die Hauptverantwortlichen des Naziregimes stattfand. Später folgten noch zwölf weitere Prozesse vor amerikanischen Militärgerichten, u. a. gegen KZ-Ärzte und hohe SS-Führer.

Nach den Bestimmungen des Londoner Abkommens wurden führende NS-Funktionäre, denen man habhaft wurde, wegen Verbrechen gegen den Frieden, der Planung eines Angriffskrieges, Kriegsverbrechen, und Verbrechen gegen die Menschlichkeit vor dem Internationalen Militärgerichtshof angeklagt. Unter die Anklagepunkte fielen u. a. die Misshandlungen und Ermordung von Gefangenen, Verschleppung und Versklavung der Zivilbevölkerung, die Verfolgung von Menschen aus rassischen, religiösen und politischen Gründen und vor allem der Massenmord an den Juden, den Sinti und Roma und den politischen Gegnern des NS-Regimes.

Der Prozess gegen die „Hauptkriegsverbrecher"

In der einjährigen Verhandlung, die nach amerikanischem Prozessrecht geführt wurde, erklärten sich die Angeklagten für nicht schuldig.

Die Anklagevertretung der vier Siegermächte brachte mit erdrückendem Beweismaterial, Orginaldokumenten und zahlreichen Zeugenaussagen die deutschen Kriegsverbrechen zur Sprache, die auf diese Weise einer größeren Öffentlichkeit bekannt wurden. Am 1. Oktober 1946 wurden die Urteile verkündet: Es ergingen zwölf Todesurteile u. a. gegen Reichsmarschall* Hermann Göring, ferner den Chef des Oberkommandos der Wehrmacht, Wilhelm Keitel, den Chef des Wehrmachtführungsstabes Alfred Jodl, den Generalgouverneur in Polen Hans Frank, den Chef der Sicherheitspolizei Ernst Kaltenbrunner und den Herausgeber der Wochenzeitung „Der Stürmer", Julius Streicher.

Hitlers Rüstungsminister Albert Speer wurde zu einer langjährigen Haftstrafe verurteilt, einige Funktionäre wie der Vizekanzler von

Reichsmarschall*: *Dienstgrad oberhalb des Generalfeldmarschalls, seit 1940 für Hermann Göring geschaffen, um seine Stellung als oberster Militär im Regime zu verdeutlichen.*

Papen wurden von den Anklagepunkten freigesprochen.
In der Urteilsbegründung wurde betont, dass die Planung eines Angriffskrieges nach dem Völkerrecht ein Verbrechen sei, auch wenn das bisher so nicht im Völkerrecht verankert gewesen sei. Das Argument einiger Angeklagter, sie hätten nur auf Befehl gehandelt, ließ das Gericht nicht zu. Entscheidend sei, ob die Angeklagten die moralische Verwerflichkeit ihres Handelns hätten erkennen können.

1 *Beschreibt das Ziel und das Verfahren der Nürnberger Kriegsverbrecherprozesse.*

2 *Vermutet, warum sich die Angeklagten für nicht schuldig erklärten.*

Deutsche Kritik am Prozess

Kritik an dem Vorgehen der Siegermächte wird bis heute geäußert: Bemängelt wurde u. a., dass nur deutsche Kriegsverbrechen angeklagt wurden und dass das Gericht ein Gericht der Sieger über die Besiegten gewesen sei. Mit dieser Kritik am Nürnberger Prozess setzte sich der Schriftsteller Alfred Döblin schon 1946 in einer weit verbreiteten Schrift auseinander:

Q1 ... Nein, sagt es doch offen: „Hier handelt es sich um Rache und um Beseitigung des Gegners unter juristischer Maske." ... Dieser Deutsche spricht ähnlich wie die Angeklagten. Man bestreitet dem Gericht seine Kompetenz. Es könne schon darum keine Gerechtigkeit aus diesem Gerichtshof hervorgehen, weil er sich aus feindlichen Ausländern zusammensetze. Man muss fragen: Welche Männer sollen wohl den Gerichtshof bilden? Ein Gericht soll und muss doch stattfinden, unter allen Umständen. Die Frage, ob Gericht oder nicht, kann angesichts der zur Verhandlung stehenden Vorgänge, angesichts dieses nun aufgedeckten, raffiniert ersonnenen und ausgeführten Überfalls auf schwache und friedliche Völker, angesichts der Ausraubung ganzer Länder, während man zugleich Menschen verschleppte, versklavte, in Lagern folterte und verhungern ließ, – nein, diese Frage kann überhaupt nicht aufgeworfen werden. Darüber besteht wohl Klarheit bei der Mehrzahl unter uns. Wer also soll, wo große Nationen klagen, das Gericht bilden? Etwa wir selber? Über uns zu Gericht sitzen, in eigener Sache, weil wir, gerade wir, und allein wir unparteiisch wären? Aber wir hatten ja Gelegenheit gehabt, schon längst ein solches Gericht zu bilden. Die ganze Welt hat darauf gewartet. ... Es scheint, Zahllose waren im Fall vieler hier vorgebrachter Verbrechen nicht unparteiisch. Sie billigten sie. Manche billigen sie noch heute. Also sollen sie ihr eigenes Gericht bilden? Um die Angeklagten weißzuwaschen? Die Empörung der ganzen Welt würde sich gegen diesen Anspruch erheben. ...

2 **Nürnberger Kriegsverbrecher-Prozesse (Verfahren gegen Industrielle): Alfried Krupp von Bohlen und Halbach auf der Anklagebank. Rechts der Angeklagte Ewald Löser.** Beide machten sich u. a. duch die Beschäftigung von Zwangsarbeitern schuldig. Foto.

3 *Sammelt die Argumente Döblins gegen die Kritik am Nürnberger Prozess.*

Vorbild für UN-Gerichte

Die Nürnberger Prozesse setzten Maßstäbe für das künftige Zusammenleben der Völker, sie wurden Vorbild für die späteren Prozesse vor den UN-Gerichtshöfen, in denen die Menschenrechtsverletzungen und Verbrechen gegen die Menschlichkeit z. B. in den Bürgerkriegen auf dem Balkan, im ehemaligen Jugoslawien, untersucht wurden.

Verfahren gegen Kriegsverbrecher

Trauerfeier für die KZ-Opfer in Neunburg v. W. am 29. April 1945. Nach der Befreiung des KZ Flossenbürg durch amerikanische Soldaten am 22. April 1945 musste die Bevölkerung die nur notdürftig verscharrten Leichen ausgraben und ehrenvoll bestatten.

Entnazifizierung in den Westzonen

Nach und während der Prozesse gegen die „großen" NS-Verbrecher versuchten die Alliierten in allen vier Besatzungszonen die deutsche Bevölkerung zu „entnazifizieren". Ziel war es, möglichst alle Mitglieder der NSDAP und ihrer Organisation zu überprüfen, um zu verhindern, dass ehemalige Nazis am demokratischen Neuaufbau von Verwaltung, Justiz und Staat beteiligt würden.

So musste beispielsweise in der amerikanischen Zone jeder einen Fragebogen ausfüllen, der über die Mitgliedschaft in NS-Organisationen, aber auch über entlastende Punkte Aufschluss geben sollte.

Von „Spruchkammern", in denen unbelastete Deutsche ohne juristische Vorbildung saßen, wurde das Urteil gefällt. Es konnte in fünf Abstufungen von „unbelastet" über „Mitläufer" bis „Hauptschuldiger" lauten.

Mit so genannten Persilscheinen versuchten viele ihre Unschuld zu beweisen. „Persilschein" nannte man eidesstattliche Erklärungen, in denen beispielsweise Juden, politisch Verfolgte oder Geistliche jemandem untadeliges Verhalten in der Nazizeit bescheinigten. Mit einem „Persilschein" wurde mit etwas finanziellem Einsatz aber auch manche „schmutzige Weste" reingewaschen.

Ein besonderes Problem lag darin, dass die Abwicklung der gesamten Entnazifizierung sehr lange dauerte. Da in der ersten Zeit sehr viel strenger vorgegangen wurde, die „größeren Fälle" oftmals aber erst später verhandelt wurden, kamen einige der schwerer Belasteten mit relativ milden Strafen davon.

Entnazifizierung in der SBZ

Mit der Parole von der „Ausrottung der Überreste des Faschismus" wurden die bisherigen Eliten in Schule, Justiz, Verwaltung, Polizei und Wirtschaft radikal in der Sowjetisch Besetzen Zone (SBZ) entmachtet und durch Sozialisten bzw. Kommunisten ersetzt. Die Kommunisten nutzten die Entnazifizierung aber auch, um gemäßigte politische Gegner unter schwer nachprüfbarem Vorwand wegzudrängen. Bei der Entnazifizierung achtete man auf eine klare Unterscheidung zwischen aktiven Nazis und Mitläufern. Bis 1948 wurden etwa 520 000 Personen aus ihren Stellungen entfernt, im Bereich der Justiz 85 Prozent des bisherigen Personals.

Späte Aufarbeitung der NS-Verbrechen

Erst in den sechziger Jahren kam die Aufarbeitung von NS-Verbrechen vor deutschen Gerichten in der Bundesrepublik verstärkt in Gang. Nach der Gründung einer Zentralstelle in Ludwigsburg durch die Landesjustizminister, die die Aufgabe hatte, gegen NS-Verbrecher zentral zu ermitteln, kamen zahlreiche Prozesse in Gang. Die größten Gerichtsverfahren waren 1963 die Auschwitz-Prozesse in Frankfurt, in denen gegen die Lagermannschaften dieses Vernichtungslagers verhandelt wurde.

1 *Schreibt ein Referat zum Thema: „Die Aufarbeitung der NS-Verbrechen durch Gerichte und Spruchkammern." Besorgt euch weitere Informationen in einer Bibliothek oder im Internet.*

UN verfolgen Kriegsverbrechen

Auch nach dem Zweiten Weltkrieg kam es immer wieder bei kriegerischen Auseinandersetzungen oder Bürgerkriegen zu schweren Kriegsverbrechen und Menschenrechtsverletzungen, zu brutalen Massenmorden und der massenhaften Ermordung von religiösen oder ethnischen Minderheiten. Lange Zeit reagierte die Weltöffentlichkeit auf solche Vorfälle nur mit Protesten und Entsetzen. Die offensichtlichen Kriegsverbrechen aller Seiten im jugoslawischen Bürgerkrieg führten dazu, dass der UN-Sicherheitsrat 1993 ein „UN-Kriegsverbrechertribunal für das ehemalige Jugoslawien" in Den Haag errichtete. Das mit 14 Richtern international besetzte Gericht sollte diejenigen bestrafen, die an Kriegsverbrechen beteiligt oder verantwortlich waren. 1994 errichtete der UN-Sicherheitsrat ein weiteres Kriegverbrechertribunal in Arusha (Tansania), das den Völkermord in Ruanda gerichtlich aufarbeiten soll. 1993 wurden in einem blutigen Bürgerkrieg zwischen Hutus und Tutsis etwa 800 000 Menschen ermordet, die meisten Opfer waren Tutsis. Das Tribunal verurteilte führende Politiker der damaligen Regierung Ruandas zu lebenslangen

Verfahren gegen Kriegsverbrecher

1 **Der Ex-Präsident Jugoslawiens, Slobodan Milosevic, wird 2001 von einem Justizvollzugsbeamten in den Gerichtssaal des UN-Kriegsverbrechertribunals in Den Haag geführt.** Foto.

Haftstrafen. „Graswurzelgerichte" im ganzen Land sollen die Mittäter bestrafen.

Sühne für Völkermord in Srebrenica 1995

Die Ermordung von 7000 bosnischen muslimischen Männern und Jungen im jugoslawischen Srebrenica 1995 durch serbische Soldaten war eines der größten Verbrechen im jugoslawischen Bürgerkrieg. Einer der Hauptbeteiligten, der bosnisch-serbische General Radislav Krstic, wurde im Berufungsverfahren vor dem UN-Kriegsverbrecher-Tribunal wegen Beihilfe zum Völkermord, Kriegsverbrechen und Verbrechen gegen die Menschlichkeit schuldig gesprochen. Wegen fehlender Beweise für eine direkte Beteiligung an dem Massaker reduzierte das Gericht aber die Haftstrafe um elf auf 35 Jahre.

M1 ... Alle Beweise deuten darauf hin, dass er wusste, dass die Morde geschahen und dass er es (den wichtigsten Befehlshabern der bosnischen Armee) erlaubte, auf die unter seinem Kommando stehenden Truppen und Ressourcen zurückzugreifen, um sie möglich zu machen, erklärte das Gericht. ...

Der Prozess gegen den ehemaligen jugoslawischen Präsidenten Slobodan Milosevic, einen der politisch Hauptverantwortlichen des Bürgerkrieges, endete 2006 ergebnislos, weil der Beschuldigte verstarb.

2 *Berichtet, wie die UN auf Kriegsverbrechen in aller Welt reagiert.*

3 *Informiert euch in den Medien und im Internet über den Stand der Verhandlung gegen Kriegsverbrecher in Den Haag.*

Ständiger Internationaler Strafgerichtshof (ICC)

Seit dem 1. Juli 2002 gibt es in Den Haag einen Ständigen Internationalen Strafgerichtshof (ICC), den die UN errichtete und mit 18 Richtern besetzte. Er hat die ständige Aufgabe: als unabhängiges Gericht Völkermord, Kriegsverbrechen und Menschenrechtsverletzungen zu untersuchen und durch Bestrafung der Täter zu sühnen. Eine dem Gericht zugeordnete Anklagebehörde untersucht die Fälle und bringt sie zur Anklage. Die USA erkennen die Zuständigkeit dieses Gerichtshofes für ihre Bürger und Soldaten nicht an. Trotzdem ist für den UN-Generalsekretär Kofi Annan die Errichtung des Gerichtshofes ein Meilenstein für die Durchsetzung des Rechts in der ganzen Welt.

Bosnische Muslimin vor Särgen mit Opfern des Massakers von Srebrenica. Foto, 2005.

2 **Internationaler Strafgerichtshof (ICC) mit deutschem Richter Kaul.** Der Deutsche Hans-Peter Kaul (rechts) wurde am 11.3.2003 in Den Haag als einer der 18 Richter des Internationalen Strafgerichtshofs vereidigt. Mit der Vereidigung der ersten 18 Richter ist der Internationale Strafgerichtshof zur Verfolgung von Völkermord, Kriegsverbrechen und Verbrechen gegen die Menschlichkeit feierlich eröffnet worden. Foto.

Werkstatt Geschichte: Kriege in der heutigen Zeit

1 **Vietnamkrieg (1964–73).** Eine Mutter mit ihrem schwer verwundeten Kind nach einem Angriff der US-Armee auf der Suche nach Hilfe. Foto, September 1972.

3 **12-jähriger Kinder-Soldat im Bürgerkrieg im Kongo.** Foto.

4 **Von einem US-Flugzeugträger wird ein Marschflugkörper nach Afghanistan abgefeuert.** Foto.

2 **Zweiter Golfkrieg (1990/91).** Irak überfiel das unabhängige Kuwait und wurde von US-Truppen befreit. Zerstörte irakische Panzer und brennende kuwaitische Ölquellen. Foto, 9. März 1991.

Nie wieder – jedenfalls nicht gleich

Seit dem Ende des Zweiten Weltkriegs hat es trotz aller Schrecken für Soldaten und Zivilbevölkerung zahlreiche weitere kriegerische Auseinandersetzungen gegeben. Seit einigen Jahren beteiligt sich Deutschland durch die Entsendung von Truppen an friedenssichernden Maßnahmen von UNO und NATO. Ihr könnt das Thema und alle seine Aspekte in eurer Klasse, vielleicht sogar in der Schule diskutieren und bearbeiten, indem ihr eine Wandzeitung zum Thema „Kriege in der heutigen Zeit" mit verschiedenen Texten, Bildern und Grafiken gestaltet. Nutzt dazu die folgenden Anregungen:

1. Sammelt in der Klasse eure Ideen, indem ihr ein „Brainstorming" durchführt. Bei dieser Technik schreibt ihr alles, was euch zum Thema in den Sinn kommt, auf Tafel oder Tapete auf.
2. Besorgt so unterschiedliches Material wie möglich.
3. Achtet darauf, auch andere Meinungen zuzulassen und zu dokumentieren.
4. Sucht Quellen aus verschiedenen Jahren und unterschiedlichen Regionen der Welt.
5. Ergänzt die Wandzeitung durch jeweils neu hinzukommende aktuelle Beiträge aus Tageszeitungen und Zeitschriften.
6. Nutzt die Archive eurer Stadt, der lokalen Zeitung und überregionaler Zeitschriften.
7. Recherchiert in Bibliotheken und dem Internet.

Über einige Davongekommene
Als der Mensch
Unter den Trümmern
Seines bombardierten Hauses
Hervorgezogen wurde,
Schüttelte er sich
Und sagte:
Nie wieder.

Jedenfalls nicht gleich.

Günter Kunert

Krieg ist die Fortsetzung der Diplomatie mit anderen Mitteln.

Bismarck

Zusammenfassung

Deutschland entfesselt den Zweiten Weltkrieg
Seit 1933 hatten die deutsche Wirtschafts- und Außenpolitik auf den Zweiten Weltkrieg hingearbeitet. Er begann mit dem Einmarsch deutscher Truppen in Polen. Entsprechend den Vereinbarungen im Moskauer Abkommen teilten Deutschland und die Sowjetunion Osteuropa unter sich auf.
Nach dem schnellen Sieg über Polen und Frankreich befahl Hitler, den Angriff auf die Sowjetunion vorzubereiten. Im Juni 1941 begann dieser Krieg. Zunächst hatten die deutschen Truppen große Erfolge, ihr Angriff blieb aber bereits im Winter 1941/42 stecken. Einheiten der SS und der Wehrmacht verübten in den eroberten Gebieten unmenschliche Verbrechen an Zivilbevölkerung und Kriegsgefangenen.

Stalingrad, „totaler Krieg" und alliierte Invasion
Die Niederlage bei Stalingrad im Januar 1943 brachte die Wende im Zweiten Weltkrieg. Von jetzt an befand sich die deutsche Ostfront auf dem Rückzug. Briten und Amerikaner beschlossen 1943, von Deutschland die bedingungslose Kapitulation zu fordern. In Deutschland wurde daraufhin der „totale Krieg" verkündet. Im Juni 1944 begann mit der Landung der alliierten Streitkräfte in der Normandie auch der Zusammenbruch der Westfront.

Widerstand und Kapitulation
Verschiedene Gruppen organisierten im Krieg den Widerstand. Ein Attentat auf Hitler am 20. Juli 1944 scheiterte. Mit der Kapitulation der deutschen Wehrmacht am 8./9. Mai 1945 endete die nationalsozialistische Herrschaft in Deutschland. Etwa 14,5 Millionen Deutsche flüchteten aus den osteuropäischen Siedlungsgebieten vor der Roten Armee nach Westen oder wurden von den befreiten Nationen vertrieben.
In Asien kam es erst nach dem Einsatz zweier Atombomben in Hiroshima und Nagasaki zum Ende der Kriegshandlungen und zur Kapitulation Japans.

Sühne für Völkermord und Kriegsverbrechen
Die deutschen Hauptkriegsverbrecher, so weit sie überlebten, wurden vor einem Internationalen Militärgerichtshof in Nürnberg angeklagt und wegen ihrer Verbrechen verurteilt. Dieser Gerichtshof war das Vorbild für den heutigen Internationalen Strafgerichtshof der UN in Den Haag.

23. August 1939

Der Hitler-Stalin-Pakt.

1. September 1939

Mit dem deutschen Überfall auf Polen beginnt der Krieg.

Januar 1943

Die Niederlage von Stalingrad bringt die Wende an der Ostfront und damit auch im Krieg.

8./9. Mai 1945

Die bedingungslose Kapitulation der deutschen Wehrmacht beendet den Krieg in Europa.

Frühgeschichte | *Jungsteinzeit* | *Metallzeit* | *Altertum*

4 Millionen | 3000 v. Chr. | Christi Geburt

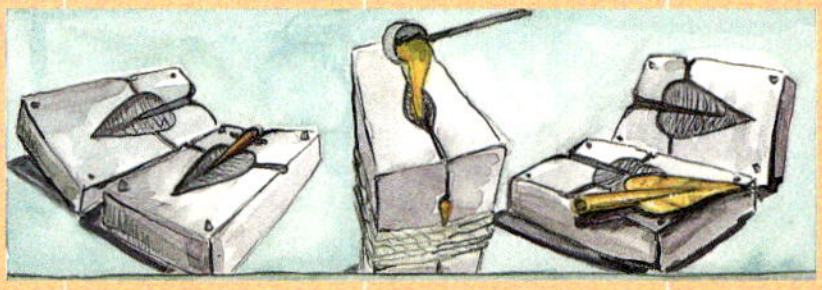

Bronzezeit/Eisenzeit

um 3000 v. Chr.	Erste Bronzeverarbeitung im Vorderen Orient
um 2000 v. Chr.	Ausdehnung der Bronzetechnik bis Mitteleuropa
1500–1300 v. Chr.	Entstehung der Lausitzer Kultur
um 1300 v. Chr.	Erste Eisenverarbeitung in Kleinasien
um 500 v. Chr.	Jüngere Eisenzeit in ganz Deutschland

10 000 v. Chr.	Erster Getreideanbau und erste Viehzucht im Vorderen Orient
7000 v. Chr.	Erste stadtähnliche Siedlung in Jericho
5500 v. Chr.	Erste Siedlung der Bandkeramiker in Sachsen

vor ca. 4 Mio. Jahren	Erste Menschen
vor ca. 600 000 Jahren	Ältester Menschenfund in Deutschland
vor ca. 300 000 Jahren	Frühmenschen in Bilzingsleben
vor ca. 35 000 Jahren	Cro-Magnon-Mensch

In der gesamten Altsteinzeit lebten die Menschen als Jäger und Sammler.

Rom

753 v. Chr.	Gründung Roms (Sage)
500 v. Chr.	Beginn der römischen Republik
um 250 v. Chr.	Rom ist stärkste Landmacht im Mittelmeerraum
44 v. Chr.	Alleinherrschaft Caesars
31 v.–14 n. Chr.	Herrschaft des Kaisers Augustus
391 n. Chr.	Das Christentum wird Staatsreligion
395 n. Chr.	Teilung des Römischen Reiches
476 n. Chr.	Der letzte römische Kaiser wird von den Germanen abgesetzt

Griechenland

2600–1450 v. Chr.	Minoische Kultur auf Kreta
750–550 v. Chr.	Griechische Kolonisation
500 v. Chr.	Entstehung der Demokratie in Athen
477 v. Chr.	Gründung des attischen Seebundes
356–336 v. Chr.	Philipp von Makedonien unterwirft Griechenland
300–30 v. Chr.	Hellenistische Staaten entstehen in Ägypten, Persien und Makedonien

Ägypten

3000 v. Chr.	Staatsgründung in Ägypten
1900 v. Chr.	Ägypten wird Großmacht
1000 v. Chr.	Ägyptens Großreich zerfällt
30 v. Chr.	Ägypten wird römische Provinz

Mittelalter *Neuzeit*

500 n. Chr. 1100 1300 1500

Frankenreich

482	Chlodwig wird König der Franken
722	Bonifatius wird mit der Missionierung der Germanen beauftragt
768	Karl der Große wird König der Franken
722–804	Sachsenkriege
800	Kaiserkrönung Karls des Großen in Rom
814	Tod Karls des Großen

Ausbreitung des Islam

570	Geburt Mohammeds in Mekka
622	Mohammed flieht nach Medina
630	Mohammed erobert Mekka
632–715	Ausbreitung des Islam bis Indien und Europa
632	Tod Mohammeds
711	Araber dringen in Europa (Spanien) ein

Vom Mittelalter zur Neuzeit

um 1450	Erfindung des Buchdrucks
1492	Kolumbus sucht den Westweg nach Indien und entdeckt Amerika
1519	Cortez erobert Mexiko. Die Europäer errichten ihre Herrschaft in den Kolonien

Deutsches Reich

919	Sachsenherzog Heinrich wird deutscher König
11. Jh.	Herausbildung des Ritterstandes

1077	Heinrich IV. in Canossa
1096	1. Kreuzzug
12. bis 13. Jh.	Aufstieg der Fürsten zu Landesherren, Besiedlung der Gebiete östlich der Elbe

Städte in Europa

12.–15. Jh.	Städteboom in Europa
seit 1300	Gotische Kirchen werden in ganz Europa errichtet
1300–1400	Zünfte erkämpfen sich in zahlreichen Städten ein Mitspracherecht
14. Jh.	Die Hanse beherrscht Nordeuropa

Neuzeit

1500 1600

Das Zeitalter des Absolutismus

1643–1715	Ludwig XIV., König von Frankreich
1689	Glorreiche Revolution/ Bill of Rights in England
1682–1725	Zar Peter I. regiert in Russland
1740–1786	Friedrich II., König von Preußen
1694–1733	August der Starke, Kurfürst von Sachsen und König von Polen
1756–1763	Siebenjähriger Krieg

Reformation und ihre Folgen

31.10.1517	Luther veröffentlicht die Wittenberger Thesen gegen den Missbrauch des Ablasses
1521	Reichstag zu Worms
1525	Bauernkrieg
1534	Gründung des Jesuitenordens
1618–1648	Dreißigjähriger Krieg

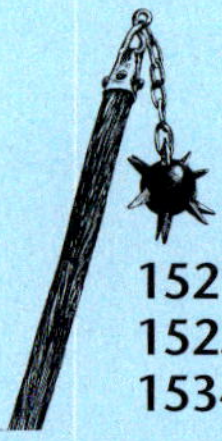

Französische Revolution/Napoleon

1789	Versammlung der Generalstände
1789	Sturm auf die Bastille
1789	Erklärung der Menschenrechte
1791	1. Verfassung
1793–1794	Schreckensherrschaft
1799	Napoleon übernimmt die Herrschaft
1804	Kaiserkrönung Napoleons
1807	Preußische Reformen
1812	Russland-Feldzug Napoleons
1815	Schlacht bei Waterloo

USA

1607	Jamestown gegründet
1620	Pilgerväter landen in Amerika
1776	Unabhängigkeitserklärung der USA
1789	Verfassung der USA
1861–1865	Bürgerkrieg zwischen den Nord- und den Südstaaten der USA

1800 1900

Industrialisierung

seit 1700 Beginn der Industrialisierung in England
1769 James Watt, Dampfmaschine
1804 Richard Trevithick, 1. Lokomotive

1848 K. Marx und F. Engels, Kommunistisches Manifest
1861 Erste Gewerkschaften in Deutschland
1863 „Allgemeiner Deutscher Arbeiterverein“ gegründet
1865 „Allgemeiner Deutscher Frauenverein“ gegründet
1875 Gründung der Sozialdemokratischen Partei in Gotha

Deutscher Bund

1814/1815 Wiener Kongress
1815–1866 Deutscher Bund
1817 Wartburgfest
1832 Hambacher Fest
1834 Deutscher Zollverein

Revolution 1848/49

1830 Julirevolution in Frankreich, Aufstände in Leipzig und Dresden
1848 Märzaufstand in Wien, Berlin, Paris
1848 Mai: Nationalversammlung in Frankfurt am Main
1849 Friedrich Wilhelm IV. von Preußen lehnt die Kaiserkrone ab
Auflösung der Nationalversammlung
Neue Aufstände werden durch das Militär niedergeschlagen

Das 20. Jahrhundert

1900 — 1920

Deutsches Kaiserreich

1871	Gründung des Deutschen Reiches, Otto von Bismarck wird Reichskanzler
1878	Sozialistengesetz
1888	Wilhelm II. wird Kaiser
1890	Entlassung Bismarcks, neuer außenpolitischer Kurs

Imperialismus

ab 1870	Eroberungspolitik europäischer Staaten in Afrika und Asien
1884	Deutschland wird Kolonialmacht in Afrika
seit 1900	450 Millionen Einwohner gehören zum „British Empire“
1904	Herero-Aufstand

Der Erste Weltkrieg

28. 6. 1914	Attentat in Sarajewo
28. 7. 1914	Beginn des Ersten Weltkriegs

6. 4. 1917	Kriegseintritt der USA
25. /26. 10. 1917	Oktoberrevolution in Russland
3. 3. 1918	Friede von Brest-Litowsk
11. 11. 1918	Ende des Ersten Weltkriegs

Weimarer Republik

3.–9.11.1918	Novemberrevolution in Deutschland
9.11.1918	Ausrufung der Republik
Januar 1919	Januarkämpfe und Nationalversammlung
28.6.1919	Versailler Vertrag
11.8.1919	Weimarer Verfassung
1923	Inflation, Ruhrkampf und Putschversuche
1924–1928	Die Goldenen Zwanziger
8.9.1926	Aufnahme Deutschlands in den Völkerbund
1929	Weltwirtschaftskrise
1929–1933	Aufstieg der NSDAP

Der Nationalsozialismus

30.1.1933	„Machtergreifung“
21.3.1933	„Tag von Potsdam“
23.3.1933	Ermächtigungsgesetz
1.4.1933	„Judenboykott“
Mai 1933	Gleichschaltung
ab 1934	Aufbau des KZ-Systems
15.9.1935	Nürnberger Gesetze
9./10.11.1938	Reichspogromnacht
20.1.1942	Wannsee-Konferenz: „Endlösung“
bis 1945	Ermordung von fast 6 Millionen Juden

Der Zweite Weltkrieg

1938/39	Anschluss Österreichs und des Sudetenlands; Überfall auf die Tschechoslowakei
23.8.1939	Hitler-Stalin-Pakt
1.9.1939	Beginn des Zweiten Weltkriegs
1942/43	Schlacht um Stalingrad
18.2.1943	„Totaler Krieg“
Juni 1944	Alliierte Invasion
8./9.5.1945	Ende des Zweiten Weltkriegs in Europa
6./9.8.1945	Hiroshima und Nagasaki
2.9.1945	Ende des Zweiten Weltkriegs in Asien

Gewusst wie ...

Eine Zeitleiste herstellen

Zeitabschnitte aus der Vergangenheit könnt ihr in einer Zeitleiste darstellen. So könnt ihr veranschaulichen, was früher, später oder auch gleichzeitig stattgefunden hat.

... und so wird's gemacht:

1. Bildmaterial sammeln und ordnen
Tragt Bilder, Fotos und Gegenstände zusammen und beschafft euch Informationen dazu. In Geschichtsbüchern, Lexika oder in alten Zeitungen könnt ihr euch informieren. Sortiert ähnliche Abbildungen aus. Macht Fotokopien von Bildern, die euch nicht gehören. Fotografiert Gegenstände, über die ihr nicht verfügen könnt. Notiert, aus welchem Jahr die Bilder oder Gegenstände stammen. Berechnet, wie viele Jahre seitdem vergangen sind.

2. Zeitleiste anlegen
Nehmt eine Tapetenbahn und zeichnet einen Zeitstrahl darauf. Überlegt, welchen Zeitraum ihr darstellen wollt. Schreibt das Jahr, das am weitesten zurückliegt, an die linke Seite des Zeitstrahls. Der Zeitpunkt, der unserer Zeit am nächsten ist, wird an die rechte Seite geschrieben. Unterteilt dann den Zeitstrahl in sinnvolle Abschnitte.

3. Zeitleiste gestalten
Legt euer Bildmaterial auf und probiert verschiedene Gestaltungsmöglichkeiten aus. Klebt die Abbildungen auf und beschriftet sie.

Umgang mit Gesetzestexten

Gesetzestexte sind nicht leicht zu verstehen. Sie müssen genau analysiert werden.

... und so wird's gemacht:

1. Art und Inhalt des Textes klären
Stellt fest, ob es sich zum Beispiel um einen Verfassungstext, ein Gesetz oder eine Verordnung handelt. Klärt unbekannte Begriffe und sucht die Schlüsselwörter. Fasst zusammen, worum es im Text geht.

2. Regelungsbereich und Regelungsabsicht klären
Untersucht, für welche Bereiche die Bestimmung gilt und was mit ihr bewirkt werden soll (z. B. Schutz, Strafe).

3. Die Bestimmung auf einen Fall anwenden
Versucht festzustellen, ob die Bestimmung auf einen bestimmten Fall anzuwenden ist und was daraus für Betroffene folgt.

4. Beurteilung
Erörtert, ob die Regelung aus eurer Sicht gerecht/ungerecht, zu hart/zu milde ist. Passt sie überhaupt auf den Einzelfall?

Textquellenarbeit

Schriftliche Überlieferungen werden Textquellen genannt, weil man aus ihnen Informationen über die Vergangenheit entnimmt, so wie man Wasser aus einer Quelle schöpft. Dabei kann es sich z. B. um Gesetzestexte, Briefe oder Inschriften handeln. Die Textquellen können auf Papier oder Stein, in Büchern oder an Gebäuden stehen. Um eine Textquelle genauer zu untersuchen, können folgende Fragen hilfreich sein:

1. Fragen zum Text
- Wovon berichtet der Text? (W-Fragen: Wer? Wo? Wann? Was? Wie? Warum?)
- Wie ist der Text untergliedert? Welcher Gesichtspunkt steht im Mittelpunkt?
- Wie kann man den Inhalt kurz zusammenfassen?
- Welche Widersprüche, Übertreibungen oder Einseitigkeiten enthält der Text?

2. Fragen zum Verfasser (Autor)
- Welche Informationen besitzen wir über den Verfasser?
- Kannte der Schreiber die Ereignisse, über die er berichtet, aus eigener Anschauung?
- Welche Absichten verfolgte der Verfasser mit seinem Text?
- Versucht der Autor möglichst neutral zu sein oder ergreift er Partei für bestimmte Personen?

Mündliche Quellen

Informationen kann man nicht zu allen Fragen aus Büchern beschaffen. Man kann Zeitzeugen- oder Expertenbefragungen durchführen. Das, was die Leute dabei erzählen, wird „mündliche Quelle" genannt. Aber auch viele Materialien im Buch sind als mündliche Quellen aufgezeichnet worden.

... und so wird's gemacht:

1. Fragen stellen
Geht vor wie bei einer Zeitzeugen- oder Expertenbefragung.

2. Informationen entnehmen
Fragt nach, wenn euch etwas unklar bleibt. Formuliert nachher die Antworten auf eure Fragen kurz mit eigenen Worten.

3. Informationen vergleichen und überprüfen
Wenn man Leute zu Dingen befragt, die sie selbst erlebt haben, wollen sie sich so gut wie möglich darstellen: Manch einer ist ein Angeber, ein anderer ist allzu bescheiden. Die Wahrheit könnt ihr meist nur schwer überprüfen. Manchmal hilft es, mündliche Quellen zu vergleichen. Manchmal gibt es schriftliche Quellen oder Abbildungen, die den Erinnerungen widersprechen. Wichtig: Zeigt der befragten Person möglichst nicht, dass ihr ihre Erzählungen prüfen wollt, sondern bewertet sie erst nachher alleine.

… arbeiten mit Methode

Schaubild

Schaubilder stellen komplizierte Zusammenhänge vereinfacht dar.

… und so wird's gemacht:

1. Was ist dargestellt?
a) Inhalt feststellen (Um was geht es?)
b) Symbole entschlüsseln (Bedeutung von Farben, Form der Elemente, Pfeile …)

2. Wie ist die Darstellung aufgebaut?
a) Aufbau und Ablauf erkunden (Wo ist der „Einstieg", läuft alles in eine Richtung? Gibt es Verzweigungen, soll ein Kreislauf angedeutet werden?)
b) Zusammenhänge herstellen (Wo sind z. B. Ursachen, wo ergeben sich Folgen?)

3. Auswertung
a) Gesamtaussage erkennen (Wie könnte man die Aussage des Schaubildes mit wenigen Worten wiedergeben?)
b) Kritisch überprüfen (Was fehlt, was wird zu einfach dargestellt oder übertrieben …?)

Statistiken und Diagramme

Die bei Umfragen erhobenen Daten sollten ausgewertet und grafisch aufbereitet werden. Wenn ihr die dafür notwendigen Schritte einmal selber gemacht habt, fällt euch die Deutung und Beurteilung fremder Statistik viel leichter.

… und so wird's gemacht:

1. Fragebögen auswerten
Strichlisten zu den einzelnen Antworten anlegen, Teilergebnisse zusammenfassen, eine Tabelle mit dem Gesamtergebnis aufstellen – das sind die notwendigen Vorarbeiten für eine grafische Aufbereitung von erhobenen Daten.

2. Diagrammart wählen
Diagramme sollen übersichtlich und aussagekräftig sein. Der ausgewählte Typ muss zum Inhalt passen.

3. Diagramme anlegen
Hierfür ist es manchmal günstig, die absoluten Zahlenwerte in Prozente umzurechnen.

4. Interpretation
Hierzu werden die Grafiken „gelesen" und in Worte übersetzt.

5. Kritik
Ihr werdet schnell feststellen, dass man durch die Art der Darstellung Dinge übertreiben oder abschwächen kann. Da hilft bei fremden Statistiken nur ein kritischer Blick auf die zugrunde liegenden Zahlenwerte. Eine seriöse Statistik muss nachvollziehbar und damit überprüfbar sein.

Geschichtskarten

Im Geschichtsunterricht arbeitet ihr mit Geschichtskarten. Sie stellen ein Thema aus der Geschichte dar. Das kann eine bestimmte Situation sein. Es kann auch die Entwicklung über einen längeren Zeitraum hinweg sein. Bei der Arbeit mit Geschichtskarten helfen folgende Arbeitsschritte weiter:

1. Thema und Zeitraum bestimmen
Antwort gibt meist der Titel der Karte. Er ist in diesem Buch über den Karten abgedruckt. Wenn der Zeitraum im Titel nicht zu erkennen ist, muss man einen Blick in die Legende werfen oder auf der Karte eingetragene Jahreszahlen sammeln.

2. Das dargestellte Gebiet bestimmen
Sicher könnt ihr nur sein, wenn ihr euch am Kartenbild orientiert habt. In diesem Buch hilft euch oft der kleine Kartenausschnitt.

3. Farben und Zeichen erklären
Fast jede Karte hat eine Zeichenerklärung, die so genannte Legende. Dort findet ihr die Erklärungen, die nicht in der Karte stehen.

4. Aussagen der Karte zusammenfassen
Wenn ihr Schwierigkeiten habt, versucht ihr am besten, zu der Karte eine kurze Geschichte zu erzählen. Was passierte in welcher Reihenfolge?

Bilder und Kunstwerke als Quellen

Oft genügt es schon, ein Bild genau zu betrachten und zu beschreiben, um etwas darüber zu erfahren, wie die Menschen früher gelebt, gedacht oder gefühlt haben. Manchmal benötigen wir zusätzliche Informationen, um den Sinn eines Bildes zu verstehen. Folgende Fragen können helfen, Bildern wichtige Informationen zu entnehmen.

… und so wird's gemacht:

1. Fragen zum Kunstwerk
- Welche „Daten" des Bildes sind bekannt? (Name des Künstlers, Bildtitel, Entstehungszeit)
- Was ist dargestellt? (Personen, Dinge, Natur usw.)
- Wie ist es dargestellt? (Naturgetreu oder nicht? Farben, Helligkeit, Anordnung der Personen, Dinge usw.)
- Gibt es einen Mittelpunkt, auf den das Auge des Betrachters gelenkt wird? Sind Vorder- und Hintergrund erkennbar?
- Welchen Eindruck will der Künstler durch die Darstellung vermitteln?
- Zu welchem Zweck wurde das Bild geschaffen?

2. Fragen zum Betrachter
- Wie wirkt das Bild als Ganzes auf mich?
- Welche Einzelheiten sprechen mich besonders an, was finde ich interessant, schön, hässlich, abstoßend usw.?
- Welche weiteren Fragen ergeben sich für mich durch das Bild?
- Wo finde ich weitere Informationen?

Gewusst wie ...

Informationen beschaffen

Am häufigsten suchen wir uns zusätzliche Informationen in anderen Büchern. Wir finden sie in Büchereien oder Bibliotheken.

... und so wird's gemacht:

1. Schritt: Im Katalog suchen
Wenn ihr nach den gewünschten Büchern suchen wollt, müsst ihr in den „Katalog" schauen. Der **Autorenkatalog** hilft euch, wenn ihr schon wisst, welches Buch von welchem Autor ihr haben wollt. Der **Schlagwortkatalog** ist für den Anfang besser. Hier könnt ihr unter einem Stichwort nachsehen.

2. Schritt: Bücher ausleihen
Im Katalog findet ihr zu jedem Buch eine Buchstaben- und Zahlenkombination, die so genannte Signatur. Notiert die Signatur, den Namen des Autors und den Buchtitel und fragt nun die Angestellten, wie es weitergeht.

3. Schritt: Eine Dokumentation anlegen
Wenn ihr wichtige Informationen behalten wollt, müsst ihr diese Informationen auswählen und festhalten. In einem Hefter sammelt ihr Fotokopien von Bildern und Texten aus den ausgeliehenen Büchern. Wichtige Informationen aus langen Texten lassen sich besser kurz mit eigenen Worten zusammenfassen. Auf jedem Blatt solltet ihr als Überschrift das Thema festhalten, um das es geht. Am besten nummeriert ihr die Seiten durch, wenn eure Dokumentation abgeschlossen ist.

Exkursion

Ihr könnt auch einen Schauplatz aufsuchen, an dem ihr Spuren der Geschichte findet. Das nennt man eine Exkursion.

... und so wird's gemacht:

1. Informationen beschaffen, Termin festlegen
Zuerst beschafft ihr euch per Post oder Telefon Informationen über euer Ziel. Legt einen Termin fest und erkundigt euch nach Fahrmöglichkeiten.

2. Vorbereitung in der Schule
Sichtet das Informationsmaterial, erarbeitet Fragen, einigt euch auf Schwerpunkte. Bildet arbeitsteilige Gruppen.

3. Gemeinsamer Rundgang am Ziel
Gemeinsam verschafft ihr euch einen ersten Überblick. Beim Rundgang informieren die einzelnen Gruppen die anderen als Experten.

4. Selbstständiges Entdecken und Erforschen
Jede Gruppe kann dann ihr Thema vertiefen. Sucht die eurem Schwerpunkt entsprechenden Spuren auf. Haltet alle Ergebnisse stichwortartig fest, fotografiert und zeichnet.

5. Vortrag der Arbeitsergebnisse in der Schule
Dies kann in Textform, mit Bildern und Postkarten geschehen. Unterstützt euren Vortrag mit Anschauungsmaterial und erzählt von persönlichen Erlebnissen. Die Ergebnisse sollten dokumentiert werden.

Industriemuseen erkunden

„Spuren" des Fortschritts findet ihr in Industriemuseen. Sie zeigen Fabrikanlagen, Maschinen und Werkzeuge, oft auch den Betrieb alter Maschinen. Ihr erfahrt vor allem etwas über die Bedingungen, unter denen Menschen früher in der Industrie gearbeitet haben.

... und so wird's gemacht:

1. Die Erkundung vorbereiten
Klärt, welches Museum erkundet werden soll, vereinbart einen Termin und bereitet euch mit Fragen (Fragebogen), am besten in Gruppen, darauf vor. Vergesst nicht Notizblock, Schreibzeug, Fotoapparat (Videokamera).

2. Die Erkundung durchführen
Stellt eure Fragen, macht Notizen, haltet auch Beobachtungen fest, die nicht in eurem Fragenkatalog stehen.

3. Die Ergebnisse auswerten und dokumentieren
Das gesammelte Material zunächst sichten, ordnen und eventuell durch weitere Informationen aus Büchern ergänzen. Entscheidet dann, wie ihr eure Ergebnisse darstellen wollt, z. B. in einer kleinen Ausstellung, einer Wandzeitung, einem Erkundungsbericht.

Denkmäler untersuchen

Die Untersuchung von Kriegerdenkmälern kann uns über Folgen der Kriege aufklären. Sie liefert auch Hinweise auf das Bewusstsein der Menschen, die die Denkmäler errichtet haben.

... und so wird's gemacht:

1. Bestandsaufnahme
- Beschreibung des Denkmals; Ausdruck der Figuren (Skulpturen)
- Gestaltungselemente: Materialien, Skulpturen (auch Symbole: Stahlhelm, Adler, Waffen), Inschriften, Gestaltung der Umgebung usw.
- Sind irgendwann Veränderungen vorgenommen worden?

2. Heutige Einstellungen zum Denkmal prüfen
Versucht herauszufinden, welche Einstellungen heute in der Bevölkerung des Ortes bestehen. (Wer pflegt das Denkmal? Finden Gedenkfeiern statt? ...)

3. Deutung, Bewertung
- Erfahren wir etwas über die Motive und Gefühle der Menschen, die das Denkmal errichteten?
- Was bedeuten die Einzelheiten? (z. B. kriegerische Symbole für Kampf und Durchhaltewillen)
- Welchen Zweck sollte das Denkmal haben? (z. B. Gedächtnis- oder Ehrenmal? Dem Soldatentod Sinn zusprechen? Botschaft an nachfolgende Generationen?) Wie denken wir heute darüber?

… arbeiten mit Methode

Zeitzeugenbefragung

Zeitzeugen sind Menschen, die eine Zeit bewusst erlebt haben und von den Ereignissen oder dem Denken der Zeit aus eigenem Erleben berichten können. In diesem Sinne können alle älteren Erwachsenen Zeitzeugen sein.

… und so wird's gemacht:

1. Sammeln der Fragen
Überlegt, was ihr herausfinden wollt. Schreibt eure Fragen als Fragenkatalog zusammen.

2. Wer kann befragt werden?
Sprecht ältere Menschen an und erklärt ihnen, weshalb ihr sie befragen wollt.

3. Durchführung der Befragung
Stellt die Fragen in der Reihenfolge des Fragenkatalogs. Bleibt euch etwas unklar, fragt nach. Bedankt euch nach dem Gespräch. Wenn ihr als Gruppe arbeitet, müsst ihr entscheiden, wer als Sprecher auftritt und wer die Antworten notiert. Schreibzeug und Fragenkatalog müssen mitgebracht werden. Ihr könntet auch mit einem Kassettenrekorder arbeiten.

4. Auswertung
Tragt im Anschluss an die Befragung die Antworten zusammen. Das geht gut, wenn ihr sie auf Zettel schreibt und auf einer Pinnwand sammelt. Jetzt könnt ihr eure Ergebnisse zusammenfassen. Am besten notiert ihr auch noch besondere Beobachtungen während der Befragung.

Umfrage

Umfragen helfen dabei, Stimmungen und Meinungen zu erkunden, aber auch Daten zu sammeln.

… und so wird's gemacht:

1. Thema eingrenzen
- Klären, was genau man erfahren möchte.
- Den Teilbereich auswählen, der möglichst viel Grundsätzliches berührt.
- Die Personengruppe aussuchen, die vermutlich viel zum Thema sagen kann. Dabei gilt: Je allgemeiner das Thema, desto unterschiedlicher und zahlreicher sollten die Personengruppen (= Zielgruppen) sein!

2. Fragebogen erstellen
- Die Anzahl der Fragen festlegen. Damit entscheidet ihr über die Dauer der Befragung und den eigenen Zeitaufwand bei der späteren Auswertung.
- Frageform festlegen: Die Art der Frage muss zum Inhalt passen!
- Auf die Reihenfolge achten: zu Beginn allgemeine Fragen stellen, die ins Thema einführen. Bald zum Kern der Sache kommen, weil sonst die Aufmerksamkeit nachlässt. Persönliche Fragen – z.B. nach dem Alter – erst am Schluss stellen.

3. Umfrage durchführen
- Erlaubnis einholen und erklären, um was es geht.
- Klären, ob die Fragen vorgelesen oder ob die Bögen von den zu befragenden Personen selber ausgefüllt werden sollen.

Karikaturen deuten

Bei einer Karikatur geht es dem Zeichner darum, seine Meinung zu einer Sache darzustellen. Um die Karikatur zu deuten, müsst ihr die Stilmittel (Übertreibung, Symbole) herausfinden.

… und so wird's gemacht:

1. Beobachtung
Karikatur genau betrachten und Eindrücke festhalten.

2. Beschreibung
Was ist dargestellt? Welche Texte gehören zum Bild?

3. Deutung
Welche Bedeutung haben die dargestellten Personen, Tiere oder Gegenstände?

4. Einordnung
Auf welche Situation beziehen sich die Aussagen der Karikatur?

5. Wertung
Welche Position bezieht der Karikaturist? Wie seht ihr das Problem?

Interview

1. Vorbereitung des Interviews
- Personell: Wer soll das Interview durchführen? Wer soll interviewt werden?
- Inhaltlich: Welche Fragen wollt ihr stellen?
- Räumlich: Wo soll das Interview durchgeführt werden?
- Zeitlich: Wie lange soll das Interview dauern?
- Technisch: Wie wollt ihr das Interview aufzeichnen? Wer übernimmt die technische Leitung?

2. Probedurchlauf
Ihr gewinnt an Sicherheit, wenn ihr das Interview probt. Notiert die Stellen, die sich im Probedurchlauf als schwierig erwiesen haben. Was lässt sich verbessern?

3. Durchführung des Interviews
Führt anhand eurer Checkliste dann das Interview durch: Vorstellen des Interviewpartners, Stellen der Fragen, Dank an den Interviewpartner.

4. Auswertung des Interviews
Was hat das Interview für euer Thema gebracht (neue Erkenntnisse, eine Veränderung der Sichtweise, mehr Verständnis für die Gegenposition …)?

5. Überlegungen zur Methode
- Wie hat der Interviewer seine Aufgabe erfüllt?
- Wie hat sich der Interviewpartner verhalten? War er allen Fragen gegenüber offen? Hat er verständlich geantwortet?

Gewusst wie …

Referat

Referate sind eine der häufigsten Formen der Informationsvermittlung. Sie eignen sich vor allem, um Informationen eines Einzelnen an ein Publikum weiterzugeben.

… und so wird's gemacht:

1. Sammeln und Ordnen des Materials
Sucht in der Schul- und in der Stadtbibliothek unter bestimmten Stichwörtern nach Material. Achtet auf Bilder, Karten, Tabellen und Grafiken.
Notiert auch die Fundstellen und schreibt euch die Informationen auf. In vielen Bibliotheken stehen Kopiergeräte, mit denen ihr eure Informationen gleich kopieren könnt.

2. Gliederung der Materialien
Die gesammelten Materialien müssen geordnet werden. Dafür bietet es sich an, die Texte, Bilder, Karten und Tabellen auf einem großen Tisch auszubreiten und darüber nachzudenken, welche Materialien zusammengehören.
Legt sie nach Unterthemen zusammen.
Damit ergibt sich eine erste Ordnung. Diese ist dann so zu überarbeiten, dass eine Gliederung für den Vortrag dazu entsteht.

3. Formulierung der eigenen Texte
Die gesammelten und geordneten Materialien müssen dann durch eigene Texte verbunden werden. Achtet beim Formulieren darauf, dass die Sätze nicht zu lang, sondern klar und verständlich sind.

4. Zusammenstellen des Vortrags und Bereitstellung der Medien
Stellt dann euren Vortrag in der richtigen Gliederung zusammen, ordnet die vorgesehenen Medien in der richtigen Reihenfolge. Wenn ihr Geräte braucht, sorgt dafür, dass sie zur Verfügung stehen.

5. Üben des Vortrags
Sehr wichtig ist es, vor dem eigentlichen Vortrag das Referat laut und in freier Rede zu üben. Seht euch den fertigen Text durch und markiert euch die wichtigen Stellen. Schreibt euch dann für den freien Vortrag Stichworte auf einen Merkzettel. Am besten ist es, mehrmals für sich das Referat laut vorzutragen. Wenn ihr jemanden habt, der euch dabei zuhören kann, dann ist der Übungszweck noch größer. Laut, langsam und deutlich sprechen. Sprecht viel langsamer, als ihr gerne sprechen möchtet.

6. Präsentation
Vor dem Vortrag dafür sorgen, dass alle Materialien und Medien in der richtigen Ordnung vorhanden sind. Vergesst nicht, das Thema und die Planung deutlich vorzustellen.
Tragt dann möglichst ruhig euer Referat vor. Haltet dabei immer Blickkontakt zu den Zuhörerinnen und Zuhörern und ermuntert sie auch nachzufragen, wenn etwas unklar war.
Die Planung ist so anzulegen, dass nach dem Referat noch Zeit ist für Fragen oder zu einer Diskussion.

Gesprächsführung

Eine Diskussion soll eine Frage klären, die alle Beteiligten angeht.

… und so wird's gemacht:

1. Thema klären
Oft ist es hilfreich, das Thema einer Diskussion vorher als Frage an der Tafel zu notieren.

2. Gesprächsleitung bestimmen
Nur selten kommt man bei Diskussionen ohne Personen aus, die das Gespräch leiten. Ihre Aufgaben sind immer die gleichen:

- Wortmeldungen müssen gesammelt werden.
- Der Reihe nach wird das Wort erteilt.
- Zwischenrufe werden zurückgewiesen.
- Gehört ein Beitrag nicht zur Sache, können die Gesprächsleiter das Wort entziehen. In Diskussionen geht es oft sehr lebhaft her. Die Gesprächsleiter dürfen deshalb nie ihre eigene Meinung in den Mittelpunkt stellen, sondern müssen möglichst neutral bleiben.

3. Gesprächsregeln vereinbaren
Vor der Diskussion werden die Geprächsregeln geklärt: Worterteilung abwarten, wie lange darf man sprechen usw.
Ein Tipp: Ein bestimmter Gegenstand, z. B. ein Ball, kann als Zeichen der Redeerlaubnis herumgereicht werden. Nur derjenige darf sprechen, der den Ball in Händen hält.
Schreibt die wichtigsten Gesprächsregeln auf ein Plakat und hängt es in eurer Klasse auf.

In Gruppen arbeiten

Immer wieder ist es günstiger, bestimmte Arbeitsgänge nicht mit der ganzen Klasse oder allein für sich durchzuführen, sondern in Gruppen zu arbeiten.

… und so wird's gemacht:

1. Gruppen bilden
Gruppen können nach ganz unterschiedlichen Gesichtspunkten gebildet werden. Zunächst kommt es darauf an, wer sich für das Gruppenthema interessiert. Manchmal muss man aber auch darauf achten, wer die vorgesehenen Arbeiten besonders gut kann. Und natürlich müssen auch ganz unterschiedliche Interessen oder Fähigkeiten zusammenkommen, um gemeinsam eine Aufgabe zu lösen.

2. Regeln verabreden und Entscheidungen treffen
Bestimmt zunächst in jeder Gruppe einen Sprecher oder eine Sprecherin. Sie sollen vielleicht später die Gruppenergebnisse der Klasse vorstellen.

3. Ergebnisse in der Klasse vorstellen
Wenn die Arbeit fertig ist, muss das Ergebnis in der Klasse vorgestellt werden, denn die anderen haben sich ja mit ganz anderen Themen beschäftigt.

4. Nachbesprechung
Wenn alle Gruppen ihre Ergebnisse vorgestellt haben, könnt ihr in der Klasse ein Gesamturteil bilden.

... arbeiten mit Methode

Spielfilme im Unterricht

Bilder, und ganz besonders Filme, haben eine starke direkte Wirkung auf den Betrachter. Deshalb ist es wichtig, sich die Wirkungsweisen bewusst zu machen, über die ein Film verfügen kann.

... und so wird's gemacht:

1. Schritt: Einordnung des Films
Stellt fest, wo und wann der Film produziert wurde und wo und wann seine Handlung spielt. Klärt, ob der Film eine erfundene oder historisch belegbare Geschichte erzählt.
Findet heraus, welcher Gattung der Film zuzuordnen ist (Liebesfilm, Abenteuerfilm, Kriminalfilm, Kriegsfilm ...).

2. Schritt: Zusammenfassung des Inhalts
Gebt den Inhalt des Films in Form einer Nacherzählung oder Inhaltsangabe wieder.
Nennt die Haupt- und Nebenpersonen und die Art, wie sie dargestellt werden. Schildert, aus welchem Blickwinkel der Film erzählt und welche Lösung der Probleme er anbietet.

3. Schritt: Untersuchung der filmischen Mittel
Stellt fest, mit welchen Mitteln euch der Film in seine Sichtweise ziehen möchte.
Achtet besonders auf:
a) Bildgestaltung (Schwarzweißfilm oder Farbfilm, Bildfolge, Bildausschnitte, Perspektivenwechsel),
b) Ausstattung (Rollenbesetzung, Kleidung, Einsatz von Tieren, besondere Gegenstände),
c) Musik und Sprache, wie sie zur Charakterisierung einzelner „Gruppen" oder des ganzen Films eingesetzt sind.

4. Schritt: Auswertung des Films
Prüft, ob und in welcher Form euch der Film zum jeweiligen Thema Informationen geben konnte. Entsprechen diese dem, was ihr aus anderen Quellen dazu erfahren habt? Berichtet, welche besonderen Möglichkeiten dabei das Medium Film hatte.
Plant, wie ihr die Auswertung festhaltet: Inhaltsangabe, Filmkritik, Dialog schreiben, Filmplakat entwerfen usw.

Fotos analysieren

Außer Gegenständen und Textquellen können auch Fotos wichtige Informationen über die Geschichte geben. Dazu müssen Fragen an die Fotos gestellt werden. Nicht immer können zu allen Fragen Antworten gefunden werden.

... und so wird's gemacht:

1. Fragen zum Foto
a) Wann ist das Foto entstanden?
b) Wer hat es aufgenommen?
c) Warum ist das Foto aufgenommen worden?
d) Gibt es eine Bilderklärung? Welche Informationen enthält sie?

2. Fragen zum Motiv
a) Was ist dargestellt?
b) Fallen euch wichtige Dinge ein, die mit dem Motiv zusammenhängen, aber nicht auf dem Bild zu erkennen sind?
c) Welche weiteren Informationen wären zum besseren Verständnis nötig?

Internetrecherche

1. Klärung der Absicht
Was will ich erreichen? Ist das Netz hierfür überhaupt optimal geeignet?
- Herstellung von eigenen Homepages?
- Kontaktaufnahme über E-Mail oder „Chat" in einem Forum?
- Informationsgewinnung?

2. Adressen bereithalten
Vorab klären, auf welchem Weg das Ziel erreicht werden soll:
- als offene Suche mithilfe einer so genannten Suchmaschine („Yahoo", „Alta vista" u. a.),
- als Kontakt über die Homepage eines Netzbetreibers („t-online", „AOL" u. a.),
- als gezielter Besuch bei einer bestimmten Adresse.

Die Adressen und Zugriffsmöglichkeiten solltet ihr in einer gesonderten Mappe nach Suchbegriffen sammeln und ordnen.

3. Netzzeit sparen
- Die eigenen Beiträge vorbereiten (E-Mail fertig getippt, Bilder und Grafiken fertig gescannt abspeichern).
- Bei Chats (Beteiligung an Diskussionen) die interessierenden Punkte vorher notieren und während des Gesprächs abhaken.

4. Ergebnisse sichern und kritisch sichten
- Ergebnisse komprimiert sichern (eventuell erst später offline ausdrucken).
- Heruntergeladene Inhalte nicht ungeprüft gelten lassen; Infomüll und Anstößiges aussondern. Verstöße gegen Verhaltensregeln im Netz beanstanden (z. B. Lotsen oder Scouts benachrichtigen!).
- Nachdenken: War die Arbeitstechnik nützlich? Wären andere Möglichkeiten besser, interessanter, kontaktfreundlicher usw. gewesen?

Fundgrube: Jugend- und Sachbücher

Der Erste Weltkrieg

- Betge, Lotte: *Herbstwind.* Klopp, München. Am Ende des Ersten Weltkriegs nehmen drei Schwestern ihr Schicksal selbst in die Hand.
- Fährmann, Willi: *Es geschah im Nachbarhaus. Geschichte eines Verdachtes.* Arena, Würzburg. In einer kleinen Stadt wird Ende des 19. Jahrhunderts durch Hass und Vorurteile eine jüdische Familie um ihre Existenz gebracht.
- Frank, Rudolf: *Der Junge, der seinen Geburtstag vergaß. Ein Roman gegen den Krieg.* Beltz & Gelberg, Weinheim. Roman über das Grauen des Ersten Weltkrieges.
- Hesse, Karin: *Hannah Gold. Zeit der Engel.* Freies Geistesleben, Stuttgart. Geschichte über die Grippeepidemie 1918 aus der Sicht von Hannah.
- Kleberger, Ilse: *Die Vision vom Frieden – Bertha von Suttner.* dtv, München. Die Geschichte der österreichischen Baronin und ihres Einsatzes für die Friedensbewegung.

Die Weimarer Republik

- Fährmann, Willi: *Zeit zu lieben, Zeit zu hassen.* Arena, Würzburg. Im Januar 1919 gerät der junge Paul Bienmann aus Ostpreußen in die Berliner Straßenkämpfe zwischen Spartakisten und Freikorps.
- Kordon, Klaus: *Die roten Matrosen oder Ein vergessener Winter.* Beltz & Gelberg, Weinheim. Novemberrevolution 1918: Helle und Fritz freunden sich 1918 mit revolutionären Matrosen an und erleben an ihrer Seite die Revolution mit.
- Tetzner, Lisa: *Die Kinder aus Nr. 67.* Carlsen, Hamburg. Berlin, Anfang der 30er-Jahre. Paul und Erwin gehören zu der Hinterhausbande von Haus Nr. 67. Sie gehen zusammen durch dick und dünn – doch dann übernehmen die Nationalsozialisten die Macht ...

Die nationalsozialistische Gewaltherrschaft

- Abraham, Peter: *Piepheini.* Ellermann, München. Berlin im letzten Kriegswinter: Heinrich weiß nicht, dass sein Vater im Widerstand gegen Hitler aktiv ist.
- Auerbach, Inge: *Ich bin ein Stern.* Beltz & Gelberg, Weinheim. Inge Auerbacher ist sieben, als sie mit ihren Eltern in das KZ Theresienstadt deportiert wird.
- Burger, Horst: *Warum warst du in der Hitlerjugend?* Rowohlt, Reinbek. Der Versuch eines Vaters, der als Kind und junger Mann den Nationalsozialismus erlebt hat, seinem Sohn durch selbst erlebte Geschichten den Charakter des Unrechtsregimes deutlich zu machen.
- David, Janina: *Ein Stück Himmel.* dtv, München. Erinnerungen an eine Kindheit in Polen, 1930 bis 1944. Die reiche Familie Janinas muss in das Elend des Gettos in Warschau. Das Buch endet mit der Rettung Janinas.
- Frank, Anne: *Tagebuch.* Fischer, Frankfurt a. M. Das Tagebuch der Anne Frank, Aufzeichnungen aus der Zeit von 1942 bis 1944, als die Familie Frank sich in Amsterdam vor den Nazis versteckte.
- Härtling, Peter: *Krücke.* Beltz & Gelberg, Weinheim. Kriegsende 1945. Thomas hat seine Mutter auf der Flucht verloren. Er schließt sich Krücke an, der ein Bein verloren hat und dennoch stark und lebenstüchtig ist.
- Held, Kurt: *Die rote Zora und ihre Bande.* Carlsen, Hamburg. Im Zweiten Weltkrieg in Jugoslawien: Das rothaarige Mädchen Zora führt eine wilde Kindertruppe an. Ein Klassiker der Jugendliteratur.
- Heneghan, James: *Wish me luck.* dtv, München. England 1940: Für den 13-jährigen Jamie und seine Freunde ist der Krieg ein Abenteuer – bis Liverpool bombardiert wird.
- Holub, Josef: *Lausige Zeiten.* Beltz & Gelberg, Weinheim. Eine bewegende Jungenfreundschaft in der NS-Zeit gibt ein Beispiel für Möglichkeiten, auch unter der Diktatur noch menschlich zu denken und menschlich zu handeln.
- Keneally, Thomas: *Schindlers Liste.* Goldmann, München. Ein Sachbuch über den deutschen Unternehmer Oscar Schindler, der Juden vor dem KZ rettete, indem er sie als Arbeitskräfte reklamierte. Mit einem Materialanhang für Schüler und Lehrer.
- Klemperer, Victor: *Das Tagebuch 1933–1945.* Aufbau, Berlin. Wie erlebten die Zeitgenossen den Holocaust? Klemperers Tagebuch beantwortet sehr viele Fragen: Tag für Tag hielt er fest, was er beobachtete und erlebte.
- Koppel, Gert: *Untergetaucht.* Arena, Würzburg. Als nach der Machtergreifung 1933 die Schikanen gegen die Juden immer unerträglicher werden und eine gemeinsame Emigration nicht möglich ist, entschließen sich Gerts verzweifelte Eltern ihn und seine Schwester alleine nach Belgien zu schicken.
- Orlev, Uri: *Lydia, Königin von Palästina.* Beltz & Gelberg, Weinheim. In Rumänien sind im Zuge des Krieges die Faschisten an der Macht. Die „Eiserne Garde" macht Jagd auf Juden, und das Leben wird immer

schwieriger. Lydias jüdische Eltern sind geschieden. Als der Vater vor den Faschisten nach Palästina flieht, nimmt er Lydia mit. Die Mutter hat versprochen nachzukommen.
- Pausewang, Gudrun: *Du darfst nicht schreien*. Ravensburger Verlag. Sommer 1942, Reichsprotektorat Böhmen-Mähren. Hier lebt Georg, deutsch, fast 16. Er marschiert einer glorreichen Zukunft entgegen – so glaubt er.
- Pausewang, Gudrun: *Die Verräterin*. Ravensburger Buchverlag Otto Maier, Ravensburg. Erzählt wird die Geschichte des Mädchens Anna, die einen geflohenen russischen Kriegsgefangenen versteckt. Nur ihr Bruder, ein verblendeter Hitlerjunge, ahnt etwas und löst schließlich eine Katastrophe aus.
- Pausewang, Gudrun: *Adi – Jugend eines Diktators*. Ravensburger Buchverlag Otto Maier, Ravensburg. Adolf Hitler: die unbegreiflichste Figur der deutschen Geschichte. Wer war dieser „Adi" als Jugendlicher, als Sohn, Klassenkamerad, Freund?
- Ross, Carlo: *... aber Steine reden nicht*. dtv, München. Mit der Machtergreifung der Nationalsozialisten 1933 ändert sich für David Rosen, jüdisches Kind im Ruhrgebiet, das gewöhnliche Leben von Grund auf.
- Ross, Carlo: *Im Vorhof der Hölle*. dtv, München. In der Fortsetzung des Romans „... aber Steine reden nicht" ist David Rosen im Vorzeigegetto Theresienstadt angekommen. Er überlebt Grauenvolles und sammelt nach der Befreiung alle Kraft für das Weiterleben nach dem Holocaust.
- Schuster-Schmah, Sigrid: *Wir sehen uns bestimmt wieder*. Oetinger, Hamburg. Eine Großmutter erzählt ihrer Enkelin die Geschichte ihrer Jugend: von den letzten Kriegsjahren in Schlesien, vom Dienst in der Hitlerjugend, von Vertreibung und Neuanfang in Westdeutschland.
- ter Haar, Jaap: *Oleg oder Die belagerte Stadt*. dtv, München. Erzählung vom Schicksal des Jungen Oleg und seiner Familie in der von den Deutschen während des Zweiten Weltkriegs drei Jahre lang belagerten Stadt Leningrad.
- Thor, Annika: *Eine Insel im Meer*. Carlsen, Hamburg. Zwei Schwestern kommen 1939 mit einem jüdischen Kindertransport nach Schweden. Die Mädchen sind nun zwar in Sicherheit, aber unter Menschen, die ihre Sorgen nicht mittragen und sich ihr früheres Leben in Wien nicht vorstellen können.
- Tiedemann, Markus: *In Auschwitz wurde niemand vergast – 60 rechtsradikale Lügen und wie man sie widerlegt*. Omnibus, München. 60 typische rechtsradikale Behauptungen, die immer wieder in der öffentlichen Diskussion auftauchen, werden als Lügen entlarvt.
- Vinke, Hermann: *Das kurze Leben der Sophie Scholl*. Ravensburger Buchverlag Otto Maier, Ravensburg. Halbdokumentarische Darstellung des Lebens der Geschwister Scholl und der Widerstandsgruppe „Weiße Rose".
- Walb, Lore: *Ich, die Alte – ich die Junge*. Aufbau Verlag, Berlin. Lore Walb, Jahrgang 1919, ist Anhängerin der Nationalsozialisten. 1933 schenkt ihr jemand ein Tagebuch zum Geburtstag: Sie schreibt von nun an ihre persönlichen Gefühle, Beobachtungen und Gedanken dort hinein. Als sie sich in den 1980er-Jahren mit diesen Aufzeichnungen konfrontiert, ist sie erschrocken.
- Wassiljewa, Tatjana: *Ab jetzt zählt jeder Tag*. Beltz & Gelberg, Weinheim. Die 13-jährige Tanja lässt Russland und ihre Kindheit hinter sich, als sie nach Deutschland verschleppt wird, wo sie als Zwangsarbeiterin im „Dritten Reich" das Kriegsende erlebt.

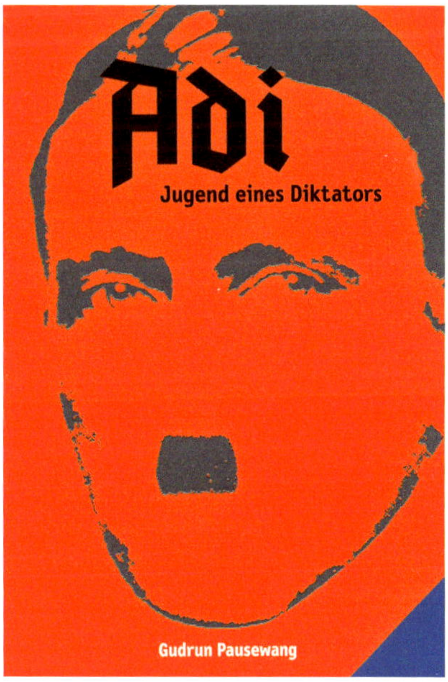

Lexikon

Afrikakorps Die deutschen Expeditionstruppen auf dem nordafrikanischen Kriegsschauplatz unter Generalfeldmarschall Rommel.

Aggressor Angreifer; zum Beispiel der schuldige Verursacher eines Krieges.

Alliierte und assoziierte Regierungen Die im Ersten Weltkrieg gegen das Deutsche Reich verbündeten (alliierten und assoziierten) 27 Siegerstaaten.

Antifaschist Widerstandskämpfer gegen die Nationalsozialisten und mögliche Nachfolgeorganisationen.

Antisemitismus Feindschaft gegenüber Juden. Der Begriff bezieht sich darauf, dass sich die Juden in ihrer geschichtlichen Abstammung von semitischen Stämmen des Nahen Ostens herleiten. Das Hebräische gehört zur semitischen Sprachgruppe.

Appeasement-Politik (engl. = Beschwichtigung). Der Begriff bezeichnet die englische Beschwichtigungspolitik gegenüber Hitler, wie sie vor allem im Münchener Abkommen 1938 zum Ausdruck kam. Hierin wurde dem Deutschen Reich ohne Mitsprache der Tschechen das Sudetenland zugeschlagen, um einen darüber drohenden Krieg abzuwenden. Dies gelang jedoch nicht.

Arbeiter- und Soldatenräte Während der deutschen Novemberrevolution 1918 in den Fabriken von Arbeitern und in den Kasernen von Soldaten gewählte Vertretungen, die die bisherige Obrigkeit ersetzen sollten. Ein nationaler Rätekongress aus Delegierten der regionalen Räte erhob den Anspruch, das oberste politische Machtorgan zu sein.

autark Wirtschaftlich unabhängig vom Ausland.

autoritäres Regime Eine Herrschaft, die unbedingten Gehorsam fordert und Widerstand mit aller Härte unterdrückt.

Bauhaus 1919 gegründeter Zusammenschluss der Weimarer Hochschule für Bildende Künste mit der dortigen Kunstgewerbeschule. These von der Einheit Kunst, Handwerk und Technik. 1925 Umsiedlung nach Dessau.

BBC British Broadcasting Corporation; staatlicher britischer Radio- und später auch Fernsehsender.

Blitzkrieg Bezeichnung für einen extrem schnellen und erfolgreichen Angriffskrieg.

Bolschewiki Bezeichnung für die russischen Kommunisten. Innerhalb der russischen Sozialdemokratie gab es eine gemäßigtere und eine extremere kommunistische Gruppe. Letztere war zwar zahlenmäßig geringer, wurde aber nach einem Kongress, bei dem ihre Delegierten zufällig in der Überzahl gewesen waren, fortan die „Bolschewiki“ genannt, was russisch so viel wie „Mehrheitler“ bedeutet. Für die tatsächlich weitaus größere Gruppe der Gemäßigten bürgerte sich dagegen die Bezeichnung „Menschewiki“ = „Minderheitler“ ein.

Boykott Maßnahme zur Isolation von Personen und Institutionen, zum Beispiel Warenboykott: die Nichteinfuhr oder der Nichtkauf bestimmter Waren aus bestimmten Ländern.

Curzonlinie Der vom britischen Außenminister Curzon 1920 vorgeschlagene Grenzverlauf zwischen Polen und der Sowjetunion.

DDP Deutsche Demokratische Partei (1918–30): liberal und gegen Verstaatlichung.

Demarkationslinie Grenzlinie.

Deportation Gewaltsame und zwangsweise Verschleppung, Verbannung.

Devisen Zahlungsmittel in ausländischer Währung.

Diktator Der Begriff ist in der Regel negativ besetzt und meint einen mit allen Macht- und Gewaltmitteln regierenden und darin unumschränkten Alleinherrscher.

Diskriminierung Herabsetzung und Ungleichbehandlung.

DNVP Deutschnationale Volkspartei (1918–33): unterstützte Großindustrie und Großgrundbesitz, lehnte den Versailler Vertrag entsprechend ab.

Doktrin Politischer Lehrsatz.

Domäne Herrschaftliches Wirtschaftsgut.

DP Die konservative Deutsche Partei bestand von 1949 bis 1961.

Duma Bezeichnung des russischen Parlaments.

DVP Deutsche Volkspartei (1918–33): bürgerlich-konservativ, für die konstitutionelle Monarchie sowie die Förderung von Mittelstand und Industrie.

Emanzipation Befreiung von Abhängigkeit und Bevormundung mit dem Ziel rechtlicher und gesellschaftlicher Gleichstellung.

Epidemie Als Epidemie oder Seuche bezeichnet man das rasche, massenhafte Auftreten einer Krankheit.

Euthanasie Tötung von behinderten Menschen in der NS-Zeit, da diese nach der nationalsozialistischen Ideologie als „lebensunwertes Leben“ galten.

Exekution Hinrichtung.

Exekutive Die ausführende der drei Staatsgewalten (vgl. Judikative und Legislative). In einer Demokratie sind dies die frei vom Volk gewählte Regierung und ihre zahlreichen Ausführungsorgane wie die Polizei oder die verschiedenen Ämter.

Lexikon

Feldgraue Bezeichnung für die in graue Uniformen gekleideten deutschen Frontsoldaten.
Freikorps Soldaten der ehemaligen kaiserlichen Armee, die sich nach der Revolution freiwillig in einer Art Privatarmee organisierten und in der Regel konservative bis antidemokratische Positionen vertraten.
Freischärler Eigenständig handelnde Kampftruppen, die nicht unter Armeebefehl stehen, zum Beispiel Partisanen und Widerstandskämpfer.

Gaskrieg Im Ersten Weltkrieg kam erstmals Giftgas zum Einsatz (Chlorgas, Senfgas). Das deutsche Heer hatte diese Waffe allerdings zuvor schon in der afrikanischen Kolonie Deutsch-Südwestafrika (das heutige Namibia) im Kampf gegen die aufständischen Hereros und Namas „getestet".
Gau Oberster Parteibezirk in der Parteistruktur der NSDAP, mit einem Gauleiter an der Spitze. Ein Gau entsprach im Wesentlichen einem Land.
Generalstaatskommissar Der Generalstaatskommissar hatte in Bayern während des Ausnahmezustands 1923 die gesamte Exekutive inne.
Genozid Völkermord.
Gestapo Die Geheime Staatspolizei („Ge-Sta-Po"), 1933 von Hermann Göring und Heinrich Himmler geschaffen, diente als politische Polizei zur rücksichtslosen Unterdrückung aller Gegner des Nationalsozialismus. Dabei bediente sie sich unter anderem der Folter, der Einweisungen in KZs und politischer Morde.
Gettoisierung Absonderung in geschlossene Wohnviertel (Gettos).
Gleichschaltung Das von den Nationalsozialisten verfolgte Ziel des Abbaus und schließlich der Beseitigung der Eigenständigkeit der Länder, Organisationen und Organe.
GM Abkürzung für „Goldmark". Die Goldmark war keine Währungs-, sondern eine Recheneinheit, die auf der Grundlage des Goldwertes das Wertverhältnis des Inflationsgeldes zu ausländischen Währungen berechnen half.
Große Koalition Regierungsbündnis von zwei oder mehr Parteien aus verschiedenen Lagern des politischen Spektrums.
Guerillas Untergrundkämpfer. Der Begriff „Guerilla" (span. = kleiner Krieg) stammt aus der Zeit des spanischen Widerstands gegen Napoleon.

Hakenkreuzler Spottname für die Nationalsozialisten.
„Halbjuden" Die nationalsozialistische Rassenlehre unterschied je nach Abstammungsgrad zwischen Voll-, Halb-, Vierteljuden usw.
Harzburger Front Zusammenschluss der rechtsextremen Oppositionsgruppen gegen die Regierung Brüning. Dazu gehörten vor allem die NSDAP, die DNVP und der Stahlhelm.
Hitlergruß Die offizielle Grußgeste der Nationalsozialisten war der ausgestreckt erhobene rechte Arm.
humanistisch Humanismus ist das auf das Bildungsideal der Antike gegründete Denken und Handeln mit dem moralischen Gebot der Menschlichkeit (lat. humanitas).

IG Farben Interessengemeinschaft Farbenindustrie, in der NS-Zeit unterstützte IG Farben die NS-Verbrechen durch Bereitstellung von Kraftstoffen, Materialien zur Kriegsführung und Produktion von Giftgas.
Immunität Unempfindlichkeit gegenüber Krankheitserregern.
Imperialismus (lat. imperium = Befehl, Herrschaft; sinngemäß auch: das Reich). Bezeichnung für das Streben von Großmächten nach wirtschaftlicher, politischer und militärischer Vorherrschaft.
Indoktrination Massive ideologische Beeinflussung.
Infektionskrankheit Krankheit, die man durch Ansteckung bekommt. Die Infektion kann dabei je nach Erregertypus über Blut, über Hautkontakt, Tröpfchen oder über die Luft erfolgen.
Inflation Schrittweise Entwertung des Geldes.
Infrastruktur Allgemein der wirtschaftlich-organisatorische Unterbau einer hoch entwickelten Wirtschaft, also zum Beispiel das Straßen- oder Nachrichtenwesen.
Institutionen Öffentliche Einrichtungen mit staatlicher oder kirchlicher Trägerschaft.
Invasion Eindringen militärischer Einheiten in ein fremdes Land.
Investitionen Langfristige Kapitalanlage in Gewinn bringenden Gütern. In der Wirtschaft sind Investitionen vor allem für die Modernisierung und Instandhaltung der Produktionsanlagen unverzichtbar.
Investitionsgüter Güter, die der Produktion dienen.

Judikative Die rechtsprechende der drei Staatsgewalten (vgl. Legislative und Exekutive). In einer Demokratie sind dies die unabhängigen Gerichte.

Kapitulation Aufgabe aller Kriegshandlungen einer Truppe in aussichtsloser Lage.
Koalition Bündnis.
Kolonialismus Errichtung von Handelsstützpunkten und Siedlungskolonien in schwächeren Ländern und deren Inbesitznahme. Die Kolonialstaaten verfolgen dabei vor allem wirtschaftliche und militärische Interessen.

Lexikon

Kommissar Beamter mit besonderem Auftrag, so etwa der Kriminalkommissar. In der Sowjetunion und vor allem im Zweiten Weltkrieg sollten die Politischen Kommissare der KPdSU die Truppen der Roten Armee ideologisch im Sinne Stalins führen.
KPD Kommunistische Partei Deutschlands (1918 gegründet): Zusammenschluss aus dem Spartakusbund und den „Internationalen Kommunisten Deutschlands", für sozialistische Rätedemokratie, gegen Parlamentarismus, für Weltrevolution nach sowjetischem Vorbild; unter den Nationalsozialisten 1933 verboten, bestand sie im Untergrund und im Ausland, vor allem der Sowjetunion, weiter. Nach dem Zweiten Weltkrieg 1945 in ganz Deutschland wiedergegründet, aber in der SBZ besonders gefördert (z. B. „Gruppe Ulbricht"); hier dann 1946 Zwangsvereinigung mit der Ost-SPD zur SED. In der Bundesrepublik wurde die KPD 1956 als verfassungswidrig verboten. 1968/69 bildete sich als Nachfolgepartei die DKP (Deutsche Kommunistische Partei), die jedoch weitgehend bedeutungslos geblieben ist.
Kreisauer Kreis Seit 1940 kamen auf dem niederschlesischen Gut Kreisau Persönlichkeiten durchaus unterschiedlicher Weltanschauung zusammen, die dem NS-Unrechtsstaat eine neue Gesellschaftskonzeption für die Nachkriegszeit entgegensetzen wollten. 1944 schlossen sich die meisten Mitglieder des Kreisauer Kreises der Gruppe des 20. Juli um Oberst von Stauffenberg an.

Legion Condor Das deutsche Kontingent zur Unterstützung der spanischen Faschisten im Spanischen Bürgerkrieg (1936–39) umfasste Bodentruppen und Fliegerstaffeln. Die Höchststärke betrug 5600 Mann. Die Legion Condor war auch für das Massaker von Guernica verantwortlich, wo die schutzlose und unvorbereitete Zivilbevölkerung der baskischen Hauptstadt bei Luftangriffen der deutschen Bomberstaffel am 26. April 1937 schwere Opfer zu beklagen hatte.
Legislative Die gesetzgebende der drei Staatsgewalten (vgl. Judikative und Exekutive). In einer Demokratie ist dies das frei vom Volk gewählte Parlament.
Litze Geflochtene Borte; oft an Uniformen, so auch bei der Hitlerjugend, als Rangabzeichen benutzt.

Majorisierung Eine Minderheit durch Stimmenmehrheit überstimmen oder zu etwas zwingen.
Mandat (lat. mandare = übergeben, anvertrauen). Ein Mandat ist ein mit institutionellen Kompetenzen verbundener Auftrag durch den staatlichen Souverän, in der Demokratie also der durch allgemeine Wahlen errungene Parlamentssitz.
Manifest Öffentliche Erklärung grundsätzlicher Natur.
Meuterei Aufstand.
Miete Eine gegen Frost gesicherte Grube, zum Beispiel zur Aufbewahrung von Feldfrüchten.
Militarismus Überbetonung des Militärischen in einem Staat.
Mobilmachung Maßnahmen, durch die die Streitkräfte eines Landes für den Kriegseinsatz bereitgestellt werden, z. B. durch die Einberufung aller Wehrpflichtigen.
Monopolkapital Im Sinne der Wirtschaftstheorie von Karl Marx Bezeichnung für die Unternehmen, die aufgrund ihrer marktbeherrschenden Stellung ohne Konkurrenten hohe Gewinne erzielen können.
MSPD Mehrheitssozialisten. Bezeichnung für die SPD nach Abspaltung der USPD im Jahr 1917.
Mutterländer Europäische Bezeichnung für jene europäischen Staaten, die ehemals Kolonien in Afrika oder Asien hatten.

Napalmbomben Brandbomben mit dem Stoff Napalm, der nicht mit Wasser gelöscht werden kann.
Nazipathos (griech. pathos = Ergriffenheit, Leidenschaft). Die Inszenierungen von NS-Kundgebungen und Ähnlichem zielten darauf ab, die Teilnehmer in erregte Begeisterung zu versetzen und ihnen pathetisch die „Größe" und „Schicksalhaftigkeit" des Moments einzuprägen.
„Nero-Befehl" Hitlers Befehl vom März 1945 zur völligen Selbstvernichtung Deutschlands. Der Begriff bezieht sich auf den römischen Kaiser Nero, der vermutlich das alte Rom in Brand setzen ließ, um auf dessen Ruinen ein neues bauen zu können.
Neutralität Unparteilichkeit.
NSDAP Nationalsozialistische Deutsche Arbeiterpartei (1919–1945), regierte im Dritten Reich durch Umsetzung eines Notstandsgesetzes, errichtete eine Diktatur und wurde 1945 verboten.
NS-Elite (frz. élite = Auslese). Der Begriff meint die Führungsschicht der nationalsozialistischen Partei.

orthodoxe Kirche (griech. orthodox = strenggläubig). Die russisch-orthodoxe Kirche ist eine altgläubige christliche Kirche, die aber von der römisch-katholischen Kirche unabhängig und stattdessen russisch-national gebunden ist.

Palais Palast, Schloss.
Parteiclique Parteiklüngel, Parteiseilschaft.
Partikularisten Die Anhänger der Kleinstaaterei, die für ihre staatlichen

Lexikon

Teilgebiete Sonderrechte fordern, nennt man Partikularisten.
passiver Widerstand Unter Verzicht auf Gewaltanwendung oder direkte Gegenmaßnahmen (aktiver Widerstand) besteht der passive Widerstand vor allem in Gehorsamsverweigerung, also der absichtlichen Nichterfüllung von Vorgaben und Anordnungen.
Patrioten Anhänger einer gefühlsbetonten Bindung an das Vaterland.
Pazifismus Die grundsätzliche Ablehnung des Krieges aus ethischen oder religiösen Gründen.
Petition Bittgesuch.
Pimpf Die Angehörigen der jüngsten Jugendgruppe der Nationalsozialisten wurden Pimpfe genannt.
Pogrom Ausschreitungen und gewaltsame Verfolgung aus religiösen oder in Vorurteilen begründeten Absichten.
Präambel Einleitung oder feierliche Vorrede.
Prinzipien Grundsätze.
Privilegien Vorrechte, die nur einer kleinen Gruppe zustehen.
Proletariat (lat. proles = Nachkomme, Sprössling). Mit dem Begriff Proletariat werden alle Arbeiter bezeichnet, die allein vom Verkauf ihrer Arbeitskraft leben.
Propaganda Werbung für politische Ideen und Zwecke unter massivem Einsatz von Massenmedien aller Art.
Protektorat Ein unter fremder Schutzherrschaft stehendes Gebiet.
Prototyp Erstes Exemplar oder Entwurfsstück einer Serie von gleichen oder weitgehend ähnlichen Produkten (z. B. in der Autoproduktion).
Provisorium Behelfsmäßige Übergangslösung.
Quarantäne Als Quarantäne bezeichnet man die vorübergehende Isolierung von Personen oder Tieren, die eine ansteckende Krankheit haben oder haben könnten. Damit soll die Ausbreitung der Krankheit frühzeitig unterbunden werden.
Quote Zahlenmäßiger Anteil, der bei der Aufteilung eines Ganzen auf den Einzelnen, eine Einheit oder eine Gruppe entfällt.

Rabbiner Jüdischer Gesetzes- und Religionslehrer, gleichzeitig Bezeichnung für einen jüdischen Geistlichen oder Prediger.
Rassismus Wenn bestimmte körperliche Merkmale von Menschen (z. B. die Hautfarbe) mit bestimmten Eigenschaften gekoppelt werden (z. B. geistige Fähigkeiten) und damit eine Bewertung einhergeht (z. B. die Einschätzung des eigenen Volkes als grundsätzlich höherwertig gegenüber anderen, fremden Völkern), spricht man von Rassismus.
Rat der Volksbeauftragten Die 1918/19 amtierende provisorische Regierung aus Mitgliedern der SPD.
Rationierung Staatliche Zuteilung von Lebensmitteln und anderen wichtigen Waren durch Karten in begrenzten Mengen.
Regime Begriff für ein in der Regel negativ bewertetes, weil unterdrückerisches Herrschaftssystem.
Reichsbanner „Schwarz-Rot-Gold" 1924 von Mitgliedern der SPD, der DDP und des Zentrums gegründet, entwickelte sich das SPD-nahe „Reichsbanner" zum mitgliederstärksten Kampfverband der Weimarer Republik. Zwischen 1930 und 1932 trat es als Schutzwehr der republikanischen Ordnung gegen KPD und NSDAP hervor, näherte sich dann aber zusehends dem „Stahlhelm" an und löste sich 1933 auf.
„Reichskristallnacht" Von den Nationalsozialisten (Goebbels) benutzte Bezeichnung für die von ihnen als Antwort auf einen Anschlag inszenierten Pogrome gegen die deutschen Juden und Zerstörung von Synagogen in der Nacht vom 9. auf den 10. November 1938.
Reparationen Entschädigungszahlungen eines besiegten Staates an die Siegermächte. Nach dem Ersten und dem Zweiten Weltkrieg sollte Deutschland mit solchen Reparationszahlungen für die durch seine Aggression verursachten Zerstörungen und Kosten aufkommen.
RM Abkürzung für „Reichsmark". Die Reichsmark ersetzte nach dem 30. 8. 1924 die durch die Inflation völlig entwertete Mark im Wechselverhältnis von 1 : 1 Billion.
„Röhm-Putsch" Die Ermordung des SA-Führers Ernst Röhm und anderer innerparteilicher Gegner und Konkurrenten rechtfertigte Hitler mit der Behauptung, man habe nur so einen bevorstehenden Staatsstreich verhindern können. In einem von der NS-Reichsregierung nachträglich beschlossenen Gesetz wurden die Morde als „Staatsnotwehr" rückwirkend für rechtens erklärt.
Rote Kapelle Kommunistische Spionage- und Widerstandsorganisation, die 1941/42 besonders in den Städten Berlin und Hamburg aktiv war. Die Rote Kapelle arbeitete unabhängig von der KPD, gehörte aber zum internationalen sowjetischen Spionagenetz.

Sabbat Der wöchentliche Ruhetag des Judentums, der von Freitagabend bis Samstagabend dauert. An diesem Tag dürfen bestimmte Arbeiten (z. B. Kochen, Feuermachen) nicht verrichtet werden.
SA-Männer Mitglieder der SA, der „Sturmabteilung" der NSDAP. Die SA

sich qualifizieren Die Befähigung erwerben oder die Voraussetzungen erbringen, um für eine bestimmte Aufgabe geeignet zu sein.

war eine nationalsozialistische Einsatztruppe für Straßenkämpfe und Aufzüge.
SAP (1931–1945) Die Sozialistische Arbeiterpartei war eine linke Abspaltung aus der SPD, die ein Rätesystem anstrebte.
Schauprozess Ein Gerichtsverfahren, dessen Urteil schon bei Prozessbeginn feststeht, sodass die Verhandlung nur noch „zur Schau" abgehalten wird.
Schoah Juden verwenden für den nationalsozialistischen Massenmord den Ausdruck Schoah anstelle des sonst üblichen Begriffs Holocaust.
Sinti und Roma Sammelbezeichnung für weltweit verbreitete Minderheitsgruppen, deren kulturelle Zusammengehörigkeit vor allem in ihrer Sprache, dem Romani, begründet liegt. Die Sinti bilden dabei die mitteleuropäische Gruppe, die Roma entstammen im Wesentlichen dem außerdeutschen Sprachraum. Unter den Nationalsozialisten von Beginn an verfolgt, war das Zentrum des späteren Völkermords an den Sinti und Roma vor allem das KZ Auschwitz.
Souverän (= „eigenständiger und unumschränkter Herrscher"). Vom Souverän geht die Macht im Staate aus. In einer Monarchie ist dies der König, in einer Demokratie das Volk.
Souveränität Als politischer Begriff: die politische Unabhängigkeit eines Staates.
Spartakusbund Von der SPD 1915 abgespaltene linksextreme Gruppe um Karl Liebknecht und Rosa Luxemburg.
SPD Sozialdemokratische Partei Deutschlands: Nachdem sich der 1863 in Leipzig gegründete Allgemeine Deutsche Arbeiterverein (ADAV) und die 1869 in Eisenach gegründete Sozialdemokratische Arbeiterpartei 1875 in Gotha zur Sozialistischen Arbeiterpartei (SAP) zusammengeschlossen hatten, wurde die Partei nach ersten Wahlerfolgen (1877: 9,1 % der Stimmen) unter Bismarck 1878 durch das „Sozialistengesetz" verboten. Nach dessen Aufhebung 1890 wurde die Sozialdemokratische Partei (SPD) gegründet. Bereits 1912 stellte sie mit 34,8 % die stärkste Reichstagsfraktion. 1914 stimmte diese geschlossen für die Kriegskredite und damit die Kriegspolitik der Regierung. Im Verlauf des Ersten Weltkrieges wurden die innerparteilichen Differenzen immer größer: 1915 spaltete sich der Spartakusbund ab, und 1917 zerfiel die SPD in USPD und MSPD, die sich erst 1922 wieder zusammenschlossen. Nach schweren politischen Verlusten in den Jahren der Weltwirtschaftskrise blieb die SPD bis 1930 die stärkste politische Kraft in der Weimarer Republik. 1933 lehnte sie als einzige Reichstagsfraktion das Ermächtigungsgesetz ab und wurde drei Monate später von der nationalsozialistischen Staatsführung verboten. Bereits im Sommer und Herbst 1945 formierte sich die SPD in allen Besatzungszonen neu, wurde aber in der SBZ 1946 mit der KPD zur SED zwangsvereinigt. In der Bundesrepublik entwickelte sie sich neben der CDU zu einer der beiden Volksparteien.
SS Abkürzung für „Schutzstaffel". Kampfverband der NSDAP und ab 1934 Hauptträger des nationalsozialistischen Terrors nach innen und außen. Die SS dominierte die Gestapo, leitete die KZs und führte den „Rassenkampf". Die „Waffen-SS" kämpfte im Krieg auch im Rahmen des Heeres, war aber kein Teil der Wehrmacht.
Stagnation Stillstand einer Entwicklung.
Stahlhelm Der 1918 gegründete „Stahlhelm", ein Bund ehemaliger Frontsoldaten, war eine antidemokratische, republikfeindliche, antikatholische und ab 1924 auch offen antisemitische Organisation links von der NSDAP.
Standgericht Militärgericht, das in Schnellverfahren Urteile bis hin zur Todesstrafe verhängen kann.
Status quo (lat. = Zustand, in dem ...). Besonders in der Rechtsprechung der gegenwärtige Zustand.
Stellungskrieg Vor allem an der Somme, bei Verdun (Frankreich) und Ypern (Belgien) tobte im Ersten Weltkrieg jahrelang ein verlustreicher, aber ergebnisloser Kampf zwischen den gegnerischen Grabenstellungen.
Sterilisation Der Begriff bezeichnet die gezielte Unfruchtbarmachung von Menschen oder Tieren.

T

„Tag von Potsdam" Staatsakt am 21. März 1933 anlässlich des am 5. März 1933 neu gewählten Reichstages. Die Nationalsozialisten wollten mit diesem Tag die Abwendung vom (demokratischen) „Geist von Weimar" zum (militaristischen) „Geist von Potsdam" bekunden.
Talmud Neben der Thora, der hebräischen Bibel, ist der Talmud das wichtigste Buch im Judentum. Es entstand über Jahrhunderte hinweg in mündlicher und schriftlicher Überlieferung und ist ein umfangreiches Sammelwerk des nachbiblischen Judentums. Es enthält Diskussionen zu religionsgesetzlichen Problemen, Geschichten zur Bibel, aber auch überliefertes Wissen zur Astronomie, Medizin usw.
Totalitarismus Staatsform, die aufgrund einer bestimmten Ideologie für sich in Anspruch nimmt, in alle Bereiche des menschlichen Zusammenlebens hineinregieren zu dürfen.
Trauma Starke seelische Erschütterung oder sogar Schädigung.
Tyrannis (griech. = Gewaltherrschaft)

Lexikon

USPD Unabhängige Sozialdemokratische Partei Deutschlands. Linksextreme Abspaltung von der SPD.

„vaterlandslose Gesellen" Von Bismarck geprägtes Schimpfwort der Kaiserzeit für die Sozialdemokraten, weil sie sich angeblich nicht für ihr Vaterland einsetzten.
„verbrannte Erde" Kurz vor Kriegsende gaben Hitler und Göring Befehle aus, die auf dem Rückzug vor den Alliierten geräumten Gebiete vollständig zu zerstören und nur „verbrannte Erde" zu hinterlassen.
Vierjahresplan Festlegung der wirtschaftlichen Investitionen, Ausrichtung, Betriebs- und Produktionszahlen für einen Zeitraum von vier Jahren im Voraus.
Völkerbund Die erste internationale Organisation zur Sicherung des Weltfriedens. Sie bestand von 1920 bis 1946.
Volksbegehren Das Recht einer Mindestzahl stimmberechtigter Bürger, dem Parlament einen Gesetzesentwurf vorzulegen und dessen Erlass zu verlangen. Dies kann zum Beispiel in Form eines Volksentscheids erfolgen.
Volksentscheid Rechtlich bindende Volksabstimmung.
Volksgerichtshof Sondergericht der Nationalsozialisten für die Verurteilung politischer Gegner. Die Volksgerichte arbeiteten seit 1936 neben der normalen Gerichtsbarkeit und führten fast ausschließlich Schauprozesse durch.
Volksmarinedivision Bezeichnung für eine militärische Einheit von politisch linksgerichteten Matrosen, die sich nach dem Zusammenbruch des Kaiserreiches in der Revolution von 1918 zusammengeschlossen hatten.
Volkssturm Regionale Kampfeinheiten aus allen noch nicht zur Wehrmacht eingezogenen Männern zwischen 16 und 60 Jahren. Meist nur im Umgang mit der Panzerfaust unterwiesen, war der Volkssturm das letzte Aufgebot vor den herannahenden Alliierten. Sein Einsatz war Teil des „Totalen Krieges" und militärisch praktisch sinnlos.

Wannsee-Konferenz Unter der Leitung Reinhard Heydrichs wurde am Großen Wannsee in Berlin durch Vertreter verschiedener Amtsstellen die konkrete Organisation des Völkermords an den Juden geplant.
Werwölfe Von Heinrich Himmler aufgestellte Partisaneneinheiten unter Führung der SS, deren Aktionen aber militärisch bedeutungslos blieben.
Westwall Deutsche Befestigungsanlage an der Westgrenze zu Frankreich, zwischen 1936 und 1939 errichtet.
Wohlfahrt Soziale Einrichtungen zur allgemeinen Pflege des Volkswohls.

Zaristen Anhänger des Zaren (russischer Kaiser).
Zensur Behördliche Prüfung und Verbot von Druckschriften oder sonstigen Veröffentlichungen. Die Zensur dient zur staatlichen Beschränkung der Pressefreiheit, der Kunst oder sonstiger Kulturtätigkeit.
Zentrum Partei, die im Kaiserreich im Wesentlichen die Interessen der Katholiken vertrat.
Zigeuner Diese Benennung der Sinti und Roma ist zwar im deutschen Sprachraum weit verbreitet, wird aber von den Angehörigen dieser Volksgruppen als diskriminierend abgelehnt und sollte daher unterbleiben.
Zionismus (Zion = Jerusalem). Jüdisch-nationale Bewegung mit dem Ziel, einen jüdischen Staat mit der ungeteilten Hauptstadt Jerusalem zu errichten.
Zweifrontenkrieg Militärisch ungünstige Situation, in der sich die militärische Stärke auf zwei verschiedene Fronten aufteilen muss.

Aus dem Grundgesetz der Bundesrepublik Deutschland

Auszüge aus der Fassung vom 26. 11. 2001

Artikel 1

(1) Die Würde des Menschen ist unantastbar. Sie zu achten und zu schützen ist Verpflichtung aller staatlichen Gewalt.
(2) Das deutsche Volk bekennt sich darum zu unverletzlichen und unveräußerlichen Menschenrechten als Grundlage jeder menschlichen Gemeinschaft, des Friedens und der Gerechtigkeit in der Welt. [...]

Artikel 2

(1) Jeder hat das Recht auf die freie Entfaltung seiner Persönlichkeit, soweit er nicht die Rechte anderer verletzt und gegen die verfassungsmäßige Ordnung oder das Sittengesetz verstößt.
(2) Jeder hat das Recht auf Leben und körperliche Unversehrtheit. Die Freiheit der Person ist unverletzlich. In diese Rechte darf nur auf Grund eines Gesetzes eingegriffen werden.

Artikel 3

(1) Alle Menschen sind vor dem Gesetz gleich.
(2) Männer und Frauen sind gleichberechtigt. [...]
(3) Niemand darf wegen seines Geschlechts, seiner Abstammung, seiner Rasse, seiner Sprache, seiner Heimat und Herkunft, seines Glaubens, seiner religiösen oder politischen Anschauungen benachteiligt oder bevorzugt werden. [...]

Artikel 4

(1) Die Freiheit des Glaubens, des Gewissens und die Freiheit des religiösen und weltanschaulichen Bekenntnisses sind unverletzlich. [...]
(3) Niemand darf gegen sein Gewissen zum Kriegsdienst mit der Waffe gezwungen werden ...

Artikel 5

(1) Jeder hat das Recht, seine Meinung in Wort, Schrift und Bild frei zu äußern und zu verbreiten und sich aus allgemein zugänglichen Quellen ungehindert zu unterrichten. Die Pressefreiheit und die Freiheit der Berichterstattung ... werden gewährleistet. Eine Zensur findet nicht statt. [...]

Artikel 8

(1) Alle Deutschen haben das Recht, sich ohne Anmeldung oder Erlaubnis friedlich und ohne Waffen zu versammeln.
(2) Für Versammlungen unter freiem Himmel kann dieses Recht durch Gesetz ... beschränkt werden.

Artikel 9

(1) Alle Deutschen haben das Recht, Vereine und Gesellschaften zu bilden.
(2) Vereinigungen, deren Zweck oder deren Tätigkeit den Strafgesetzen zuwiderläuft oder die sich gegen die verfassungsmäßige Ordnung oder gegen Gedanken der Völkerverständigung richten, sind verboten. [...]

Artikel 10

(1) Das Briefgeheimnis sowie das Post- und Fernmeldegeheimnis sind unverletzlich.
(2) Beschränkungen dürfen nur auf Grund eines Gesetzes angeordnet werden. [...]

Artikel 11

(1) Alle Deutschen genießen Freizügigkeit im ganzen Bundesgebiet. [...]

Artikel 12

(1) Alle Deutschen haben das Recht, Beruf, Arbeitsplatz und Ausbildungsstätte frei zu wählen. Die Berufsausübung kann durch Gesetz ... geregelt werden. [...]
(3) Zwangsarbeit ist nur bei einer gerichtlich angeordneten Freiheitsentziehung zulässig.

Artikel 12 a

(1) Männer können vom vollendeten achtzehnten Lebensjahr an zum Dienst in den Streitkräften, im Bundesgrenzschutz oder in einem Zivilschutzverband verpflichtet werden.
(2) Wer aus Gewissensgründen den Kriegsdienst mit der Waffe verweigert, kann zum Ersatzdienst verpflichtet werden. [...]

Artikel 13

(1) Die Wohnung ist unverletzlich.
(2) Durchsuchungen dürfen nur durch den Richter, bei Gefahr im Verzuge auch durch die in den Gesetzen vorgesehenen anderen Organe angeordnet und nur in der dort vorgeschriebenen Form durchgeführt werden. [...]

Artikel 14

(1) Das Eigentum und das Erbrecht werden gewährleistet. Inhalt und Schranken werden durch die Gesetze bestimmt.
(2) Eigentum verpflichtet. Sein Gebrauch soll zugleich dem Wohle der Allgemeinheit dienen.
(3) Eine Enteignung ist nur zum Wohle der Allgemeinheit zulässig. [...]

Aus dem Grundgesetz der Bundesrepublik Deutschland

Artikel 15
Grund und Boden, Naturschätze und Produktionsmittel können zum Zweck der Vergesellschaftung durch ein Gesetz, das Art und Ausmaß der Entschädigung regelt, in Gemeineigentum ... übergeführt werden. [...]

Artikel 16
(1) Die deutsche Staatsangehörigkeit darf nicht entzogen werden. [...]
(2) Kein Deutscher darf an das Ausland ausgeliefert werden. [...]

Artikel 16 a
(1) Politisch Verfolgte genießen Asylrecht.
(2) Auf Absatz 1 kann sich nicht berufen, wer aus einem Mitgliedstaat der Europäischen Gemeinschaften oder aus einem Drittstaat einreist, in dem die Anwendung des Abkommens über die Rechtsstellung der Flüchtlinge und der Konvention zum Schutze der Menschenrechte und Grundfreiheiten sichergestellt ist ...

Artikel 17
Jedermann hat das Recht, sich einzeln oder in Gemeinschaft mit anderen schriftlich mit Bitten oder Beschwerden an die zuständigen Stellen und an die Volksvertretung zu wenden.

Artikel 18
Wer die Freiheit der Meinungsäußerung, insbesondere die Pressefreiheit, die Lehrfreiheit, die Versammlungsfreiheit, die Vereinigungsfreiheit, das Brief-, Post- und Fernmeldegeheimnis, das Eigentum oder das Asylrecht zum Kampfe gegen die freiheitliche demokratische Grundordnung missbraucht, verwirkt diese Grundrechte. Die Verwirkung und ihr Ausmaß werden durch das Bundesverfassungsgericht ausgesprochen.

Artikel 19
(1) [...]
(2) In keinem Fall darf ein Grundrecht in seinem Wesensgehalt angetastet werden. [...]

Artikel 20
(1) Die Bundesrepublik Deutschland ist ein demokratischer und sozialer Bundesstaat.
(2) Alle Staatsgewalt geht vom Volk aus. Sie wird vom Volk in Wahlen und Abstimmungen und durch besondere Organe der Gesetzgebung, der vollziehenden Gewalt und der Rechtsprechung ausgeübt. [...]
(4) Gegen jeden, der es unternimmt, diese Ordnung zu beseitigen, haben alle Deutschen das Recht zum Widerstand, wenn andere Abhilfe nicht möglich ist.

Quellenverzeichnis

Textquellen

S. 8: Erhard A. Ritter (Hrsg.), Historisches Lesebuch 2. S. Fischer Verlag, Frankfurt/M. 1967, S. 300 f. – S. 10: Helgard Patemann, Lehrbuch Namibia. P. Hammer Verlag, Wuppertal 1984, S. 64 – S. 11: Meldung aus: Usambara Post, in: Arbeitsheft Imperialismus. Beltz,Weinheim 1978, S. 31; Helke Kammerer-Grothaus, Weiß auf Schwarz. Elefanten Press, Berlin 1984, S. 120 – S. 12: Helgard Patemann, a.a.O., S. 103 – S. 13: Horst Drechsler, Südwestafrika unter deutscher Kolonialherrschaft. Akademie Verlag, Berlin 1985, S. 43 – S. 14: Axel Kuhn, Deutsche Parlamentsdebatten, Bd. 1. Fischer Verlag, Frankfurt/M., S. 191 f. – S. 17: Thomas Mann, Die Verwandlung. S. Fischer Verlag, Frankfurt/M. 1915, o.S. – S. 18: Das Tagebuch der Baronin Spitzemberg. Vandenhoeck & Ruprecht, Göttingen 1960, S. 381 – S. 19: Detlef Briesen, Stadt und Verkehr, o.J., S. 31; Kurt Tucholsky, Gesammelte Werke. Rowohlt, Reinbek o.J. – S. 22: Ernst Johann, Innenansicht eines Krieges. Dtv, München 1973, S. 16 – S. 25: Jean Pierre Cartier, Der Erste Weltkrieg 1914–1918. Piper, München o.J., übers. von Ulrich F. Müller – S. 28: Helmut Böhme, Deutschland im Ersten Weltkrieg. Dtv, München 1982, S. 87 – S. 29: Elfriede Kuhr, Da gibt's ein Wiedersehen. Tagebuch von 1914. Kerle, Freiburg 1964, S. 216 – S. 30: Geschichte in Quellen, Bd. 6. BSV, München 1980, S. 52 f., bearb. von Günter Schönbrunn – S. 31: Konrad Müller, Quellen zur neueren Geschichte. Uni Bern 1957, S. 92 ff.; Erich Angermann, Der Aufstieg der Vereinigten Staaten von Amerika. Klett Verlag, Stuttgart o.J., S. 77 – S. 32: Herbert Michaelis/Ernst Schraepler, Ursachen und Folgen, Bd. II. Dokumenten Verlag H. Wendler, Berlin o.J., S. 325 – S. 41: Maurice Paleologue, Am Zarenhof während des Weltkrieges, Bd. 1. UV, München 1927, S. 372 f.; Alexandra Pfemfert, Geschichte der Russischen Revolution. S. Fischer Verlag, Frankfurt/M. 1973, S. 133 – S. 42: Otto Böß, Russlandchronik. Bergland Verlag, Salzburg 1975, S. 35 – S. 43: Georg von Rauch, Geschichte des bolschewistischen Russland. UV, Wiesbaden 1965, S. 102 – S. 45: Wolf Dietrich Behschnitt, Die Russischen Revolutionen 1917–1929. Klett Verlag, Stuttgart o.J., S. 47 – S. 47: Philipp Scheidemann, Memoiren eines Sozialdemokraten, Bd. 2. Reissner, 1928, S. 311 f.; GiQ, Bd. 6, a.a.O., S. 114 f., bearb. von Günter Schönbrunn – S. 48: Herbert Michaelis/Ernst Schraepler, Ursachen und Folgen, Bd. III. Dokumenten Verlag H. Wendler, Berlin o.J., S. 166 ff. – S. 51: Helene Weber, Die Weimarer Nationalversammlung, Heft 46. BZ Heimatdienst, Bonn 1960, S. 173 – S. 52: Herbert Michaelis/Ernst Schraepler, Ursachen und Folgen, Bd. II. Dokumenten Verlag H. Wendler, Berlin o.J., S. 405 – S. 62: Willi Fährmann, Zeit zu lieben, Zeit zu hassen. Arena Verlag, Würzburg 1994, o.S. – S. 74: GiQ, Bd. 6, a.a.O., S. 210 ff., bearb. von Günter Schönbrunn – S. 75: Paul Schmidt, Statist auf diplomatischer Bühne. AthenäumVerlag, Frankfurt/M. o.J. – S. 84: Wilhelm Treue, Deutschland in der Weltwirtschaftskrise in Augenzeugenberichten. Dtv, München 1976, S. 246 ff. – S. 89: Wolfgang Michalka, Die ungeliebte Republik. Dokumentation. Dtv, München 1980, S. 340 f. – S. 90: Mikolaj K. Dutsch, Die Geburt des Stalinismus. EVA, Hamburg 1979, S. 242 ff. – S. 91: Joel Carmichael, Säuberungen. Ullstein, Berlin 1972, S. 30, übers. von Gisela Oberländer – S. 92: GiQ, Bd. 6. BSV, München 1979, S. 145; Helmut Altrichter, Die Sowjetunion, Bd. 2. Dtv, München 1987, S. 321 – S. 93: Roy A. Medwedew, Die Wahrheit ist unsere Stärke. S. Fischer Verlag, Frankfurt/M. 1973, S. 310, übers. von Günther Danehl; Hans Kroll, Geschichte der KPdSU. Kiepenheuer & Witsch, Köln o.J., S. 842 – S. 94: Josef Stalin, Werke, Bd. 2. Dietz, Berlin 1954, S. 220 – S. 97: Horst Wagenfuhr, Der Faschismus. C. H. Beck, München 1933, S. 8 ff. – S. 105: Ian Kershaw, Hitler 1889–1936. DVA, München 1998, S. 26 f., übers. von Jürgen Peter Krause – S. 108: Melita Maschmann, Fast kein Rechtfertigungsversuch. DVA, München 1963, S. 17 f. – S. 110: Adolf Rupprecht, Wie die Nazis das Eigentum der SPD raubten. Dietz, Berlin 1960, o.S. – S. 116: Göttinger Tageblatt, November 1933, S. 4 – S. 117: SPD, Deutschlandberichte der SPD, 1980, S. 880 ff. – S. 119: Carl Jacob Burkhardt, Zeitgeschichte aus erster Hand. Arena Verlag, Würzburg 1967, S. 175 f. – S. 120: Melita Maschmann, a.a.O., S. 24 f. – S. 122: Konrad Winter, Leben im Dritten Reich. Herder Verlag, Freiburg 1982, S. 48 f.; Ludwig Harig, in: Frankfurter Allgemeine Zeitung, Nr. 294, 19.12.1987 – S. 123: Karl Heinz Janssen, Jugend im Dritten Reich. S. Fischer Verlag, Frankfurt/M. 1975, S. 89 ff. – S. 126: Gerda Szepansky, Blitzmädel – Heldenmutter – Kriegerwitwe. S. Fischer Verlag, Frankfurt/M. 1987, S. 101 ff.; (M1) Ute Frevert, Zwischen bürgerlicher Verbesssерung und neuer Weiblichkeit. Suhrkamp Verlag, Frankfurt/M. 1986, Edition Suhrkamp Nr. 1284, S. 200 – S. 128: Gerhard Moss, Ein Augenzeuge. GEW Unterrichtsmaterialien 3, LVB, Hamburg 1978, S. 22 – S. 130: Gerhard Moss, a.a.O., S. 23 – S. 134: Kathy Kacer, Die Kinder aus Theresienstadt. Ravensburger, Ravensburg 2003, o.S., übers. von Yvonne Hergane – S. 140: Inge Aicher-Scholl/Kurt Huber, Der Nationalsozialismus. S. Fischer Verlag, Frankfurt/M. 1982, S. 328 f. – S. 141: Bodo Scheurig, Deutscher Widerstand 1938–1944. Dtv, München 1984, S. 280 f. – S. 150: Walther Hofer, Der Nationalsozialismus. S. Fischer Verlag, Frankfurt/M. 1982, S. 231 – S. 152: Rezept zur Herstellung von Kohlrübenbratlingen, aus Zeitung: Der Freiheitskampf, 7. März 1945 – S. 155: Horst Mühleisen (Hrsg.): Hellmuth Stieff, Briefe. Verlag Siedler, Berlin 1991, o.S. – S. 156: Arye Carmon/Soschia Minz, Holocaust. Klett Verlag, Stuttgart 1982, o.S. – S. 158: Marcel Reich-Ranicki, Mein Leben. DVA, München 1999, S. 211 f. – S. 165: GiQ, Bd. 6, a.a.O., o.S., bearb. von Günter Schön-

Quellenverzeichnis

brunn – S. 166: Projektgruppe Ottonia, Kriegsende in Sachsen. Mitteldeutscher Rundfunk/MDR, Leipzig 2005 (www.mdr.dc/geschichte/zeitreise) – S. 173: Alfred Döblin, (Pseudonym: Hans Fiedeler): Der Nürnberger Lehrprozess, in: Zeitschrift Das Goldene Tor, 1946

Bildquellen

Archiv für Kunst und Geschichte/akg-images, Berlin: S. 4.1 (6/7 Wdh.), 4.3 (65 Wdh.), 8.RSa, 8.RSb, 9.RSa, 9.RSb, 13.2, 15.RS, 17.RSb, 17.RSc, 19.RSa, 20.RSa, 20.RSb, 25.3, 28.RSb, 28.RSc, 30.RSa, 30.RSb, 30.1, 30.2, 31.RS, 32.RS, 37.Einklinker, 38.1, 42.1, 46.RS, 47.RS, 48.RS, 49.RS, 50.1, 50.2, 53.2, 53.3, 67.RS, 68.RS, 73.RSb, 74.RSa, 74.RSb, 76.RSa, 76.1, 76.2 (101.b Wdh.), 77.RSd, 79.RSA, 79.RSb, 79.RSc, 80.2, 81.4, 81.6, 82.1, 82.RS, 85.2, 86.1, 89.RSb, 90.RSa, 90.RSb, 100.2, 108.RSb, 108.1, 109.2, 111.RS, 115.3, 115.RSc, 117.RSa, 118.RSa, 139.5, 139.6, 143.a, 143.d, 147.RS, 148.1, 149.4, 151.RSa, 152.1, 153.1, 153.2, 156.RS, 157.3, 160.2, 162.RS, 162.1 (177.c Wdh.), 163.RSa, 163.RSb, 165.4, 165.RSb, 168.1, 177.d, 179 (3x), 180 (3x), 181 (3x), 182 (3x)
Archivo Szurani, Rom: S. 96.RS
Associated Press, Frankfurt/M.: S. 176.2
Bauhaus-Archiv, Berlin: S. 51.RSc (Glasdia aus dem Nachlass von Hans Hildebrandt)
Bayerische Staatsbibliothek, München: S. 5.4, 98.1, 102/103, 104.RS, 183
Bibliothéque Nationale, Paris: S. 180.li.o
Bildarchiv Heinz Berschicker, Berlin: S. 110.RS
Bildarchiv Preußischer Kulturbesitz/bpk: S. 5.5, 18.RSa, 41.2, 60.5 (164 Wdh.), 69.2, 108.RSa, 116.RSa, 128.1, 129.RSa, 140.1, 144/145, 154.1, 156.2, 163.2, 170.1, 178.re.o, 182, 183 (2x)
Boehart, William, Mölln: S. 34.1 (Foto: Friedrich Nissen, Lauenburg), 100.1
Bowien, Petra, Geesthacht: S. 34.2
Bundesbildstelle, Bonn: S. 99.2
Bundesarchiv, Koblenz: S. 124.1
Central Order, Köln: S. 27.2, 27.3
Christoph & Friends. Das Fotoarchiv: S. 51.RSa
CLAN-Verlag, Reinfeld (© 2006 VG Bild-Kunst, Bonn) S. 105.RS (A. Paul Weber), 107.RS (A. Paul Weber)
Cornelsen-Archiv, Berlin: S. 45.3
Deutsches Historisches Museum/DHM, Berlin: S. 19.RSb, 25.RS, 28.RSd, 35c, 77.RSa, 77.RSe, 116.RSa, 117.RSb, 117.RSc, 118.RSa, 161.1
Deutsches Institut für Filmkunde, Frankfurt/M.: S. 26.1
Deutsches Schifffahrtsmuseum, Bremerhaven: S. 149.RSb
Dietz Verlag, Berlin: S. 181.li.o
Dokumentenkabinett Dolezalek, Vlotho: S. 90.1 (101 Wdh.), dpa/picture-alliance, Frankfurt/M.: S. 16.RSa (Tony Vaccaro), 16.RSb (dpa), 17.RSa (Dr. Ruth Gross), 60.4, 98.RSa (UPI), 98.RSb (UPI), 98.RSc (akg-images), 98.RSd (EPA Cona), 99.RSa (EPA TA), 99.RSb (EPA), 99.RSc (EPA/Kevin Lamarque), 106.RS (Bifab), 139.RS (UPI), 159.RS, 164.1, 164.RS, 175.1 (EPA/Anp Pod Lampen), 175.2 (Anp Robert Vos), 175.RS (EPA/Fehim Demir), 176.3 (Maurizio Garnbarini), 176.4, 179.Mi
Fratelli Alinari, Rom: S. 180.Mi
GEHAG, Berlin: S. 51.RSb
Gemeinsames Archiv des Kreises Steinburg und der Stadt Itzehoe: S. 151.RSb
Germanisches Nationalmuseum, Nürnberg: S. 180
Gerstenberg-Archiv, Wietze: S. 9.2
Giraudon, Paris: S. 180.Mi.re
Historisches Museum, Frankfurt/M.: S. 120.RSb, 181 (2x)
Imperial War Museum, London: S. 25.1
Institut für Zeitungsforschung, Dortmund: S. 58.1
Keystone Pressedienst, Hamburg: S. 71.RSa, 75.2, 118.1, 121.6, 165.3, 165.RSa, 182.re.u
Klett Verlag, Stuttgart: S. 11.2
Landesarchiv Saarland, Saarbrücken: S. 120.2
Landeshauptstadt Kiel, Stadt- und Schifffahrtsmuseum, Kieler Stadtarchiv: S. 28.2
Landesvermessungsamt Brandenburg, Landesluftbildstelle Potsdam: S. 137.2
Langewiesche-Brandt, Ebenhausen: S. 69.RS, 74.1, 86.RS, 87.RS, 111.2, 116.RSc, 116.2, 117.3, 121.RS, 124.RS, 142.1, 142.2, 143.b, 149.RSa,
Museum für Hamburgische Geschichte, Hamburg: S. 12.RS (Fischer-Daber), 148.RS
Museum und Kunstsammlung Glauchau: S. 81.3
National Archives, Washington: S. 174.RS
Niggemeyer Fotofachlabor, Bochum: S. 89.RSa, 120.RSa
Opiela, Thea, Eisenach: S. 170.2, 171.3
Punktum, Leipzig: Titelbild
Sächsische Landesbibliothek, Deutsche Fotothek, Dresden: S. 56.RS, 77.3, 87.2, 112.1, 115.2
Sächsisches Staatsarchiv, Leipzig: S. 114.1, 114.RS, 161.RS
Schmidt-Verlag, Berlin: Zahlenbilder S. 120.1
Stadtarchiv, Chemnitz: S. 57.RS, 129.2
Stadtarchiv Freiberg: S. 79.2
Stadtarchiv Geesthacht: S. 123.2 (Werner Hinzmann)
Stadtarchiv, Leipzig: S. 72.1, 81.5, 132.1, 143.c
Stadtgeschichtliches Museum, Leipzig: S. 78.1. 136.1
Stadtgeschichtliches Museum Völkerschlachtdenkmal, Leipzig: S. 113.3
Stadtmuseum, Berlin: S. 18.RSb (Hans-Joachim Bartsch)
Stadtmuseum, Dresden: S. 110.1
Stadtmuseum, Erfurt: S. 178

Quellenverzeichnis

Stedelijk Museum, Amsterdam: S. 91.4
Südwest Verlag, München: S. 153.3
SV-Bilderdienst/DIZ, München: S. 4.2 36/37 Wdh.), 4.3 (64 Wdh.), 22.1 (35 Wdh.), 22.2, 24.1, 29.3, 29.5 (35 Wdh.), 31.3, 36/37, 41.3, 43.2, 44.2 (60.3 Wdh.), 45.RSb, 49.2, 60.1, 61.6, 61.7, 63.a, 63.d, 68.RSa, 68.1, 70.1 (101.a Wdh.), 71.RSb, 83.3, 96.1, 97.2, 101.c, 116.1, 118.RSb, 125.2, 125.3, 130.1, 131.2, 133.2, 138.3, 138.4, 140.2, 156.1, 159.2, 172.RS, 172.1, 173.2
SVT-Bild/Das Fotoarchiv: S. 85.RS
Tretjakow-Galerie, Moskau: S. 91.3 (Prestel, München)
Ullsteinbild, Berlin: S. 11.RS, 13.3, 18.1, 20.1, 28.RSa, 29.4, 31.3, 32.1, 47.2, 47.3, 48.1, 49.3, 50.RSb, 60.2, 63.b, 63.c, 66.2, 73.2, 76.RSc, 84.1, 88.RSa, 88.RSb, 93.2, 97.RS, 119.RSa, 119.RSb, 121.3, 121.4, 138.1, 138.2, 141.3, 141.4, 155.3, 157.RS, 160.1, 163.3, 176.1, 183 (2x)
Verkehrsmuseum, Dresden: S. 76.RSb
VG Bild-Kunst, Bonn: © 2006 – S. 16.1 (Paula Modersohn-Becker), 17.2 (Pablo Picasso), 19.2 (George Grosz: Fundacion Colleccidu Thyssen Bornemisza, Madrid), 19.3 (Ernst Ludwig Kirchner: akg-images), 50.RSa (Hans Baluschek: Stiftung der Akademie der Künste, Berlin)
Weber, H., Köln: S. 109.RSa, 122.1

Ferner wurden übernommen:
S. 43.RS, entn. aus: Irina Antonowa/ Jörn Merkert, Berlin–Moskau/Moskau–Berlin 1900–1950. Prestel, München/New York 1995, o.S.
S. 80.1, entn. aus: W. Ballhaus, Zwischen Weimar und Hitler. Sozialdemokratische Fotografie 1930–1933. München 1981, S. 27
S. 91.2, entn. aus: Alain Jaubert: Fotos, die lügen. © Editions Bernard Barrault, Paris 1986
S. 92.1, entn. aus der satirischen Zeitschrift „Krokodil" von 1937
S. 107.1, entn. aus: Rudolf Herbst (Hrsg.), Fotografie als Medium des Führerkultes. München
S. 122.RS, entn. aus: Heinz Huber/Artur Müller (Hrsg.), Das Dritte Reich. Seine Geschichte in Texten, Bildern und Dokumenten, Bd. 3. München 1969
S. 158.1, 158.RS, entn. aus: Fotografien aus dem Warschauer Getto. Das Fotobuch Nr. 9. Dirk Nishen Verlag, Berlin

Nicht in allen Fällen war es uns möglich, den Rechteinhaber der Abbildungen ausfindig zu machen. Berechtigte Ansprüche werden selbstverständlich im Rahmen der üblichen Vereinbarungen abgegolten.

Zeichnungen, Karten, Grafiken
Becker, K., Frankfurt/Main; Binder, T., Magdeburg; Borell, C., Berlin; Galas, E., Köln; Langkafel, Skip, Berlin; Müller, A., Hamburg; Teßmer, M., Hamburg; Warnatsch, S., Berlin.

Register / Verzeichnis der Worterklärungen*

Register / Verzeichnis der Worterklärungen*

Register / Verzeichnis der Worterklärungen*

Register / Verzeichnis der Worterklärungen*

Register / Verzeichnis der Worterklärungen*